Brett Cooke

•

Human Nature in Utopia

Zamyatin's We

Northwestern University Press

2002

Бретт Кук

•

Человеческая природа в литературной утопии

«Мы» Замятина

Вторая редакция, дополненная

Academic Studies Press
Библиороссика
Бостон / Санкт-Петербург
2022

УДК 821.161.1
ББК 83.3(2)
К89

Перевод с английского Ольги Бараш

Серийное оформление и оформление обложки Ивана Граве

Кук Б.

К89 Человеческая природа в литературной утопии: «Мы» Замятина. Вторая редакция, дополненная / Бретт Кук ; [пер. с англ. О. Бараш]. — Бостон / Санкт-Петербург : Academic Studies Press / Библиороссика, 2022. — 407 с. — (Серия «Современная западная русистика» = «Contemporary Western Rusistika»).

ISBN 979-8-887190-24-2 (Academic Studies Press)
ISBN 978-5-907532-34-2 (Библиороссика)

Бретт Кук исследует темы знаменитого романа Евгения Замятина с позиций биопоэтики, которая применяет эволюционную психологию к искусству вместо того, чтобы делать акцент на социальном конструировании человеческого поведения и сознания. Исследователь обращается к таким темам, как игра, сексуальность, совместное потребление пищи, евгеника, и проводит параллели между романом «Мы» и другими антиутопическими произведениями, а также романами русских авторов, включая Достоевского и Толстого.

УДК 821.161.1
ББК 83.3(2)

ISBN 979-8-887190-24-2
ISBN 978-5-907532-34-2

Слова благодарности

Этот проект получил щедрую поддержку от Ассоциации выпускников Техасского университета A&M, которая предоставила мне два исследовательских отпуска, а также от Центра гуманитарных исследований Мелберна Г. Гласскока и Кабинета заместителя проректора по научным исследованиям Техасского университета A&M, финансировавших работу над составлением рукописи этой книги, а потом и подготовку ее перевода. Хочу выразить признательность руководителям моих кафедр и деканам колледжей Техасского университета A&M и (ранее) Калифорнийского университета в Риверсайде, за поддержку моей работы в новой области биопоэтики, в рамках которой эволюционная психология применяется к искусству. Я благодарен многим друзьям и коллегам, которые вдохновляли и поддерживали меня советами все четыре десятилетия, в течение которых я ломал голову над «Мы» Замятина.

В их числе (это не все — просто, боюсь, память начинает мне изменять) Нэнси Э. Эйкен, Александр Дж. Аргирос, Элейн Хоффман Барух, Брайан Бойд, Кэтрин Коу, Гэри Д. Кокс, Ли Кронк, Иштван Чичери-Ронай, Том Долак, Нэнси Истерлин, Александр Галушкин, Герхард Гирц, Джордж Гутше, Брайан Хансен, Сона Хойсингтон, Гэри Керн, Кэтрин Таймер-Непомнящая, Маргарет У. Петроченков, Лариса Полякова, Марк Преслар, Эрик С. Рабкин, Дэниэл Ранкур-Лаферьер, Чарлз Шлакс-мл., Петер Шуберт, Игорь Шайтанов, Мишель Скализ Сугияма, Гэри Вестфаль и Наталия Желтова. Джозефу Кэрроллу я обязан за исключительно проницательные замечания по поводу рукописи. Я с благодарностью вспоминаю покойного Джорджа Э. Слуссера — на протяжении всей моей работы он служил мне источником поддержки, и, что, возможно, еще важнее, юмора. Особенно мне хочется поблагодарить Эллен Диссанайке, вдохновительницу всех нас, кто занимается биопоэтикой, и Фредерика Тернера, который эффективно демонстрирует, что ответственное литературоведение тоже может быть увлекательной игрой. Продолжу на той же ноте: мне было очень приятно работать с издательствами Northwestern University Press и Academic Studies Press, в частности с такими их сотрудниками, как Сьюзен Харрис, Тереза Бьянкиери, Игорь Немировский, Ксения Тверьянович, Екатерина Яндунганова, Рэчел Зондерман, Мария Вальдеррама, Иван Белецкий и Ольга Петрова. Я и не ожидал, что работа с переводчиком может быть таким удовольствием: Ольга Бараш, помимо прочего, внесла ряд проницательных предложений и замечаний. чем оказала помощь в доработке этого исследования. Особую благодарность я выражаю Кэрил Эмерсон, которая спонсировала мою работу в самом начале, предоставив мне возможность принять участие в замечательной конференции «Цивилизация и ее тревоги», организованную ею вместе с Кэтрин Парт в 1984 году; она же, как главный редактор научной серии Studies in Russian Literature and Theory, выпускаемой Northwestern, впервые позволила рукописи увидеть свет. Понятно, что особое место в моем сердце отведено детям и жене — моей самой близкой подруге и коллеге Ольге Мюллер Кук. Мало того, что я получаю от них гораздо больше, чем имею право ожидать от любящей семьи: они еще и терпели всю оперную музыку, гремевшую в моем кабинете, с помощью которой я пытался, обычно тщетно, подтолкнуть свою музу. Но уверен, они согласились бы, что это лучше, чем раз за разом выслушивать «Марш Единого Государства» — чего, надеюсь, нам никогда не придется услышать.

Колледж-Стейшен, 2022 г.
brett-cooke@tamu.edu

Предисловие

Художественная мудрость романа Замятина «Мы»

Если бы нам, не дай Бог, пришлось жить при диктаторском режиме вроде того, что описан в романе «451° по Фаренгейту», я бы взял на себя миссию сохранить «Мы» Замятина. В знаменитой антиутопии Р. Брэдбери нарисовано мрачное будущее, в котором диссиденты хранят в памяти целые тома, чтобы спасти их от государственной политики по сожжению книг. Хотя мы, ученые, не беремся за такие невероятные задачи, как запоминание наизусть сотен страниц, не меньшая преданность делу требуется и для того, чтобы по-настоящему понимать классические шедевры. А большинство из нас именно этим и занимается. Вопрос только зачем. Не следует считать, что это само собой разумеется. Дело, которому мы служим, неизменно требует многократного перечитывания, просмотра или прослушивания выбранных шедевров. Как же случилось так, что один лишь библиографический список исследований романа, подобного замятинскому, приближается по объему к самому предмету исследования?[1] И думаю, уже давно превысил их число, когда речь идет о более знаменитых шедеврах, например пьесах Шекспира. Почему люди готовы посвятить всю жизнь изучению произведений, на сочинение которых ушло гораздо меньше времени, иногда всего несколько дней или даже часов? Нет, беспокоиться не о чем. Я хотел бы заявить, что мы все делаем правильно, что большинство ученых не зря тратит

---

[1] См., например, [Cooke 2011a].

время, силы и значительные таланты, что из великих произведений искусства можно почерпнуть немало по-настоящему ценного. Однако вместо того, чтобы повторять знакомые банальности о литературе, я предпочту дать более объективное обоснование, подкрепленное конкретными эмпирическими находками. Я предлагаю переосмыслить заново идею «искусство для искусства» и утверждаю, что эстетическое удовольствие, к которому мы стремимся, служит результатом вполне измеримых качеств текста, а именно его художественного смысла.

Размышление о судьбе антиутопии Замятина показывает, что описанное Брэдбери выглядит не таким уж фантастичным. Роман «Мы», написанный вскоре после Октябрьской революции и даже готовый к публикации, оказался первой книгой, которую запретили в СССР. Власти безошибочно учуяли в *фантастическом* произведении *реальную* крамолу. Е. И. Замятин переслал экземпляр рукописи в Нью-Йорк, где она вышла в 1924 году в переводе на английский язык [Zamiatin 1924]. Вскоре последовали издания на чешском и французском языках. Когда пражский эмигрантский журнал напечатал сокращенный вариант романа, Замятин на родине оказался в настоящей опале, в частности, потому, что выпуски журнала нелегально просачивались в Советский Союз. Замятину запретили печататься. И когда в 1931 году Сталин разрешил ему эмигрировать, писатель не имел возможности взять с собой ни одного экземпляра собственной рукописи [Nakano 2011]. Очевидно, кому-то все же удалось переправить текст за границу: в 1940 году в Париже готовилось к публикации полное издание романа на русском языке — но вскоре Франция была оккупирована немецкими войсками. Между тем английский перевод Г. Зильбурга прозябал в безвестности. После окончания Второй мировой войны Дж. Оруэлл и Г. П. Струве, ничего не знавшие об этом забытом нью-йоркском издании, задумали перевод романа на английский. Оруэлл прочитал «Мы» по-французски за год до того, как написал собственную антиутопию, «1984». Выход этой книги, произведший эффект разорвавшейся бомбы, послужил стимулом к тому, чтобы «Мы» был извлечен из небытия и использован в качестве оружия в холодной войне. В 1952 году по заказу ЦРУ роман был впервые полностью издан на русском — официально для распространения в лагерях для перемещенных лиц, но в первую очередь, по-видимому, для нелегального ввоза в Советский Союз. Поскольку между изданием 1952 года и переводом Зильбурга имеются небольшие расхождения, мы знаем, что существовало как минимум две рукописи, но ни одна из них не сохранилась. Не располагая ни рукописями, ни черновиками текста, мы с трудом можем себе представить, каким образом Замятин написал столь выдающуюся книгу, вызвавшую такое множество истолкований [Cooke 2011b]. Мы не знаем даже, когда он ее написал, не говоря уже о том почему. Поистине, странная история романа напоминает, скорее, судьбу редкой средневековой рукописи. Не потому ли текст десятилетиями сохранялся на родном языке, что кто-то помнил его наизусть? Маловероятно, но кто знает...

Между тем перевод Зильбурга был переиздан в 1954 году, за ним последовали многочисленные новые переводы на английский и другие языки. Сегодня за «Мы» можно не беспокоиться: зайдите в любой книжный магазин и в отделе научной фантастики на полке рядом с Г. Уэллсом найдете эту книгу. Роман неоднократно переиздавался и на родине; в Тамбовском университете им. Г. Р Державина действует Международный научный центр изучения творческого наследия Замятина, который проводит ежегодные конференции. В 2019 году вышла «Замятинская энциклопедия» [Давыдова 2018]. Придется сжечь огромное количество книг, прежде чем возникнет необходимость заучивать «Мы» наизусть. Но дать роману правильную, исчерпывающую оценку — по-прежнему важная задача.

Советские функционеры были правы, запретив роман как подрывающий основы социалистического строительства. «Мы» представляет собой дневниковые записи талантливого инженера, которые собираются отправить на другие планеты для пропаганды режима, установленного в его утопии. Действие книги разворачивается в будущем, примерно через тысячу лет; изображено общество, в которое, по всей вероятности, должно к тому времени превратиться Советское государство. Беда в том, что в этом проспекте описывается место, посетить которое, может быть, и любопытно, но едва ли нам захотелось бы там жить. Хуже того, в ходе нашей экскурсии сам рассказчик, верный сторонник режима Д-503, постепенно превращается в диссидента и даже участвует в попытке государственного переворота. Наверное, обычный читатель сделался бы диссидентом гораздо быстрее: несомненно, его бы оттолкнула чрезмерная регламентированность Единого Государства, где граждане маршируют, работают, спят и даже пережевывают пищу строго по расписанию. Конечно, Замятин преувеличил зарождающиеся черты нового советского строя, такие как раздельное проживание в мужских и женских общежитиях без личных кухонь, упразднение семьи и введение конвейерного метода работы — и все это насаждалось при поддержке *полиции мысли*, искоренявшей инакомыслие в предполагаемом пролетарском раю. Но и это еще не все. Хотя в 1920 году Замятин не мог об этом знать, он совершенно точно предсказал особенности СССР, появившиеся примерно десять лет спустя, с расцветом сталинизма: союзы творческих работников, подконтрольная государству пресса с ее казенным оптимизмом, показательные процессы и совершенно непредвиденный культ личности вождя, подкрепленный якобы демократическими выборами, в ходе которых граждане единодушно голосуют за его переизбрание. Центральная площадь Куба, где проводятся эти ритуалы, как будто даже предвосхищает Мавзолей Ленина. Правда, Замятин предсказывает также обучение с помощью роботов-инструкторов, строгий бюрократический контроль над половой жизнью и введение буквенно-цифровых имен вроде Д-503 — эти пророчества, к счастью, не сбылись, так что, конечно, мы должны отделять зерна от плевел. И все же: как Замятин ухитрился столь верно предугадать многое — больше, чем любой другой критик режима? Откуда такая прозорливость? И что еще он предугадал? Что касается политических предсказаний, из статей Замятина видно, насколько его тревожило направление, в котором почти сразу стал двигаться Советский Союз. Но в романе есть и другие поразительные прогнозы, и мы не можем с уверенностью сказать, были ли они плодом сознательных решений писателя.

Поскольку искусство существует во всех известных нам человеческих обществах, группа интеллектуальных еретиков стала задаваться вопросом, не является ли искусство продуктом естественного отбора (см. [Dissanayake 1992; Carroll 2004; Boyd 2009]). Согласно этому взгляду, культура служит средством ускорения биологической адаптации к меняющимся условиям окружающей среды. В этом свете искусство можно рассматривать как самоорганизующуюся деятельность, которая придает дополнительное ускорение развитию культуры. Оно спонтанно порождает новые варианты объектов, дает им оценку и распространяет лучшие из них. Готовый пример того, как действует этот принцип, — одежда. Как технология одежда позволяет нам осваивать более экстремальные климатические условия, наиболее очевидные из которых — чрезмерный холод или жара. Как искусство она обслуживает огромное количество других адаптивных потребностей, от крайней степени самовыражения до полной регламентации, подобно Единому Государству. Каждая принятая конвенция представляет собой успешную адаптацию. Иными словами, мудрость.

Для начала рассмотрим различие представлений об эволюции общества и обсуждение путей его развития. Хотя мы наделены исключительным умом, наши ресурсы энергии и времени тем не менее ограниченны. Поэтому следует ожидать, что мы направим свое внимание на требования отбора, то есть на те возможности и/или угрозы, которые могут иметь решающее значение для того, чем обернется наша жизнь — успехом или провалом. В качестве примера, непосредственно касающегося «Мы», вспомним, что история утопии уходит в глубокую древность. Но также обратим внимание на то, что после политических распрей начала IV века до нашей эры, которые, собственно, и дали толчок формированию представления греков об идеальном обществе, пришлось ждать почти две тысячи лет до того, как эти представления возродились в XVI веке. По-видимому, свою роль сыграли как характерное для эпохи Ренессанса возрождение интереса к древнегреческой классике, так и неожиданное открытие европейцами другой половины человеческого рода в Новом Свете. Вновь обретенное прошлое выявило резкий контраст с европейским настоящим, так же как и встреча с коренными американцами — первый контакт европейцев с поистине чуждой цивилизацией. Поскольку образы жизни в Старом и Новом Свете разительно отличались друг от друга, стало ясно, что европейскому обществу не обязательно развиваться в том направлении, в каком оно так долго двигалось: оказывается, все может быть совершенно по-другому. Но если по-другому, то как именно?

Еще более сильное воздействие оказали последовавшие научные и промышленные революции. С этими все более явными показателями изменений стало очевидно: будущее не будет похоже на настоящее и люди действительно могут играть активную роль в его формировании. Утопия теперь стала возможной, следовательно обсуждаемой, а потому интересной (см. [Cooke 1999]). Однако некоторые мыслители, начиная с В. Ф. Одоевского и Ф. М. Достоевского, в этом усомнились, и антиутопические переосмысления будущего стали появляться с возрастающей скоростью. По сравнению с затратами на фактическое построение нового общества искусство предлагает недорогое средство предварительной проверки этих возможных способов с помощью мысленных экспериментов (*Gedankenexperimenten*). Замятин написал «Мы» сразу после самой радикальной революции в истории, в годы, когда даже Ленин признавал, что не представляет себе, как должно выглядеть будущее Советского государства. Но Замятин не только представил, но и изобразил его.

Общепринятый принцип эволюционной школы в литературоведении состоит в том, что искусство обычно способствует единению общества, в котором оно функционирует, транслируя ценность коллектива, сотрудничества. С этим связано и сохранение общей истории, и поддержание общей идентичности — продукта такой морали и в этом качестве — формы накопленной мудрости (см. [Carroll et al. 2012]). Моральный смысл сюжетов вознаграждает самопожертвование, которое служит как общей защите, так и внутреннему покою. Это можно назвать консервативной моделью биологии искусства.

Я хотел бы предложить либеральную модель, согласно которой искусство есть нечто новое, и, следовательно, оно исследует целый ряд возможных форм поведения; эта модель более характерна для последних столетий. Пропаганда просоциального поведения мало что может произвести, кроме проповеди, которая, к сожалению, и представляет собой модус большинства принятых обществом произведений искусства, и как следствие, порождает скуку. Можно заподозрить, что подобные художники проповедуют слишком усердно, сопротивляясь очевидному возражению: «А как же наши эгоистичные импульсы?» У нас имеются внутренние источники боли и удовольствия, которые непосредственно передают наши индивидуальные потребности. Вытекающий из этого конфликт между коллективными и индивидуальными интересами, являющийся центральной проблемой во всей социальной организации, имеет счастливое эстетическое следствие: возможность создать достаточное повествовательное напряжение, которое, если его тщательно сбалансировать, обеспечивает постоянное, возможно, неисчерпаемое очарование для зрителя. Речь идет о хорошо известном общем месте всей антиутопической литературы: подстегиваемый любовью, пусть даже просто похотью, индивидуум восстает против обесчеловечивающего режима — это ведет к нарративному соизмерению личных и общественных интересов. Мы видим это на примере Д-503 и I-330.

Часто высказывается мнение, что искусство должным образом выполняет важную обучающую функцию для *гуманитарных наук*. Если перспектива утопии — социальная инженерия, то важнейший вопрос заключается в том, что представляет собой человеческий материал, из которого должно быть построено общество, и будет ли полученный результат пригоден для человека. Будут ли жители по-прежнему людьми? Замятин выявил общий для антиутопий контраст: слабые, обессиленные граждане утопического будущего противопоставлены «охотникам-собирателям», все еще приверженным традиционному образу жизни. Последние служат мерой разрушения человеческой природы с помощью социальной инженерии. Спросите себя: если бы рукопись Д-503 попала на другую планету и инопланетяне умели бы читать по-русски, что бы они, тщательно изучив текст, поняли о человеке и человечестве? Я предполагаю, что довольно много. Их выводы были бы подобны тем, что делают антропологи, изучая древние фрагменты костей. Великие произведения искусства представляют собой фракталы человечности; каждое из них выражает нашу природу многими и многими способами, всеми формами биологической и культурной адаптации — отсюда и заложенная в них смысловая глубина. Например, изучая роман Замятина, мы заметим в нем разные отторжения: это относится, например, к змеям, к странным либо слишком хорошо знакомым продуктам питания, к врожденным дефектам, кровосмешению, даже к пристальному взгляду. Его антиутопия с многочисленным, подчиненным жесткому распорядку населением и строгой иерархией являет собой противоположность традиционному образу жизни охотников и собирателей, общепринятого стандарта человеческой природы. Неудивительно, что мы не хотим жить в Едином Государстве.

В романе Замятина мы обнаруживаем человеческие свойства, о которых сам автор едва ли сознательно подозревал. Например, как мы увидим в финале книги, рассказчик Д-503 демонстрирует отчетливые симптомы синдрома Аспергера, легкой формы аутизма. Д-503 предпочитает повторяющиеся формы поведения, взаимодействует со своими согражданами только на очень поверхностной основе, редко способен прочитать их намерения (например, что на самом деле замышляет, соблазняя его, I-330); он редко испытывает сочувствие. В современном повествовании гораздо выше интерес не столько к человеческим поступкам, сколько к нашим мотивам и реакциям — по сути, на более глубинном уровне, к нашему внутреннему опыту. Роман «Мы» продолжает многовековой процесс, посредством которого художники передают субъективное, наше переживание того, что происходит у человека в мозгу, — передают все более подробно, с более изощренными и тонкими деталями, с возрастающей сложностью и точным пониманием психологических законов. Некоторое представление об этом процессе дают хронологически расположенные портреты людей: ясно, что современным художникам, чтобы получить удовлетворение от своего творчества, требуется более глубокое проникновение в тайны отдельной личности.

Когда-то искусство довольствовалось простыми, схематичными очертаниями; позже — трехмерным реалистическим изображением; современное искусство включает в себя намеки на скрытые черты характера, как на портрете Замятина, написанном Ю. Анненковым (с. 404). Повествование как способ проникнуть в образ мыслей других людей, а особенно их скрытые мотивы, учит нас быть социально умными и конкурентоспособными. Стилистические изменения в изображениях человека обусловлены не просто стремлением художника к новизне, но главным образом усложненным (по крайней мере предположительно) пониманием Вселенной и места человека в ней. В связи с аутизмом и синдромом Аспергера интересно, что некоторые моменты, отмеченные в «Мы», сегодня воспринимаются как основные критерии теории разума, как тест на способность понимать, что у других людей есть собственное, отдельное от нашего сознание. К ним относится внимание к направлению взгляда (способность установить, кто на кого смотрит, и степень чувствительности к мельчайшим изменениям движений глаз, определяющих направление взгляда), а также способность узнавать себя в зеркале: Д-503 этой способностью не обладает. Замятин также ощущает решающую роль, которую играет в развитии этих метаментальных навыков взаимодействие младенца с матерью: ему нет места в его антиутопии, где детей воспитывают фабрики.

Здесь налицо важное открытие. Говоря попросту, чтение повествовательной художественной литературы задействует и тренирует метаментальные навыки, которые в значительной степени отсутствуют у аутистов и страдающих синдромом Аспергера: мы должны моделировать субъектность персонажей. Возможно, Замятин ошибается, предполагая, что в этом смысле страдающих данной болезнью можно вылечить, и делая Д-503 способным к обману: в конечном итоге его туповатый рассказчик почти обретает нормальную человеческую способность угадывать мысли других. Тем не менее поразительно, что Замятин создал описание аутизма более чем за двадцать лет до того, как Л. Каннер и Г. Аспергер впервые выделили этот синдром. Конечно, само состояние не было выдумано этими психологами, и чуткие писатели уже успели отметить существование таких «странных» людей — таков, например, шахматист, главный герой романа В. В. Набокова «Защита Лужина» (1929), также написанного задолго до исследований Каннера и Аспергера. Общепризнано, что талантливые писатели бывают проницательными наблюдателями человеческого характера; возможно, именно в этом, а не просто в умении придумывать оригинальные сюжеты и состоит истинный талант. Тем не менее приятно получить некоторое подтверждение тому, что художественная мудрость существует и что она имеет смысл.

Поскольку «Мы» написан от первого лица рассказчиком, страдающим некоторой степенью аутизма, читатель тоже впадает в некоторое отупение. Разочарованный медленным и непоследовательным развитием Д-503, читатель опережает взгляды рассказчика, полностью погружаясь в социальное устройство описанного общества и, следовательно, становясь менее способным к жизни в утопическом мире. Мы, читатели, легко понимаем, что происходит на самом деле, и, по сути, текст подталкивает нас к тому, чтобы мы сами научились эффективной социальной конкуренции и писательству. Стиль — это форма понимания, поскольку стиль письма равнозначен стилю мышления, самому сознанию в конечном счете человечности как таковой.

Рассматривая искусство с этой точки зрения, мы можем выявить и другие случаи, когда художественные шедевры содержали жизненную мудрость, позже подтвержденную клиническими результатами. В самом начале «Войны и мира» мы узнаем, что Николай и Соня влюблены друг в друга и намерены пожениться. И это неизменно на протяжении многих лет и сотен страниц. Но слова так и не становятся делом. Николай женится на старой деве княжне Марье, а Соня сама остается старой девой. Невозможность их брака являет собой хрестоматийный пример эффекта Вестермарка: хотя они всего лишь троюродные брат и сестра, они воспитывались в одном доме, как если бы были родными (см. [Cooke 2020]). Такое «обратное половое запечатление» рассматривается как врожденное отвращение к инцесту. Что самое интересное, роман Толстого был полностью опубликован за 23 года до «Истории брака» Э. Вестермарка (1891). В другой сцене романа Толстой изображает мать Курагиных так, как если бы она была жертвой жестокого сексуального надругательства. Примерно так же Б. Л. Пастернак рисует портрет Лары в «Докторе Живаго» (1955) — и все это задолго до того, как американская сексология выявила долгосрочные последствия сексуального насилия (см. [Cooke 1994b]).

Нет никаких свидетельств о том, имели ли Толстой или Пастернак какое-то осознанное представление об описанных психических явлениях; то же касается и других подобных предвидений. Толстой утверждал, что просто старался написать «историю народа». Но в хорошей истории художественное прозрение автора зачастую опережает кривую научного познания: искусство дополняет более формальную линию исследования, привлекая внимание читателя к очевидным фактам, суть которых может быть скрыта. Н. Г. Чернышевский писал о Толстом, что тот способен изображать «диалектику души», — таким мог быть отзыв на научную статью, хотя в данном случае речь шла о «Севастопольских рассказах».

«Война и мир» содержит и другие примеры проявления художественной мудрости. Толстой совершенно сознательно намеревался изобразить наиболее верную картину наполеоновского вторжения в Россию. Не доверяя военным сводкам, он посещал библиотеки, читал исторические хроники и даже ходил по полю Бородинской битвы. Кроме того, своим романом Толстой бросал вызов общепринятой философии истории. «Война и мир» ясно дает понять, что события определяются не только намерениями и действиями вождей. Напротив, на страницах романа обстоятельно доказывается, что в данном событии сыграли роль все его участники, что ведет к гораздо более детализированному взгляду на причинно-следственные связи. Толстой постоянно напоминает нам, что великие события складываются из множества мелких поступков и определяются ими. Его вставные историософские отступления содержат множество парадоксов, противостоящих теории «великих людей» в истории. Мы могли бы даже воздать должное Толстому за то, что он предвосхитил современную теорию хаоса; его интерпретация исторических событий предполагает, что их ход непредсказуем — в первую очередь потому, что любое незначительное происшествие может иметь последствия, совершенно несоизмеримые с его изначальным масштабом.

Одним из примеров может послужить туман, скрывший французские войска в сражении при Аустерлице: когда он рассеивается, неожиданный вид французов, уже находящихся совсем рядом, вызывает в русских рядах потрясение, а затем панику, и это непосредственно приводит к разгрому численно превосходящего противника. Хотя возникает вопрос, что говорит об этом общепринятая историософия; думаю — историософия, думаю справедливо сказать, что страницы романа — это весьма проницательное проникновение в истинное положение вещей. Наконец, любопытно, если не симптоматично, что Толстой обнародует свои идеи не в форме научных докладов на исторических или философских симпозиумах, а включает их в художественное произведение, бóльшая часть событий которого вымышлена. Хотя за свою долгую жизнь Толстой написал множество статей и трактатов, он не обращался к историософским вопросам вне рамок «Войны и мира». И ни одно из его нехудожественных произведений не приближается к этому роману с точки зрения достоверности и проницательности. Для нас предпочтительно ориентироваться на его художественное творчество, ибо именно там эффективнее всего проявляется мысль Толстого. Подробнее об этом я расскажу далее.

Взгляд Толстого на крупные исторические события как на хаотические системы, высокочувствительные даже к незначительным воздействиям, можно возвести к пушкинской исторической драме «Борис Годунов», повествующей о событиях Смутного времени. Мог ли Толстой каким-то образом почерпнуть эти мысли из чтения Пушкина? Чему писатели и художники учатся друг у друга? И не только писатели. А. Эйнштейн однажды признался, что самое большое влияние на его теории относительности оказал роман «Братья Карамазовы»[2]. Не менее важной

---

[2] Мы благодарны Лизе Кнапп за беседу, где была высказана эта мысль. — *Примеч. авт.*

оказалась та же книга Достоевского и для З. Фрейда [Rice 1993]. Ориентация искусства на новизну порождает множество перспективных идей, которые могут подхватывать и развивать ученые. Обратите внимание, как часто они цитируют классиков литературы. Искусство и наука параллельными путями идут к одной цели — к накоплению знаний.

Изменение стиля следует рассматривать как показатель самого глубокого философского прозрения. Переход к новаторским стилевым приемам служит средством выработки новых, более эффективных способов мышления; те, в свою очередь, влекут за собой новые полезные открытия и многообещающие возможности для человечества. Воззрения Пушкина на творчество оставались удивительно последовательными на протяжении двух десятилетий его писательской деятельности; более того, они подтверждены современной психологией творчества (см. [Cooke 1998]). Но он развивал их лишь в художественных произведениях. Он пытался писать о творчестве и в статьях, но так и не создал ни одной законченной формулировки. И дело не в том, что для четкого выражения творческой мысли необходима была муза поэзии, — по-видимому, именно строгие требования поэтической формы обостряли и раскрепощали его мышление: ведь прозрения Пушкина содержатся в его лучших стихах, иными словами, продиктованы порывами вдохновения. Посылая в журнал для публикации стихотворение «Поэт», он сопроводил его письмом, из которого видно, что, как только поэтические строки были написаны, сам Пушкин перестал их понимать. Это, пожалуй, одна из самых ярких демонстраций эффективного *эстетического мышления*. Творчество требует не только новизны, но и более эффективного ее применения — в этом и заключается мудрость искусства. И потребность в ней продолжает ускорять темп стилистических изменений и последующего художественного предвидения. В «Мы» Замятин отдает дань уважения величайшему русскому поэту в образе R-13, который, как и Пушкин, имеет африканские корни, и его участие в восстании против утопического государства далеко не случайно.

«Война и мир» дает и другие факты, которые можно использовать для подкрепления наших рассуждений. Толстой часто обращается к тому, что мы называем языком тела. Он неоднократно отмечает непроизвольные жесты, отражающие внутреннее состояние героя, например слезы, румянец и нервные тики. Недавнее открытие так называемых зеркальных нейронов раскрывает секрет воздействия этого распространенного художественного приема: читатель буквально чувствует, что испытывает описываемый персонаж, пусть и с меньшей силой. Зеркальные нейроны, если они действуют, лежат в основе механизма эмпатии, способности человека разделять боль другого, — безусловно, это было важной составляющей зарождающегося пацифизма Толстого. Эмпатия побуждает нас к благородству, не только влияет на наше восприятие других, но и меняет представление о самих себе. Замятин в романе «Мы» существенно усиливает этот прием, но придает ему дополнительный эффект: благодаря ему наш непробиваемый рассказчик осознает, кто он есть на самом деле: не двумерный, бесстрастный, рациональный винтик в машине Единого Государства, а живой человек, такой же, как мы, обладающий эмоциями, которые часто одерживают верх.

Психологическая сложность Д-503 вдохновлена в первую очередь «Записками из подполья» (1864) Достоевского — текстом, где человеческая личность предстает перед нами невероятно противоречивой. Бунтующий рассказчик Достоевского служит для социальной инженерии непреодолимым препятствием: ну какое место мог бы занять такой персонаж в утопии? Но как можно не принимать во внимание самое правдивое на тот момент изображение человека? Дальнейшее творчество Достоевского содержит множество новых, интуитивно угаданных идей, впоследствии признанных официальной психологией, причем далеко выходящих за рамки взглядов Фрейда на бессознательное. В «Преступлении и наказании» попытка убийцы уйти от правосудия влечет за собой постоянные описания того, как стресс стимулирует вегетативную нервную систему. Достоевский упоминает те же самые симптомы (учащенное дыхание, сердцебиение, натяжение кожи), которые сегодня отмечают при проверке на детекторе лжи.

В «Братьях Карамазовых» (1880) он представляет генетическую теорию человеческого характера и человеческих мотивов, в данном случае для отцеубийства, проводя сугубо современный мысленный эксперимент. В самом начале романа он знакомит нас с главными подозреваемыми — родными (Иван и Алеша) и единокровными (Дмитрий и, предположительно, Смердяков) братьями, которые были разлучены либо при рождении, либо в раннем детстве, а затем воспитывались порознь. Поскольку у них нет ничего общего, кроме отца, его убийство должно быть связано с их общими генами. Это предвосхищает самый классический тест на генетическую обусловленность поведения: идентичные близнецы, разделенные при рождении и воспитанные порознь (см. [Кук 2006]). Замятин в «Мы» переворачивает этот эксперимент, противопоставляя не связанных родством персонажей, выросших вместе, но с разным генетическим наследием (а именно Д-503 и поэта R-13), — это может служить скрытым возражением против бихевиористского принципа «стимул — реакция». Кроме того, «Братья Карамазовы» содержат множество примеров одновременного познания на разных ментальных уровнях, позволяя читателю лучше понять, как мы на самом деле мыслим. В романе также представлено немало случаев внезапного, насильственного и импульсивного поведения. Конечно, качества, которые Достоевский раскрывает в своих персонажах, приложимы и к нам, его читателям. В своих романах он проявил себя как поразительно тонкий интроспективный психолог. Кстати, в «Мы» имеется множество страниц, отражающих эти идеи, — Замятин перенял у Достоевского далеко не только стиль и темы. Как и мы.

Подобные явления можно обнаружить и в других произведениях русской литературы того времени. В лирическом стихотворении А. А. Фета «Я пришел к тебе с приветом...» уловлен момент предвкушения любви, чистый восторг юноши от состояния влюбленности. В этом безудержно эмоциональном стихотворении открытие лирическим героем своего чувства может послужить иллюстрацией важного нейропсихологического открытия А. Дамасио о том, что чувства, вызванные образами или ощущениями, предшествуют сознательному мышлению [Damasio 1999].

Между тем можно подумать, будто природа субъективности всем нам известна, учитывая, что это неотъемлемое свойство каждого человека. Однако повествование в форме потока сознания было изобретено только в 1877 году, когда Толстому потребовалось толкнуть Анну Каренину под поезд [Cooke 2013; Cooke 2012]. Это водораздел нарративной интуиции, возможно, самый близкий аналог реальной деятельности нашего сознания. Тот факт, что это почти или вообще никак не отражено в черновиках и на предшествующих страницах романа, наводит на мысль, что Толстой придумал это для того, чтобы дать правдоподобный внутренний отчет о последних минутах Анны. Спонтанно. Как и все искусство.

По общему признанию, вердикт о том, правильно ли эти авторы осветили темные уголки нашего сознания, еще не вынесен. Клиническое обоснование любого открытия — сложный процесс, и он еще более противоречив, когда речь идет об искусстве и, как следствие, о вкусе. Конечно, не любая страница, не любая художественная идея оказывается шагом вперед в познании. Здесь приведены лишь несколько важнейших моментов из огромной литературы. Тем не менее наши художественные предпочтения и суждения определяют оценку правдоподобия и внутренней логики того, что нам представлено. Подумаем, что такое ошибка в искусстве: не связана ли она обычно с неправдоподобием в изображении человека? Искусство и его критика представляют собой в этом смысле самокорректирующиеся системы. Еще одно соображение: после того как художественное открытие сделано — как, например, прием остранения в эпизоде посещения Наташей оперы в «Войне и мире», — нам начинает казаться, что все эти наблюдения мы могли бы сделать и сами. Но мы их не сделали — именно искусство впервые открыло нам то, что было спрятано буквально на самом видном месте. Как выразился В. Б. Шкловский, искусство служит для того, чтобы вывести нас из автоматизма восприятия; оно заставляет нас перестать воспринимать вещи как знакомые, открыть глаза и увидеть их как будто в первый раз. Конечно, когнитивная психология подтвердила существование такого явления, как уменьшение сенсорной информации, так что время от времени полезно получить основательную дозу художественного остранения, например, когда мы посещаем экзотическое место вроде Единого Государства или просто открываем книгу.

Читатель или зритель участвует в этом процессе, поскольку мы пытаемся извлечь из произведения искусства передаваемую им информацию. Примечательно, что в ходе двухсотлетней истории, которую я обрисовал, от нас требуется все больше и больше участия. Проповедь уступила место рандомизирующей деконструкции и процессам скептического исследования. Пассивный читатель теперь должен стать активным творцом, безусловно, интерпретатором, то есть, по сути, стать мудрее. Интересно, что многие из произведений, о которых шла речь выше, содержат «белые пятна» — особенно это касается «Мы» Замятина. Читатель должен овладеть ситуацией, заполнить пробелы, даже исправить неверные представления. Невозможно правильно прочитать финал «Мы», не скорректировав его самостоятельно. Последние слова романа — это заявление Д-503 о том, что Единое Государство, а вместе с ним и редукционная социальная инженерия, безусловно, подавят бунт I-330. Но читатель, который сейчас работает без помощи автора, должен иметь в виду, что рассказчику только что сделали лоботомию; сейчас мы должны думать самостоятельно, но, вооруженные тем пониманием, о котором прочитали ранее, мы лучше подготовлены к этому. Искусство, подобное роману «Мы», не только несет в себе подлинную мудрость — оно делает мудрее и нас.

Глава 1
Введение. Человеческая природа и утопия

Как гласит известная поговорка, чем больше перемен, тем дольше все остается по-старому. Литературное описание утопических обществ, по всей видимости, дает нам толчок к восстановлению в себе равновесия. Несмотря на то, что мы ожидаемо стремимся к дальнейшему технологическому и социальному развитию, утопический вымысел толкает нас слишком далеко и слишком быстро. В результате мы обычно отшатываемся от «шока будущего» и почти неизбежно испытываем желание вернуться к старому образу жизни. Серьезная дезориентация в нашем окружении, которую вызывает у нас этот вымысел, обычно приводит нас к признанию неизменности человеческой природы. Никакой другой жанр не указывает столь явно на поведенческие универсалии, хотя бы путем прямого противостояния им. Такова, коротко говоря, тематическая структура романов-антиутопий, подобных «Мы». Как и в других великих антиутопиях, включая «О дивный новый мир» О. Хаксли (1930) и «1984» Дж. Оруэлла (1949), здесь социальные инженеры вмешиваются в традиционные способы полового размножения, воспитания детей и другие жизненно важные сферы повседневной жизни, создавая мир не столько совершенный, сколько непригодный для обитания человека. Грубое искажение в «Мы» и других антиутопиях «человеческих проблем» [Carroll 1995: 238] вызывает мощную реакцию отторжения и у персонажей, и у наиболее понимающих читателей — эта общая реакция помогает нам понять, что общее эволюционное наследие лежит в основе не только нашего повседневного поведения, но и эстетических предпочтений.

Главным обоснованием построения утопического общества всегда было обещание изменить его обитателей. Этот план соответствует марксистскому постулату, что бытие определяет сознание, однако, чтобы разделять это убеждение, не обязательно быть марксистом. В общественных науках по-прежнему превалирует мнение, что человек в значительной степени формируется окружающей его средой. Согласно этой теории, ребенок при рождении представляет собой *tabula rasa*; его личность пластична и может принять любую форму, которую мы ей придадим. Такое социальное строительство позволяет нам надеяться, что если мы сможем управлять средой, в которой мы обитаем, то сумеем изменить и самих себя, а в особенности наших потомков, и таким образом сделать утопическое государство былью. Однако этот взгляд отрицает генетическую основу наших поведенческих тенденций. Если естественный отбор достаточно сильно влияет не только на нашу физиологию, но и на поступки и отношения, то человеческая природа относительно статична и плохо поддается социальной инженерии — в этом случае утопия не просто остается мечтой, но, возможно, и становится опасной бесчеловечной фантазией. Поэтому присутствие в утопических вымыслах так называемых человеческих универсалий, наклонностей, подверженных врожденным ограничениям, представляет собой проблему, жизненно важную не только для литературы, но и для нашей возможной судьбы как вида.

Являются ли поведение и сознание человека продуктом социального конструирования или же формируются на основе их эволюционного наследия? Это почти неразрешимый вопрос, который, вероятно, еще много лет будет стоять перед гуманитарными и естественными науками. Правильный ответ, скорее всего, находится где-то посередине между этими полюсами; при этом, возможно, свою роль играют и другие факторы, такие как внутриутробный опыт. Но в 1918–1920 годах, когда Замятин писал «Мы», этот вопрос выходил далеко за рамки сугубо академического интереса. В то время в новорожденном Советском государстве затевались планы социального строительства, имевшие целью вырастить «нового советского человека» и создать социальную утопию за несколько десятилетий. С самого начала большевики были настроены оптимистично, считая, что, применив ряд новых политических мер, они смогут быстро и легко изменить значительную часть своих сограждан. К сожалению, вся дальнейшая история СССР может служить поучительным примером того, что происходит, когда агрессивная социальная политика основывается на научном заблуждении.

«Мы» Замятина представляет собой удивительный случай эстетического познания. Как замечают многие читатели, роман, написанный до того, как было претворено в жизнь большинство советских политических нововведений, предвосхищает многие отрицательные черты Советского Союза. К ним относятся подконтрольная пресса с ее казенным оптимизмом, политическая цензура в искусстве, однопартийная система, культ личности, фальшивые выборы, тайная полиция и показательные процессы. Некоторые из этих явлений зародились, согласно Замятину, в годы военного коммунизма. Так, поэты Пролеткульта обличали конформизм пролетариата и демонстративно предпочитали употреблять местоимение «мы» вместо «я»; по всей вероятности, отсюда и само ироничное название романа, открывающегося словом «я» [139][1]. Но автор, бывший большевик, довел здесь коммунистическую мысль до логического предела. Можно предположить, что цель книги, которую он позже назвал «самая моя шуточная и самая серьезная вещь» [Замятин 2003–2011, 2: 4], состояла в том, чтобы одновременно осмеять коммунистические идеи и внушить к ним ужас, таким образом дав толчок серии бесконечных революций против всех и всяческих статус-кво. Вполне понятны причины, по которым роман стал первой книгой, запрещенной в СССР.

---

[1] Здесь и далее текст романа воспроизводится по изданию: Замятин Е. И. «Мы»: Текст и материалы к творческой истории романа / сост., подг. текста, публ., комм. и статьи М. Ю. Любимовой и Дж. Куртис. СПб.: Изд. дом «Міръ», 2011 — с указанием страниц в квадратных скобках.

Однако «Мы» содержит в себе гораздо больше, чем просто антисоветское диссидентство, которое увидели в нем его первые читатели как в России, так и на Западе. Проникая в самую суть социального конструирования, роман, как и любое великое произведение, раскрывает многие основополагающие человеческие универсалии. «Мы» стал классикой русской литературы и научной фантастики и, возможно, представляет собой квинтэссенцию антиутопического повествования. Пусть даже роман был написан для того, чтобы усомниться в идеях, зародившихся при большевистском режиме после Октябрьской революции. И притом что «Мы» дает нам представление о предполагаемом будущем коммунизма, на самом деле это книга о нас, о том, кто мы есть и кем будем всегда и везде — просто в силу своей преимущественно неизменной человеческой природы.

В «Мы» изображен почти полностью контролируемый, обнесенный стеной город XXIX или XXX века, граждане-«нумера» которого живут жизнью столь стандартизированной, что напоминают винтики в отлаженной машине. Д-503, главный строитель первого ракетного корабля, пишет дневник, из которого жители других планет должны узнать о великолепии Единого Государства. Он хвалится, что утопия вот-вот будет достигнута и что венец социального развития уже близок. Он утверждает, что образ жизни в Едином Государстве намного превосходит любое другое известное общество, но чуткий читатель быстро замечает его наивность и подозревает, что все как раз наоборот: этот режим вовсе не утопия, а нечто прямо противоположное — антиутопия. И вскоре нам становится ясно, что ни восемьсот лет развития, ни гигантский государственный аппарат не в состоянии изменить сущность человечества. Д-503, строителя первого в государстве космического корабля, соблазняет напоминающая Мату Хари I-330, предводительница мятежных Мефи, желающих захватить корабль, чтобы устроить государственный переворот. Эта встреча вновь выносит на поверхность извечные черты нашего вида. В Д-503 просыпаются хорошо знакомые нам эмоции, включая любовь и сексуальную ревность, в то время как в городе вспыхивает открытое восстание. Герой продолжает колебаться между верностью государству и собственной возрождающейся человечностью, но его развитие быстро прерывается: власти хватают его и подвергают Операции на мозге. Когда Д-503 пишет свою сороковую и последнюю запись, сражение за утопию все еще бушует, но к этому моменту повествование Замятина уже вызвало у большинства читателей омерзение к Единому Государству и, можно надеяться, ко всем аналогичным режимам.

Таким образом, в романе изображено то, что Т. Мор назвал утопией — буквально «место, которого нет», но, возможно, также игра слов: от греческого *эвтопия* — «благое место». И это отбрасывает читателя не только назад, в наше время, но и к истокам человеческого рода. Чем сильнее стараются правители Единого Государства облачить его население в регламентированные, стерильные одеяния, тем больше волосатые руки Д-503 напоминают ему о его врожденном атавизме — и тем больше нам, читателям, напоминают о том, что мы с готовностью признаем своим первобытным «я». Таков урок описанного в «Записи 27-й» краткого пребывания Д-503 за пределами Зеленой Стены, отгораживающей город от внешнего мира. До этого он был настолько ограничен жизнью в стеклянном городе, что теперь не узнает деревьев. В естественном мире за пределами Единого Государства все кажется ему новым и странным, но герою не составляет труда опознать в охотниках-собирателях, с которыми он сталкивается во внешнем мире, себе подобных. Хотя они голые и волосатые, на тысячелетия отстают от него в культурном развитии и не говорят на его языке, он быстро приходит с ними к своеобразному взаимопониманию. Очевидно, что они говорят на одном и том же языке тела. Люди за Стеной предлагают ему еду и питье, и Д-503 духовно братается с ними, произнося на их ритуальной церемонии краткую, бессвязную речь. Этот эпизод напоминает похожие сцены «первого контакта» между западными антропологами и, например, жителями Новой Гвинеи. Минутное впадение Д-503 в атавизм служит наглядным напоминанием и ему, и нам о том, что интеграция личности требует от нас признания в себе архаических черт. Такова общая мотивация, движущая современными исследованиями менее цивилизованных народов.

Пребывание Д-503 за Стеной отражает основной принцип эволюционной психологии, пришедшей на смену социобиологии: наше психологическое единство с остальной частью человеческого рода обусловлено общим прошлым, сотнями тысяч лет существования древних охотников-собирателей. Этот невероятно долгий этап эволюционной истории сформировал нашу ментальную архитектуру на самом глубинном уровне — так, что она сохранилась в нашем геноме. Как мы подробно рассмотрим далее, наша высокая оценка искусства в целом и утопической фантастики в частности основывается на этом наследии. Вопросом взаимосвязи искусства и эволюции человека занимается биопоэтика[2], применяющая к искусству теорию естественного отбора, будь то в форме социобиологии или эволюционной психологии.

Общепринятые утверждения и об утопии как жанре, и о романе Замятина нередко поддерживают это представление о человеческой природе, но лишь декларативно. В критической литературе о «Мы» давно признано, что основной конфликт романа — это столкновение между плановой социальной инженерией и тем, что считается человеческой природой. По словам Г. Бошампа, основная предпосылка утопии состоит в том, что основополагающей человеческой природы не существует [Beauchamp 1975: 167]. В этом случае наш вид оказался бы особо податливым для целей социальной инженерии, что позволило бы утопии войти в сферу возможного, как и предполагала Коммунистическая партия Советского Союза. Однако главное утопическое движение, марксизм, представляет собой, как иронично выразился Э. О. Уилсон, социобиологию (в том смысле, что участвуют все) без биологии (например, биологической информации, сохраняемой в генах) [Уилсон 2015: 273]. Это, конечно же, исключает практически все, что мы считаем необходимым для того, чтобы быть человеком. Поскольку марксизм и другие теории социального совершенства отвергают человеческую природу, нет смысла затаив дыхание ждать, что идеологии, отрицающее наше врожденное наследие, смогут удовлетворить *все* наши потребности. Исследователи часто

---

[2] Биопоэтику, или эволюционную школу в литературоведении, также называют эволюционной критикой, литературным дарвинизмом.

упоминают некое генетическое препятствие или, если хотите, последнюю линию обороны на пути утопических прожектов, а именно: эмоции, инстинкты, спонтанное и страстное поведение и другие аспекты иррациональной, часто подсознательной жизни [Beauchamp 1975; Beauchamp 1977: 88, 89, 92; Lopez-Morillas 1972: 48; Aldridge 1977: 73]. Более того, некоторые допускают, что человеческая природа является «постоянной», «универсальной» и «бессмертной», а следовательно, обладает «некоей неистребимой сердцевиной» [Lopez-Morillas 1972: 57; Layton 1973: 281–282; Howe 1962: 15]. Наконец, ученые часто связывают эту концепцию с эволюционным прошлым человека; подразумевается, что возникновение «человеческой природы» можно «каким-то образом» свести к общему генетическому развитию человечества. Они используют такие фразы, как «более низкие... уровни жизни», «примитивизм», «биологическая склонность», «что есть в человеке от животного», «животное самоощущение человека» и «естественный» человек — последнее, предположительно, обозначает *Homo sapiens sapiens*, очищенного от недавних наслоений цивилизации [Brown 1988: 221; Beauchamp 1977: 92; Lopez-Morillas 1972: 58]. Хотя ни один из этих исследователей не относится к признанным эволюционистам, все их замечания отражают распространенное и совершенно верное убеждение, что человеческая природа коренится в наших генах, как, например, «врожденное наследие» Бошампа [Beauchamp 1977]. По сути, практика эволюционной психологии часто служит для того, чтобы открыто высказывать то, что мы и так всегда знали интуитивно.

Замятин и сам наводит нас на эту точку зрения, противопоставляя тепличных граждан Единого Государства волосатым людям, живущим за Стеной. Сходную роль играют в «О дивный новый мир» Хаксли жители резервации, в основном индейцы (хотя один из них, Джон Дикарь, выучил наизусть Шекспира), а в «1984» Оруэлла — пролы. Лишенные доступа к последним достижениям цивилизации, эти довольно примитивные люди воплощают в себе универсалии «человеческой природы». Д-503 и сам отдает дань этому представлению, утверждая, хотя и без видимых научных оснований, что «инстинкт несвободы издревле органически присущ человеку» [141]. Он стоит на несколько более твердой почве, когда позже заявляет, что «в человеческой породе живучи преступные инстинкты» [162]. В этом может быть доля правды, хотя бы из-за резкого различия в темпах биологической и культурной эволюции, в результате которого некоторые «инстинкты», ранее служившие для адаптации, стали в новой среде неадаптивными, как, например, насилие внутри в популяциях с высокой плотностью населения. Но намеки, встречающиеся как в романе, так и в критической литературе, обретают свое истинное значение лишь тогда, когда сопоставляются с основными положениями эволюционной психологии.

Эволюционная психология представляет собой самую объективную за последнее время попытку установить, что такое человеческая природа. Теоретически это достигается путем всестороннего сравнения всех жизнеспособных человеческих обществ, нынешних и исторических, с целью выявить общие для всего вида модели поведения. Предполагается, что эти общечеловеческие культурные универсалии определяются «биограммой человека» — набором элементов поведения, генетически закодированных в ходе эволюционного развития — такой вывод мы можем сделать, сравнивая поведение человека с поведением других видов. Основное положение эволюционной психологии мы находим у Э. О. Уилсона: «Организм живет не для себя. Его основная функция даже не в том, чтобы воспроизводить другие организмы, — он воспроизводит гены и служит их временным носителем» [Wilson E. 1975: 3]. Это может происходить либо путем прямой передачи будущим поколениям потомков, либо путем косвенной передачи генов человека его кровными родственниками, которые обладают большой долей общей с ним генетической информации [Там же: 585, 586]. Следует учитывать, что копия гена является тем же самым геном. Хотя эта теория требует значительной доработки, передача генетической информации (в отличие от неспособности ее передать) является единственным критерием успеха в контексте эволюции. С этой целью естественный отбор сформировал не только физиологию, но и общую модель поведения для человека, как и для всех других видов.

Эволюционная психология не провозглашает строгий детерминизм поведения, не говоря уже о психологических явлениях. Она предполагает, что индивидууму в определенном контексте предоставляется ограниченный набор поведенческих альтернатив и что он обладает некоторой генетической предрасположенностью к тому, чтобы сделать тот или иной выбор. Эта предварительная подготовка, своего рода «натаскивание», имеет «рекомендательный», а не принудительный характер: в целом индивид может выходить за рамки этого диапазона предпочтений и собственных предубеждений, хотя, как правило, это требует некоторых усилий.

Большинство исследователей «Мы» оставляет без внимания как социобиологию, так и эволюционную психологию; исключением, возможно, служат М. Майкселл и Дж. К. Саггс, в чьей работе упоминается «воспитуемая природа» [Mikesell, Suggs 1982: 102]. В этой фразе объединены два основных лозунга, звучащих в спорах между сторонниками и противниками неодарвинизма о том, что первично: «природа», то есть генетически обусловленное поведение, или «воспитание» — поведение социально сконструированное. Эта полемика, однако, основана на неверной посылке. Ведущие эволюционисты не видят антиномии между генетикой и культурой, и многие социальные конструктивисты в значительной степени сдали позиции. Кроме того, как утверждает П. ван ден Берге, культура и сама «продукт биологической адаптации»; она обеспечивает «естественный отбор с помощью нового, более быстрого механизма адаптации к нашей среде». Ученый приходит к выводу, что «способность быть культурным животным имеет генетическую основу» [van den Berghe 1979: 7]. Н. Э. Эйкен утверждает, что «природа» представляет собой младенческий опыт, оправдывающий ожидания [Aiken 1998: 36]. Так, только что вылупившиеся дикие гусята следуют за первым крупным движущимся предметом, который видят. По идее, это должна быть их мать; но иногда объект оказывается егерем. Сбои, подобные этому забавному примеру, часто помогают выявить общие правила, с помощью которых наши гены и создаваемые ими психологические предрасположенности приблизительно отражают окружающую среду — как природную, так и культурную, — в которой мы собираемся пытать счастья. Э. О. Уилсон, Ч. Ламсден и многие другие дарвинисты в своих исследованиях стремились объяснить взаимодействие культуры и природы через понятие генно-культурной коэволюции [Lumsden, Wilson 1983; Wilson E. 1975: 547–575].

Хотя эволюционисты считают человеческую природу относительно универсальной, «кросс-культурной», они не рассматривают ее как неизменную. Наоборот, как и другие биологические явления, набор психологических склонностей человека к свойственным ему формам поведения продолжает меняться в соответствии с дарвиновской теорией естественного отбора, хотя и очень медленно по сравнению со скоростью культурных изменений. Как и в размышлении о причинах насилия внутри популяции, одно из тревожных следствий дарвинистской мысли заключается в том, что культурные изменения значительно опережают «природную» биологическую адаптацию. В результате многие из моделей поведения человека все еще напоминают модели поведения наших предков — гоминидов, которые адаптированы к условиям обществ охотников и собирателей, но выглядят совершенно анахроничными в контексте нашей высокоразвитой культуры. Выработанные нами рефлексы часто предрасполагают к архаичным формам поведения, зачастую мало соответствующим современным стандартам рациональной социальной справедливости; некоторые из этих стандартов в замятинском Едином Государстве гиперболизированы. Наша биограмма, по сути, является врожденной; утопическое общество может игнорировать, «реформировать» или искоренить ее лишь ценой огромных потерь для нашей психологической интеграции[3]. В результате мы можем отнестись

---

[3] Э. О. Уилсон ссылается на концепцию А. Маслоу, согласно которой идеальным можно считать общество, которое «способствует всестороннему развитию человеческих возможностей, высшей степени человечности» [Wilson E. 1975: 550]. Ж. Лопес-Морильяс, по-видимому, имеет в виду ту же идею, когда заявляет, что «авторы воображаемых обществ [утопий и антиутопий. — *Б. К.*] подчиняются императиву *цельности человека* независимо от того, какой смысл они вкладывают в это понятие» [Lopez-Morillas 1972: 58].

к утопическим планам, таким, как Единое Государство, без должного почтения. В какой-то степени они отражают глубокое человеческое стремление достичь истинной социальной справедливости. Но нам это не очень нравится, и следует задуматься о причинах.

Механика воздействия эволюции на поведение весьма важна для искусства. На наш поведенческий выбор влияют эмоциональные реакции на альтернативные действия. Уилсон возводит эти реакции к «центрам управления эмоциями в гипоталамусе и лимбической системе головного мозга» [Wilson E. 1975: 3]. Как и эти центры, интуитивно значимые для нас ценности развились в результате естественного отбора. Характерно, что они принимают форму бурных чувств. Любовь, ненависть, отвращение, удовольствие, желание, страх и т. д. могут рассматриваться как «стимулирующие механизмы» в том смысле, что они помогают склонить индивида к определенному набору поведенческих альтернатив. Так, С. Уисселл предполагает: «Гедоническая ценность — это один из механизмов, побуждающих организмы следовать тем стимулам и поведению, что необходимы для выживания. Стимулы и поведение с положительной гедонической ценностью побуждают к сближению и созиданию, в то время как стимулы и поведение с отрицательной гедонической ценностью вызывают реакцию избегания и, возможно, разрушения» [Whissell 1996: 428]. Уилсон и Ламсден же утверждают, что «секс не просто служит цели доставить удовольствие. Как раз наоборот: ощущения удовольствия в мозге повышают вероятность секса и позволяют разобрать пакеты генов и снова собрать их» [Lumsden, Wilson 1983: 27, 28]. Эти реакции играют определенную роль в нашей повседневной жизни, но они часто нивелируются противодействием среды. Например, мы обычно заняты различными повседневными делами, такими как удовлетворение материальных потребностей и часто, — как прилежные полуутописты — установлением разумной социальной справедливости. При этом мы тратим не так уж много времени на воплощение в жизнь таких репродуктивных стратегий, как поиск сексуального партнера, хотя наш интерес к любви никогда не ослабевает.

Тот факт, что мы все-таки одержимы удовлетворением своих генетически закодированных психологических склонностей, проявляется в неэмпирической сфере искусства, где наши эмоциональные реакции гипертрофированны и мы можем тешить свою человеческую природу опосредованным переживанием любви и других эмоций. По сути, мы часто требуем от искусства, чтобы оно потворствовало нашим навязчивым идеям. Например, в большинстве нарративных произведений представлена та или иная форма «любовного интереса». Речь не столько об описании полового акта, сколько о процессе выбора предположительно постоянного партнера: так, в фокусе нашего «интереса» часто оказываются брачные перипетии героев. Вспомним, сколько внимания — и места в своем дневнике — уделяет Д-503 своему влечению к I-330. То же касается репродукции и воспитания потомства: повествовательные жанры уделяют пристальное внимание семейным отношениям, часто принимающим форму противостояния отцов и детей. Недаром Д-503 отмечает, что половое влечение «для древних было источником бесчисленных глупейших трагедий» [153]. То ли дело литература Единого Государства, воспевающая повседневные задачи, которые физически решают его граждане, — в первую очередь труд. Маловероятно, что кто-нибудь из нас испытает нечто большее, чем академический интерес, к таким потенциально классическим произведениям, как «жуткие, красные "Цветы Судебных приговоров"», «бессмертная трагедия "Опоздавший на работу"», «настольная книга "Стансов о половой гигиене"» [183]. Описание Д-503 восхитительного любовного треугольника, в котором он делит сексуальную партнершу О-90 с R-13, может быть воспринято как пародия на традиционные конфликты на сексуальной почве. Однако роман с «роковой женщиной» I-330 приближает его к «древним» переживаниям и к тому, о чем мы, по-видимому в силу своей человеческой природы, так любим читать.

Кроме того, если рассмотреть наши эстетические предпочтения в свете эволюционной психологии, становится ясно, что мы далеко не идеальным образом приспособлены к нынешней среде обитания. Дж. Кэрролл утверждает, что наши

> врожденные ментальные структуры эволюционировали в адаптивном отношении к миру. С эволюционной точки зрения эти структуры не отделяют нас от мира, каким он предстает «в себе», как полагал Кант. Напротив, они открывают нам доступ к тем аспектам мира, которые наиболее важны для нашего выживания и размножения [Carroll 1995: 26].

Иными словами, наш круг интересов смещен в сторону древних требований отбора, что помогает объяснить, почему в утопической фантастике снова и снова обсуждаются «человеческие проблемы». Более того, мир, к которому мы приспособлены, — это по большей части мир наших далеких предков. Зачастую удовлетворение потребностей, которые могут быть сочтены анахронизмом, интересует нас гораздо больше, чем требования нашего непосредственного окружения. И в этом случае способность искусства «воспарить» над реальностью позволяет утопическому повествованию преувеличивать наше «несоответствие» современному миру, не говоря уже о мире будущего. Это дает больше простора для «атавизмов».

Немногие произведения искусства открыто затрагивают нашу эволюционную судьбу в масштабах всего вида. Утопические и научно-фантастические повествования, подобные «Мы», в этом смысле важные исключения. Однако этические аспекты искусства обычно оказывают косвенное, но при этом чрезвычайно мощное влияние на наши ценности и, следовательно, поведение, обусловливая наши эмоции и диапазон интересов. Даже в небиологическом контексте мы ценим «естественное» и избегаем «ненатурального». Как мы увидим по пониманию Замятиным репродуктивных и прочих стратегий самореализации в «Мы», наше генетически обусловленное эстетическое чутье подсказывает нам не только то, что утопии, подобные Единому Государству, бесчеловечны, но и то, что утопическая литература, пытающаяся избавиться от человеческой природы, не приносит эмоционального удовлетворения. Мы также понимаем, что диссидентские произведения, такие, как подрывной роман Замятина, гораздо ближе нашим естественным, неутопическим чувствам.

За исключением разве что «Уолдена Два» Б. Ф. Скиннера, трудно представить себе *эвтопическое* произведение, написанное в XX веке, которое приобрело бы устойчивую популярность. Утопии со знаком «плюс», преобладавшие в прошлом, такие как прародитель всех утопий «Государство» (IV в. до н. э.) Платона, были вытеснены негативными, часто ужасающими образами будущего. Это, конечно, может объясняться тем, что прогнозы в отношении технического и социального прогресса стали более пессимистичными, но человеческие универсалии, которые мы рассмотрим в «Мы», предполагают, что антиутопия как таковая лучше соответствует нашим врожденным предрасположенностям.

«Мы» действительно задействует тот пласт сознания, который то и дело выныривает из скрытых на генетическом уровне представлений охотников-собирателей. Написанный как сатира на большевистские мечтания, этот единственный роман Замятина пережил свой непосредственный культурный контекст: его колоссальная эстетическая энергия состоит в том, что он глубоко затрагивает особенности нашей психики, сформированные тысячелетиями эволюционного развития. И теперь наша задача — тщательно проанализировать, каким образом остаточные признаки нашего генетического наследия, содержащиеся в тексте, помогают роману сохранять жизнеспособность, то есть по-прежнему выполнять задачу любого художественного произведения: вызывать интерес зрителей, слушателей или в данном случае читателей. Скоро станет очевидным, что эта новая точка зрения послужит поистине рогом изобилия для важных открытий, которые пригодятся и при прочтении других классических антиутопий. Таково предсказание, сделанное Дж. Туби и Л. Космидес, которые пропагандируют эволюционную психологию как «мощную эвристическую систему порождения новых знаний». Их утверждение, что «все на свете... полностью и в абсолютно равной степени детерминировано и наследственностью, и средой» [Tooby, Cosmides 1992: 75] в полной мере относится к роману Замятина, возможно благодаря выходу художественной литературы за рамки реальности. В конце концов, теоретически автор волен писать о чем угодно и как угодно. Тем важнее наша способность воспринимать генетические влияния, воздействующие на предположительно свободное воображение. И наша первоначальная гипотеза о том, что роман соответствует адаптивным характеристикам, в самом деле получает большее подтверждение при тщательном изучении текстовых свидетельств, чем можно было бы ожидать при изучении реальных фактов человеческой истории.

Но то, что выявляет наш анализ, далеко не монолитно: человеческая природа — явление не унитарное. Сегодня эволюционные психологи полагают, что сознание имеет модульный характер. Туби и Космидес рассматривают нашу психологию как «совокупности сложных адаптаций» [Там же: 79]. Изменения среды, как природной, так и социальной, с которыми мы сталкивались на протяжении нашей общей истории, привели к тому, что разные специализированные когнитивные склонности возникали в разное время и, как следствие, в некоторой степени отстоят друг от друга. Это сопоставимо с развитием нашей физиологии, формирование которой посредством естественного отбора не вызывает серьезных споров. Число этих относительно специализированных когнитивных областей в настоящее время служит предметом дискуссий: называются цифры от четырех до тридцати с лишним. Сходным образом Ф. Тёрнер говорит о 17 ментальных «чарах», областях повышенной притягательности, которые в первую очередь определяют наше восприятие одной только красоты. Он также называет их «турбинами» — это мозговые области особенно высокой эффективности, и именно они отвечают за наше практически мгновенное схватывание некоторых биологически важных проблем, включая размножение, — в отличие от других, менее значимых для нашей эволюционной судьбы, таких как наши повседневные занятия [Turner 1991]. «Турбины» в этом смысле подходящее слово: эволюционные психологи рассматривают врожденные предрасположенности как ускоренные кривые обучения, которые с повышенной эффективностью накапливают и сохраняют знания по определенным вопросам. Эти «модули», или «турбины», не обязательно равноценны по степени внимания, которое мы им уделяем. Эволюционная психология — это наука о наших когнитивных наклонностях. Поначалу в это трудно поверить, так как эволюция также наделила нас большой когнитивной подвижностью. Кроме того, мы обладаем единой, суммарной психикой, которая позволяет нам переходить из области в область, едва ли осознавая наличие швов в нашем сознании. Эти модули, как правило, можно распознать только с помощью специализированного анализа. Поэтому мы будем рассматривать «Мы» постепенно, по одной психологической нити зараз; следует, однако, иметь в виду, что эти линии генетического влияния составляют единый, в высшей степени цельный и эффективный текст. Возможно, их взаимодействие в романе и служит основной причиной его художественной состоятельности.

Так, например, не сексом единым жив человек. В нашем понимании человеческая природа выходит далеко за рамки репродуктивных стратегий, хотя последние зачастую оказываются на первом плане в вопросах семьи, где биологический смысл нашего поведения очевиден. По словам Э. Смита, «дарвинизм ставит дифференцированное воспроизведение особей во главу угла эволюции» [Smith 1997: 70]. Однако теоретически результатом естественного отбора является все поведение, человеческое и нечеловеческое, хотя более поздние воздействия и даже простое усложнение всей конструкции порой мешают увидеть это влияние. Таким образом, если искусство коренится в человеческой природе, то тот или иной текст должен вызвать, по-видимому, больший эстетический интерес, если он взаимодействует не с одним модулем, но с наибольшим их количеством. Если произведение искусства должно воздействовать на разум, например, привлекать и развлекать читателя, то чем бóльшим числом способов оно это делает, тем лучше. Тёрнер также предполагает, что чем больше «нейрочар» стимулирует художественное произведение, тем больше оно дает эстетической энергии [Turner 1985: 26]. Д. Спербер и Д. С. Уилсон, в свою очередь, отмечают, что «ключом к познанию служит максимизация релевантности, то есть достижение максимально возможного когнитивного эффекта при минимальных затратах усилий» (цит. по: [Mithen 1990: 27]). Таким образом, вместо того чтобы просто увеличивать объем текста, автору предпочтительно сделать свои образы *релевантными* для большего числа вопросов. Мой вывод состоит в том, что эффект окажется еще сильнее, если некоторые из этих побуждений будут противопоставлены, как, например, когда Д-503 сталкивается с перспективой сделать О-90 матерью без официального разрешения. Поскольку противозаконное деторождение в Едином Государстве считается тяжким преступлением, желание Д-503 выжить самому вступает в конфликт с основным, согласно эволюционной психологии, побуждением — передать свои гены следующему поколению. Это приводит к неразрешимой головоломке и, таким образом, к длительному переживанию невозможности осуществить по меньшей мере одно из побуждений, а потому интригует (см. [Cooke 1999]).

Есть множество свидетельств тому, что подобная структура противодействующих побуждений в высшей степени характерна для «Мы». По сути, учитывая культурный фон, любой аспект романа, вероятно, можно представить в виде такого конфликта — далее мы покажем целый ряд путей для этой формы анализа. Предлагаемая нами структура напоминает структуру, разработанную фрейдовским психоанализом, с той разницей, что она носит многоплановый характер. Если жизнеспособный текст обращен к нескольким аспектам психики, он затрагивает их синкретически, как бы все одновременно. В этом смысле «Мы» представляет собой невероятно сложную перекрестную матрицу коэволюционных психологических сил, что создает синергию повествовательной мощи и художественного интереса. Таким образом, «Мы» требует нашего внимания как мировая классика утопического жанра, научной фантастики и современной русской литературы. Хотя мы не можем предвидеть, сколько в точности когнитивных модулей насчитают у нас эволюционисты, мы проиллюстрируем их многообразие, рассмотрев отдельные, весьма разнообразные способы, которыми текст затрагивает нашу человеческую природу.

Начнем с утопической составляющей «Мы»: нет ничего удивительного в том, что изображение идеализированного общества отвечает глубинным потребностям человеческой природы. Согласно Э. О. Уилсону, «большинство, даже, пожалуй, все основные характеристики современных обществ можно считать гипертрофированными модификациями биологически значимых институтов групп охотников-собирателей и ранних племенных государств» [Уилсон 2015: 147]. Это вдвойне верно, когда речь идет об утопии. Наша общая эволюционная история содержит все основные аспекты естественного отбора. «Выживание наиболее приспособленных» влечет за собой не только борьбу за ограниченные пищевые ресурсы, возможности репродукции и безопасное пространство, но часто также внутривидовую конкуренцию, и в особенности конфликты с нашими собратьями. Мы страдали от голода, хищничества, насилия, гнета и эпидемий — все это отражается в наших повторяющихся кошмарах. То же самое относится и к нашим фантазиям о богатстве, здоровье и свободе от тревог и конфликтов: они проявляются в наших часто повторяющихся представлениях об утопии. То, что одну и ту же сказку об изобилии нужно рассказывать снова и снова, выражает нашу уверенность в возможности отыскать решение проблем, включая удовлетворение всех наших материальных потребностей и мирного сосуществования со всеми нашими сородичами.

И именно это мы наблюдаем в «Мы», изображающем общество далекого будущего, где болезни, голод, материальная нужда, одиночество и социальное неравенство побеждены и царит полная безопасность. В замятинском Едином Государстве техника, рационализм и прочие достижения интеллекта обещают превратить мир в настоящий рай для рабочих. Практически каждый аспект жизни подвергается якобы рациональному централизованному планированию. Жизнь нумеров тщательно расписана с рождения до смерти: они одновременно просыпаются, моются, работают, отдыхают и уходят на покой. Всему населению обеспечены разнообразные виды изобилия. Все основные материальные потребности удовлетворяются и гарантируются, включая регулярные сексуальные контакты. Вероятно, в хаотичный и трудный период военного коммунизма, когда Замятин читал отрывки из рукописи, так и напрашивалось сравнение Единого Государства с условиями жизни в России 1918–1920 годов[4]. И сам автор писал роман, наблюдая за жизнью в общежитии Дома литераторов, дома-«коммуны», организованного, чтобы в эти годы лишений оказать помощь самым выдающимся писателям Петрограда, предоставив им пищу, тепло и кров.

Но этого недостаточно. Наивный замятинский рассказчик Д-503 проводит нам экскурсию по своему городу-государству, вероятно, для того, чтобы увлечь читателя делом социальной инженерии в поистине массовом масштабе, во многом аналогичном тому, что должно было быть предпринято в новом коммунистическом государстве. Однако он позволяет нам заметить многочисленные тревожные детали быта и его собственные подрывные мысли — в результате положительный образ Единого Государства, который он намеревался нарисовать, превращается в свою противоположность. Очевидно, что не может быть никакого возвращенного рая: ведь трещины в общественном порядке видны невооруженным глазом — если только посмотреть дальше, чем Д-503 в своем наивном описании. В его сознании также есть изъяны, все они вполне естественны и наводят на мысль о надвигающейся опасности. Д-503 едва ли единственный, кто питает сомнения по поводу режима: с ним вступает в контакт и даже почти вовлекает его в свой заговор подпольная группа под названием Мефи, которая в конце концов устраивает восстание. В конце романа неясно, какая сторона одержит верх. Постройка, которая всего несколько дней назад казалась несокрушимой, оказывается на грани краха. Единственное эффективное средство, к которому прибегает режим, — хирургическое, часто насильственное удаление у граждан фантазии. Операция, равносильная лоботомии, имеет разрушительные последствия для личности и поведения человека («человекообразные тракторы», как называет их Д-503 [264]). Замятин как будто говорит: если утопия продолжит существовать, ее обитатели перестанут быть похожими на нас.

Первые читатели и слушатели Замятина, конечно, не были введены в заблуждение: роман быстро сочли подрывным, и его

---

[4] Р. А. Гальцева и И. Б. Роднянская называют Единое Государство «по-своему благоустроенным миром» [Гальцева, Роднянская 1988: 219].

публикация была приостановлена. В некотором смысле работа по социальной организации в Едином Государстве оказалась выполнена даже *слишком* хорошо. В поисках утопии мы натолкнулись на антиутопию. Проблема утопии, как ее изображает Замятин, заключается не столько в материальных ресурсах или политическом контроле, сколько в человеческой нормальности. Например, Д-503 начинает отходить от верноподданического образа мысли и прислушиваться к революционерам, когда замечает в себе некие симптомы, которые считает признаками психического расстройства. Он начинает видеть сны, мыслить несвязно, ассоциативно, эмоционально и разумно. Он отправляется в Медицинское Бюро и, к своему ужасу, узнает, что у него есть «душа» и это совершенно неизлечимо. Хуже того, вскоре он начинает замечать те же симптомы у других. Врач говорит ему, что в городе началась эпидемия болезни «душа». Д-503 приходит к вполне предсказуемому выводу, что этим же страдают практически все нумера [277]. Суть, конечно, в том, что именно таких людей мы сочли бы совершенно здоровыми. И второе: само наличие болезни, будь то телесной или психической, говорит о том, что в утопическом окружении не все благополучно. Поскольку нумера на самом деле психически здоровы, их диагноз показывает, что они находятся не там, где им стоит быть. Если мы не можем чувствовать себя благополучно в утопии, то какая от нее польза?

Акцент на человеческой природе, в данном случае в форме психической нормальности, подчеркивается, когда Единое Государство принимает радикальные меры по «экстирпации» фантазии. Как и в большинстве случаев столь частого в научной фантастике конфликта между утопическим обществом и фантазией, эта Операция, по-видимому, основывается на трех соображениях. Первое: фантазия — источник неизбывного противостояния социальной организации. Второе: фантазия как будто имеет органическую основу, а следовательно, может быть подвергнута медицинским процедурам. И наконец, главное: фантазия каким-то образом тесно связана с самой сутью того, что мы считаем человеческой природой. Экстирпируйте ее, и социальная инженерия человека значительно упростится.

Но что мы потеряем, если нам удалят фантазию, не говоря уже о том, что может повлечь за собой эта Операция? Наша деятельность в значительной части сопряжена с вымыслом — это повествования разного рода, спекулятивное и абстрактное мышление, игры, сны и мечты [Kernan et al. 1973: 4–6]. То же можно сказать в защиту фантазии: ведь она, как и сновидения, каким-то образом необходима для психического здоровья, если не для самой жизни. Что касается ее биологической основы и связи с тем, что мы считаем человеческой природой, то собственно универсальность и архаичность фантазии наводят на мысль, что она, как и физиология, служит одновременно продуктом и механизмом эволюционного развития. Согласно той же логике, очевидно, что для ее существования есть веские причины, иначе ее бы просто не существовало. Рассматривая, как различные когнитивные предрасположенности — или, по выражению Туби и Космидес, механизмы, специфичные для предметной области, — выражены в тексте романа Замятина, мы выдвинем ряд гипотез об эволюции нашей способности создавать произведения искусства, в том числе фантастические повествования, такие, как «Мы».

Говоря о фантазии, необходимо провести важное разграничение. На одном уровне фантазия систематически функционирует как когнитивный инструмент, например в случае осознанных рассуждений. Ее диапазон практически неограничен и позволяет нам вообразить несуществующее, например утопическое общество, изображенное в «Мы». Она помогает нам планировать или предвидеть то, что может произойти. В жизнеспособном произведении искусства, таком, как «Мы», преимущественно рациональный уровень фантазии подвержен глубокому воздействию ее биологических субстратов. Генетически обусловленные побуждения, движимые в конечном счете естественным отбором, ограничивают диапазон и характер фантазий, которые с наибольшей вероятностью нас заинтересуют: именно ими определяются наши эмоциональные реакции на вымысел. Хотя на уровне систематического функционирования мы можем представить себе все, что угодно, эволюционная психология раскрывает нашу склонность сосредотачиваться на одних и тех же темах, которые, что примечательно, составляют весьма ограниченное ядро фантастической литературы.

В утопических произведениях неизменно уделяется большое внимание таким вопросам, как секс, размножение, агрессия, выбор жены или мужа и взаимный альтруизм. Это «человеческие проблемы», которые сегодня наиболее продуктивно анализируются эволюционистами просто потому, что они теснейшим образом связаны с первостепенным вопросом репродуктивного успеха. В этом нет ничего удивительного. Свободная от эмпирической необходимости, фантазия порождается разумом и работает на разум. Если разум — продукт биологической эволюции, то таковым должна быть и фантазия (см. [Rabkin 1983]).

Промежуточные механизмы диалектики «генетическая биология — эмоциональная реакция — фантазия» пока недоступны для объективного исследования. Однако мы можем проследить таксономию отдельно взятой фантазии, в данном случае романа Замятина, до причин, которые, как мы можем предположить, лежат в ее основе. Следует, однако, учесть еще одно различие между взаимодополняющими слоями фантазии. Систематические размышления, как правило, открывают нам то, что мы ожидаем найти, тогда как неконтролируемая, то есть спонтанная фантазия зачастую сообщает нам больше, чем мы ожидали узнать, особенно о самих себе. В этом и заключается великое предвидение замятинского романа о будущем первого крупного по замыслу утопического государства. Благодаря работе фантазии писатель сумел предугадать будущие события лучше, чем настоящие политики и планировщики. Как мы увидим, утопическая фантазия Замятина соответствует бессознательным структурам, о которых в 1920 году не было известно. Между тем Советский Союз можно рассматривать как порождение неконтролируемого философского дискурса. Хотя изначально система во многом основывалась на принципах рациональной социальной справедливости, вскоре она достигла противоположной крайности: сталинские чистки, печально известный ГУЛАГ и, наконец, торжество посредственности в период застоя. Полагаясь на фантазию, художественная литература, подобная «Мы», более результативно задействует способность познавать реальность: роман показывает, как с точки зрения когнитивной эффективности художественная мысль способна значительно превзойти философское исследование. Напомню, что если эволюционная психология верна, то она одинаково верна для всех биологических видов: и для тех, кто не обладает способностью к философской диалектике, и для того единственного, который этой способностью обладает, но, к счастью или к сожалению, редко ею пользуется по назначению. Согласно дарвинистской теории, поведение по большей части имеет бессознательную основу и достаточную степень успешности, чтобы обеспечить собственное выживание. Поскольку достоверной альтернативной гипотезы не существует, мы можем больше доверять художественной интуиции, поскольку она проистекает из этих же способностей. С величайшей чуткостью относясь к человеческой природе, Замятин сумел создать в романе ее узнаваемую проекцию, в значительной степени согласующуюся с сегодняшними научными положениями о человеческой природе.

В результате продуктивного хода мысли, обеспечиваемого творческим процессом, утопические произведения прекрасно подтверждают высказывание А. Дж. Аргироса о том, что искусство для общества служит орудием выбора из возможных вариантов будущего [Argyros 1991]. В этом заключается важная адаптивная функция фантазии. Эстетическое чутье позволяет нам придумывать идеальное общество и существовать в нем без особых затрат на его фактическое строительство, не говоря уже о самом главном требовании — о том, чтобы провести там остаток жизни. Искусство позволяет нам не только представить себе, как будет выглядеть вымышленная ситуация, но и благодаря косвенному опыту, порождаемому художественной литературой, получить некоторое представление о том, как ситуация будет *ощущаться*. Таким образом, мы получаем более широкие основания для выбора нашего будущего.

При этом кажется, что будущее, какой бы его вариант ни был выбран, может быть достижимым. Как отмечали многие исследователи утопической фантастики, склонность размышлять о возможном и желательном будущем получила новую жизнь в эпоху Возрождения, а в последующие столетия ее укрепило стремительное развитие науки, техники и промышленности. Человечество достигло определенной степени господства над своей средой обитания, — по крайней мере, в наших силах ее изменить, хотя и не всегда к лучшему. Эта новая способность формировать собственное будущее теперь требовала серьезного внимания. В конце концов, попытки создать утопические общества делались не раз, но в небольших масштабах, обычно в форме отдельных коммун. В нескольких случаях они охватывали целые государства; а страны бывшего советского блока некогда стремились распространить свою утопическую систему на весь мир, пусть даже огнем и мечом. В связи с этим неудивительно, что в тот период утопические сюжеты ширились все более быстрыми темпами. В них отразилась наша растущая озабоченность будущим, которое мы на самом деле могли бы создать.

И все же утопия потерпела поражение, по крайней мере на данный момент. Коммунистическая угроза, некогда столь острая, а для некоторых из нас соблазнительная, теперь уходит в историю. После окончания холодной войны и масштабной дезинтеграции Восточной Европы трудно вспомнить, что люди когда-то считали это начинание выполнимым и, более того, благим. Между тем утопическая (или, точнее, эвтопическая) художественная литература была почти полностью вытеснена антиутопиями или дистопиями. После большевистской революции, повлекшей за собой основание Советского Союза, — а в других странах в результате технического прогресса, приведшего к современному положению дел, — сама жизнь заставила ополчиться на будущее, которое теперь казалось слишком возможным. Благодаря великим классическим антиутопиям, таким как «Мы», «О дивный новый мир» и «1984», а также множеству других произведений, мы побывали в будущем, которое в некоторых философских умствованиях могло представать желанным. Но теперь, получив от художественной литературы опыт синкретического мышления, мы почувствовали, что утопии непригодны для жизни человека. Эти тексты помогли нам сформировать наше будущее, ибо, несомненно, Замятин, Хаксли и особенно Оруэлл стремились укрепить наше сопротивление распространению коммунизма и прочих форм социальной инженерии. Например, прозвище Старший Брат сегодня часто используется в американском политическом жаргоне в значениях, имеющих мало общего с изначальным смыслом, который оно имело в «1984».

Чем объяснить этот ход событий, это разграничение между утопией и антиутопией и, наконец, общие проблемы утопической (и антиутопической) фантастики? Как ни странно, набор генетически направленных тенденций поведения, которые можно назвать человеческой природой, проливает яркий свет на все три вопроса. Хотя далее мы будем упоминать и другие утопические и антиутопические произведения, свою аргументацию мы будем строить в первую очередь на исчерпывающем анализе одного текста — «Мы» Замятина. Если мы желаем понять, каким образом искусство воздействует не только на повседневную жизнь, но и на пути, которыми может пойти наше эволюционное будущее, необходимо исследовать один подлинный образец во всей его полноте.

Прежде всего идеализированное будущее теперь может быть *предметом обсуждения* в том смысле, что мы можем активно в него вмешиваться. Именно такую ситуацию представлял Замятин, когда писал роман. В 1918 году сам Ленин признавался, что не видит, какую форму должно принять новое утопическое государство: очевидно, планы в то время еще не приняли твердых очертаний. Однако, как мы уже отмечали, Замятин каким-то образом сумел предугадать черты будущего Советского Союза, которые появились только впоследствии, такие как «война кухням» [Олеша 1974: 16] с помощью государственной системы общепита или изоляция от внешнего мира. Работа тайной «полиции мыслей», навязываемая государством пропаганда и попытки стандартизации личной жизни уже шли полным ходом. Написание «Мы», вероятно, было лучшим, что мог сделать автор-одиночка, чтобы повлиять на ход событий. Учитывая неизбежное соображение о том, что преимущества при отборе направляют внимание к явлениям, которые, во-первых, могут повлиять на нашу совокупную приспособленность и которыми, во-вторых, мы можем в некоторой степени управлять, можно ожидать, что между нашей эволюционировавшей природой и типичным кругом наших интересов существует достаточно тесная связь. Проще говоря, поскольку утопия теперь дает нам реальную возможность повлиять на свою судьбу, поскольку еще есть время что-то *изменить* в ее посулах или угрозах, этот жанр стал *интересным*. Это помогает объяснить, почему мы оказываем ему повышенное внимание, что, безусловно, относится к «Мы» Замятина, второму по изученности на Западе[5] русскому роману XX века [Cooke 1994a].

Концепция человеческой природы помогает нам также провести разграничение между утопией и антиутопией. В самом общем смысле, утопия успокаивает нас, изображая общества, которые, несмотря на относительно современную технику и/или социальную организацию, напоминают группы, в которых жили наши далекие предки, охотники-собиратели, — причем жили на протяжении тысячелетий, по сути весь период эволюционного становления, гораздо более длительный, чем время, которое прошло с момента появления письменности. К. Маркс, безусловно один из ведущих мыслителей-утопистов, говоря о стихийном коммунизме в первобытных обществах, по всей вероятности, имел в виду ранние племенные группы. В большинстве положительных изображений небольшая утопическая община часто насчитывает всего несколько тысяч, а то и сотен жителей и расположена в сельской местности — эти особенности позволяют нам чувствовать себя непринужденно, хотя охотники-собиратели жили гораздо более малочисленными группами, вероятно около 50 человек [Kelly 1995: 213, 258; Maryanski, Turner 1992: 78]. Общественная организация в утопии относительно стихийна; она порождает лишь ограниченные иерархии: здесь слишком мало народу, чтобы создавать более разветвленные властные структуры, да в них и нет необходимости. Согласно марксистским заповедям, как только будет достигнуто эгалитарное бесклассовое

---

[5] После «Мастера и Маргариты» М. Булгакова.

общество, государство «отомрет». Члены коммуны будут жить в относительной анархии, самостоятельно следить за порядком и добровольно делиться друг с другом ресурсами. Однако это напоминает не столько Единое Государство, сколько первобытных людей, которые у Замятина обитают за пределами Зеленой Стены. Выйдя за пределы Зеленой Стены, Д-503 сталкивается с группой из 300–400 охотников-собирателей [242]. Примечательно, что он не может определить, кто среди них главный.

В антиутопических произведениях нас нервирует кардинальное изменение среды обитания. Общий дом, описанный в «Мы», сугубо городской: он построен из стекла и полностью отрезан от окружающей природы Зеленой Стеной. Все его обитатели живут в общежитиях, в крошечных прозрачных кабинках на одного человека; им отказано как в частной жизни, так и в личной идентичности. Вместо того чтобы, подобно многим нашим далеким предкам, бродить по обширной территории, граждане, как выясняется, строго ограничены в передвижениях: практически все, что им полагается, — это ежедневная прогулка, совершаемая рядами по четыре под Марш Единого Государства. Конечно, образ жизни охотников и собирателей может достаточно сильно разниться. Как утверждает Р. Л. Келли, «не существует единого исконного человеческого общества, не существует единой исконной селективной среды», которые могли бы отражать наше прошлое и, следовательно, «человеческую природу» [Kelly 1995: 338]. Тем не менее более широкие параметры, под которые они все подпадают, позволяют антропологам использовать их как основу для некоторых сравнений, наводящих на важные мысли. Например, согласно проведенному Келли обзору различных ныне существующих обществ охотников-собирателей, мобильность сопряжена с равенством и личной свободой, а оседлый образ жизни, как в Едином Государстве, напротив, с социальными иерархиями и неравенством [Там же: 148]. Безусловно, в футуристическом мегаполисе Замятина достигнуто своего рода равенство, и, если бы не существование Хранителей и всемогущего Благодетеля, можно было бы сказать, что нумера достигли бесклассового общества. Однако это общество огромно: десять миллионов жителей в одном городе. Вместо текучих отношений, ослабленной или отсутствующей иерархии и вечно праздничного настроя, которым, как предполагается, отличались наши первобытные предки, в жизни замятинских нумеров царит беспощадная регламентация. Их действия тщательно расписаны, вплоть до количества жевательных движений, которые положено делать во время еды. С другой стороны, подобно многим собирателям, чей образ жизни был, по выражению И. Эйбл-Эйбесфельдта, «перенасыщен досугом» (цит. по: [Marianski, Turner 1992: 79]), люди, живущие по ту сторону Стены, похоже, располагают бо́льшим количеством свободного времени. Д-503 находит их вполне праздными, в то время как граждане Единого Государства работают практически круглосуточно: согласно «Часовой Скрижали», лояльным нумерам полагается лишь два чуть менее регламентированных «Личных Часа» в сутки. К тому же Единое Государство в буквальном смысле отгородилось от мира Зеленой Стеной. Предполагаемые в жизни охотников-собирателей спонтанность, свобода и покой, которые так привлекают современных антропологов, в антиутопии Замятина нигде не встречаются.

Одно из различий между утопией и антиутопией состоит также в том, что в антиутопии вопросы, связанные с демографией и самоидентификацией его граждан, нередко отражаются в неестественных именах, которые носят персонажи. Традиционные общества были невелики, и, чтобы дать человеку уникальное, отличающее его от прочих наименование, достаточно было личного имени плюс, возможно, какой-либо ссылки на родителя. Антиутопические общества, такие, как Единое Государство, играют на нашем чувстве индивидуальности, называя людей чрезмерно рационально, часто с добавлением числовых обозначений. Можно привести и другие примеры, в частности режимы, изображенные у А. Рэнд в «Гимне» (1938), где повествование ведется от лица Равенства 7–2521, и в фильме Дж. Лукаса «THX 1138» (1971), названном по имени главного героя. По общепринятому убеждению, относиться к людям так, как если бы они действительно были статистическими данными, бесчеловечно. Каждый из нас в некотором смысле желает, чтобы его считали особенным, уникальным. Обозначения, подобные Д-503, R-13, I-330 или S-4711, напоминают нам, что мы и сами не желаем, чтобы нас различали, скажем, по номерам страховых свидетельств, и сопротивляемся любым формам сериализации населения. Конечно, такая практика имеет бюрократический смысл в многочисленном сообществе, где все не могут знать всех и высока вероятность, что многие будут носить одинаковые имена. Но кому по душе бюрократы?

Таким образом, схема написания антиутопического произведения довольно проста: выяснить, какова человеческая природа, а затем оскорбить ее формами поведения, которые мы, скорее всего, сочтем неестественными и бесчеловечными. Автору антиутопии нужно всего лишь изобразить поведение, противоположное тому, к которому мы привыкли. Вымышленные утопии не похожи на примитивные общества. Некоторые из них призывают к чрезмерному контролю над населением с помощью полиции, обслуживающей диктаторские интересы социальной элиты; неудивительно, что многие коммунальные действия, включая совместное пользование имуществом, насаждаются принудительно. Некоторые утопии налагают жесткие ограничения на личную свободу — так, в «Утопии» (1516) Т. Мора «сифогрантам» необходимо получить разрешение, чтобы прогуляться по окрестностям города, а повторная супружеская измена карается смертной казнью. То же самое касается творчества: всем известно прискорбное намерение Платона изгнать поэтов из своего Государства. Только в «Уолдене Два» Б. Ф. Скиннера («Walden Two», 1948) остается достаточно места для такого универсального и, следовательно, *естественного* вида деятельности, как искусство. Напротив, общества, изображаемые в антиутопиях, таких как «Мы», «О дивный новый мир» и «1984», являют собой почти идеальную противоположность традиционному образу жизни собирателей. В конце концов, их цель — убедить читателей в том, что они не хотели бы там жить. Это задача не очень трудная. Хотя наш биологический вид обладает необычайной поведенческой гибкостью, мы можем жить практически везде только потому, что наделены также способностью постоянно воссоздавать ту среду обитания, к которой приспособила нас эволюция. Так, мы приносим природу в свои дома, например, в виде цветов. Иногда нам достаточно даже искусственных цветов, нарисованных пейзажей и обоев в цветочек. Примечательно, что цветы в любом виде для Единого Государства явление чужеродное.

Современные представления о человеческой природе проливают много света на проблемы, общие для утопической фантастики. Хотя фантастическое произведение может в принципе повествовать о чем угодно, утопическая и антиутопическая литература постоянно повторяется, вынося на поверхность одни и те же темы. Эти темы соотносятся с вопросами, особо важными для нашей совокупной приспособленности, вопросами, к которым именно по этой причине мы испытываем врожденный интерес. Они удивительно напоминают модули «предметных областей», выявленные Туби и Космидес — это помогает нам понять, почему некоторые нарративные явления так безотказно вызывают повышенный отклик у читателей. Вряд ли найдется статья о «Мы», в которой не упоминалось бы о буквенно-цифровых именах. Как мы увидим в следующей главе, Замятин также оскорбляет нас, сильно преувеличивая нашу эволюционную склонность к совместному приему пищи. Примерно то же произойдет в других главах, в которых мы рассмотрим, как различные психологические модули — все они соответствуют принципам естественного отбора — проявляются в тексте.

Начиная со второй главы мы будем вначале исследовать когнитивные склонности, в значительной степени согласующиеся с построением утопии. Не было бы нужды в антиутопическом сопротивлении, не будь у нас изначальных утопических импульсов. Они проявляются в нашей склонности к сотрудничеству, более того, в самом общественном договоре, символом которого служат идеализированные собрания за обеденным столом. В третьей главе рассматривается еще одна важная особенность социальной психологии — то, как харизма, которую мы приписываем вождям, способствует организации общества. Далее мы поговорим о том, как математические образы в романе выявляют наш дискомфорт от рационального мышления, возникновение которого, как мы предполагаем, было относительно недавним событием в нашей эволюционной истории. Поскольку разум и логика часто считаются атрибутами утопических замыслов, это открытие еще раз поясняет, почему наша психика плохо подходит для высокоорганизованной социальной инженерии. Затем мы обратимся к областям сознания с более высокой сопротивляемостью к социальному контролю. В пятой главе нам на помощь придет психология развития, чтобы объяснить непреходящую потребность человека в юморе и игре — поведении, которое в конечном счете разрушает любые утопические планы. В следующей главе я приведу массив заслуживающих особого внимания образов, связанных с саморазрушением, чтобы продемонстрировать, как мазохизм путает карты социальной инженерии — примерно то же происходит в «Записках из подполья» Ф. М. Достоевского. На основании тех же доказательств я, несмотря на свойственное эволюционистам скептическое отношение к психоанализу, выдвигаю предположение, что концепция Фрейда о воле к смерти согласуется с естественным отбором. В седьмой главе будет рассмотрен распространенный конфликт между семейной политикой утопии и поведенческими универсалиями в сфере секса и репродукции — проблемами, которые лишь в редких случаях не вызывают повышенного интереса и не ведут к иррациональному поведению. Далее следует глава, в которой рассматриваются явления, связанные с вегетативной нервной системой, — совокупность непосредственных реакций, таких как притяжение и отвращение, которые, как представляется, часто возникают помимо сознательных умственных процессов, не говоря уже о контроле. В предпоследней главе исследуется тип людей, более восприимчивых к жизни в условиях социальной инженерии, страдающих синдромом Аспергера, — поразительное предвосхищение психологических открытий, сделанных лишь десятилетия спустя. И в завершение исследования мы обратимся к проблемам творчества, к удивительному вниманию, которое уделено в тексте практике письма как форме самовыражения, и последующему развитию личностной идентичности, как оно изображается в утопической литературе. Хотя «Мы» Замятина используется как репрезентативный, по сути архетипический случай, я постоянно сравниваю его с другими утопическими произведениями. Некоторые выводы будут основываться не только на самом тексте, но и на тщательном изучении обширной научной и художественной литературы, посвященной этому роману.

Наше растущее понимание человеческой природы во многом объясняет, почему важно не только то, что жизнь в утопии скучна, но и другой факт: что скучна сама утопическая фантастика. Эмоции вырабатываются у нас по причинам, которые по крайней мере когда-то были вескими. Как утверждает Тёрнер, наше влечение к красоте в целом соотносится с биологической жизнеспособностью, и это, как правило, побуждает нас к более здоровому образу жизни [Turner 1991]. Например, приверженность охотников-собирателей к блужданию по обширной территории может быть связана с отвращением к скуке, которое, по-видимому, побуждало наших предков закреплять за собой свои проверенные ресурсы и отправляться искать новые. Мы в чем-то ведем себя сходным образом и сегодня, когда путешествуем в космосе, открывая его новые области, что можно сравнить с «путешествием» читателя по тексту в поисках развлечения. Весьма важно, что именно избегание скуки стоит во главе угла всего современного искусства. И примечательно, что жанр вымышленной утопии в последнее столетие почти полностью уступил место антиутопическому нарративу — просто потому, что последний гораздо интереснее, а порой бывает и вовсе захватывающим. Таким образом, факт, что мы признаем «Мы» эстетическим шедевром, исключительно важен. Конечно же, стремительно развивающийся сюжет, с его политическими интригами и сексуальным соперничеством, вызывает что угодно, кроме скуки, — утопия вытеснена антиутопией. Это и есть литературная «гедонистическая» награда, которую читатель получает за то, что встает на защиту своей человеческой природы.

Остается еще один вопрос, который необходимо поднять, прежде чем мы отправимся в путь по островам когнитивной структуры «Мы». Текст не просто отсылает читателя к нашей общей человеческой природе — человеческое проявляется в тексте. В начале романа Замятин представляет нам Д-503 как крайне неловкого и ненадежного рассказчика. «Неужели Д-503 имеет в виду именно то, что говорит?» — этот вопрос, несомненно, должен возникнуть у каждого читателя. По мере того как главный герой начинает разбираться в собственной психике и обнаруживает намеки на свой в значительной степени неизменный набор психологических склонностей, он на глазах становится более человечным, правдоподобным и отзывчивым. По сути, роман воздействует, то есть становится жизнеспособным текстом, привлекая и удерживая наше внимание, отчасти потому, что автору удалось изобразить в нем правдоподобную личность. Как это бывает с персонажами других великих литературных произведений, мы начинаем чувствовать, что знаем Д-503, что если бы мы встретили его за пределами книги, то опознали бы даже в современной одежде. Важнейшим знаком нашего соучастия в тексте служит то, что мы начинаем чувствовать эмпатию по отношению к герою. Это происходит потому, что мы обнаруживаем у него все больше тех же черт, которыми обладаем сами. Выясняется, что он один из нас, потому что у нас с ним одна и та же человеческая природа. И, как показано в романе и непосредственно текстом романа, мы всегда будем стремиться узнать, что значит быть человеком, быть «нами». Гены могут работать на ограничение нашей человечности, но они же обеспечивают высшую гарантию нашей человеческой природы.

Глава 2
Общий стол в утопии

1. Семейный отбор и утопия

В обширнейшей литературе, посвященной «Мы», едва ли не чаще всего цитируется отрывок, где Д-503 описывает ежедневные трапезы. Здесь в микрокосме дана самая суть социальной инженерии в гиперболизированном представлении Замятина:

> Каждое утро, с шестиколесной точностью, в один и тот же час и в одну и ту же минуту, — мы, миллионы, встаем, как один. <...> И сливаясь в единое, миллионнорукое тело, в одну и ту же, назначенную Скрижалью, секунду, — мы подносим ложки ко рту... [147].

Этот короткий эпизод не играет важной роли в драматических событиях романа, но описанием высокосинхронизированного приема пищи Замятин задевает читателя за живое. Одно из подчеркнуто человеческих занятий — совместное принятие пищи — здесь напоминает фабричную конвейерную ленту. Как и в других сценах романа, Замятин высмеивает моду на идеи американца Ф. У. Тейлора, изучавшего рабочее время и движения во время труда с целью повышения эффективности производства. В годы после Октябрьской революции «тейлоризм» стал особенно популярен среди организаторов коммунистического производства. На советских предприятиях планировалось ввести аналогичную систему, чтобы труд рабочих был подобен функционированию деталей в машине. Этот механистический идеал отражался в произведениях поэтов Пролеткульта и позже сохранялся в производственных романах, например «Время, вперед!» В. П. Катаева (1932).

Примечательно, что в «Мы» механизация рабочей силы осуществляется с согласия управляемых. Как будто в соответствии с принципами усвоенного угнетения, система Тейлора в столовой доведена до такой крайности, что повстанцы планируют захватить «Интеграл», первый ракетный корабль Единого Государства, заперев экипаж именно в столовой [254]. Хотя заговор раскрыт властями и предотвращен, все нумера в 12 часов откликаются на звонок к обеду. Более того, в Едином Государстве не только строго расписаны часы приема пищи, но и во время еды синхронность движений соблюдается с точностью до доли секунды [147]. Нумерам предписано выполнять пятьдесят жевательных движений на каждый кусок. Темп жевания отбивается метрономом [205]. Но интернализация системы доходит до еще большей крайности. Хотя рассказчик расстроен обвинением I-330 в том, что он выдал план повстанцев тайной полиции, он все равно молча сидит напротив нее за столом и выполняет предписанные жевательные движения, как будто это проделывает его внутренний «граммофон» [274].

Сцены еды в «Мы», по-видимому, воплощают в себе социалистический принцип разделения ресурсов между жителями утопии на основе абсолютного равенства; точно так же нумера живут в одинаковых стеклянных квадратных кабинках, носят одинаковые «юнифы» и имеют общее право друг на друга «как на сексуальный продукт» [153]. Они питаются исключительно кубиками «нефтяной пищи» — продуктом, который легко разделить точно поровну. Казалось бы, эта практика, как и другие политические меры в Едином Государстве, должна способствовать более рациональной социальной справедливости. Антиутопия Замятина всего лишь в преувеличенном виде демонстрирует многие общественные идеалы, популярные как в России, так и в большинстве западных обществ. Помимо прочего, во время общих трапез граждане находятся в непосредственной близости друг с другом, но не общаются. По сути, роман содержит одну из важнейших литературных трактовок этого современного оксюморона — городского отчуждения, одиночества в условиях высокой плотности населения. Замятин представляет все эти идеалы так, что они нам совершенно не импонируют, а напротив, легко укладываются в сатирическую интенцию автора. Чтобы понять, что здесь не так и чего не хватает в этом изображении одного из самых человечных занятий, следует обратиться к нашей древней традиции совместного употребления пищи.

Начнем с того, что люди, собирающиеся за одним столом с Д-503, не составляют общества. Нумера имеют мало общего друг с другом — это проявляется и в других аспектах функционирования Единого Государства. В результате как обстановка за столом, так и общество в целом не отвечают нашей потребности жить в гармоничном единении.

Если бы не наша давняя мечта об идеальном общественном порядке, антиутопической фантастики, подобной «Мы», просто не существовало бы. И утопия, и антиутопия отражают потребность такую же древнюю, как само человечество. Утопия постоянно присутствует в нашем мышлении, и ее вездесущность поразительна, особенно если учесть, что эта идея никогда не была реализована в течение длительного периода и в большом сообществе. Можно вспомнить значительное количество книг, конференций, исследований и прочих источников, посвященных утопизму; между тем сегодня достаточно редко обсуждается, например, монархия, хотя этот вид правления преобладал в обществе на протяжении тысячелетий. Наши утопические планы почти неизбежно терпят неудачу, и это мы можем приписать самой человеческой природе. Но мы все равно продолжаем мечтать и пытаться создать абсолютно справедливое общество. А это говорит о том, что при всем своем несовершенстве мы склонны к утопизму — это, скорее всего, обусловлено нашим общим прошлым как более или менее равноправных охотников-собирателей. По самой своей природе мы одновременно утописты и антиутописты.

Всеобщность утопии, как и ее противоречивость, как и наша неудовлетворенность ею, отражают глубинные основы нашего поведения, где в равной степени присутствуют генетически укорененные склонности к групповому отбору, с одной стороны, и индивидуальному отбору — с другой. Бурная полемика между эволюционными психологами о том, какая сила берет верх, по-видимому, никогда не решится в пользу одной из сторон: при всех колебаниях от полюса к полюсу истина останется где-то посередине. Наш генотип изобилует противоборствующими силами, возможно из-за «тонкой настройки», которой мы обязаны естественному отбору. Почему же тогда мы должны ожидать, что наше поведение и его структура будут простыми? Э. О. Уилсон объясняет, каким образом естественный отбор работает на то, чтобы утопические мечты оставались не более чем мечтами. Если бы доминировал групповой отбор, сообщество конформистов, скорее всего, стало бы уязвимым для меняющихся условий, включая конкуренцию со стороны соседних сообществ, более разнородных и более склонных к принятию новых стратегий. Добавим, что именно это случилось с якобы утопическим, но негибким в поведении советским блоком. С другой стороны, недостаток конформизма тоже может привести к упадку и гибели общества, а вместе с ним исчезнут и эгоистичные индивиды — продукт индивидуального отбора [Уилсон 2015: 268–269][1]. Пусть совместное принятие пищи не позволяет нам класть «два горошка на ложку», зато в лучших случаях оно приводит к приемлемому компромиссу между двумя противоречащими друг другу побуждениями.

Можно надеяться, что именно такое тонкое равновесие присутствует в семье, собравшейся за столом: для многих из нас это идеальное общество в миниатюре. Семья — это союз, и не только благодаря общему опыту и уникальному семейному языку: члены семьи заботятся друг о друге согласно принципам родственного альтруизма и группового отбора. Учитывая, что у них много об-

---

[1] В глубоком исследовании обращения общества со своими наиболее умными и стремящимися проявить индивидуальность членами Э. С. Рабкин отметил, что сообщества должны уметь держать нонконформистов как в узде, так на случай необходимости и в состоянии готовности [Rabkin 1990]. Один из способов научиться этому — читать и писать утопическую фантастику.

щих генов, мы с уверенностью можем сказать, что они в большей или меньшей степени способствуют своей репродукции в соответствии с основным правилом социобиологии Э. О. Уилсона. Однако, за исключением идентичных близнецов, братья и сестры все же обладают разными генами, а также индивидуальными соматическими рефлексами, которые требуют, чтобы они заботились не только о родственниках, но и о себе. Более того, они соперничают за одни и те же родительские ресурсы, включая пищу[2]. Ритуалы совместного употребления пищи представляют собой утопическое действо, поскольку обычно служат уравновешиванию наших общих и соперничающих интересов.

Совместное употребление пищи, основной акт проявления альтруизма, глубоко укоренилось в культуре и содержит в себе огромную эмоциональную ценность. Именно благодаря этим факторам оно остается значимым до сих пор. В начале времен, по крайней мере, так гласит Библия, Ева поддалась искушению, откусив от рокового плода. После чего протянула плод Адаму. Индивидуальный отбор, или неразумный эгоизм, возможно, побудил бы ее приберечь тайны добра и зла для себя лично, но она предпочла поделиться и плодом, и новым знанием со своим спутником жизни. Какое удовольствие от еды, если мы не можем с кем-то его обсуждать? В Библии за этим немедленно последовал половой акт.

Замятин иронически обыгрывает этот миф. Библейская сцена воспроизводится в «Мы», когда искусительница I-330 заманивает Д-503 в Древний Дом и поит его алкоголем: в Едином Государстве, как и в Эдеме, это считается особо тяжким преступлением. Как сказал мне в личной беседе Г. Керн, Замятин объединяет в одном акте проглатывание, причастие и прелюбодеяние: I-330 соблазняет Д-503, «вливая» ему в рот зеленый ликер во время поцелуя [175]. Д-503 немедленно испытывает и опьянение, вероятно психосоматическое, и момент прозрения относительно

---

[2] В романе Дж. Оруэлла «1984» Уинстон Смит с чувством вины вспоминает, как в период больших лишений требовал и воровал еду у матери и младшей сестры [Оруэлл 1989: 115–116].

природы психологии: ему внезапно становится ясно, что сознание всего лишь тонкая скорлупа, под которой бушует вся остальная психика. Он срывает с I-330 одежду, но она приводит его в чувство прежде, чем он успевает удовлетворить свою сексуальную страсть [175]. В более позднем эпизоде, когда I-330 соблазняет Д-503, она говорит ему: «Ну-с, падший ангел. Вы ведь теперь погибли» [187]. Друг детства Д-503, поэт R-13, также упоминает грехопадение, пересказывая сочиняемое им стихотворение, в котором фигурирует «древняя легенда о рае» — Адаму и Еве был предоставлен выбор: «или счастье без свободы — или свобода без счастья» — и они, «олухи», выбрали свободу и «потом века тосковали об оковах». По словам R-13, Единое Государство вернуло «оковы», о которых мы тосковали с тех самых пор, но это произошло ценой подлинных общих трапез и многого другого [178–179].

Неудивительно, что совместный прием пищи занимает видное место в основополагающих текстах нашей культуры: по общему наблюдению, это универсальная человеческая склонность. Уилсон и Ламсден утверждают, что обычай делиться пищей «в той же степени, в какой любой анатомический признак, лежал в основе [нашего] долгого эволюционного восхождения» [Lumsden, Wilson 1983: 92]. Ткани мозга, особенно в период роста, требуют много энергии: до 60 % калорий от имеющихся при рождении. Таким образом, охота была необходима для умственного развития, которое, в свою очередь, необходимо для более успешной охоты. Примечательно, что, по словам С. Пинкера, «у плотоядных отношение размера мозга к размеру тела больше, чем у травоядных» [Пинкер 2017: 218]. А согласно Р. Л. Келли, «реконструкции эволюции гоминидов давно позволяют предполагать, что свидетельства о совместном употреблении пищи, особенно мяса, имели решающее значение для выявления первых признаков человечности среди гоминидов плиоплейстоцена» [Kelly 1995: 162]. Общие трапезы сыграли роль в синергии событий, которыми порядка двух миллионов лет назад сопровождалось судьбоносное развитие бипедализма. Вертикальное положение не только помогало быстрее освоить территорию, но и освободило нам руки, позволив создавать инструменты и оружие для более успешной добычи пропитания. Хождение на двух ногах также позволяет нам вынашивать родившихся преждевременно детей — то есть всех, учитывая, что младенцы рождаются задолго до того, как смогут самостоятельно ходить. Этот вид адаптации обеспечивает дальнейшее внеутробное развитие черепа, а следовательно, интеллекта. Все эти события привели к появлению социальной организации, включая более выраженную дифференциацию полов и разделение труда, уравновешенное моногамными узами и супружеским договором о совместном использовании добытых ресурсов в рамках ядерной семьи. Вероятно, это непосредственно относилось ко всему племени охотников-собирателей, которое «в действительности является большой семьей» [Уилсон 2015: 134]. Без сомнения, благодаря естественному отбору склонность делиться пищей легко усваивается. Маленькие дети с удовольствием предлагают еду взрослым [Lumsden, Wilson 1983: 11–12]. Совместная трапеза играет определенную роль во многих традиционных ритуалах: русские, например, встречают гостей хлебом-солью.

Переселившись в саванну, наши предки — гоминиды столкнулись с видами, чьи особи превосходили их по размеру, — как с добычей, так и с хищниками. Некоторые палеоантропологи предполагают, что существовала по меньшей мере промежуточная стадия, на которой в пищу употреблялось мясо животных, убитых другими хищниками. Р. Дж. Блюменшайн [Blumenschine 1986] отмечает, что этот процесс тоже требовал совместного труда с определенной степенью специализации, касалось ли это организованной защиты или транспортировки туш на общую площадку. Все это было прекрасно известно Замятину — Благодетель ссылается на эту деятельность, говоря о моменте, когда его утопия наконец будет достигнута: «...осталось только освежевать добычу и разделить ее на куски» [184]. Уилсон отмечает, что, как и все другие животные, которые охотятся на дичь крупнее себя — львы, гиены, волки и африканские дикие собаки, — люди выходили на охоту стаями [Уилсон 2015: 136]; это могло служить дополнительным стимулом к дележу добычи, но наш вид откладывал потребление до тех пор, пока тушу не относили или отволакивали на домашнюю базу [McGrew, Feistner 1992: 236]. Так же ведут себя некоторые общественные насекомые. Очевидно, что людям в этой деятельности помогало наличие у них языка; оно также способствовало развитию общего потребления пищи в гораздо большей степени, чем у других приматов [Уилсон 2015: 137; Isaac 1978].

Охота, в отличие от собирательства, непредсказуемое занятие с неравномерной отдачей. С одной стороны, охотники далеко не всегда могли быть уверены, что им достанется добыча. С другой стороны, успешная охота вполне может принести столько мяса, что его окажется слишком много для самого охотника и его ближайших родственников (обычно в таких обществах охотой занимаются мужчины, а собирательством — женщины). Совместное употребление пищи уравновешивает циклы изобилия и голода. Если добыча оказалась крупной, не всегда есть возможность сохранить излишки мяса для последующего употребления. В этом случае тем более разумно поделиться им с соседями в надежде, что когда-нибудь они отплатят тем же [Kelly 1995: 202]. Как отмечает Пинкер: «За неимением холодильников, единственным надежным местом, где можно сохранить мясо впрок, являются организмы других охотников, которые отплатят тебе тем же, когда повезет им. Это способствует образованию союзов между мужчинами и развитию обмена, который есть во всех обществах охотников и собирателей» [Пинкер 2017: 220]. Он указывает, что «совместный прием пищи во все времена был для людей средством формирования союзов...» [Там же: 424].

Однако не следует чрезмерно идеализировать существующие модели совместного употребления пищи. Прежде всего, большинство родителей знает, что дети не всегда готовы делиться и на самом деле они нередко соперничают за еду, особенно с братьями и сестрами. Как и во многом другом, мы в этом смысле подвергаемся воздействию противоположных сил. Проблема встает более остро, когда речь идет о людях, не связанных родством и не подверженных чувствам родственного альтруизма. Взаимный альтруизм требует уравновешенной взаимности. Люди быстро вычисляют обманщиков и враждебно относятся к партнерам, вклад которых непропорционально мал. Р. Триверс утверждает, что экспансия человеческого мозга стала результатом гонки когнитивных вооружений между потенциальными обманщиками и лентяями, с одной стороны, и «сыщиками», полными решимости стоять на страже взаимного альтруизма, — с другой [Trivers 1985]. Тщательное изучение распределения продовольствия у охотников и собирателей демонстрирует, что оно осуществляется согласно расчетам затрат и выгод, проводимым теми, кто этот провиант поставляет. Примечательно, что эта деятельность сосредоточена в первую очередь на мясе, конечно же, потому, что поставки мяса, как правило, ненадежны. Напротив, стабильно поставляемые продукты, такие как злаки, в меньшей степени служат объектом дележа — в этом нет особой необходимости, что известно всем сторонам. Таким образом, даже в обществах охотников-собирателей утопическое совместное потребление пищи недостижимо. Распределение продовольствия у них все равно строится вокруг биологической семьи; иными словами, под маской группового отбора оно тем не менее благоприятствует родственному альтруизму [McGrew, Fesitner 1992: 236].

Чего обычно нет в замятинских описаниях трапез, так это разговоров. Д-503 упоминает «длинные, стеклянные столы; медленно, молча, в такт жующие шаро-головы» [205]. Тишина стоит полная, в ней слышно лишь, как «потукивает метроном», как и все остальные, Д-503 отсчитывает пятьдесят жевательных движений на каждый кусок, а это, без сомнения, не располагает к беседе. С другой стороны, после того, как попытка захватить «Интеграл» проваливается, сам Д-503 ест молча, но слышит, как I-330 обсуждает с безымянным лысым профессором благородство [274]. Однако это исключение, которое позволяет себе самый деструктивный персонаж в романе и, наверное, во всем Едином Государстве, учитывая, что речь идет о предводительнице Мефи. Общие трапезы удовлетворяют нашу эмоциональную потребность делить свое время и еду с собратьями. Как и универсальность этой формы поведения, общие ощущения, которые она дает, в частности удовольствие, скорее всего, указывают на ее биологическую полезность. Э. Берн постулирует врожденную, «биологическую» потребность в стимулах, особенно в виде социальных контактов, и в упорядоченной, структурированной деятельности. Он отмечает, что нам присущ «страх одиночества (или отсутствия социальных стимулов)» [Берн 2009: 316]. Эта и многие другие потребности удовлетворяются за счет совместных трапез. Разве нас, как Дж. Э. Слассера, не страшит одинокий едок [Slusser 1996], особенно если им можем оказаться мы сами?

По целому ряду взаимосвязанных причин человек, как принято выражаться, общественное животное. Совместная трапеза обычно сочетается с обменом информацией в форме застольной беседы. Среди союзников, тех, кто с большой вероятностью участвует в общей трапезе, как отмечает Пинкер, «цена обмена информацией незначительна». Информация — это «единственный товар, который можно передать кому-то и в то же время сохранить у себя» [Пинкер 2017: 213, 215]. Хотя нежелательно, чтобы информация о ресурсах или другие секреты достигали ушей конкурентов, наличие общеизвестной информации, как правило, избавляет получателя от необходимости приобретать знания методом проб и ошибок, особенно если речь идет об охоте на добычу и избегании хищников. Р. Майло и Д. Квиатт утверждают:

> Разумно было бы предположить, что способность к социальному сотрудничеству, особенно в отношении средств к существованию и репродуктивного поведения, с самого начала эволюции гоминидов находилась под сильным давлением естественного отбора; также представляется разумным, что способность передавать и сохранять внутри групп информацию, касающуюся средств к существованию и воспроизводства, входила при отборе в совокупность социальных моделей поведения [Milo, Quiatt 1994: 334].

Такой ход мысли справедлив и для сегодняшнего дня — вот только в развитых обществах темой застольных разговоров будут, конечно же, не добыча и хищники, а другие вопросы, так или иначе связанные с успешной репродукцией: материальные возможности и угрозы, условия труда, конкуренты на профессиональном, социальном или любовном фронте. «Сплетни во все века и во всех странах были любимым времяпровождением людей, потому что знание — сила», — отмечает Пинкер [Пинкер 2017: 591]. Что характерно, сплетни принимают форму обмена информацией. Часто, если кто-то хочет «покопаться в мозгах» у другого человека, эта асимметричная передача ценных знаний компенсируется каким-то другим способом. Например, кто-то, вероятно, заплатил за книгу, которую вы сейчас читаете. Спасибо ему, кем бы он ни был.

В обмене как ресурсами, так и информацией заложена основа глубокой тяги человека к социализации. Совместное употребление пищи часто помогает нам сплотиться, когда в жизни мы сообща охотимся на крупную дичь: совершаем набег, дурачим противника, заключаем сделку, молимся Богу или пытаемся создать более прочный союз. В любом случае на какое-то время мы распространяем свое чувство групповой принадлежности, свою сферу личных интересов за пределы семьи. Вероятно, культура и окружающая среда сильнее влияют на наше поведение, заставляя поступать так, как мы поступаем, но генетическая эволюция, благодаря нашему долгому существованию в качестве охотников-собирателей, сформировала наши эмоциональные реакции на все эти случаи [Уилсон 2015: 244]. Утопические системы по большей части стремятся вернуть те самые чувства солидарности, общности и удовлетворения. И один из способов — совместные трапезы.

2. Трапеза как утопическое действо

Обычай делиться едой в утопических сообществах, как правило, крайне важен, если не сказать символичен. Часто он принимает форму совместных трапез, иногда из общего котла. Есть ли более естественный способ регулярно объединять группу для близкого взаимодействия, как если бы они были родственниками, расширяя представление о том, что семья, которая ест вместе, остается сплоченной? Совместное питание способствует единению и сотрудничеству.

Поэтому неудивительно, что совместные трапезы так часто описываются в литературных утопиях. В утопических повествованиях часто изображается политика вытеснения ядерной семьи гораздо более широкой и диффузной «семьей» — обществом в целом. Платон в своем «Государстве» отменил семью, запретил частную собственность и призывал жить общим домом и делить общую пищу. При этом он исходил из предположения, что семейная привязанность может помешать преданности государству [Berneri 1950: 17; Booker 1994: 62]. Все эти пункты предвосхищают политику, разработанную, хотя и не обязательно воплощенную в жизнь, вскоре после Октябрьской революции. То же происходит у Плутарха в жизнеописании Ликурга, где граждане идеализированной Спарты по приказу правителя «собирались вместе и ели одни и те же кушанья, нарочито установленные для этих трапез» [Плутарх 1961: 60]. Есть дома категорически запрещалось, чтобы никто не явился на общий обед сытым. «Утопия» Т. Мора оставляет больше простора для биологической семьи и допускает частные трапезы, но и здесь предусмотрены часы, когда вся «сифогрантия», созываемая медными трубами, собирается для общего обеда или ужина. Согласно Мору, все должны делать это охотно из соображений утилитарности: «...считается непристойным и глупым тратить труд на приготовление худшей еды, когда во дворце, отстоящем так близко, готова роскошная и обильная» [Мор 1953: 131]. В своей войне с семьей утопия, обеспечивая доступ к продуктам питания, пользуется «запрещенными» приемами. В «Вестях ниоткуда» У. Морриса (1890) рекламируется превосходящее любой частный дом убранство «общих столовых, которые, само собой разумеется, украшены резьбой и картинами, обставлены изящной мебелью с богатым орнаментом», где «...подаются простые, но изысканно приготовленные блюда» [Berneri 1950: 260].

Конечно, общие трапезы предусматривались не во всех утопических схемах. Так, И. В. Андреэ говорит о «неприятностях и путанице», вызываемых обедами в больших группах; в его Христианополисе («Христианополис, или Описание христианской республики», 1619) разработана комплексная программа распределения продуктов питания, и для граждан «весьма предпочтительно питаться вместе в частном порядке у себя дома» [Там же: 115]. «Путешествие в Икарию» (1840) Э. Кабе предполагает сложный график питания: завтрак на рабочем месте, обед вместе с соседями, живущими на одной улице, и ужин дома [Там же: 229]. Это знакомое разделение может быть предназначено для подчеркивания разных уровней групповой принадлежности. Так, в западных обществах принято проводить ланч вместе с коллегами или одноклассниками. В книге Э. Беллами «Через сто лет» (1888) у жителей утопии есть выбор — питаться дома или в общественной столовой: «Каждая семья округа, за небольшую годовую плату, имеет в этом большом здании отдельную комнату для своего постоянного и исключительного пользования» [Беллами 1891: 142].

Люди, осуждавшие утопию, как правило, строили баррикады на домашней кухне и вели оттуда свои пародийные атаки, чаще всего живописуя не семейные совместные трапезы, а организованное питание населения, гораздо более многочисленного, чем племена охотников-собирателей. Так, Аристофан в комедии «Женщины в народном собрании» высмеивает «Государство» Платона; в частности, иронично замечает: «Где судебный был двор и присутственный дом, там отныне столовые будут» [Аристофан 1983: 372].

Кроме того, в антиутопии принимаются отдельные меры, чтобы искоренить спонтанность и веселость трапезы. Так, брошюра Е. Рихтера «Социал-демократические картинки будущего» (1893) содержит подробное описание «новых государственных кухонь». Жителям Берлина предписывается обедать и ужинать в столовой своего участка. Полицейские направляют посетителей на места за общими столами и строго следят за размером порций и временем, проведенным за столом. Хотя еда при этом распределяется точно поровну, времени для разговоров, то есть для настоящей социализации, не остается. По сравнению с этим оруэлловская столовая Министерства Правды, с ее теснотой за столами и осторожными разговорами на новоязе, поистине пример радостного застолья. Задача этих зарегламентированных приемов пищи, как, собственно, и всего романа «Мы», — осмеять самую идею регулируемого коллективизма.

Но являются ли общественные столовые такой уж крайностью? Подумайте, какая высокая степень сотрудничества и, бесспорно, самомеханизации требуется, чтобы организовать самую обыкновенную трапезу. Все стороны должны прийти к полному согласию в том, что касается участников, места, времени, блюд, мест за столом, приборов, порядка и темпа подачи. Обычный общий разговор требует тщательного распределения времени для реплик, но за столом в процесс включено еще и поглощение блюд и напитков. Более того, у русских принято, чтобы все выпивали одновременно; так же и на Западе сотрапезники произносят тосты и чокаются бокалами — таким образом достигается не только физиологическая, но и идейная общность. Так мы получаем от еды больше удовольствия.

Такое же коллективное удовольствие могут доставлять и другие формы синхронизированного поведения, например групповой танец или прогулка. Фильм или концерт всегда приятнее смотреть в переполненном зале, чем в одиночку по телевидению — очередным доказательством нашей социальной природы служит то, что за первое мы охотно платим, покупая билеты, второе же, как правило, ожидаем получить даром. И кроме того, непреходящей популярностью, особенно в США, пользуются марширующие оркестры, которые по слаженности движений приближаются к замятинским нумерам, совершающим прогулку под Марш Единого Государства: «Мы шли так, как всегда, т. е. так, как изображены воины на ассирийских памятниках: тысяча голов — две слитных, интегральных ноги, две интегральных, в размахе, руки» [222]. Д-503 восторженно описывает этот обычай, а позже отмечает, что ему жаль читателей, которые не испытали радости участия в массовых митингах, собирающихся, чтобы лицезреть публичную казнь на Площади Куба [170]. Позже, когда уже бушует революция, I-330 в момент отчаяния насмехается над безучастной толпой, заявляя, что Единое Государство заставляет граждан даже спать «организованно, в такт, похрапывая» [277]. По-видимому, они ощущают удовольствие, а также безопасность, оттого что их много.

Конечно, при социально синхронизированном поведении, если что-то выходит за рамки общего порядка, человек оказывается на грани скандала или по крайней мере заставляет всех нас остро осознать то, что мы прежде принимали не задумываясь. Ближе к концу романа Д-503 совершает именно такую оплошность, делая рассеянную паузу посреди завтрака. В редком для Единого Государства порыве альтруизма его сосед рискует нарушить молчание и испуганно шепчет: «Да ешьте же! На вас смотрят!» [284]. Эта выходка также говорит о том, что спонтанное поведение в Едином Государстве практически не допускается. Если обычнейшая пауза вызывает такой испуг, то в утопии мало места для таких людей, как мы.

Случайное размещение за столами во время еды, при котором Д-503 не знает буквенно-цифрового имени своего соседа, также имеет большое значение. Порядок, в котором едоки рассаживаются за столом, служит настолько общепринятым символом социального согласия — достигаемого, как при заключении сделки или договора, или уже достигнутого, как за семейной или приходской трапезой, — что мы нагружаем его дальнейшими ожиданиями и другими, в основном неписаными правилами. Постыдная история расовых и кастовых законов указывает, что обычно мы позволяем есть вместе с нами лишь тем, кого считаем практически равными. Эта условность не препятствует определенному иерархическому ранжированию за столом, будь то дипломатический прием с главами государств на почетных местах или обычное семейное собрание с родителями по оба конца стола. По сути, чтобы занять свое законное место за столом, требуется приложить немало усилий. Дисгармоничное поведение запрещено протоколом, и даже с врагом за столом нужно обращаться учтиво. Когда передается трубка мира, топор войны должен быть зарыт, а лучшим ритуалом, чтобы зарыть топор войны, служит совместная трапеза. Когда киевский князь Владимир, раскаявшись, освобождает Илью Муромца из тюрьмы, он усаживает его с собой за стол. А в стихотворении Пушкина «Пир Петра Первого» основатель современного Российского государства отпускает «виноватому вину» и скрепляет примирение с политическим врагом, пируя с ним во дворце [Пушкин 1959: 449].

Застолье как символ идеального, почти эгалитарного государства закреплено в европейском сознании мощными архетипами. Научные конференции организуются по образцу, заданному «Пиром» Платона, — иначе почему докладчики обычно сидят за столом, покрытым скатертью и уставленным стаканами с водой? Участники знаменитого платоновского пира не только обменивались своими воззрениями на любовь, но и сами демонстрировали ее в братской манере, когда каждому давалась возможность изложить свои взгляды, хотя часто и сопровождаемые дружеским подтруниванием. По словам Дж. Р. Скойлза, сцены, подобные этой трапезе, радуют нам душу именно потому, что они напоминают о некоторых чертах свободно организованных обществ охотников-собирателей, где все участники более или менее равны и где вклад каждого в общий дискурс приветствуется [Skoyles 1990: 333–335]. В этом проявляется также то, что Уилсон называет тоской «о возвращении к более простому существованию» [Уилсон 2015: 148]. Как мы увидим, общая потребность утопических движений состоит в том, чтобы воссоздать именно архаические черты, и важно, что платоновское понятие утопического общества было создано именно в то время, людьми, порожденными этим временем, и, возможно, в типичной для них обстановке. Без сомнения, именно это и имел в виду Ф. В. Булгарин, первый русский утопист, когда в 1824 году с любовью писал о «пиршествах Древних, где ум и сердце так же наслаждались, как и чувства» [Булгарин 1824: 137].

Ближе к наследию русского православного христианства евангельская Тайная вечеря, которая, собственно, представляла собой трапезу в честь еврейской Пасхи (Седер). В то время как в западном христианстве она служит визуальным напоминанием о происхождении идейных наследников Христа, в русской иконографии Тайная вечеря — мало распространенный сюжет. Сходным образом церковные украшения напоминают о плоде виноградной лозы, который Иисус предложил апостолам как предвкушение рая, где они будут пить с ним новое вино, подобно тому как совершали Пасху в Иерусалиме (Мф 26: 26–29; Лк 22: 29–30). Намек на эту обещанную райскую трапезу сдержится и в «Мы», в насмешливом замечании поэта R-13 о том, что Единое Государство достигло истинного Рая на Земле: «Древний Бог и мы рядом, за одним столом» [178]. Лишь позже мы узнаем, что он принадлежит к мятежным Мефи (ассоциирующимся с Мефистофелем). Это виде́ние R-13 иронически сбывается. В конце романа лоботомированный Д-503 сидит за столом рядом с Благодетелем, которого до этого неоднократно сравнивал с Иеговой, и вместе с ним наблюдает, как пытают I-330 [293]. Пресуществленные в тело и кровь Христовы хлеб и вино из общей чаши применяются в таинстве причастия как в православной, так и в католической и епископальной церквях. Тайная вечеря определила порядок традиционной христианской службы. Она также продолжила почти универсальную традицию, ставившую в центр священного обряда принесение в жертву и употребление пищи, будь то растительной, животной или в данном случае человеческой. Попутно можно отметить, что Д-503 ссылается на эту традицию, когда сравнивает доносы на своих близких, друзей и на самих себя с жертвами, приносимыми в древней церкви «на алтарь Единого Государства» [164].

Последний Седер Иисуса также послужил прообразом для стола святого Грааля и, что неизбежно, сформировал наше массовое представление о мифическом Круглом столе короля Артура в Камелоте. Вопреки первым упоминаниям более поздние авторы нередко утверждают, что число собиравшихся за столом рыцарей равнялось апостольским 12 или 24, а монарх восседал среди них как первый среди равных [Schmolke-Hasselmann 1982]. Круглая форма стола не ставит ни одного присутствующего в невыгодное положение; то же самое относится к докладчикам на академических дискуссионных форумах, называемых круглыми столами. Кроме того, стол объединил рыцарей в необычайно мощный символ братского взаимодействия, где англосаксонский и, вероятно, универсальный топос пиршества выступает как вещественная форма «идеального эпического социума» [Мельникова 1986: 16].

3. Идеальная трапеза по-русски

Безусловно, круглый стол на протяжении столетий был мощным фактором влияния в европейском фольклоре, а потом и в литературе. В наиболее идеализированной форме он изображался во Франции и особенно в Германии[3]. Может быть, сведения об этом явлении каким-то образом дошли и до слагателей русских былин? Былины, как и их западные аналоги, нередко начинаются и/или заканчиваются описанием великого князя Владимира, сидящего со своими богатырями за столом дубовым «во стольном городе во Киеве». Высказываются предположения, что стол действительно был круглым, а число богатырей должно было составлять ту самую апостольскую дюжину[4].

Хотя едва ли требовалось какое-либо внешнее влияние, чтобы русские придавали такое большое значение обеденному столу в стране, которая, как известно, страдала от голода вплоть до нынешнего столетия. Обратим внимание на этимологические ассоциации слова «стол», включающие, помимо прочего, «пре*стол*» [Преображенский 1914: 391]. Центром типичной крестьянской избы всегда служила большая дровяная печь, и семья часто ела из общей миски, за исключением невесток [Stites 1989: 210]. Сегодня гостя сразу же усаживают за стол, ломящийся от закусок и, скорее всего, водки. Кому «*Стол*ичной»?

Главный принцип, действующий за «столом дубовым», — совместное употребление пищи. Когда богатыри, например Добрыня Никитич или Василий Буслаевич, возвращаются домой «закручинившись», матери задают им ритуальный вопрос:

---

[3] Б. Шмолке-Хассельманн полагает, что «с учреждения Круглого стола в 1154 году артуровский идеал, вероятно на протяжении веков, оставался движущей силой британской политики» [Schmolke-Hasselmann 1982: 68]. Как указывает Шмолке-Хассельманн, другие великие императоры и завоеватели также создавали круглые столы, вероятно из чисто политических соображений, — в этот список входят Александр Македонский, царь Соломон, император Константин, Карл Великий и Наполеон [Schmolke-Hasselmann 1982: 60].

[4] См. былину «Илья Муромец и Калин-Царь» [Былины 1988: 126–127].

Знать, место было тебе не по́ чину,
Знать, чарой на пиру тебя прио́бнесли,
Аль дурак над тобой насмеялся-де?[5]

Как и Круглый стол в Британии, «стол дубовый» князя Владимира, по всей видимости, пропагандировался, чтобы утишить постоянные междоусобицы, терзавшие Киевскую Русь. В обеих традициях акцент делается на этикете. Король Артур, прежде чем приступить к еде, ждет, пока все гости не будут обслужены, — обычай, практикуемый в некоторых странах и сегодня. Богатыри, входя в княжескую гридню, кланяются на все четыре стороны. Всегда учтивый князь Владимир заботится о том, чтобы никого не обидеть, предлагая каждому на выбор три места: рядом с собой, напротив себя — или там, где гость хочет сесть! Но он управляет стаей едва сдерживаемых львов. Впервые приехав в Киев, Илья Муромец отстаивает свое законное место в фольклорном пантеоне, оттесняя всех остальных богатырей на один конец стола, пока не оказывается напротив князя Владимира. Взбешенный Алеша Попович бросает в него нож. Илья завершает сюжет, ловя оружие на лету и вонзая его в дубовый стол.

Величайшая икона России также использует образ совместной трапезы для успокоения внутренних распрей. «Троица» Андрея Рублева изображает посещение ангелами Авраама и Сарры. На самом деле ангелы (если смотреть слева направо) — это Отец, Сын и Святой Дух, и как Троица они предвосхищают и Новый Завет, и божественную трапезную на небесах, о которой говорит R-13. Хотя это весьма распространенный сюжет икон, образ Рублева отличается особой, поразительной безмятежностью и гармонией. Все три ипостаси Бога едят из общей чаши, восьмиугольная форма и золотистый цвет которой повторяются в ширящихся кругах скамьи для сидения и склоненных головах ангелов. Это успокоение.

Семейные обеды также обрамляют обширное пространство «Войны и мира» Л. Н. Толстого. В XV–XVI главах первой части

---

[5] См. былину «Добрыня Никитич и Змей» [Былины 1988: 50].

первого тома описан званый обед в семье Ростовых по случаю именин Наташи, где не происходит никаких драматических событий, разве что 13-летняя Наташа встает, чтобы спросить, «какое пирожное будет». Она, конечно, получает ответ, и именно к этой обретенной Итаке мы возвращаемся почти поколение спустя, в первом эпилоге, когда Ростовы и Болконские воссоединяются, чтобы отпраздновать именины Николая. Здесь, как мы видим, отражено не увязание в быте, а глубокое эмоциональное удовлетворение. Успокоение, по крайней мере для главных героев.

В социалистических представлениях об утопическом будущем символом жизни, прожитой долго и счастливо, тоже служат общие трапезы. У Н. Г. Чернышевского в романе «Что делать?» (1863) Вера Павловна видит сон: «Пенится в стаканах вино; сияют глаза пирующих» [Чернышевский 1966: 393]. Позже мы узнаем, что зал может одновременно вместить целую тысячу членов сельской коммуны. Благодаря чудесам современной техники в виде столов с паровым подогревом персонал не нужен; вот мы и достигли уровня столовой самообслуживания. По словам Р. Стайтса, эта сцена многократно воспроизводится в прокоммунистической научной фантастике, созданной сразу после революции. В романе Я. Л. Ларри «Страна счастливых» (1931) жители утопии едят под звуки музыки в «секторе коммунального питания», который состоит из открытых веранд ресторанов на берегу озера [Ларри 1931: 42]. Примерно так же, как и в «Мы», музыка задает ритм одновременному выполнению гражданами всех действий, наяву или во сне, в рассказе Е. Д. Зозули «Граммофон веков» (1919) [Stites 1989: 184][6]. Некоторые из этих представлений просто абсурдны, как, например, в «Мистерии-буфф» (1918–1921) В. В. Маяковского. В этом большевистском пересказе истории о Всемирном потопе, когда рабочие добираются до Земли обетованной, им навстречу выбегают хлеб, соль и другие продукты питания: они сами себя произвели и готовы к употреблению. Конечно, неудивительно, что во время Граждан-

---

[6] См также [Stites 1989: 152, 169, 177, 185].

ской войны, когда за пределами театра на улицах Петрограда царил настоящий голод, зрители мечтали о молочных и медовых реках.

4. Сорванная трапеза

Из-за мощных положительных коннотаций совместного приема пищи нарушение этого идеала переживается особенно остро. Трапезы и сами могут приводить к разрушительным последствиям, так как связанные с ними ожидания слишком высоки. Ж. Бургойн и Д. Кларк отмечают, что часы приема пищи бывают мучительны для неблагополучных семей, поскольку в это время «надежды на счастливую семейную жизнь сталкиваются с реальностью» [Burgoyne, Clarke 1983: 152]. Согласно Р. Эллис, насилие в семье часто провоцируется тем, что зачинщик ожидает готовой еды [Ellis 1983]. Марксисты ополчались на домашнюю кухню во многом потому, что желали освободить женщин от домашнего рабства, в том числе от стряпни. В 1919 году Ленин заявлял, что женщины находятся в угнетенном положении, потому что на них свалено все домашнее хозяйство, включая уход за детьми и приготовление пищи [Ленин 1970]. Формализованная трапеза — это жизнь на своего рода пьедестале, поэтому она особенно уязвима, так как при вторжении безжалостной реальности падение более болезненно. И сорванный обед часто противостоит фантастическим идеалам, утопическим мечтам или удобствам, которые мы считаем само собой разумеющимися: так, в фантасмагорическом фильме Л. Бунюэля «Скромное обаяние буржуазии» (1972) три пары делают несколько попыток нормально пообедать вместе, но это им так ни разу и не удается.

«Незваный гость хуже татарина». В этой русской пословице выражена подлинная тревога. Татары, сборщики податей, отряды вербовщиков были бичом средневековых застолий, пока не были приняты законы, запрещающие незваным чиновникам посещать праздники [Smith, Christian 1984: 82–83]. Незваный гость, срывающий застолье и тем самым приводящий в движение сюжет, —

классический топос народных нарративов. Таковы Грендель в «Беовульфе», Зеленый рыцарь в средневековом романе «Сэр Гавейн и Зеленый рыцарь», злая фея в «Спящей красавице», а порой и сам богатырь, Добрыня Никитич или Василий Буслаевич, не внявший предупреждению матери не ходить на пир к князю.

У Достоевского, главного предшественника Замятина в русской антиутопической мысли, образ нарушителя застолья используется как очередной выпад против утопической схемы Чернышевского. Во второй части «Записок из подполья» пространно повествуется о том, как рассказчик нежеланным гостем заявляется на прощальный обед в честь старого школьного товарища, которого он ненавидит. Он пытается испортить вечер грубым поведением, но, хотя он расхаживает по комнате в течение трех часов, никто не обращает на него внимания. При этом он искренне желает, чтобы другие гости его заметили и приняли в компанию, — в этой противоречивости и состоит существенная часть возражений Достоевского против упрощенных представлений Чернышевского о человеческой природе.

В «Мы» общая трапеза также прерывается внешним вторжением: чтобы взрывом проделать брешь в Зеленой Стене, Мефи выбрали самый подходящий для них и неурочный для послушных нумеров час, когда те заняты обедом. Общая слаженность Единого Государства полностью разрушена. При звуке взрыва Д-503 видит «выцветшие лица, застопоренные на полном ходу рты, замерзшие в воздухе вилки». Наступает полный хаос: «...все вскочили с мест (не пропев гимна) — кое-как, не в такт, дожевывая, давясь, хватались друг за друга» [284]; этикет быстро уступает место весьма выразительному языку тела.

Хрупкая церемония обеда не застрахована даже от приглашенных гостей. Приличия всего лишь непрочная оболочка, под которой таятся истинные чувства, и это напоминает признание Ивана Карамазова, сделанное за обедом Алеше, о том, что человек должен любить ближнего, но как раз ближнего-то любить невозможно. Прореха в социальной ткани кажется еще больше, когда эта ткань рвется за столом, как в сцене скандала у отца игумена в начале «Братьев Карамазовых». В «Преступлении и наказании» похороны Мармеладова превращаются в фарс, когда на бесплатное угощение заявляются посторонние «полячишки», даже не знавшие покойного, и Катерина Ивановна начинает вслух высказывать свою «нелюбовь к ближнему». Худшее еще впереди, но и этого достаточно, чтобы задаться вопросом, подразумеваемым у Достоевского: какая может быть утопия с такими буйными сотрапезниками?

На самом деле идеализированные обеды далеки от идеала. Алкивиад практически превращает платоновский пир в состязание, кто больше выпьет. Ни рыцари короля Артура, ни богатыри князя Владимира не ведут себя как апостолы: так, Алеша Попович пытается увести жену Добрыни, хотя это ему удается хуже, чем сэру Ланселоту с королевой Гвиневрой. Поскольку у нас совсем другие ожидания от застолья, мы острее ощущаем предательство, когда в «Гибели богов» Р. Вагнера Хаген по время трапезы охотников бросает копье в спину Зигфрида; когда пушкинский Сальери подсыпает яд в чашу Моцарта и предлагает выпить за их дружбу; когда в «Визите старой дамы» Ф. Дюрренматта Клара на праздничном обеде, устроенном в ее честь гражданами Гюллена, предлагает им награду за убийство ее бывшего любовника. Наконец, подумайте, как Иисус подчеркивает грех Иуды, называя предателя «обмакивающий со Мной в блюдо», по сути, совершающий первое христианское причастие: «...лучше было бы тому человеку не родиться» (Мк 14: 20–21).

Бывает так, что общая трапеза сулит даже слишком много хорошего. В «Братьях Карамазовых» предлагаемое Великим инквизитором подобие церковной трапезы, где сочетаются хлеб, единение и чудеса, — это приглашение, от которого мы должны отказаться, обед, который мы должны сорвать. Он грозит смертью нашим душам. Примечательно, что Великий инквизитор предлагает только насильственное разделение пищи: ведь он убежден, что «свобода и хлеб земной вдоволь для всякого вместе немыслимы, ибо никогда, никогда не сумеют они разделиться между собою!» [Достоевский 1976: 231]. И именно политика Великого инквизитора определяет обстановку в замятинской столовой.

5. Жизнь в общественной столовой

В «Легенде о Великом Инквизиторе» Достоевский предугадал многие черты будущего Советского Союза, но его предупреждениям почти никто не внял. Вскоре после Октябрьской революции новое правительство разослало приглашения на общую трапезу. Из-за лишений Гражданской войны в общественных столовых некоторым предоставлялось бесплатное питание. Весьма вероятно, это «приглашение» касалось и Замятина, и других многострадальных писателей, нашедших убежище в петроградском Доме литераторов.

Когда кризис миновал, общественная столовая из места, где оказывалась помощь нуждающимся, превратилась в «социальный конденсатор» для «нового советского человека». В 1930 году Эль Лисицкий утверждал, что приготовление пищи должно быть перенесено из частной отдельной кухни в общую кухню-лабораторию, обед — в общественные столовые [Лисицкий 2019: 39]. Государство было с этим согласно: в том же году оно задалось целью заставить половину населения питаться в столовых; это составляло важную часть его деятельности по разрушению традиционной семьи [Корр 1970: 106].

Частная кухня, неразрывно связанная с семейной общей трапезой, снова и снова всплывает в советском архитектурном дискурсе; все понимали: чтобы революция привела к утопическому коммунизму, с этими явлениями нужно как-то бороться [Stites 1989: 201]. Согласно Э. С. Синглтон, «марксистская теория предполагает распад частного домохозяйства и замену его коллективной домашней экономикой» [Singleton 1997: 106]. Очевидно, что кухня была стержнем домашнего хозяйства. И весьма характерно, что главная конфронтация лидеров США и СССР времен холодной войны (пресловутые «кухонные дебаты» 1959 года между Р. Никсоном и Н. С. Хрущевым) была спровоцирована выставкой американской бытовой техники в Москве.

Слова «Объявлена война кухням» из «Зависти» Ю. К. Олеши (1927) делают портрет Андрея Бабичева, директора треста пищевой промышленности и создателя величайшей в мире общественной столовой, также сатирой на советскую политику насильственно насаждаемого совместного питания: «Ему хотелось бы самому жарить все яичницы, пироги, котлеты, печь все хлеба. <...> Кустарничанию, восьмушкам, бутылочкам он положит конец. <...> Если хотите, это будет индустриализация кухонь» [Олеша 1974: 15–16]. Одним из способов избавиться от отдельных частных кухонь было просто перестать их строить. План построения социализма в книге Л. М. Сабсовича «СССР через 15 лет» (1929) не предусматривал покупки и приготовления еды, домашних трапез и кухонь [Stites 1989: 199]. Таким было пресловутое проектирование «жилых ячеек», квартир, рассчитанных на одного человека: «...простая ячейка с минимальной площадью для кровати и рабочего стола» [Kudriavtsev, Krivov 1987]. Вот вам и жизнь в общежитии, подобном замятинским стеклянным кабинкам без кухонного оборудования. Как считали некоторые проектировщики, семье, собравшейся за общим обеденным столом, не было места в будущем. Вместо этого должны были быть построены более крупные и эффективные предприятия общественного питания, которые получали бы преимущество в распределении ограниченных запасов продовольствия, особенно мяса. Это было очевидно любому, кто сравнивал предложения общепита с тем, что было доступно на государственных рынках. Планы по механизации столовых доходили до крайности. Манифест Н. Кузьмина «Проблема научной организации быта» (1930) призывает к стандартизации всех видов деятельности, включая время приема пищи. Он отводит всего пятнадцать минут на завтрак, тридцать — на обед и двадцать пять — на ужин [Кузьмин 1930]. Уместно еще раз отметить, как мало драгоценного времени остается для подлинной социализации, то есть разговора во время еды. «Мы», написанный десятью годами ранее, удивительным образом предвосхищает эти идеи.

Но чем все-таки так плоха жизнь в столовой? Люди едят в этих заведениях по собственной воле, но обычно лишь время от времени, а не постоянно. Обед или, точнее, прием пищи в общепите — слишком безразличное, слишком анонимное занятие. У Рихтера берлинцы будущего рассаживаются случайным образом, там, куда их направляют полицейские. Обратите внимание, что в «Мы» нумера сидят за длинными стеклянными столами — обстановка не способствует непринужденному общению.

Благодаря чисто человеческим преимуществам общих трапез при социализме русские были готовы на многое — например, стоять в бесконечно длинных очередях, — лишь бы обеспечить себе возможность питаться дома, с семьей. Так было всегда, несмотря на высокие цены на продукты питания и на то, что по технике и эффективности государственный общепит намного превосходил домашние кухни. Подобно богатырям князя Владимира, мы хотим знать, каково наше место за столом. И это, скорее всего, место среди родственников. Вспомним счастливый конец «Руслана и Людмилы», когда князь Владимир сидит за столом: «Запировал в семье своей» [Пушкин 1960а: 84].

Да, мы действительно любим застолья с друзьями и новыми знакомыми, но это особые случаи, когда подается исключительная, праздничная еда, и посещаем мы их лишь по собственному желанию. Мы ни в коем случае не хотим сказать, что единственный вид застолий, способный к длительному выживанию, — тот, в котором участвуют только кровные родственники. Иногда организация совместного питания оказывалась успешной, например во многих утопических коммунах. Исследование Р. М. Кантер, посвященное успешным и неудачным американским утопиям, помогает нам увидеть как границы утопических склонностей, так и то, что представляется их биологической основой. В первую очередь она отметила, что жизнеспособность этих групп положительно соотносится с действием механизмов вовлеченности, «социальных практик, которые способствовали формированию и сохранению вовлеченности членов групп» [Kanter 1972: 75]. К ним относятся формы совместного пользования имуществом, упорядоченные групповые контакты, вклад в общие начинания, однородность членов группы, географическая изоляция и охрана границ, обезличивание, сочетающееся с иерархическим ранжированием участников, поддержание тайны руководящей верхушкой, чувство превосходства, жертвенность, отречение, исповедь, наставничество, групповые ритуалы общения и, наконец, коммунальное жилье и трапеза.

Выделенные Кантер механизмы вовлеченности представляют собой по большей части общие места литературных утопий. Все это можно найти и в «Мы», но с антиутопическим эффектом, который отталкивает читателя от вовлеченности в группу. По сути, эти механизмы преувеличены до бесчеловечности. Как обнаружила Кантер, в сообществах, просуществовавших более одного поколения, использовались не все вышеупомянутые принципы. Это говорит о том, что количество подобных механизмов, которые мы готовы выдерживать в долгосрочной перспективе, имеет биологический предел [Там же: 132]. Мы не полностью эволюционировали от режима индивидуального отбора к групповому отбору. И из всех этих механизмов совместный прием пищи обладает самой низкой корреляцией с успехом. Существует также вопрос, до каких границ доходят сами эти меры. Поучителен опыт израильских кибуцев, вероятно крупнейшего утопического начинания, увенчавшегося успехом. Кибуцники едят в общих залах, но, несмотря на попытки растворить ядерную семью в более многочисленном собрании, близкие родственники, как правило, сидят вместе за отдельными столами [Cronk 1999: 213].

Очевидно, что все принципы социализации основываются на том, что вовлеченность должна быть добровольной. П. Филдхаус утверждает, что общая неудовлетворенность едой в столовых, больницах и других строго регулируемых предприятиях общепита обусловлена кажущимся отсутствием выбора; это так даже в тех случаях, когда посетителю предлагается более широкий ассортимент, чем при домашнем питании, которое все равно остается гораздо предпочтительнее [Fieldhouse 1986: 78]. Одним из основных преимуществ совместного питания и вытекающего отсюда разделения труда служит большее разнообразие продуктов питания при каждом приеме пищи [Isaac 1978: 100].

Кантер также предполагает, что численность групп имеет естественный предел. Когда число участников переваливает за сотню, возникают проблемы. Самые успешные современные коммуны насчитывают в среднем около тридцати человек; по оценке Р. Келли, в обществах охотников-собирателей это число составляет от двадцати пяти до пятидесяти [Kelly 1995: 25]. Нетрудно понять, как это соотносится с застольем. Гораздо вероятнее, что вы будете чувствовать себя непринужденно со своими сотрапезниками и получать удовольствие от беседы, не говоря уже о том, чтобы установить с ними эмоциональную связь, в том случае, если хорошо их знаете — а это требует повторяющихся личных контактов с ограниченным числом людей. Утопический импульс состоит в том, чтобы распространить чувство семейной принадлежности и взаимный родственный альтруизм за пределы круга кровной родни. К неродственникам можно относиться как к родственникам, но лишь тогда, когда их примерно столько же [Kanter 1972: 119]. Иными словами, неродных можно смешивать с родными и относиться к ним точно так же, но только до известного предела. Конечно, все эти особенности полностью согласуются с положением Уилсона о том, что формы общественной организации в гипертрофированном виде повторяют те, что существовали в кланах охотников и собирателей, а также с моим выводом о том, что утопии не мешало бы подражать этим первобытным обществам[7].

Например, в Едином Государстве отсутствуют структуры, способствующие спонтанному сотрудничеству. По словам Р. Триверса, важными предпосылками для взаимного альтруизма служат «низкая плотность населения, жизнь в небольших, взаимозависимых и стабильных социальных группах и длительный

---

[7] Напротив, успешные утопии, по Кантер, складываются из добровольцев, которые, скорее всего, останутся вовлеченными в группу, если они совпадают со своими товарищами по идеологии или общему происхождению, как в монастырях или общинах русских духоборов. Примечательно, что это не распространяется автоматически на потомков коммунаров: те, как правило, уходят. Утопического социального фона недостаточно для преодоления явно врожденных побуждений к самоотбору. Уилсон считает, что общество может реформировать себя само даже в утопические сообщества, но это сопряжено с большими и постоянными затратами на обучение [Уилсон 2015: 219].

период родительской заботы, предполагающий тесные контакты с близкими родственниками в течение многих лет» [Trivers 1985: 386]. Высокая плотность населения в Едином Государстве ведет к отчуждению нумеров, особенно когда не допускается формирование стабильных социальных групп. Возможно, это результат произвольного рассаживания за столами и случайных нарядов в аудиториумы. На своем рабочем участке Д-503 отличает от прочих только Второго Строителя. Когда в результате несчастного случая на производстве с десяток работников превращается в пар, никто даже не вздрагивает. Как мы увидим далее, нумерам отказано в праве воспитывать детей, не говоря уже о какой-либо связи с родственниками или даже представлении о них. В учителя детям тоже назначается не человек, а машина; к сожалению, Д-503 и его одноклассники все равно относятся к роботу Пляпе как к приемной матери. Триверс говорит: «Ожидается, что взаимный альтруизм будет развиваться, если два человека общаются достаточно длительно, чтобы часто обмениваться ролями потенциального альтруиста и реципиента» [Там же: 393]. Единственный, с кем длительно общается Д-503, — это его бывший одноклассник R-13. Их общая сексуальная связь с О-90 продолжалась достаточно долго, чтобы Д-503 начал воспринимать этот странный любовный треугольник как семью. Важно, что ближе к концу романа Д-503 проявляет некоторый альтруизм по отношению к О-90. Он соглашается выполнить ее просьбу о незаконном оплодотворении, чем берет на себя вину в тяжком преступлении, а позже устраивает, чтобы ее отвели в безопасное место. Но эти действия исключительны в Едином Государстве, где единственным потенциальным альтруистом выступает режим. Государственная политика диктует правила жизни для инфантильного потребителя. Примечательно, что в столовой отсутствует какое-либо представление о дарении или обмене. Пища просто делится между нумерами, пусть и поровну. Вместо культуры гармоничного сотрудничества утопия создала государство всеобщего благоденствия с ценностями, характерными для трущоб.

Таким образом, большинству читателей легко понять, почему общества, подобные замятинскому, с десятимиллионным населением и непредсказуемой рассадкой за обедом, оказываются дисфункциональными, — по крайней мере, так считает большинство читателей. Вместо того чтобы стремиться сплотить население, правительство, похоже, использует принцип «разделяй и властвуй». Мало того что личное время, в которое можно было бы завязывать дружеские отношения, ограничено всего двумя часами в день — режим как будто растворяет и разрушает личные отношения другими формами случайного выбора. Нумера получают наряды на собрания в аудиториумах явно на случайной основе; этот порядок противоречит принципам эффективности, провозглашаемых во всех других сферах деятельности Единого Государства: ведь каждый наряд требует отдельного назначения и уведомления для каждого из десяти миллионов жителей. Кроме того, они должны отыскивать дорогу в предписанное место — иногда это довольно далеко. Когда Д-503 и О-90 в послеобеденный личный час отправляются на прогулку под Марш Единого Государства, в одном ряду с ними оказываются два незнакомых нумера, — по-видимому, эти ряды, как и многое другое, формируются произвольно. Организация жилого пространства дает еще одну возможную причину для недовольства. Нумера живут в стандартных кабинах в соответствии с их буквенно-цифровыми именами: нечетные — по одну сторону коридора, четные — по другую. Таким образом, лысого соседа Д-503, скорее всего, зовут Д-501 или Д-505 — об этом можно догадаться, судя по номерам комнат в коридоре I-330 [286]. Как ни странно, Д-503 даже не пытается угадать имя своего соседа. Соседство здесь организовано таким образом, что оно никак не влияет на человеческие отношения. Поскольку женские имена начинаются с гласных, а мужские — с согласных, эти буквенно-цифровые обозначения комнат предполагают разделение жилого помещения по половому признаку, как планировали некоторые архитекторы раннего советского периода. Есть и еще более неприятная ассоциация. Каждому нумеру отведена отдельная спальня — для советского человека это большая роскошь, хотя идентичность кабинок, несомненно, напоминает читателю соты улья — аналогия, обычная для централизованно планируемого государства. Но стены, потолки и полы сделаны из прозрачного стекла. За исключением сексуальных дней, когда нумера имеют право пользоваться шторами, вся жизнь проходит на виду, вплоть до «хрустально-сияющей ночной вазы», о которой упоминает Д-503 [183][8]. За прозрачными стенами граждане Единого Государства должны чувствовать себя как в казарме — или тюрьме. Ни о какой личной жизни не может быть и речи. Отсутствует и какая-либо разумная степень индивидуальности. Подобно заключенным в тюрьмах, все нумера ходят с бритыми головами и носят одинаковую одежду — юнифы; если они чем-то и отличаются друг от друга, то только чертами лица и телосложением, причем в будущем планируется ликвидировать и эти различия. Глядя сквозь стеклянные стены, Д-503 видит как будто самого себя, повторенного тысячу раз, — на самом же деле это его незнакомые сограждане [160].

В результате Д-503, хотя и живет в гуще людей, имеет очень ограниченный круг личных знакомств. Он ни разу не упоминает о разговорах с соседями. Глядя друг на друга, он и человек, живущий в соседней комнате, как будто не узнают друг друга; несмотря на то что они, вероятно, соседствуют много лет — учитывая, что место проживания определяется именем, — они продолжают вести себя как незнакомые. Присутствие Хранителей, всегда готовых предупредить «мыслепреступление», и наличие над тротуарами «мембран» для записи уличных разговоров, конечно же, препятствует обмену информацией [174]. Лишь после того как Мефи срывают День Единогласия, проголосовав против Благодетеля, и в воздухе витает предчувствие восстания, Д-503 видит, как соседи «проходят на цыпочках по коридору, шепчутся...» [236]. Но в обычное время от них требуется, чтобы за едой они хором пели Гимн Единого Государства, а на больших собраниях в аудиториумах не кричали и не топали ногами в унисон [211, 284], как на «двухминутках ненависти» у Оруэлла в «1984». Вместо того чтобы создавать большую семью, Единое Государство

---

[8] Более того, из-за некоторых погодных явлений, таких, как туман, стекло как будто растворяется — и фигуры нумеров подобны взвешенным частицам в молочном растворе [184].

делает все возможное для отчуждения друг от друга ее потенциальных членов. Как давно все они знакомы между собой? Примечательно, что Д-503 обращается на «ты» только к I-330, и то лишь наедине, после того как они начали незаконно встречаться. Но он сохраняет формальное «вы» в общении с R-13 и даже с О-90, когда занимается с ней сексом [188].

Анархизм у Замятина не исключает спонтанного обмена едой и некоторой социальной организации. Люди, которых Д-503 встречает за Зеленой Стеной, объединены в племя. Вопреки утверждению Великого Инквизитора человек может быть как свободным, так и щедрым в отношении еды. Одна из женщин делится с Д-503 опьяняющим напитком. Потом другая предлагает ему нечто похожее на банан [244]. Доверившись ей, он принимает плод, их единение на миг воссоединяет человечество как вид.

Глава 3
Мифы о настоящих людях

1. Утопическая харизма

Одна из характерных особенностей антиутопических режимов состоит в том, что они глубоко персонализированы: как правило, они прочно ассоциируются с определенной личностью. В этом аспекте они резко контрастируют с утопическими фантазиями, где власть достаточно безлична, но лучше передают одну из ярко выраженных человеческих универсалий: личность обладает большей объединяющей силой, чем идеология. Казалось бы, идеи должны быть способны к самостоятельному существованию, однако идеологии, религии и мифологии часто порождаются или определяются одной-единственной личностью. Это во многом объясняется нашей склонностью идти за лидером, действовать под руководством конкретного человека. Иногда этот человек перерастает статус представителя идеологии и становится ее основой. Как еще мы можем объяснить монархизм, большинство разновидностей фашизма, маоизм и сталинизм? В самом деле, связь между личностью и воззрениями может стать удушающе тесной, как в случае с такими религиями, как БУДДизм, МАГОМЕТанство и ХРИСТианство, психологией Фрейда или Юнга и литературными теориями Бахтина или Жирара. Обратите внимание, что иногда философам и филологам, чтобы обозначить ту или иную концепцию, достаточно назвать имя.

Но должен ли самостоятельный ученый брать на вооружение какую-либо из этих систем целиком и полностью? Это *личность* трудно принять «частично»; что же касается явлений культуры, мы просто обязаны выбирать отдельные тезисы, а не концепции в целом. И тем интереснее, что мы, как правило, этого не делаем. Почему мы не пользуемся своим правом делить на части, выбирать, смешивать и сочетать? Наконец, пересекаются ли избранные идеологии с другими системами и тем более друг с другом? А что, если у создателя есть серьезный недостаток, как, например, у деконструктивиста Поля Де Мана, который, как выяснилось, сотрудничал с нацистами задолго до того, как прославился? И вообще, разве не бывает спорных концепций, которые кажутся абсолютной истиной только их последователям?

Ирония XX века состоит в том, что именно коммунистическое движение, призванное обеспечить полное равенство всех людей, создало самые жесткие иерархии власти. Вместо обещанного отмирания государства мы столкнулись с новым вариантом монархии в форме культа личности таких вождей, как Сталин, Мао и Ким Ир Сен, каждый из которых пользовался практически неограниченной властью над своими подданными. В каждом случае предполагалось, что эта власть, равносильная божественному праву монарха, может быть передана по наследству[1]. При этом сосредоточение всей власти в руках одного человека происходило, по-видимому, не только с согласия, но и по настоянию значительной части управляемых. То же произошло с Гитлером и рядом других фашистских диктаторов: первоначально они пришли к власти путем всенародных выборов, а позже их публичный образ подвергся процессу положительной обратной связи с народом. Эта склонность демократически настроенного революционного общества концентрировать колоссальную власть, в том числе власть над жизнью или смертью, в руках одного человека отражена в великих антиутопических романах столетия. Таковы Благодетель у Замятина, Старший Брат у Оруэлла и в меньшей степени Мустафа Монд в романе Хаксли. И мы еще раз убеждаемся, что и утопия, и марксизм сами подчиняются глубинным закономерностям человеческой природы. Одна из

---

[1] Так и случилось в Северной Корее: власть Ким Ир Сена унаследовал его сын, а потом и внук.

них — наделение некоторых обычных людей ярко выраженной харизмой.

Как должно быть организовано новое общество, в котором становится возможен взаимный альтруизм, включающий в себя, например, обобществление пищи? Мы можем только догадываться о том, как возникали традиционные группы в обществах более многочисленных и сложных, чем племена охотников-собирателей: весьма вероятно, что, если бы вождей не существовало, их следовало бы выдумать. Недавний опыт заставляет предположить: чтобы запустить процесс сплачивания общества, необходим особый катализатор, и часто таким катализатором бывает один человек. А какие, собственно, есть надежные альтернативы? Именно это, безусловно, происходит в религиозных культах конца света: так, Джим Джонс из Джонстауна и лидер «Ветви Давидовой» Дэвид Кореш[2] сумели привести своих адептов к массовому самоубийству. На природу этого синдрома намекает факт, что такие вожди со стороны казались бы нелепыми, если бы безграничная вера, которую они сумели внушить своим последователям, не привела к столь трагичным последствиям. Это отсутствие середины между верой и скептицизмом характерно для явления харизмы и служит важным показателем биосемиотического процесса. Обратите внимание, что при прочих средних обстоятельствах социальный герой кажется либо особо выдающимся, либо совершенно отвратительным. В семиотическом плане они определенным образом маркированы, то есть не считаются ни обычными, ни неинтересными. На это также указывает скорость, с которой герой может стать козлом отпущения или, потеряв харизму, превратиться в посмешище. Это еще один

---

[2] Джим Джонс, харизматичный лидер секты «Храм народов» (1955, Индианаполис, США), пропагандировал идеи утопизма и социализма и основал коммуну Джонстаун (1976, Джорджтаун, Гайана); в 1978 году сектанты совершили массовое самоубийство. Религиозный фанатик Дэвид Кореш, считавший себя «мессией», создал апокалиптическую секту «Ветвь Давидова» (1993, Уэйко, США); в 1993 году Кореш и его последователи подожгли ранчо «Маунт Кармел», большинство погибло во время пожара. — *Примеч. ред.*

признак харизматика: он остается интересным, продолжает привлекать внимание, пусть даже и негативным поведением.

Буквально на протяжении тысячелетий мы обладали выраженной тенденцией придавать отдельным людям статус, который можно назвать сверхъестественным и полубожественным. До последних десятилетий демократических обществ было очень мало, хотя трудно спорить с тем, что это самая разумная форма правления. Сегодня мы, американцы, по сути, рассматриваем наше сочетание гражданских свобод, представительного правительства и рыночной экономики как результат процесса, равносильного своеобразному культурному естественному отбору, — политическому выживанию наиболее приспособленных. Но и старая модель наделения властью одного человека весьма живуча. В избираемых правительствах первую скрипку обычно тоже играют президенты и премьер-министры. Это подтверждается и недавней американской историей, с ее постепенным усилением власти президента. Склонность назначать себе всемогущего вождя, по-видимому, и лежит в основе вытеснения старых утопий новыми, пугающими антиутопическими сюжетами. Мор, Платон и другие утописты предполагали, что потребностями общества будет управлять некая безликая элита. Но редко случается так, что анонимное избранное меньшинство руководит обществом долго: на смену приходит верхушка еще более малочисленная и громко заявляющая о себе, а именно единоличный вождь. Оруэлл и Замятин изображают нежеланное возвращение к поистине традиционной форме правления — деспотизму. По сути, Замятин провидчески предугадал становление культов личности таких фигур, как Сталин, наделенных огромной властью и чувством непогрешимости, — удивительный кульбит, учитывая, что большинство этих режимов проповедовало атеизм.

Утопическая харизма, то есть тенденция утопических произведений изображать тиранов-одиночек, отвечает трем основным признакам биологической подоплеки поведения. Во-первых, это универсальное явление, вплоть до недавнего времени имевшее место практически во всех обществах. Оно по-прежнему бытует и среди американцев-демократов — об этом свидетельствует бесконечное и всеобщее обсуждение клана Кеннеди, а также в свое время недолгая кампания за разрешение Р. Рейгану баллотироваться на третий срок, пресеченная, правда, скандалом, получившим название Ирангейт[3]. Во-вторых, харизма сопровождается ярко выраженным эмоциональным воздействием. Очень трудно оставаться равнодушным к тоталитаризму или к человеку, обладающему почти безграничной властью, деньгами или даже физической привлекательностью. Лидерам обычно свойственно то, что П. Гилберт называет «потенциалом привлечения общественного внимания» (цит. по: [Buss 1999: 358]). Согласно Пинкеру, «статус — это осведомленность общественности о том, что у вас есть качества, которые позволили бы вам помочь другим, если бы вы того захотели» [Пинкер 2017: 548]. Если заменить «осведомленность» на «ощущение» — в любом случае, вероятно, поправка необходима, — это определение можно применить и к харизме. Политическая власть строится на эмоциях, которые вожди способны вызывать у подданных, на чувствах, часто достаточных, чтобы вдохновлять на самопожертвование. Но эта жертвенность основана на ощущении, что в долгосрочной перспективе харизматическая личность, скорее всего, принесет больше пользы, и поэтому, чтобы получить адаптивное преимущество, желательно снискать ее благосклонность. В результате власть имущие импонируют простым гражданам и как личности даже кажутся физически привлекательными. И наконец, существует вопрос функции: нужно продемонстрировать, что предписания приносят исполнителям существенную пользу, независимо от того, действительно ли харизматический лидер проявляет альтруизм. Очевидно, что если существование внутри жизнеспособного общества требует адаптации, то гораздо выгоднее быть сторонником правителя, чем наоборот. Все три условия приложимы к мифам Замятина о настоящих людях, включая образ Благодетеля, всемогущего правителя Единого Государства.

---

[3] В 2000 году за пост президента США соперничали сын бывшего президента и сын бывшего видного сенатора. В 2016 году кандидатом от Демократической партии была жена бывшего президента.

Как в абсолютистских режимах, так и в этих антиутопических произведениях мы видим гипертрофированный, то есть преувеличенный процесс объединения социума вокруг этих общих и, вероятно, неоправданных иллюзий о вожде. Если общество функционирует эффективно, а следовательно, слаженно и гармонично, оно имеет больше шансов выжить, и его граждане, таким образом, с большей вероятностью добьются репродуктивного успеха. Правители часто оказываются решающим фактором в процессе сплачивания общества, особенно если требуется сосредоточить и мобилизовать общественную волю для какой-то важной цели. Получается, что подчинение силе харизмы для рядовых граждан предполагает адаптивное преимущество, даже если это влечет за собой совершение когнитивных ошибок. Комментаторы часто говорят о харизматичных лидерах, способных привлечь внимание, вызвать благоговейный трепет и, наконец, привести в повиновение множество людей. И тем не менее харизма, как и власть, всегда «в глазах смотрящего». Оказывается, для выживания иногда полезно быть глупее, чем мы есть, проявить легковерие.

Этот аргумент согласуется с теорией З. Фрейда о том, что квазирелигиозный пыл, вызываемый могущественными лидерами, граничащий с «эротическим восторгом» и придающий необычайную мощь тоталитарным правительствам, проистекает из «младенческого чувства беспомощности и стремления к сильной, покровительственной отцовской фигуре» [Booker 1994: 31]. Давлению отбора подвергаются также и семьи. Семья с более эффективным укладом, скорее всего, будет процветать с течением времени. Ребенок, боготворящий родителей, с большей вероятностью будет их слушаться, причем слушаться охотно, и таким образом избежит многих неприятностей, способных навредить здоровью сообщества в целом. Следовательно, мы можем подвести селекционистскую базу и под замечания Фрейда о паттернах семейной привязанности, и под тот факт, что такие отношения часто расширяются и распространяются на «большую семью» централизованного государства. Это отражено и в насыщенных эмоциями номинациях, которые нередко даются крупным политическим деятелям: «отец народов», «друг всех советских детей», Старший Брат, «Дорогой диктатор» (в антиутопии Л. П. Хартли «Справедливость налицо», 1960), Благодетель или Гениалиссимус (в пародийном антиутопическом романе В. Н. Войновича «Москва 2042», 1986).

2. Имена

Вот пример персонализации идеологии.

Что есть имя? Давать людям словесные обозначения, по возможности уникальные, — один из обычаев, распространенных повсеместно. Имя обычно выбирается тщательно, так как это существительное, ныне входящее в класс имен собственных, может оказать влияние на будущее положение ребенка в обществе, репутацию и — в случае особого успеха — личный миф. В результате накопления ассоциаций «в глазах смотрящего» некоторые имена, говоря словами Оруэлла, «равнее других», а иным удается достичь харизматического статуса. Порой имя становится самым ценным активом человека, и в этом качестве им часто манипулируют для вящего воздействия. Есть фамилии (или псевдонимы), простого упоминания которых достаточно, чтобы вспомнить факты, имена и порой дутое величие их носителей: Монро, Ленин, Оруэлл, Сталин или Колумб.

Не чуждый жонглированию именами Замятин часто использует их именно так. В статьях и очерках он нередко приводит фамилии целыми списками. В основном упоминаются писатели, либо современники — Белый, Ремизов, Блок, Сологуб и Горький, — либо те, кого он причисляет к классикам: Шекспир, Достоевский, Чехов и Толстой. Все это совершенно естественно для художника, сведущего в своей области. Его списки также пестрят именами важных для него философов: Ницше, Шопенгауэра, Декарта — а также математиков и ученых: Галилея, Ньютона, Дарвина, Лобачевского и прежде всего Эйнштейна. Слыша эту фамилию, мы первым делом вспоминаем не Альфреда Эйнштейна, знаменитого музыковеда и биографа Моцарта, а великого физика. Покрываясь патиной славы и времени, эти имена — благодаря тому, что мы сосредоточились на крайне ограниченной части деятельности их носителей, — постепенно приобретают мифический статус. Так же как сегодня для нас фамилия Моцарта (не Леопольда, а его более талантливого сына Вольфганга Амадея), имена могут служить знаками. В каждом случае нашему вниманию моментально предлагается особый комплекс представлений, до отказа нагруженный положительной ценностью, в данном случае самой что ни на есть положительной. Мы не «читаем Замятина» — мы читаем произведения Замятина, в том числе «Мы». То, что для нас одно замещает другое, совершенно типично и никого не беспокоит. Интересно, что некоторые имена таким же образом употребляются и в «Мы»: Д-503 говорит, помимо прочих, о Шекспире и Достоевском, имея в виду их литературные произведения. Как правило, главные идеологи великих антиутопий часто обретают в них мифологический статус. Стоит обратить внимание, как персонажи Хаксли благоговейно относятся к Генри Форду, чья конвейерная линия предвосхитила «О дивный новый мир», или с каким пиететом Д-503 у Замятина отзывается о Тейлоре, том самом, чьи теории научной организации труда находят отражение в Едином Государстве. Понятие отрицательного обаяния применимо также к злодеям, таким как заклятый враг Океании Эммануэль Голдстейн в «1984» или Л. Д. Троцкий с точки зрения сталинского СССР.

В замятинский список харизматиков входит и Колумб: его имя непосредственно упоминается в двух эпизодах «Мы». Само использование здесь его имени и личного мифа отражает структуру процесса наделения кого-то харизмой. С Хранителем, заглядывающим через плечо, Д-503 восхваляет рациональную мудрость $2 \times 2 = 4$:

> Всякий подлинный поэт — непременно Колумб. Америка и до Колумба существовала века, но только Колумб сумел отыскать ее. Таблица умножения и до R-13 существовала века, но только R-13 сумел в девственной чаще цифр найти новое Эльдорадо [182].

Позже Д-503 в своей характерной для Единого Государства манере мышления рассуждает о круговом ходе истории. Он представляет себе движение по кругу, но неожиданно наталкивается на барьер, где 360 градусов вновь превращаются в 0 градусов.

> Этот Нуль мне видится каким-то молчаливым, громадным, узким, острым, как нож, утесом. В свирепой, косматой темноте, затаив дыхание, мы отчалили от черной ночной стороны Нулевого Утеса. Века — мы, Колумбы, плыли, плыли, мы обогнули всю землю кругом, и, наконец, ура! Салют! — и все на мачты: перед нами — другой, дотоле неведомый бок Нулевого Утеса [216].

«Что из того, что лишь толщиною ножа отделены мы от другой черной стороны Нулевого Утеса?» [216], вопрошает Д-503. Но наш рассказчик мог с такой же вероятностью оказаться в положении Колумба, который так и сошел в могилу, думая, что открыл Восточное побережье Азии. Вместо этого Д-503 повторяет ошибку Галилея, ничего не знавшего о движении Солнца.

По тексту разбросаны и другие, не столь явные отсылки к великому генуэзскому путешественнику. Так, на первой же странице романа «Государственная Газета» призывает своих читателей «благодетельному игу разума подчинить неведомые существа, обитающие на иных планетах, — быть может, еще в диком состоянии свободы» [139]. Это, по сути, та же задача, которую король и королева Испании Фердинанд и Изабелла поставили перед Колумбом, только изложенная другими словами. Следующая строка намекает на действия некоторых последователей первооткрывателя: «Если они не поймут, что мы несем им математически-безошибочное счастье, наш долг заставить их быть счастливыми» [139].

Позже Благодетель говорит, что Д-503 «дано было стать величайшим конквистадором» [281]. Невзирая на попытку охватить всю Вселенную, Д-503 восхваляет оседлый характер Единого Государства и презрительно отзывается о временах, когда «люди метались по земле из конца в конец... когда были... открытия разных америк» [146]. Позже, когда Д-503 отваживается выйти за пределы Стены, он, как некогда Колумб, встречает первобытных людей и, по сути, воссоединяет две половины человеческого рода. На следующий день он пытается описать свои глубокие впечатления от этой встречи и предлагает читателям представить,

> что однажды в океане вы наткнулись на шестую, седьмую часть света — какую-нибудь Атлантиду, и там — небывалые города-лабиринты, люди, парящие в воздухе без помощи крыльев или аэро, камни, подымаемые вверх силою взгляда [245].

Эта отсылка к Атлантиде и в конечном счете к «Государству» Платона, безусловно, иронична в контексте антиутопического повествования, учитывая, что рассказ Сократа служит прототипом всей западной утопической литературы. Но все же именно Колумб внезапно обнаружил континент на пути, который, как он считал, ведет прямо в Азию. Отчасти Адмирал Моря-Океана служил одним из примеров для Д-503, нашего поэта-в-прозе, открывающего нам неведомый мир Единого Государства.

Здесь, если мы хотим безоговорочно поместить Колумба в пантеон столь чтимых Замятиным еретиков, необходимы некоторые пояснения. Утверждение Д-503, что поэт — тот же первопроходец, есть, по сути, пропагандистская мысль, утверждение ограниченности общего знания. Да, Америка существовала, как и говорит Д-503, за столетия до Колумба. Так же, как предметы исследования большинства наук. Еретики Замятина просто указывают путь, помогая увидеть то, что всегда было доступно зрению, разрушая иллюзии восприятия.

Чтобы записать Колумба в еретики, мы должны сосредоточиться на упорстве, с которым он воплощал в жизнь свою идею плавания на запад. Здесь многое достойно восхищения. Будучи иностранцем, он сумел убедить испанский двор поддержать его миссию. Каким-то образом он находил лучшие попутные ветры и провел в открытом море полтора месяца во времена, когда судоходство вдали от берегов само по себе было редкостью. И он рассказал миру о своем открытии, тем самым вызвав радикальные перемены практически во всем. Наконец, он не почил на лаврах, а продолжал пытаться идти дальше в своих открытиях.

С другой стороны, Колумбу повезло. Ему вовсе не пришлось первым доказывать, что Земля круглая. Честь этого открытия может принадлежать Пифагору, чьи идеи во многом заложили философскую основу Единого Государства, как мы увидим в следующей главе. В I веке Эратосфен более точно вычислил окружность земного шара, и есть свидетельства, что Колумб подтасовывал свои записи, хотя, возможно, это был искренний самообман. Он, конечно, не ожидал наткнуться на неслыханный континент по пути в Японию. Он так и не понял, в чем ошибся; более того, он не был первооткрывателем Америки: существуют доказательства, что другие мореплаватели пересекали Атлантику и ранее.

Что бы мы ни думали о наследии Колумба и переменах, которым он невольно положил начало, есть немало свидетельств, позволяющих не только развеять миф об этом человеке, но даже привлечь его к суду. Его мотивы часто были подозрительно своекорыстными, но, в конце концов, в глубине души он был авантюристом-одиночкой, чьи прошения многократно выслушивались — и столько же раз получали отказ. Он лгал своим матросам. Он подделывал журналы и не записывал координаты открытых им земель, возможно, чтобы сохранить их для себя. Движимый жаждой золота, которая диктовала каждый его шаг в Карибском море, Колумб почти сразу же начал насильственную эксплуатацию аборигенов. Он положил начало ввозу рабов из Африки. Своей колонией он управлял плохо, с большой жестокостью, и в результате его привезли в Испанию в цепях [Sale 1990].

Тем не менее Колумб преуспел в своей великой авантюре, благодаря чему и стал героем-мифом, чье имя увековечено во многих географических названиях и начинаниях. В XIX веке Пий IX пытался его канонизировать. До недавнего времени не имело ровно никакого значения, кем на самом деле был или чем занимался Колумб. Героизм, харизма, структура мифа — все это существует в глазах наблюдателя; точно так же события входят в историю лишь в том виде, в каком они запоминаются.

Кроме того, цели Колумба далеко не совпадали с целями еретиков Замятина, хотя репутации некоторых из них тоже пострадали бы, если подвергнуть их биографии столь же придирчивому пересмотру. Вопреки легенде, у этого визионера от науки не было никакого конфликта с церковной схоластикой по поводу формы Земли. Его покровители Фердинанд и Изабелла основали испанскую инквизицию, которую Замятин так резко осуждал в своих статьях и воплотил в образе Единого Государства, подавляющего всех, кто отклоняется от официальной идеологии. Охота за золотом, предпринятая Колумбом на Карибских островах, была продиктована честолюбивым стремлением вложить средства в отвоевывание Иерусалима. Безусловно, он был ревностным слугой своей церкви и ожидал второго пришествия и Страшного суда в ближайшем будущем, однако его побуждения, по сути, не были благородными. Колумб приложил немало усилий, чтобы получить для себя и своих наследников как можно больше выгод, привилегий и почестей и снискать непреходящую славу. Может быть, именно поэтому Колумб придумал для себя весьма оригинальную подпись [Там же].

Замятин мог бы разобраться в этом тщательнее. Бóльшая часть неприглядных фактов, связываемых сегодня с именем Колумба, была на виду всегда. То ли Замятин не понимал их важности, то ли полагался на другие авторитеты, столь же ослепленные традицией; а может быть, он вообще ни на кого не полагался и руководствовался лишь общепринятым мифом о бесстрашном мореплавателе. Он взял горстку фактов, составлявших всего лишь часть картины, и поспешил сделать выводы о целом. Получилось, что Замятин нарушил свои собственные представления о еретичестве, согласно которым как нет последнего числа, так нет и истины в последней инстанции — всегда есть чему учиться. Но эти сентенции должны заставить нас умолкнуть. В какой-то момент человек вынужден принять решение и двигаться вперед на основе неполных или несовершенных знаний. Замятинская идея еретичества требует своих собственных еретиков.

Нельзя до бесконечности избегать иллюзий, на которых строится мифология, — это противоречит нашей человеческой природе. Подтверждение мы находим как в социологии харизматического культа, так и в эволюционной психологии мифотворчества. Чтобы мы поняли, почему это так, я должен внести в список героических еретиков имя Эдварда О. Уилсона. В конце концов, открытия в области социобиологии, которые принесли ему наибольшую известность и, соответственно, наибольшее число критических нападок, всегда лежали на поверхности. Новые инструменты познания, такие как концепции родственного альтруизма и совокупной приспособленности, — единственное, что требовалось, чтобы разрушить старые представления о социальном устройстве всей человеческой культуры.

Например, Уилсон утверждает, что «социобиология может объяснить зарождение мифологии на основе принципа естественного отбора, примененного к генетически развивающейся материальной структуре человеческого мозга» [Уилсон 2015: 275]. Принимая во внимание, что разграничение между мифологией и религией — если оно вообще существует — появилось с точки зрения эволюционной истории не так давно, вполне правомерно, что Уилсон сосредоточивается на религии. В том, что касается харизматических фигур в истории и политике, процесс по характеру, хотя и не по степени аналогичен, а может, и идентичен тому, что происходит с религиозными лидерами. Согласно Уилсону,

> ментальные процессы религиозных убеждений — освящение личной и групповой идентичности, внимание к харизматичным лидерам, мифопоэтика и другие — представляют собой запрограммированные предрасположенности, самодостаточные компоненты которых были встроены в нейронный механизм мозга за тысячи поколений генетической эволюции [Там же: 292].

Это примечательное высказывание отражает открытия, сделанные в области нейрофизиологии. Было обнаружено, что при стимуляции некоторых участков мозга возникают эйфорические эффекты, сходные с теми, что часто упоминаются как основа религиозных и мистических озарений[4]. Согласно Уилсону, такие виды религиозного поведения, как «разделение объектов на священные и светские, иерархические системы доминирования, пристальное внимание к лидерам, харизма и наведение транса» [Там же: 255–256], скорее всего, формируются в результате естественного отбора. Таким образом, «разум будет постоянно порождать мораль, религию и мифологию, а затем подкреплять их эмоциональной силой. Когда слепые идеологические и религиозные убеждения опровергаются, их место быстро занимают новые, порожденные разумом» [Там же: 284]. Уилсон, с одобрением ссылаясь на Ницше, говорит о том, что «человек предпочитает верить, а не знать, и, как сказал Ницше, иметь в качестве цели пустоту, чем вообще не иметь цели» [Wilson E. 1975: 285]. И тогда возникает вопрос: почему, как выразился Уилсон, «люди поддаются индоктринации до смешного легко — они сами стремятся к этому» [Там же: 286] — почему мы так обманываем себя?

На первый взгляд может показаться, что естественный отбор наделил нас способностью к максимально точному восприятию, но иногда преимущества есть и в том, чтобы не ограничиваться объективным реализмом. Социобиология религии Уилсона может объяснить, почему в результате эволюции мы приобретаем бóльшую, а не меньшую склонность к когнитивным сдвигам, необходимым для возникновения иллюзий. На основе иллюзий выбираются вожди, а покорность их последователей, по сути внутренне угнетенных, становится более естественной.

> Бездумное подчинение общей воле по-прежнему считается главной эмоциональной добродетелью «хороших» людей в современном обществе. <...> Когда люди служат богам, это всегда, хотя и неосознанно, идет на пользу дарвиновской приспособленности членов племени [Уилсон 2015: 264–265].

В результате «люди и сегодня во многом подчиняют свою жизнь мифам» [Там же: 273].

---

[4] Р. Петтман задается вопросом, не являются ли эти моменты просветления результатом биохимического и физиологического стресса, так что мы, по сути, обманываем себя сами [Pettman 1981: 138, 143].

3. Харизма

В основе этого процесса лежит харизма, модальное состояние наблюдателя. М. Вебер определяет харизму как

> качество личности, признаваемое необычайным, благодаря которому она оценивается как одаренная сверхъестественными, сверхчеловеческими или по меньшей мере специфически особыми силами и свойствами, не доступными другим людям. Она рассматривается как посланная богом или как образец [Вебер 1988: 139].

Хотя эти качества и ощутимы, они не обладают материальным, физическим воплощением. Поэтому и возникает вопрос, действительно ли данная личность обладает неким свойством, называемым харизмой, или это иллюзия, которую навязывает себе сам наблюдатель и в результате которой делает необоснованные выводы об удаче, таланте и божественно вдохновленной непогрешимости этой личности. То, что у наших героев часто оказываются глиняные ноги и они лишь немногим лучше (или ничем не лучше) всех прочих, показывает, что возраст не всегда делает нас мудрее.

Социологи пытаются объяснить харизматические культы результатом стресса, вызываемого окружением, — так бывает в случаях надвигающегося кризиса. Стресс, безусловно, помогает группе объединиться, согласовать дальнейшие действия; тем легче кому-то создать впечатление, будто именно он и воплощает успех на этом поприще. Это справедливо в случае политических и религиозных лидеров, но харизма встречается везде[5]. Какое отношение стресс, вызываемый факторами окружения, может иметь к таким ученым, как Эйнштейн, деятелям искусства, как Моцарт или Монро, первооткрывателям, как Колумб, не говоря уже о звездах спорта?

Я предлагаю альтернативный подход, хотя также исходящий из обусловленности средой: харизма проявляется в результате

---

[5] См., например, [Wilson B. 1975].

исключительно успешного выполнения того, что обычно считается желательным. Благодаря этому уникальные достижения в области искусств и наук могут становиться предметом поклонения. М. Буш объяснял удовольствие от причастности к искусству — и это применимо к большинству других областей — тем, что «развивая собственные способности, личность тешит свое самолюбие» [Bush 1967: 32]. Это особенно верно, если результатом оказывается слава, сопоставимая с репродуктивными преимуществами, хотя это стремление может быть анахроничным и свойственным даже бездетным людям, таким, как Замятин, который однажды сказал: «Мои дети — мои книги» [Замятин 2003–2011, 3: 186]. Следует иметь в виду, что в краткосрочной перспективе естественный отбор допускает незначительную степень неадаптивного поведения и неправильного применения эволюционных тенденций; более того, такие исключения помогают нам выделять основные принципы. Эта концепция славы приложима к любой высоко ценимой сфере, включая накопление власти, денег и/или общественного внимания. В «ранних племенных государствах», которые Уилсон считает своего рода образцом того, чего мы ожидаем от современного общества, как правило, хватало выдающихся охотничьих и воинских навыков. Даже в эгалитарной Америке мы часто хотим, чтобы нашими политическими лидерами были военные герои, — такими были президенты Вашингтон, Джексон, Гаррисон, Грант, Тедди Рузвельт и Эйзенхауэр. Это, собственно, единственная причина, по которой в середине 1990-х годов и демократы, и республиканцы призывали баллотироваться на самый высокий пост в стране, если не во всем мире генерала К. Пауэлла.

Согласно второй части теории М. Буша, удовольствие от собственных достижений заразительно для стороннего наблюдателя, благодаря чему «формальная реализация произведения искусства... становится воплощением [идеалов] эго» [Bush 1967: 33] в плане развития собственного потенциала. Иначе почему мы с такой охотой смотрим спортивные соревнования и наслаждаемся многими видами исполнительского искусства? Стоит отметить, что многие из них включают деятельность, явно сходную с охотой или войной, но, к примеру, фортепианные концерты и литература не имеют к ним никакого отношения. Открытия Буша также помогают нам понять, что подразумевается под термином «особые вещи» в тщательно аргументированной теории Э. Диссанайке о «создании особых вещей» [Dissanayake 1988; Dissanayake 1992].

К высказываниям Буша можно добавить вывод: успешный художник или исполнитель становится интересен не только своим творчеством, но и как личность — то есть, по сути, становится харизматичным. Одно из следствий славы состоит в том, что мы желаем смотреть на этих людей, читать о них и изучать их. На литературоведческих конференциях никто, как правило, не отваживается сколько-нибудь негативно отозваться о тех, кого мы считаем классиками. Вы когда-нибудь слышали что-нибудь плохое о Шекспире, Моцарте или Замятине? На самом деле, предосудительные свойства их характера, такие как сквернословие Моцарта или распутство Пушкина, нередко становятся частью мифа. Но бывает так, что чем больше мы узнаем об этих личностях, тем виднее, что в некоторых отношениях, а иногда и во всех, они скучны, ничем не примечательны, а то и отвратительны. В некоторых случаях одной только славы или успеха бывает достаточно. Наш интерес к таким людям показывает, что, если в нашем восприятии они наделены некоей властью, мы начинаем находить в этих новых «высших существах» особое обаяние. Вспомним многочисленных иностранных гостей, очарованных Гитлером или Сталиным. Такая угодливость, вероятно, в большинстве случаев приносит нам репродуктивную пользу, особенно когда за ниточки дергают те, кто занимает высокое общественное положение. Так начинаются стихийные всеобщие восторги, в результате которых простой смертный возвышается до статуса полубога.

И последнее соображение. Как выразился Андре Агасси, «имидж — всё», и не только в теннисе, но и в описываемом процессе. Незамеченное действие едва ли сработает на харизму. Очевидно, что для обретения харизмы необходимо привлечь внимание, лучше всего посредством исключительно удачных действий или каким-то образом создав их видимость. В этом отчасти и состоит смысл «создания особых вещей». Иногда это достигается вопреки истинному положению вещей. В «Ночи свастики» (1985) К. Бурдекин нацисты в далеком будущем поклоняются портретам Гитлера, имеющего арийскую внешность: на них он светловолосый и голубоглазый, хотя в жизни, конечно же, таким не был. В «1984» изображения Старшего Брата увеличены, чтобы он выглядел крупнее, чем в жизни. Плакаты с его «громадным лицом» слишком велики, чтобы висеть в помещении [Оруэлл 1989: 22]. Власти транслируют по телевидению кадры: голова Старшего Брата, «полная силы и таинственного спокойствия, — такая огромная, что заняла почти весь экран» [Там же: 30]. Такие же изображения Голдстейна приводят толпу в исступление ненависти. Аналогичным образом и в «Мы» тщательно искажаемые изображения играют решающую роль в культе Благодетеля.

4. Благодетель

Чтобы наглядно увидеть процесс действия харизмы, достаточно взглянуть на одного низвергнутого кумира. Миф может быть разрушен в одно мгновение. В 1984 году Гэри Харт в течение нескольких недель казался героем дня. Его предвыборная команда тщательно оттачивала его образ как преемника традиций Кеннеди. Но во время дебатов накануне решающих первичных выборов в Джорджии Уолтер Мондейл проколол этот пузырь двумя короткими словами: «Где мясо?» — фразой, которую произносила актриса Клэр Пеллер в рекламе гамбургеров для сети Wendy's. Внезапно став мишенью эффектной шутки, Харт так и не смог спасти свою тонущую кандидатуру. Изложив свою предполагаемую политическую программу, он добавил: «Вот и мясо» — но это лишь усугубило ущерб. Человеку, на которого устремлены внезапно ставшие скептическими взгляды всей нации, никакое мясо не поможет.

Мы достаточно хорошо понимаем эту изменчиво-подвижную силу, с помощью которой политические агитаторы, пиарщики и реклама умышленно пытаются навязать нам подобные иллюзии. Один из способов, убедительно показанный в «Мы», состоит в том, чтобы применить к харизматическому лидеру элементы традиционного культа героя, в данном случае ортодоксального христианства. До недавнего времени религия неизменно служила опорой государственной власти. Даже атеистические режимы использовали устойчивые паттерны эмоционального реагирования: об этом свидетельствует невероятная шумиха вокруг «нетленного» тела Ленина, агиографические трактовки его юности, а также мартирология первых большевиков, похороненных у подножия Кремлевской стены. Конечно, в случае Советского Союза эта эрзац-религия не имела длительного успеха.

Д-503 никогда не знал религии, учитывая, что она была отменена в далеком прошлом. Тем не менее он признает сходство между ритуалами Единого Государства и обрядами древнего христианского прошлого. Он сравнивает публичную казнь с литургией, а День Единогласия — с Пасхой, используя выражения вроде «готическая тишина» и «жертва» [168]. Следует помнить, что роман в первую очередь обращен к русскому читателю первых лет советской власти, который, вероятно, в младенчестве был крещен в православие и знал это прошлое не понаслышке. Д-503 описывает лица в аудиториуме, напоминающие освещенные свечами иконы, как в Православной церкви [168]. Наконец, благодаря этому обряду наш рассказчик обычно испытывает своеобразное духовное очищение. Любой христианин — и не только — отметит, что Д-503 пишет местоимения, относящиеся к Благодетелю, с прописной буквы и называет его «новый Иегова» [232]. Да и само это слово, содержащее элемент «благо», имеет подчеркнуто сакральное звучание, напоминая о божественной благодати. Другое наименование вождя, «Нумер из Нумеров» [183], явным образом имитирует титул «царь царей». Это выделяет «Его» из прочих — решающий шаг в создании харизмы, свидетельствующей, что «Он» заслуживает почестей как выдающаяся личность. «Он» наделен единственным в тексте именем, не состоящим из букв и цифр. «Он» носит белые одежды, необычные, характерные для священнослужителей. Возможно, еще теснее режим связан с Восточной православной кафолической церковью либо Римско-католической церковью. Д-503 называет христиан «единственные наши (хотя и очень несовершенные) предшественники» и напоминает, что «мы — говоря словами "Евангелия" древних — единая Церковь»; единая, иными словами, кафолическая [224, 230].

Разумеется, эта параллель между Церковью и утопией весьма широко распространена, особенно в том, что касается поклонения всемогущему вождю. Следует помнить, что точкой опоры большинства монархий зачастую служило почти полное слияние церкви и государства. Антиутопические режимы, однако, пытаются насаждать безусловно ложную (с точки зрения автора) веру, как это было в СССР. М. Этвуд в «Рассказе служанки» (1985) переносит движение так называемых религиозных правых — направление современного протестантского фундаментализма — в антиутопическое будущее: чтобы добиться политического повиновения, там скандируются библейские лозунги, а противников режима «спасают» путем публичного повешения — так во время инквизиции людей казнили ради спасения их души. Аналогичную роль публичные казни играют и в «Мы»: направляя всю народную ненависть на осужденных, режим разжигает в управляемых гражданах идеологическую горячку.

Показательна и сама стилистика, выбранная для именования вождя. Титулы монархов часто растягиваются на целые абзацы, но Благодетель отдает предпочтение крайней простоте. Подобно именам Пеле, Эйсебио, Шер, Либераче, Стинга, Бейонсе или слову, которым в народе называют почти любого монарха, «Его» мононим подчеркивает «Его» уникальные способности или высокое положение. Очевидно, что пиарщики Благодетеля как следует отшлифовали «Его» образ, сведя его к нескольким тщательно подобранным деталям. Все, что известно о «Нем» Д-503 и, соответственно, читателю, — это «Его» имя и факт, что «Он» обладает абсолютной властью над жизнями «своих» граждан. Тайна «Его» происхождения, способ, которым «Он» достиг высшей власти, и многое другое покрыто сакральным молчанием.

Харизма, как правило, заполняет лакуны в нашем знании о чем-то жизненно важном, в данном случае о якобы выдающемся качестве, которое отличает «Его» от прочих. Поэтому так важно, чтобы в наших знаниях имелись пробелы, которые мы могли бы заполнить намеками на сверхъестественное. Харизматики обычно прибегают к гораздо большему или гораздо меньшему количеству деталей, чем диктует общепринятая норма: суть в том, чтобы показаться необычным и извлекать выгоду из дальнейшей дезориентации наблюдателей. Стиль барокко говорит о богатстве, элегантная классика — об уверенности в себе. Замятинский режим делает выбор в пользу второго. Обратите внимание на скупость деталей и величественность «Его» явления народу:

> А наверху, на Кубе, возле Машины — неподвижная, как из металла, фигура того, кого мы именуем Благодетелем. Лица отсюда, снизу, не разобрать: видно только, что оно ограничено строгими, величественными, квадратными очертаниями. Но зато руки... Так иногда бывает на фотографических снимках: слишком близко, на первом плане, поставленные руки — выходят огромными, приковывают взор — заслоняют собою все. Эти тяжкие, пока еще спокойно лежащие на коленях руки — ясно: они — каменные, и колени — еле выдерживают их вес...

Единственное движение этих рук — «медленный, чугунный жест» [169]. «Его» язык тела сдержан — из тех же соображений простоты. В описании Д-503 «*величественным* шагом первосвященника Он *медленно* спускается вниз, *медленно* проходит между трибун...» (курсив мой. — *Б. К.*) [170]. Во время их необыкновенной беседы Д-503 отмечает, как движется «Его» рука: «стопудово — медленно поползла» [281].

Подчеркивание роста, огромных рук Благодетеля симптоматично. Пинкер отмечает: «В большинстве обществ охотников-собирателей для обозначения лидера, вождя используется слово "большой человек", и обыкновенно вождем действительно является человек большого роста» [Пинкер 2017: 544]. Один из способов казаться выше ростом — понизить точку отсчета, особенно в отношении соперников. Невысокому Сталину не нравилось, когда его заслоняли более высокие мужчины. Лидеры часто хотят, чтобы их видели стоящими в одиночестве, желательно на возвышении, возносящимися над толпой. Есть еще один вариант — полностью устранить потенциальных соперников. На протяжении романа Д-503 упоминает многих людей, которые были знамениты в нашу эпоху или ранее, но в этот список не входит ни одного имени правителя Единого Государства за все 800 лет его существования, за исключением Благодетеля. Куда девалась вся предшествующая история режима? Провалилась в оруэлловскую «дыру памяти»? Так или иначе, в Едином Государстве может быть только один герой — Благодетель.

Кроме того, Благодетель ассоциируется с исполинскими, но простыми геометрическими формами, как, например, на Площади Куба, где он верховенствует над 66 кругами правоверных, или стоит на вершине пирамиды власти. Когда он находится в центре этих концентрических кругов, нумерам ничего не остается, кроме как смотреть на него. Здесь нет места нервирующим мелким изъянам, свойственным простым смертным; по крайней мере, Д-503 смотрит вокруг, но, загипнотизированный собственным священным трепетом перед Благодетелем, ничего подобного не видит, во всяком случае в этот момент.

И наконец, Благодетель всемогущ — одного этого было бы достаточно, чтобы привести Д-503 к покорности. В его силах заставлять подданных уверовать в него — так, по-видимому, поступали многие диктаторы XX века. Единое Государство снабдило его мощным аппаратом, способным превратить осужденного в лужу воды на глазах у огромного скопления народа. Примечательно, что он переизбирается 48-й год подряд, хотя в последний раз не единогласно; но независимо от того, станет ли этот срок его полномочий последним, его правление по длительности превзошло режимы Салазара в Португалии и Ким Ир Сена в Северной Корее. Можем ли мы, исходя из этого, предположить, что Замятин предсказал 29-летний срок существования сталинизма? Д-503 с большим чувством и преданностью говорит о государственных ритуалах — о счастье сливаться с толпой, «радостно склоняя главы благодетельному игу Нумера из Нумеров» [234].

Ближе к концу романа Д-503, смеясь, развеивает миф о всемогущем Благодетеле. Это происходит, когда Благодетель неожиданно звонит Д-503 и требует встречи — так склонен был поступать Сталин *позже*. Поистине человек-памятник, он поначалу повергает Д-503 в благоговейный ужас.

> ...вижу только Его огромные, чугунные руки — на коленях. Эти руки давили Его самого, подгибали колени, Он медленно шевелил пальцами. Лицо — где-то в тумане, вверху, и будто вот только потому, что голос Его доходил ко мне с такой высоты, — он не гремел, как гром, не оглушал меня, а все же был похож на обыкновенный человеческий голос [281].

Еще раз обратим внимание на скупость жестов — Д-503 недаром описывает «Его» так, будто говорит о монументе. То, что он располагается на возвышенности, «вверху», также призвано привести Д-503 в смятение, и он действительно приходит в полный трепет, точно по плану. Дальнейшее трудно назвать беседой — это скорее поток слов Благодетеля, преисполненных жалостью к себе. Напрашивается вопрос: почему «Он» так старается оправдаться, и именно перед Д-503? В конечном итоге «Его» откровение, что I-330 соблазнила Д-503 не из страсти, а только из надобностей заговора Мефи, вызывает у нашего рассказчика не что иное, как смех, за которым следует второе откровение: «Передо мною сидел лысый, сократовски-лысый человек, и на лысине — мелкие капельки пота» [283]. Эта вторая в романе отсылка к Платону заставляет засмеяться, в свою очередь, читателя. Некоторые исследователи усматривают в ней намек на Ленина. Теперь Д-503 видит правителя таким, какой «Он» есть на самом деле, — обычный человек, такой же, как он сам. Как следует из предшествующего описания «Его» голоса, Благодетель в ходе этой краткой аудиенции не изменился — просто до этого момента Д-503 обманывал себя сам. Правда все время была у него перед глазами, но, ослепленный близостью верховной власти, он не видел истинного положения вещей. Примечательно, что после того, как Д-503 бесцеремонно выбегает на улицу, растерявший всю свою величавость Благодетель не упоминается вплоть до последней записи, когда нашего рассказчика подвергают лоботомии.

К сожалению, большинство исследователей «Мы» по-прежнему остается во власти иллюзии образа Благодетеля. Как правило, анализ этого эпизода сводится к тому, что Благодетель «сокрушает» Д-503, высказывая мысли, в которых рассказчик узнает свои собственные. Однако никто не упоминает о разоблачающем смехе, который приводит эпизод к поразительной развязке [Collins 1973: 77]. Конечно, Д-503 расстроен, услышав, что I-330 и Мефи всего лишь использовали его. И после того, как образ Благодетеля претерпевает столь внезапную и разрушительную перемену, Единое Государство, конечно же, теряет всю свою кажущуюся непобедимость. Невзирая на наше с таким трудом обретенное понимание, харизма непредсказуема.

5. Биология иллюзии

Одним из убедительных признаков того, что самообман имеет биологические истоки, служит аффективное измерение. Внушение, подчинение и заблуждение относятся к эмоциональным процессам, которые доставляют нам удовольствие. Прозреть истину, узнать героя — все это вызывает катарсис. Эмоции — это механизмы, сформированные естественным отбором для того, чтобы вызывать определенные виды поведения. Потакая нашей склонности наделять кого-то харизмой, эволюция побуждает особь естественным и, следовательно, эффективным образом подчиняться тому, кто кажется сильнее. Таким образом, Благодетель во многом прав, когда, подобно Великому Инквизитору Достоевского, говорит: «...о чем люди... молились, мечтали, страдали? О том, чтобы кто-то сказал им раз и навсегда, что такое счастье, а затем приковал их к этому счастью» [282].

Казалось бы, иллюзии биологически невыгодны, выражаясь языком эволюционистов, неадаптивны, и поэтому не могли возникнуть в результате естественного отбора. В первую очередь это время и силы, явным образом потраченные впустую на нечто несуществующее. К тому же неправильная оценка факторов окружения попросту опасна. И все же иллюзии и мифология получили развитие. Более того, по имеющимся данным, их влияние на людей только усиливается. По словам Л. Тайгера, мифология — это не только пережиток нашего эволюционного прошлого, но и растущий фактор будущего. Так, Тайгер утверждает:

> Homo sapiens самонадеянно предполагает, что эволюция нашего мозга породила повышенную способность к рациональному, техническому и логически упорядоченному мышлению, а вовсе не к путанице, «океаническим чувствам», личным недостаткам и общественному эгоизму. И все же, по сути, прямым следствием добавления в мозг кортикальной ткани — *и постоянной эволюции подкорковых центров* — стала повышенная способность создавать иллюзорные представления (цит. по: [Pettman 1981: 175]).

Д. Бараш полагает, что социальные иерархии развиваются тогда, когда проигравшему в борьбе за лидерство выгоднее остаться в группе на подчиненном положении, чем сделаться разбойником-одиночкой. Проигравший лучше впишется в социальную структуру, если сумеет убедить себя, что это в его интересах, что таково естественное положение вещей. Лучше, чтобы индивид подчинялся *добровольно* и естественно. Бараш заключает:

> ...несмотря на наш хваленый интеллект и вечные заявления о личной свободе и независимости, люди проявляют тревожную склонность принимать подчиненные роли <...> ...возможно, в результате отбора мы приобрели определенную степень послушности и внушаемости [Barash 1977: 246].

Р. Петтман высказывает беспокойство, что повышенный интеллект не обязательно сделает представителей социального вида счастливее [Pettman 1981: 129]. Поскольку конформисты в целом устраиваются в жизни лучше, чем мятежники, в некоторых обстоятельствах, когда меньше знаешь, не только лучше спишь, но и получаешь адаптивное преимущество.

Биологи полагают, что язык (помогающий, помимо прочего, обманывать), религия, лидерство, а следовательно, харизма, миф — все это появилось примерно тогда же, когда замедлился рост мозга. Примечательно, что это было как раз в то время, когда группы охотников-собирателей начали объединяться в племена, — около 25 000 лет назад. По мере того как размеры сообществ перерастали рамки родственного альтруизма, росла и необходимость регулировать взаимный альтруизм. По словам М. С. Сугиямы, «одним из основных факторов давления отбора на людей [были] сами люди» [Sugiyama 1996: 411]. Появилось больше обманщиков, которых нужно было выявлять, и соперников, чтобы их подавлять. Тогда-то и возросла наша потребность в вождях, нужных хотя бы для того, чтобы поддерживать общественный порядок.

Все это отразилось на потреблении нами художественной литературы, в том числе «Мы». Сегодня у нас практически отсутствуют мегамифы — и не потому, что эта форма отмерла, —напротив, их так много, что ни один не становится первостепенным. Сегодняшний среднестатистический читатель романов и любитель кино воспринял гораздо больше мифов, чем его первобытный собрат. Процесс мифологизации усиливается, а не ослабевает, но сейчас в нем идет острая внутренняя конкуренция. Конечно, мы отдаем себе отчет в том, что художественная литература — это по большей части вымысел, но тем не менее значительная часть наших жизненных переживаний тратится на тексты и другие иллюзии. А там мы сталкиваемся с рядом тех же факторов, благодаря которым порождаются мифы. Мы предпочитаем, чтобы нам предоставляли более простую моральную дихотомию, ограниченный набор действий, и потому подчиняем свою волю приказу автора, бога текста, пусть и не всемогущего. Временно сосредотачиваясь на том, что от нас требуется, мы в этот момент верим, что слова действительно что-то значат, что они важны. Одна из радостей чтения — это ощущение того, что роман вас «захватил», что вы, по сути, прониклись его идеологией, подчинились его ограничениям. Мы любим наши иллюзии настолько, что готовы их покупать.

6. Биология ереси

К счастью, на этом все не заканчивается. Д-503 предпочел было полностью покориться Единому Государству, но, передумав, отказался от Операции по удалению фантазии. Семя сомнения уже посеяно, а это приведет к тому, что в конце тридцать девятой записи иллюзия будет разрушена. Естественный отбор создал противовес чрезмерной идеологической обработке.

Э. О. Уилсон предупреждает, что религии, по сути мифы, которые скрепляют социальную ткань, не должны быть чересчур косными [Уилсон 2015: 276]. Как мы уже отмечали, такое общество было бы уязвимо для любых изменений среды и рано или поздно оказалось бы на свалке истории. Замятин мог этого не знать, но у его перифраза Вольтера имеется и биологическое обоснование: «Еретики — нужны для здоровья; еретиков нужно выдумать, если их нет» [Замятин 1967: 251][6]. И действительно, так оно и было. Вместе с мифами и языком получила развитие склонность к иллюзии и обману. Равно как и меры по выявлению обмана и развенчиванию иллюзии. В конце концов, если конкурирующие особи представляют серьезную угрозу нашим генетическим судьбам, мы, вероятно, обречены участвовать в этой форме конкуренции. Нет такого закона, по которому в природе все должно быть как можно проще. В свою очередь, талант на этом поприще может сделаться личным идеалом и основой для мифологизации. И часто этот идеал воплощают художники.

В этой связи стоит напомнить, что героизм всех настоящих еретиков Замятина состоит в их способности воспринимать. Единственное, что кто-либо из них произвел, — это телескоп Галилея, сам по себе инструмент для чувственного восприятия. Они не созидают, а видят. Обратите внимание, что именно аспект восприятия Замятин подчеркивает в своей похвале Эйнштейну,

---

[6] Статья «О литературе, революции, энтропии и о прочем» (1923) впервые опубликована в сборнике «Писатели об искусстве и о себе. Сборник статей № 1» (М.; Л.: Круг, 1924); в данном издании цитируемый фрагмент представлен в виде: «Аввакумы — нужны для здоровья; Аввакумов нужно выдумать, если их нет» [Замятин 1924: 70]. — *Примеч. ред.*

преодолевшему интуитивный реализм — еще одну форму самообмана: «...ему удалось вспомнить, что он, Эйнштейн, с часами в руках наблюдающий движение, — тоже движется, ему удалось на земные движения посмотреть *извне*» [Замятин 2003–2011, 3: 177]. Без сомнения, это было не так просто понять до космической эры.

Эскалация напряженности между обманом и его обнаружением заставляет нас предположить, что битва, составляющая двигатель текста, ведется отчасти между силой заблуждения и проницательностью. Это особенно острый вопрос для нас как исследователей. Чтение художественной литературы изначально не является объективным делом, при котором мы придерживаемся исключительно слов, написанных автором. Например, ни в одном тексте невозможно дать полное описание человека: слишком много деталей придется в него включить. Можно сказать, что самой краткой и при этом точной абстракцией был бы генетический код, но и сам он тогда оказался бы слишком пространным, и при этом важнейшие факторы влияния окружающей среды (культура, личная история и т. д.) не были бы учтены. Автор старается вызвать у нас дополнительные иллюзии, намечая лишь несколько характерных черт и оставляя все прочее на усмотрение читателя. Что мы знаем о внешности Д-503, кроме того, что он мужчина, ему 32 года и у него волосатые руки? Исходя из описания других нумеров, мы можем с уверенностью предположить, что у него выбрита голова и что он, как и все остальные, носит юнифу. Автор отмечает негроидные черты R-13, но не говорит ничего подобного об О-90 и I-330 — из этого мы можем сделать вывод, что Д-503 не негроид; его волосатые руки и голубые глаза О-90 дают понять, что и он, и обе женщины принадлежат к европеоидной расе, как и бóльшая часть предполагаемых русских читателей Замятина. Учитывая, что к Д-503 испытывают сексуальное влечение три женщины, он должен обладать по меньшей мере приятной внешностью. Но каким бы мы ни представляли себе Д-503, этот образ — продукт нашего собственного воображения. Поскольку текст написан от первого лица, вполне возможно, что некоторые читатели-мужчины представят его похожим на них самих. И это было бы вполне уместно для романа: ведь одна из его важнейших сюжетных линий касается обретения героем нормальной человеческой психики, то есть, по сути, внутреннего опыта, сходного с опытом читателя. Однако на этом пути Д-503 часто разочаровывает нас, возвращаясь к своему прежнему, двумерному, «я». Прослеживая неверный путь Д-503 к нормальности, читатель и сам может быть легко уведен в сторону собственными иллюзиями.

Для исследователя тот же самый процесс оказывается сложным. С одной стороны, мы, вероятно, беремся изучать роман, например «Мы», потому что прочитали его как обычные читатели и он нам понравился. Да, мы можем возвращаться к нему, как это делаю я, с возрастающим удовольствием, предаваясь все большему количеству иллюзий, которые незаметно предлагает нам текст. Как отмечает М. Буш, один из общепризнанных признаков великого искусства состоит в том, что повторное воздействие (просмотр, чтение, прослушивание и т. д.) порождает не скуку, а, напротив, более глубокое понимание [Bush 1967]. Но когда мы пытаемся с позиций исследователей разобраться в том, как это происходит, нам приходится укрощать воображение читателя. Не можем ли мы назвать это за неимением лучшего слова столкновением между эстетическим чтением и чтением объективным, необходимым для научной точности? Художественное слово придает плавучесть — во время чтения нам трудно удержаться на твердой земле. Так, Б. Эдвардс утверждает, что художественный набросок легче скопировать, перевернув оригинал вверх ногами — таким образом копиист защищает себя от иллюзий, создаваемых изображением [Edwards 1979]. По тем же причинам некоторые корректоры вычитывают текст по возможности задом наперед, чтобы не отвлекаться на сюжет и прочие посторонние мысли при выполнении своей сложной и трудоемкой, но важной задачи. Но вместо того чтобы разглядеть детали текста, якобы объективный читатель может оказаться во власти новых ошибочных иллюзий, что, в свою очередь, приведет его к ложным выводам, — в этом и есть главная опасность.

Не каждому удается прочитать «Мы» объективно. Не следует недооценивать эту задачу, особенно когда речь идет о таком головокружительном тексте. Д-503 своим смехом развеивает иллюзию о якобы всемогущем Благодетеле и выходит вон. Тем не менее, как мы увидим в следующей главе, некоторые исследователи заявляли, что Единому Государству всенепременно хватит рациональности и мощи, чтобы подавить восстание Мефи. Замятин ничего подобного не говорит: в финале романа итог сражения висит на волоске. Эти специалисты сами ввели себя в заблуждение, возможно по причинам, изложенным ранее. Более того, оказывается, что неодушевленные предметы и абстрактные идеи также могут быть харизматичными. Математическая образность воздействует на представление о Едином Государстве так сильно, что до недавнего времени ни один читатель не дал себе труда вглядеться в нее и понять, что вся эта математика почти полностью ошибочна. Текст в очередной раз вынудил читателей сделать поспешные и неверные выводы.

Замятин не только вводит точную меру успеха или неудачи при чтении — он дает читателю возможность видеть дальше, чем позволяют слова рассказчика, как на протяжении всего романа, так и после его прочтения. Это особенно верно в конце, когда развитие восприимчивости Д-503 обрывается на грани восприятия бесконечной Вселенной, включающей в себя также бесконечные революции в самом восприятии. Без сомнения, это еще один случай самообмана, и как раз тогда, когда мы думаем, что теперь-то всё поняли. Читателю доставляет удовольствие чувствовать себя героем романа, так же как ученому доставляет удовольствие делать выводы. Это главная награда за ту работу, которую мы выполняем как воспринимающие субъекты. Мы ощущаем отсвет золотого ореола, на мгновение внося свои имена в возвышенный список, где уже значатся Галилей, Лобачевский, Дарвин, Эйнштейн, конечно же, Колумб, конечно же, Эдвард О. Уилсон и Бретт Кук, если вы дадите мне мои пятнадцать наносекунд славы, и, что важно, вы сами как проницательный читатель.

Глава 4
Искусство мыслить рационально

1. Проблема с разумом

Рациональное мышление — это свойство разума, имеющее самое непосредственное отношение к утопии. Социальную утопию, да и само понятие социальной инженерии, нередко объявляют торжеством разума. Так было с великими утопическими произведениями прошлого, такими как «Государство» Платона или «Утопия» Мора, и прочими детищами Возрождения и Просвещения, где делались попытки изобразить высшую человеческую справедливость. Эти утопии претендовали на то, чтобы стать поистине воплощением логики и объективности, и недаром «Государство» Платона, «Новая Атлантида» Ф. Бэкона (1627) и «Современная утопия» Г. Уэллса (1905) призывают к созданию специальных институтов для углубленного изучения естественных наук и математики. А голос повествователя, рассказывающего об этих обществах, звучит столь рассудительно, что кажется, будто других разумных вариантов и быть не может.

Главное преимущество рационального мышления для утопических задач состоит в том, что его можно натренировать. Вся наша система образования нацелена именно на развитие формально-логического мышления, обладающего тем достоинством, что оно предсказуемо и повторяемо [Пинкер 2017: 334–335]. Таким образом, всю систему образования можно расценивать как воплощение типично утопической идеи. Мы прививаем ученикам всевозможные формы логического познания, чтобы воспитать из них рационально мыслящих граждан, востребованных более совершенным, даже утопическим обществом. Кроме того, рациональное мышление и возможность ему обучить играют ведущую роль в издавна существующих теориях социального конструктивизма, в представлениях о податливости человеческой личности, лежащих в основе социальной инженерии.

Эта культурная политика потерпела поражение. Прежде всего, уже в XIX веке стало ясно, что одним лишь рационализмом в образе науки не проживешь, что есть пределы, которые рациональному мышлению лучше не преступать, что познанию пока поддается далеко не все, что важно для человеческой организации. Утопическая фантастика в наше время стала невозможна: этот якобы голос разума раздражает нас своей примитивностью, и мы не желаем его слушать. В первую очередь это относилось к государственной пропаганде коммунистических режимов. Прислушивались ли страны Восточной Европы к бесконечному потоку заявлений, с которыми невозможно согласиться, хотя они подавались в такой форме, будто их рациональность была самоочевидна? Мы слишком много знаем, чтобы одна лишь поверхностная рациональность могла ввести нас в заблуждение.

Есть еще одна причина, по которой мы отметаем рациональные аргументы в пользу утопии. Дело в том, что рациональность не только воспринимается как самоочевидность — она идет вразрез с тем, как мы обычно мыслим или предпочитаем мыслить. Казалось бы, нетрудно объявить адаптивным преимуществом умение контролировать собственное мышление, особенно если оно направлено на достижение желаемой цели. Но, по словам Л. Космидес и Дж. Туби, характеристиками биологических адаптаций обычно являются экономность, эффективность, сложность, точность, специализация и надежность [Cosmides, Tooby 1992: 165]. Еще одна важная составляющая — аффективная: адаптации обычно подкрепляются эмоциями, которые мотивируют их осуществление. Как мы увидим в «Мы», ни одна из этих характеристик не приложима к нашим познаниям в математике, этой квинтэссенции рационального мышления. Формальная логика часто требует тренировки и сложных упражнений на концентрацию мыслей даже в большей степени, чем математика. Как утверждает Д. М. Басс, «человеческий разум не в состоянии функционировать согласно формальным законам логики», по крайней мере достаточно долго и не прилагая больших усилий [Buss 1999: 374]. Пинкер полагает, что наше мышление не адаптировано «к размышлению о произвольных абстрактных сущностях» [Пинкер 2017: 396]. На ранних этапах эволюционной истории логика и объективность, свойственные научной мысли, вероятно, не входили в требования отбора: они были затратными и не всегда адаптивными, как мы видели в случае харизмы [Там же: 331]. В обществах, отличных от нашего, особенно менее развитых, детям, прежде чем они достигнут зрелости, требуется гораздо меньше обучения, в основном потому, что их не учат рациональному мышлению, и это, несомненно, ведет к тому, что они не достигают значительного экономического и интеллектуального развития. Басс задается вопросом, имеются ли в обществах охотников-собирателей хоть какие-нибудь системы счисления, хотя наверняка у них есть свои методы распределения долей, позволяющие соблюдать относительную справедливость [Buss 1992: 250]. Ранее, размышляя о взаимном альтруизме, мы уже отмечали, что люди особенно быстро и безошибочно распознают обманщиков. Хотя со стороны обычаи охотников-собирателей выглядят запутанными, дети, растущие в этих обществах, усваивают их с большой легкостью и без всякого формального обучения. За исключением игр, облегчающих нам труд логического мышления и дедукции, мы обычно не любим задействовать рациональное мышление. И мы не можем довольствоваться одними умозаключениями. Как уже отмечалось в предыдущей главе о сущности харизмы, более спонтанные, хотя и ненадежные формы познания легко побеждают логическое мышление. Мы склонны к поспешным выводам, к утверждениям, опережающим доказательства, и к небрежному мышлению в целом, особенно когда стремимся рассуждать логически (см. [Cromer 1993]).

Таким образом, рациональность, судя по всем признакам, лишь недавно стала частью нашего эволюционного процесса, а утопическое мышление пытается существенно ускорить ее развитие — настолько, что нам это неудобно. Космидес и Туби называют рациональность «продуктом набора функционально специализированных, полученных эволюционным путем механизмов, большинство из которых определяется содержанием и передает содержание» [Cosmides, Tooby 1992: 220]. Это придает рациональному мышлению врожденный характер. Осознав, что способность к рациональному мышлению не универсальна, мы также с большей легкостью видим, насколько неравномерно мы его применяем. Например, системы межэтнического обмена существуют у нас уже тысячи лет, но подумайте, сколько открытий в математике и формальной логике было сделано всего лишь за последние четыре столетия. Стоит также вспомнить, как мало было выдающихся математиков или логиков до появления современных систем образования. В результате выходит, что рациональное мышление — тепличное растение: оно нелегко приспосабливается к нашему разуму, хотя, будучи неотъемлемой частью научного познания и дискурса, становится весьма важно для наших требований к верификации. В конце концов, рационально мыслить можно лишь о вещах доказуемых и при этом в некотором роде повторяемых для всех наблюдателей. Тем не менее рациональность часто пасует перед харизмой, мифологией, интуицией, фантазией и другими, менее надежными способами познания. Если бы рациональность действительно доминировала, если бы именно она была притягательной для нашего внимания, мы, скорее всего, отказались бы от прочих видов познания и, таким образом, лишились бы их преимуществ, которые дает возможность выбора. Пока рано говорить о каких-либо убедительных доказательствах, но это может объяснить, почему рациональность все еще кажется нам чем-то чуждым и неприятным, как это происходит с математической образностью и мыслью в «Мы».

На то, что рациональность неестественна, намекает и традиция устного народного творчества — для наглядности мы выбрали жанр, далеко отстоящий от утопического нарратива. Хотя записанный фольклор — не самый надежный показатель нашего архаичного менталитета, мы не можем отмахнуться от факта, что народные предания и сказки насквозь иррациональны, с их сверхъестественными явлениями, пробелами в логике и отсутствием причинно-следственных связей. Как правило, в народных сказках многое считается само собой разумеющимся, и традиция никогда не подвергается сомнению. Иными словами, поразительное отсутствие рациональной мысли в наших древнейших повествованиях весьма показательно: оно говорит о том, к чему на самом деле привычен разум и, следовательно, что лучше всего привлекает наше внимание. Поэтому утопические фантазии, апеллирующие в первую очередь к рациональному мышлению, чаще всего кажутся нам холодными, странными и несимпатичными. Они балансируют на грани художественной литературы, не важно, хорошей или плохой; они редко оказываются увлекательным чтением, вероятно, потому, что обращены только к одной когнитивной способности, и то едва ли не самой «молодой». По сути, несмотря на все предлагаемые в них материальные блага, утопические тексты слишком чужды нам, по крайней мере нашему первобытному «я». Есть все основания предполагать, что наши далекие предки меньше полагались на логику, чем мы сейчас. И эта тяга к иррациональному продолжает сказываться в том, чем мы себя развлекаем. С другой стороны, антиутопические повествования — наше излюбленное чтение, хотя они переносят нас в обстановку, которую мы находим кошмарной. Возможно, мы предпочитаем именно этот вид нарративов потому, что они приближают нас к нашему «естественному» «я» и, что весьма вероятно, к традиционным способам мышления, поскольку в них содержится гораздо больше иррационального. Можно сказать, что успех антиутопических произведений обусловлен их общей темой: конфликтом между рациональностью и более пассионарными формами мышления. Утопические тексты с когнитивной точки зрения слишком просты; антиутопические сюжеты гораздо ближе нам — их создателям и потребителям. Самое интересное, что Замятину в «Мы» удается использовать обе стратегии в отношении математики. Но, как мы увидим, математические знания большинства читателей недостаточны, чтобы полностью понять замысел писателя; из-за этого недопонимания важнейшее достижение романа зачастую толкуется превратно.

Во введении к книге «Математика в западной культуре» (1953) М. Клайн высказывает соображение, что состояние математической мысли в тот или иной период служит надежным показателем культурной жизнеспособности данной цивилизации. И вправду, общества, не говоря уже об отдельных людях, мыслят не одинаково: тенденции использования ими своей психической энергии разнятся, особенно когда речь идет о том, чтобы направить мысли в русло, которое мы называем рациональным. Хотя биологические основы психики у всех примерно одни и те же, их ментальное выражение тесно связано с культурным контекстом и зависит от степени, в которой данное общество позволило развиться рациональному мышлению — обычно в собственных интересах, но не только. Подобно искусству, математика не только сама выигрывает от освобождения человеческой природы — творческое стремление к этой рациональной сфере часто способствует проявлению лучших свойств человеческого духа [Kline 1953: 10–12].

Такой ход мысли хорошо согласуется с математически обоснованным прочтением «Мы». И математические понятия, и история математики служат в романе основой для того, чтобы оценить угрозу, которую Единое Государство представляет для человеческой природы. Математика, как и ее производные — наука и техника, — может стать предметом злоупотребления, использоваться как средство установления тоталитарного контроля и подавления человеческого духа. Но «Мы» также напоминает, что математика и рациональность при их правильном применении служат весьма мощными инструментами продуктивного мышления. Именно поэтому данные познавательные функции враждебны закоснелым догмам: в конечном итоге подавить их невозможно, как и прочие составляющие человеческой природы. Это особенно верно, если рассматривать явные адаптивные преимущества высокого уровня развития рациональности и математики в самой чистой и строгой форме, хотя бы потому, что они могут существенно ускорить культурную эволюцию в соответствии с новыми потребностями. Антиутопическая литература обычно выявляет главную беду утопии: по сравнению с нашим эмоциональным развитием скорость преобразований в ней может быть неприятно быстрой или опасно медленной.

Конечно же, математика и рационализм могут быть весьма притягательными. В статьях Замятина труд великих математиков, таких как Н. И. Лобачевский и А. Эйнштейн, нередко ставится в пример художникам как образец творческого поведения. Замятин отмечает потенциальное участие математики в разрушении привычных перцептивных установок, ее способность привести нас к лучшему пониманию реальности и к большей степени самовыражения. С помощью этого ментального аппарата мы можем проверять интуитивное познание и при необходимости выходить за его стены, когда они становятся слишком тесными. Как бывшие охотники-собиратели, мы любим находить новые ресурсы, развивать свои способности, и прекрасными стимулами в этом процессе служат как математика, так и искусство. Именно к таким действиям Замятин призывает в своих статьях литературу: по его мнению, неореализм обещает подойти к жизни гораздо ближе, чем то, что было единодушно объявлено изображением «действительности» в реалистической прозе XIX века. Поскольку математика требует доказательств, тем более уместно, что Замятин последовал собственному рецепту, создав в «Мы» уникальный сплав искусства и математического знания. В этом он преследовал двоякую цель: задать творческое направление, правильный настрой для человеческих начинаний — и предупредить об опасностях, грозящих тому, кто откажется идти по пути сомнений и вопросов.

Многие исследователи отмечали, что математическая образность в «Мы» способствует созданию местного колорита в изображении утопического общества далекого будущего, которое наступит через тысячу лет. Ученые расшифровывали различные понятия, чтобы раскрыть их этическое, социальное и политическое значение в романе[1]. Мы предпримем всесторонний обзор всех математических отсылок, поскольку огромное количество математических терминов, встречающихся в романе, если сопоставить их с историческим развитием математической мысли, позволяет увидеть авторский замысел, весьма важный с точки зрения психологии, восприятия и эпистемологии. Чаще, чем другие системы символов в тексте романа, Замятин использует именно математику, чтобы выразить свой идеал психической функции человека и соответствующей ему судьбы человеческого рода.

Роман изобилует математическими образами и символами. На поверхностном уровне это объясняется двумя соображениями. Первое: утопическое общество Единого Государства якобы основано на арифметических принципах, которые, по мнению его руководителей, служат основой научного материализма и рационального социального порядка. Город состоит из простых геометрических форм, таких как квадраты, круги, прямоугольники, и соответствующих им геометрических тел. Страсть государства к арифметической справедливости выражена в почти полной стандартизации всех аспектов жизни. Замена личных имен буквенно-цифровыми, по-видимому, также была продиктована арифметической организацией общества. Кроме того, главные общественные учреждения и памятники культуры отражают

---

[1] В частности, см. [White 1966], где внимание сосредоточено на значении мнимых чисел и бесконечности в романе. Т. Р. Н. Эдвардс затрагивает множество математических тем, обращается к концепциям других мыслителей-математиков, а также высказывает ряд предположений о происхождении буквенно-цифровых имен персонажей Замятина [Edwards 1982]. В работах [Barker 1977; Borman 1983; Shane 1968: 161; Warrick 1975] также делаются попытки объяснить имена как исходя из возможных числовых взаимосвязей, так и (в первых двух исследованиях) с отсылками к Библии. Многие другие исследователи также говорят о всепроникающей математической образности романа, которую в самом деле трудно не заметить. Гораздо более серьезное и обоснованное прочтение математического пласта романа содержится в [Лахузен и др. 1994]: здесь декодируется математический подтекст, почти эквивалентный словесному тексту. Авторы также выявляют многочисленные математические отсылки к современной роману советской реальности. В статье [Hersh 1993] проводится различие между принципами чистой математики и их применением в романе и в предшествующей науке.

практически единственную ценность, принятую обществом, — арифметическую стабильность. Все это, конечно, беспокоит большинство читателей.

Второе: Единое Государство достаточно высокоразвито в техническом отношении. Здания и Зеленая Стена, защищающая город от внешнего мира, выстроены из стекла, хотя их конструкция и несовершенна. Граждане питаются синтезированной пищей. Хотя есть немало причин усомниться в жизнеспособности этих научно-технических достижений, Единое Государство стоит на пороге межпланетных исследований и завоеваний. Такой прогресс требует гораздо большего, чем умение считать на пальцах. В обществе много говорят о математике. По словам К. Родс, необычный лексикон Д-503 отражает «как его профессиональную подготовку, так и ценности, идеалы мира людей, стремящихся стать автоматами» [Rhodes 1976: 33]. Единственное мимолетное упоминание школьного обучения связано с уроком математики. Персонажи часто говорят о математических идеях. Это в первую очередь касается Д-503: он главный строитель первого космического корабля и, соответственно, один из ведущих математиков Единого Государства. Д-503 видит свой «алгебраический мир» глазами математика [161]. Людей он описывает так, будто вместо лиц и тел у них геометрические фигуры, а действия осмысливает с точки зрения «стройных формул», которыми их можно было бы выразить [211]. Он пишет о том, как «мечтал формулами», рассказывает, как в результате таких мечтаний вывел определение любви как функции смерти [161, 229]. Все это весьма характерно и для человека, и для общества, в котором, как это ни смешно, старое расписание железных дорог может считаться величайшим памятником древней литературы [147].

Тем не менее арифметического устройства Единого Государства и Вселенной, математической обработки ее граждан недостаточно, чтобы сделать утопию математически безопасной, не говоря уже о политической стабильности. Главная угроза для Единого Государства исходит не из антиматематического или — что важно — антирационального источника. Из различных высказываний I-330, одной из предводителей мятежных Мефи, отчетливо видно, что противники государства гораздо глубже понимают математику и ее эмпирические последствия, чем его сторонники.

Как бы на словах Единое Государство ни превозносило математические идеи и великих математиков, в области математики оно наивно и зачастую невежественно. Это нам подсказывают, помимо прочего, имена математиков, непосредственно упомянутых в тексте. Все это ученые далекого прошлого, жившие либо в эпоху зарождения математики, как древние греки Пифагор и Евклид, либо в период ее возрождения в эпоху Просвещения, как И. Ньютон и К. Маклорен [151, 152]. Вероятно, к этому списку можно добавить Брука Тейлора, британского математика XVIII века. Фамилию Тэйлор, не раз упоминаемую в романе, носит идеологический крестный отец Единого Государства, — конечно же, речь идет о Ф. У. Тейлоре, американском инженере и исследователе научной организации труда. Однако, когда Д-503 упоминает «суммирующие аккорды формул Тэйлора» [151], Замятин, похоже, имеет в виду математика Брука Тейлора, чьи исследования сыграли важную роль в разработке математического анализа, уравнений кривых и нелинейных уравнений. Ф. У. Тейлор использовал очень мало формул — обычно он ограничивался прозой (см. [Тейлор 1991: 54; Edwards 1982: 193–194]). В книге Т. Лахузена, Е. Максимовой и Э. Эндрюс показано, что Замятин использует счисление Б. Тейлора как подспудный, но жизненно важный математический комментарий к событиям романа; на этом основании авторы делают вывод, что Единое Государство работает на самоуничтожение [Лахузен и др. 1994].

Между тем в романе не приводится ни одного имени (или нумера) со времени Великой Двухсотлетней Войны и основания Единого Государства до описываемого периода. Как будто наука и математическая мысль за последние тысячу лет практически перестали существовать и мир Единого Государства зиждется на теоретических основах, заложенных в другие эпохи и в других культурах; сам же этот мир не в состоянии создать что-либо свое. На тот же вывод наталкивает и неспособность Единого Государства довести до совершенства тэйлоровскую Часовую Скрижаль и устранить более свободные Личные Часы. Хотя в тоталитарном государстве это должно было бы быть простой задачей, и Д-503 высказывает веру общества в полное упорядочивание жизни и не может объяснить, почему в Скрижали есть такой недочет [147]. Да, за надежду, что проблема скоро будет решена, его могут назвать идеалистом, и это его беспокоит [147]. И герой прав в своем беспокойстве: ведь общество, в котором он живет, также и отсталое, а значит, уязвимое. Плачевное состояние робота-наставника Пляпы наводит на мысль и о других технических несовершенствах Единого Государства [164]. То, что Единое Государство по прошествии тысячи лет стоит *всего лишь* на пороге космической эры, скорее свидетельствует о низкой оценке Замятиным научных и технических возможностей государства, чем о его неверии в фактическое развитие ракетостроения, как предполагает Г. Браунинг [Browning 1968: 18]. В конце концов, к 1919 году ракеты уже разрабатывались, и Замятин яснее, чем многие его современники, осознавал, что научная и математическая революция продолжается. Т. Р. Н. Эдвардс также отмечает «устаревшие» научные/математические идеологические основы Единого Государства, которые, по его словам, опровергаются «отчасти на основании современной научной и математической теории» [Edwards 1982: 55–56]. Э. Дж. Браун считает, что «примитивная регламентация» Единого Государства выглядит очевидным анахронизмом в сочетании с тем уровнем образовательного и технического развития, который предполагает «сложно организованное, если не высоконравственное человеческое сообщество» [Brown 1963: 34]. Эти соображения дают нам некоторые основания считать, что Единое Государство постепенно утрачивает власть над некогда технически высокоразвитой культурой. И действительно, драматические события романа демонстрируют, что уязвимость режима из-за этой обратной эволюции растет. В то же время не следует упускать из виду, что первобытные люди, живущие за пределами Зеленой Стены, едва ли более изобретательны, чем законопослушные жители Единого Государства. Эти охотники-собиратели, похоже, тоже не дали человечеству новых Эйнштейнов.

Из многих высказываний Д-503 ясно, что математики Единого Государства знакомы с математическими теориями Нового времени вплоть до открытий К. Ф. Гаусса, Я. Бойяи и Н. И. Лобачевского. Он упоминает такие понятия, как вычисление асимптот, n-мерные пространства, множественные неизвестные, трансфинитные числа и неевклидова геометрия. Однако идеологам Единого Государства, судя, опять же, по заявлениям Д-503, по душе только самые простые понятия, разработанные еще на заре математики. К ним относятся четыре арифметических правила, целые числа, прямые, окружности, геометрические тела и евклидова геометрия в целом, особенно в двумерном пространстве. Очевидно, что более сложные понятия считаются опасными и поэтому в значительной степени игнорируются. Собственно, одна из главных отраженных в сюжете проблем состоит в том, что Д-503 все явственнее осознает возможности знаний, которые всегда были ему доступны.

Следует отметить, что мятежные Мефи очень хорошо подкованы в таких передовых концепциях, как трансфинитные числа, бесконечные функции и n-мерные пространства. I-330 упоминает эти понятия, чтобы оправдать восстание, показать, что это отнюдь не бунт против рациональности. Напротив, она как будто хочет освободить математическую мысль, самый мощный и действенный инструмент логической индукции, от оков, незаслуженно наложенных на нее мракобесным Единым Государством. Следует также отметить, что Д-503 ассоциирует с Мефи и другие «передовые» понятия, такие как мнимые и комплексные числа, уравнения кривых и множественные неизвестные. Действительно, как отметил Замятин, говоря об открытиях Лобачевского и Эйнштейна, современная математика освободила воображение от уз трехмерной евклидовой «реальности» и выпустила его в свободный мир бесконечных измерений и форм[2].

---

[2] Судя по статьям Замятина, он, скорее всего, не признавал утверждений Я. Бойяи и К. Ф. Гаусса, будто они были основателями или по крайней мере сооснователями неевклидовой геометрии. Бойяи разработал собственную концепцию неевклидовой геометрии до 1823 года, но опубликовал свои выводы только в 1832 году. Лобачевский в 1826 году доказал оказавшуюся

2. Единое Государство и пифагореизм

Беда наивной математики в Едином Государстве не столько в низком уровне ее развития, сколько в уверенности государства в том, что четырех правил арифметики: сложения, вычитания, умножения и деления — достаточно, чтобы объяснить все явления во Вселенной. Таким образом, они могут служить и теоретической основой всего общественного строя. Как отмечает М. А. Херш, Единое Государство постоянно применяет математику неправильно, будучи не в состоянии должным образом оценить ее соответствие конкретным человеческим обстоятельствам [Hersh 1993: 22]. Как простота этой математики, так и почти религиозное поклонение ее законам демонстрируют тесную связь между Единым Государством и принципами другого общества, где властвовала математика, — античного Пифагорейского союза, школы, которая процветала в Южной Италии с конца VI до середины IV века до н. э.

Пифагорейцы составляли тайный мистический союз, в котором царил культ математических начал, почитавшихся как ключи к тайнам Вселенной. В некотором смысле они наделили математику харизмой, что позволило им делать о ней совершенно неоправданные выводы. Хотя сегодня мы помним разве что теорему Пифагора, в свое время они оказали большое влияние

сходной теорию, а в 1829 году представил более подробное ее изложение. И то и другое, однако, было предвосхищено Гауссом, который, по-видимому, разработал неевклидову геометрию еще до 1799 года, но, опасаясь враждебной реакции общественности, решил не публиковать свое открытие. По сей день идут споры, действительно ли это было что-то вроде параллельного открытия. Поскольку исследования Лобачевского и Бойяи игнорировались до тех пор, пока в 1855 году не были посмертно опубликованы заметки и письма Гаусса, невозможно определить, сколько сведений могло быть передано посредством косвенных личных контактов: Гаусс был другом и коллегой как отца Бойяи, так и одного из учителей Лобачевского; см. [Kline 1972: 877–879]. Хотя из всех первопроходцев неевклидовой геометрии Замятин упоминает в статьях только Лобачевского, в «Мы» он ссылается лишь на эллиптическую геометрию Б. Римана, в которой все параллельные прямые пересекаются [178].

на греческую философию, в том числе «Государство» Платона, и продолжают влиять на современную науку. С помощью математики они расширили представления эллинов об универсальных законах природы и, следовательно, о космическом порядке. Изучение математики как абстрактной науки началось с их предположения, что все природные явления и все социальные или этические концепции, по сути, представляют собой просто целые числа или отношениями между целыми числами [Kline 1967: 60].

С тех пор математика считалась самым точным и надежным инструментом для обнаружения главных истин, поскольку считалось, что, согласно Анаксагору, «ум правит вселенной» [Там же: 188]. В этом не сомневались не только Платон и Евклид, но и математики XVII века, такие как Декарт и Ньютон. В обе эпохи Бога считали великим геометром. Занятия математикой и естественными науками было равноценно религиозному культу, чтению второй божественной книги — природы.

Следует отметить, что в раннем христианстве существовала некоторая предубежденность против математики, астрономии и физических наук [Клайн 1984: 43–44]. Согласно Клайну, Блаженный Августин предупреждал: «Добрый христианин должен остерегаться математиков и всех пустых предсказателей. Существует опасность того, что математики заключили договор с дьяволом, чтобы помрачить дух человеческий и увлечь его в ад» [Kline 1953: 3]. Возможно, он был прав. Эпистемологическая определенность математики была поколеблена развитием неевклидовой геометрии, а затем теорией относительности Эйнштейна. В «Братьях Карамазовых» (книга 5, главы 3, 4) Иван отмечает разрушительное влияние неевклидовой геометрии на религиозные убеждения. Вероятно, все это проливает некоторый свет на происхождение названия группы мятежников — Мефи, учитывая их знания высшей математики.

Нет прямых доказательств тому, что Замятин намеренно выстраивал арифметическую догму Единого Государства по образцу пифагорейских принципов, поскольку между идеями романа и теориями Пифагора имеются и различия: например, научный материализм Государства не согласуется с верой пифагорейцев в переселение душ. Замятин был осведомлен о деятельности Пифагорейского союза, причем не только о его математических открытиях. Так, в статье «О языке» он также упоминает «учение Пифагора о переселении душ» [Замятин 2003–2011, 5: 335]. Поскольку от эпохи расцвета пифагореизма сохранилось лишь несколько фрагментарных текстов, современные ученые вынуждены иметь дело преимущественно с легендами о Пифагоре и его школе. Тем не менее для их продолжающегося влияния достаточно и легенд. Фактических свидетельств мало — как о самом Пифагоре, так и об отношении Замятина к нему и его школе. Мы сравниваем пифагореизм и Единое Государство, основываясь на тех сведениях, которые Замятин мог получить из беглого знакомства с классической древностью. Например, в романе упоминаются пифагоровы штаны [151], а также гипотенуза и катеты [199].

Между двумя концепциями есть и много сходного. Единое Государство тоже организовано по принципу тайного религиозного союза, где знание и власть сосредоточены в руках отдельной группы. Д-503 сравнивает почитаемую Часовую Скрижаль с иконой [147]. Он говорит о «божественных параллелепипедах» города и называет подобного Иегове Благодетеля «Нумер из Нумеров» [142, 234][3]. По одной из легенд, Пифагор сам приписывал себе полубожественное происхождение. Вера пифагорейцев в единство всего сущего, то есть в симметричный, упорядоченный космос, отражена в геометрически пропорциональных очертаниях Единого Государства. Город имеет круглую форму, план его улиц по большей части представляет собой квадратную сетку, стеклянные здания прямоугольны, а Площадь Куба вмещает шестьдесят шесть концентрических кругов — трибун. Пристрастие Пифагора к симметрии и пропорциям также отражено в эстетических ценностях Д-503, по всей видимости привитых ему и другим гражданам системой образования Единого Государства. Д-503 превозносит «геометрическую красоту» Единого Государства [256]. В минуту нежности он рассказывает О-90 о красоте квадрата, куба и прямой

---

[3] О других религиозных аспектах Единого Государства см. [Gregg 1988; Aldridge 1977; Borman 1983; Хетени 1987].

линии [151]. На фоне открытой борьбы в конце романа он оплакивает — возможно, преждевременно — разрушение «величайшей и разумнейшей во всей истории цивилизации» [292][4].

Приверженность государства единству также выражается в его одержимости единомыслием населения и в самом названии Единое Государство. Пифагорейцы не рассматривали единицу как число «в полном смысле», потому что, как говорит Клайн, «принцип единого противоположен количеству». Для нашего понимания Единого Государства важно отметить, что пифагорейцы отождествляли число 1 с разумом, «ибо разум может произвести только согласованное целое» [Kline 1953: 77]. Примечательно, что государство пытается обеспечить это единство путем стандартизации всех видов деятельности в соответствии с тейлоровской Скрижалью. Д-503 сообщает нам, что все граждане моются и выполняют прочие действия исключительно синхронно. Кроме того, жесткая организация как Пифагорейского союза, так и Единого Государства говорит об их глубокой враждебности демократии; об этом свидетельствуют и выборы в Едином Государстве, не предусматривающие тайного голосования и носящие эвфемистическое название День Единогласия.

Особое почтение Единого Государства к числу 4 также можно возвести к пифагорейцам: они ассоциировали его со справедливостью, так как это первое целое число, составленное из равных частей. Обратим внимание, как организованы прогулки граждан Единого Государства: они гуляют стройными рядами по четыре под Марш Единого Государства — это зрелище Д-503 называет «квадратной гармонией» [142]. И эти шествия, и стихотворение на тему $2 \times 2 = 4$, которым восхищается Д-503, напоминают Подпольного человека у Достоевского, который усматривал в этом непререкаемом равенстве отрицание свободы воли[5].

---

4 К. Р. Ла Боссьер возводит эту эстетику к «духу геометрии» (esprit de geometrie), характерному для французского Просвещения [La Bossiere 1973]. Б. Фэррингтон связывает с пифагорейцами начало городского планирования в Древней Греции [Farrington 1980: 45].

5 О степени влияния «Записок из подполья» Достоевского на «Мы», включая трактовку равенства $2 \times 2 = 4$, см. [Jackson 1958; Warrick 1975; Morson 1981].

Беглый обзор литературы по истории математики показывает, что равенство 2 × 2 = 4 служит самой распространенной иллюстрацией кажущейся непреложности арифметических правил. Недаром и Единое Государство Замятина, и Подпольный человек Достоевского прибегают именно к этому, а не какому-то другому примеру. Однако в применении к эмпирической реальности его истинность не выдержала пересмотра теории чисел, имевшего место во второй половине XIX века, когда встал вопрос о том, что представляет собой единица. Так, если к двум облакам прибавить два облака, в результате не обязательно получится четыре облака. Другие поразительные результаты наблюдаются в сфере сексуальных отношений и размножения, что и показано в романе. Страсть Д-503 к I-330 заставляет его заметить, как «двое» превратились в «одно» [185]. Отношения четырех главных персонажей, Д-503, О-90, I-330 и S-4711, достигают кульминации в предполагаемом рождении ребенка О-90. Все это можно рассматривать как иллюстрацию утверждения Подпольного человека: «Дважды два пять [то есть свобода воли. — *Б. К.*] — премилая иногда вещица» [Достоевский 1973: 119][6].

Еще одну параллель можно увидеть, применив пифагорейскую «таблицу десяти противоположностей» к внутреннему конфликту Д-503 между верностью Единому Государству и I-330. Как Единое Государство, так и пифагорейцы демонстрируют безусловную тенденцию разделять мир на противоположности. И в упомянутом

---

[6] Чтобы найти возможное обоснование равенства, приведенного Достоевским, следует вспомнить, что каждый персонаж «Мы» представлен не как целое число и не как рациональное число, а скорее как комплексное число, включающее мнимую единицу, такую, каковой Д-503 представляется душа. Предположим, что каждое обозначение равно 1i. Теперь, дав себе некоторую научную вольность заняться воображаемой математикой, попробуем временно разбить эти числа. Вначале складываем четыре целых числа и получаем в сумме 4. Затем, если представить взаимосвязь мнимых единиц как i^4, мы получим результат 1:

$$i^4 = (i)(i)(i)(i) = (-1)(-1) = 1$$

Если этот результат прибавить к равенству из целых чисел, получится сумма 5. Должен признаться, что это все же нельзя назвать общепринятым математическим вычислением.

конфликте можно вычленить шесть пар противоположностей: *предел—беспредельное* (то есть *конечное—бесконечное*); *нечетное—четное* (в соответствии с буквенно-цифровыми именами персонажей); *мужское—женское*; *покой—движение* (то есть *энтропия—энергия*), *прямое—кривое*; *добро—зло* (возможное предвосхищение этических ценностей, иронически выраженных в романе, в частности в борьбе между Единым Государством с его Хранителями и Мефи). Антиномия *я—мы*, столь важная для романа, соответствует противоположности *одно—многое*; кроме того, пищу для размышлений дают возможные психоаналитические импликации противоположностей *свет—тьма* и *правое—левое*. Следует признать, что десятую противоположность *квадрат—вытянутый прямоугольник* трудно втиснуть в эту схему. Пифагорейцы рассматривали эти дуалистические противоположности как взаимодополняющие связующие силы в своем обществе. Хотя I-330 и ее отряд выглядят разъединяющей силой, их деятельность может быть истолкована как попытка объединить эти антиномические начала в новый синтез. Это тот самый шаг, которому противится Единое Государство; вполне вероятно, что этот отзвук пифагорейства — результат воззрений самого Замятина, учитывая часто проявляемый писателем интерес к гегелевской диалектике. Так, I-330 подталкивает Д-503 к мысли об объединении двух половин человечества: граждан Единого Государства и первобытного народа, живущего за пределами Зеленой Стены [247].

Важно, что и пифагорейцы, и Единое Государство основывают свои догмы как на целых числах, так и на дробях — соотношениях между целыми числами. Такие дроби, как 0,2 = 1/5, называются *рациональными* числами. Пифагорейцы пытались «рационализировать» все числовые соотношения, включая квадратный корень из двух, хотя он несводим к дроби и, таким образом, представляет собой *иррациональное* число. Такое же предпочтение целым числам выказывает Единое Государство. Оно строит космический корабль под названием «Интеграл», для того чтобы ракета «проинтегрировала» бесконечную Вселенную [139]. Буквенно-цифровые имена, которыми оно наделяет граждан, включают только целые числа. Из этого вытекает и психологическое следствие: режим, по-видимому, и предположить не может, что психика не является монолитной. Оно молчаливо отрицает возможность существования других способностей и уровней познания, которые у Д-503 ассоциируются с иррациональными или мнимыми числами. Это делает Д-503, как, без сомнения, и всех других нумеров, уязвимым для проявлений бессознательного.

Пифагорейские математико-религиозные догмы повлияли и на другие аспекты общественной жизни, многие из которых воспроизводятся в Едином Государстве. Согласно пифагорейской нумерологии, нечетные числа считались «мужскими», а четные «женскими». Имена персонажей «Мы» соответствуют этому разделению. Кроме того, Д-503 отмечает, что вся музыка в Едином Государстве сочинена в соответствии с математическими формулами [150]. Примечательно, что именно Пифагор открыл числовые соотношения между нотами в диапазоне октавы. Отметив обратную зависимость между длиной струны и частотой ее колебаний, то есть музыкальной высотой, Пифагор обнаружил, что частота данной ноты ровно вдвое превышает частоту той же ноты октавой ниже. Это открытие вполне приложимо к «квадратной гармонии», практикуемой в Едином Государстве [142]. Поскольку музыка имеет очевидную математическую основу, пифагорейцы использовали ее как род психотерапии, чтобы очистить душу. Примерно такое же воздействие оказывают простая арифметика и квадратная гармония в Едином Государстве. Д-503 отмечает пустые лица гуляющих под Марш Единого Государства, лица, «...не омраченные безумием мыслей» [142]. Чтобы успокоиться и очистить мысли, он решает задачи, хотя, учитывая наше предыдущее замечание об отсутствии в Едином Государстве творческой математики, возможно, стоит подчеркнуть, что это задачи из старинного задачника [163]. Арифметическая эстетика Единого Государства распространяется и на другие сферы искусства. Это не только стихотворный вздор на тему 2 × 2 = 4 — сам дневник Д-503 — попытка написать «стройную и строгую математическую поэму в честь Единого Государства» [205]. Это ему не удается.

Самая поразительная параллель между пифагорейцами и Единым Государством состоит в том, что те и другие провозгласили математические правила основой социальной этики[7]. Единое Государство, по сути, строит свою мораль на еще более простой основе, чем пифагорейцы, — на четырех правилах арифметики [148, 183, 209, 215]. Их якобы достаточно, чтобы обеспечить вечное и «математически-безошибочное счастье» [139]; таким образом они приравниваются к самой человеческой природе. Так что назвать Единое Государство этическим было бы крайне странно. Любовь «математизирована» [153]. Д-503 восторженно описывает треугольник, в котором он и R-13 имеют одинаковое сексуальное право на О-90, презрительно отбрасывая традиционные западные представления о единоличном обладании сексуальным объектом [144]. Д-503 попусту не тратит жалости на десяток рабочих, погибших в результате несчастного случая на стартовой площадке. Чтобы оправдать свою бессердечность, он производит математический подсчет: делит десять рабочих на десять миллионов, составляющих население Единого Государства. Получив неверный результат — «едва ли одна стомиллионная часть» населения, — он заявляет, что эти рабочие составляют слишком ничтожную долю от общей численности населения, чтобы заслуживать его внимания [209]. В других случаях он делает этические заявления в форме грубых подсчетов. В одном из подобных уравнений он измеряет счастье, деля блаженство на зависть, и делает вывод, что, когда зависть приближается к нулю, счастье стремится к бесконечности [153]. В другом уравнивает свободу и преступность, утверждая, что, если первое уменьшается до нуля, то же самое происходит и со вторым [162].

Примечательно, что арифметическая этика Единого Государства воплощена в двух Платоновых телах. Во-первых, Д-503 описывает эту мораль как пирамиду правосудия [215]. Во-вторых,

---

[7] Находясь под влиянием пифагорейской мысли, Платон ратовал за математическую подготовленность правителей своего гипотетического Государства [Kline 1967: 36]. Однако, помимо Платона и пифагорейцев, у сторонников арифметической этики, возможно, есть и другие предшественники. Так, П. Уоррик отмечает, что подобную систему ценностей пытался выстроить Г. Лейбниц, объединив математику с юриспруденцией [Warrick 1975: 65]. Т. Р. Н. Эдвардс видит здесь намек на «исчисление счастья» (felicific calculus) И. Бентама [Edwards 1982: 59].

правосудие превозносится и вершится на Площади Куба (см. [Kline 1953: 77]). Вполне возможно, что одним из образцов этому сооружению послужила святыня Кааба («Куб») в Мекке, расположенная посреди квадратного двора и служащая предметом поклонения набожных мусульман: во время молитвы они преклоняют вокруг нее колени, образуя почти концентрические круги. Связь квадрата со «справедливостью» происходит от пифагорейской практики концептуализации чисел в геометрических фигурах, выложенных из камешков. Число 4, которое у них символизировало справедливость, было представлено квадратом, по два камешка с каждой стороны.

Математические предпосылки разрушения также удивительно схожи для обоих обществ. Культ целых чисел пифагорейцев был разрушен их же собственным открытием иррациональных чисел. По легенде, это случилось, когда пифагорейцы попытались применить свое знаменитое правило измерения гипотенузы к прямоугольному треугольнику, каждый катет которого равен единице. Они тщетно пытались привести полученный квадратный корень из двух к рациональному числу, то есть дроби от целого числа. После чего утопили первооткрывателя, Гиппаса из Метапонта. Д-503 ставит в тупик квадратный корень из минус единицы — мнимое, или комплексное число, которое, что примечательно, в романе называется «иррациональным корнем» [164]. Важно, что Д-503 настолько тесно ассоциирует квадратный корень из минус единицы с собственным иррациональным «я», что использует прилагательное «иррациональный» там, где правильным определением должно быть «мнимый», как в термине *мнимое число*. Придя в отчаяние от невозможности примирить его с целыми числами, Д-503 связывает это с I-330 и иррациональностью, а также со своим растущим диссидентством. Но он не может отрицать существование этого числа; неудобная, разрушительная абстракция толкает его на путь вдохновленного математикой бунта против Единого Государства.

Математическая беспомощность пифагорейцев и Единого Государства перед новыми математическими идеями объясняется тем, что они принимают крайне неточные и априорные математические правила за основные законы Вселенной. Они обманывают самих себя, неправильно применяя математику и рациональное мышление. Обратим внимание, что Д-503, склонный видеть мир как совокупность простых геометрических форм, обычно описывает других персонажей как квадраты, круги, треугольники, кривые, S-образные формы. Простая математика может приобретать силу иллюзии, мешающей адекватно воспринимать действительность.

Конечно, пифагорейская математика значительно превосходит математику Единого Государства. При всем своем догматизме пифагорейцы сохраняли великий дух исследования. Со своей стороны Единое Государство пользуется ограниченной арифметикой, равносильной мракобесию, чтобы контролировать общество. Такой самообман становится возможным только при полной нечувствительности к реальным явлениям Вселенной. Мало того что наделение людей буквенно-цифровыми именами — яркий пример дегуманизации, система, по-видимому, мало приспособлена, чтобы учесть все население. Если все нумера-женщины, подобно тем, кого мы встречаем в романе, обозначаются гласными и четными числами и ни одно число не содержит более четырех цифр (например, S-4711), то получается, что женское население составляет не более шестидесяти тысяч[8]. Значит ли это, что 99,4 % населения Единого Государства — мужчины?

3. Хромающая логика

В Едином Государстве нет настоящих преданных режиму математиков. А те, что там имеются, склонны допускать грубые ошибки в самых простых вычислениях. Например, Д-503 непра-

---

[8] Подсчитано путем умножения половины от 9999 на 12 неповторяющихся гласных букв в кириллице и латинице, включая «ё». При этом 40 согласных в обоих алфавитах составляют примерно двести тысяч мужских имен. Для большей части населения, должно быть, предусмотрены какие-то другие средства.

вильно рассчитывает вероятность того, что его назначат в аудиториум 112: он делит количество аудиториумов (1500) на население Единого Государства — 10 000 000 [149]. Это ошибочное действие дает не искомую вероятность, а скорее среднюю посещаемость каждого аудиториума. Правильным действием было бы простое деление единицы — аудиториума 112 — на общее число аудиториумов в Едином Государстве (численность населения при этом не важна) при условии, что вместимость аудиториумов примерно одинакова. Учитывая симметричную планировку города, легко предположить, что так оно и есть. И, как упоминалось ранее, Д-503 неверно высчитывает долю населения, которую составляют десять рабочих, погибших в аварии на стартовой площадке: у него она составляет одну стомиллионную от десяти миллионов вместо одной миллионной [149, 209]. Сделанный им вывод, что эта величина — «бесконечно малая третьего порядка», не лишен выразительного смысла, хотя также говорит о весьма вольных математических расчетах. Упомянутая величина должна равняться единице, деленной на бесконечность в кубе, то есть гораздо меньшей переменной величине, стремящейся к нулю в качестве предела. Несколькими страницами ниже он никак не может вычислить, вернется ли он к отправной точке, если проделает кругосветный путь в 360°: его ставит в тупик возможное различие между +0° и –0° [215–216][9]. Его способность применять математические принципы к эмпирической реальности вызывает сомнения. «Оси» прямого угла, катеты, по которым герой идет к Древнему Дому, на самом деле образуют «круговую дорогу», что создает странную траекторию [199]. Далее ему приходит в голову вопрос, действительно ли сила тяжести константна; он также говорит о непрерывном ограничении и раздроблении бесконечности, которое сделало бы ее более удобоваримой [181, 201]. Не зря R-13 обвиняет Д-503 в желании «стенкой обгородить бесконечное» [165].

---

[9] Т. Р. Н. Эдвардс считает, что это ложное различение [Edwards 1982: 61]. Однако необходимо принять во внимание вращение Земли — на это у Д-503 ума вроде бы хватает.

Таким образом, неудивительно, что у лояльных граждан возникают трудности с более сложными понятиями и они рассуждают об интегрировании бесконечности, о котором объявляет «Государственная Газета» в первом абзаце романа [139], — а ведь это нелепица. Такое мышление отражено в названии ракетного корабля — «Интеграл»: этот термин относится к методу исчисления, применяемому для строгого ограничения того, что не может быть точно определено, например переменных величин и динамических процессов[10]. Следует отметить, что древние греки, в согласии с пифагорейской мыслью, питали отвращение к понятиям бесконечности, бесформенности и динамизма, предпочитая видеть Вселенную упорядоченной, конечной и статичной [Kline 1953: 56–58]. Наконец, сосед Д-503 утверждает, что средняя плотность материи в бесконечной Вселенной равна нулю [198]. Он забывает, что если пространство бесконечно, то таковой может быть и материя, хотя в наших представлениях последняя вряд ли может быть сопоставима с первым. Но в зависимости от того, как мы определяем само понятие, можно сказать, что бесконечность, деленная на бесконечность, равна бесконечности или единице, — хотя мы ясно ощущаем, что правильный ответ лежит где-то посередине. Еще серьезнее то, что доказательство пущено мимо цели: сосед не говорит, как он определил, что средняя плотность не равна нулю, и не пытается показать, как эта математическая абстракция соотносится с реальностью Вселенной.

Затруднения Д-503 отражают ньютоновский взгляд на Вселенную: «бесконечное множество звезд в бесконечном евклидовом пространстве». В XIX веке была выдвинута альтернативная точка зрения, которая предполагала конечную Вселенную типа «острова», плавающего «в необъятности бесконечного и “пусто-

---

[10] Ш. М. Карнике отмечает нелепость Единого Государства, пытающегося использовать исчисление «для создания статичного мира» (см. доклад «Conventional Women in an Unconventional World: Zamyatin's “We”», прочитанный на конференции Annual Meeting of the American Association of Teachers of Slavic and East European Languages, Нью-Йорк, декабрь 1983). Сам же Замятин, напротив, использует его по назначению: для описания жизненных процессов. См. также [Swanson 1976].

го” пространства» [Clark 1972: 267]. Вообще-то, между представлением соседа о Вселенной и концепцией, предложенной в 1917 году Эйнштейном, есть нечто общее. Тот и другой представляют себе Вселенную конечной и искривленной; оба действуют сходным образом: продолжают штудии в области математической физики в ожидании экспериментальных данных. Однако теория Эйнштейна далеко не так примитивна, как теория соседа. Более того, она распространялась только на познаваемую Вселенную — Вселенную в целом Эйнштейн считал безграничной. Из-за воздействия силы тяжести свет не может выйти за пределы звездной Вселенной, поэтому он движется по искривленному пути, в конечном итоге возвращаясь к своему источнику. У этой теории были очевидные недостатки, и ей приходилось соперничать с более близкой современной астрономии гипотезой В. де Ситтера о расширяющейся видимой Вселенной. В 1930 году, когда данные астрономических наблюдений уже имелись в достаточном количестве, Эйнштейн признал, что его расчеты были ошибочными, однако его идея помогла проложить путь к современным концепциям, таким как теория Большого взрыва [Там же: 267–271, 523–526].

В «Мы» эти ошибки усугублены тем, что Д-503 и Единое Государство не осознают, насколько хромает их логика. Лишь один раз математик Д-503 признает, что не является непогрешимым, причем объясняет это губительным влиянием I-330 [171]. Похоже, подобным образом обманываются и многие исследователи романа. Они как будто принимают заявление Д-503 о том, что Единая Государственная Наука ошибаться не может [148], на веру. Так, К. Коллинз пишет: «...лысому соседу удается логически доказать, что даже Вселенная конечна» [Collins 1973: 64]. Это открытие пока еще недоступно нашим физикам и астрономам, которые упорно трудятся над решением вопроса, будет ли космос продолжать расширяться, или же существующей темной материи достаточно, чтобы наконец обуздать продолжающийся Большой взрыв. Э. Зихер упоминает «непогрешимую математическую логику» Единого Государства [Sicher 1984: 385], тогда как П. Уоррик говорит о ее «абстрактном математическом совершенстве»

[Warrick 1975: 67]. А. Свинджвуд называет Единое Государство «математически совершенным обществом», но далее справедливо отмечает, что оно, «будучи далеким от воплощения рациональных норм, институционализировало неразумие» [Swingewood 1975: 161, 162]. Многие математические ошибки режима лежат на поверхности, — вероятно, они не были замечены лишь потому, что до недавнего времени никто этот вопрос детально не рассматривал. Проблема неправильного понимания или полного непонимания встает более остро, когда мы обращаемся к понятиям высшей математики, присутствующим в произведении.

Подобная близорукость распространяется на смежные вопросы, весьма важные для нашего истолкования романа, а именно на те, которыми обусловливается наш взгляд на успех или неудачу Единого Государства и, возможно, жизнеспособность утопии. Если хромающая логика может привести к ошибкам в проектировании ракетных кораблей, то чего можно ожидать от всего общественного порядка? Коллинз считает Единое Государство «абсолютно рациональным, полностью организованным» [Collins 1973: 50]; с этим явно согласен Дж. У. Дейк, утверждая, что общество «идеально» отчасти потому, что оно достигло «математически безошибочного счастья» [Dyck 1981: 334, 335]. Собственно, это дословное повторение пропагандистских самовосхвалений Единого Государства [139]. Гальцева и Роднянская признают, что это «научно усовершенствованное» общество [Гальцева, Роднянская 1988: 229]. Э. Баррат, много пишущий о «Мы», также называет его «математически совершенным миром» [Barratt 1984: 103]. Но, как отмечает О. Ульф, это только «поверхностное воплощение Безупречного совершенства» [Ulph 1988: 83–84].

Но даже поверхность покрыта трещинами — стоит только присмотреться повнимательнее. В конце первой записи Д-503 признает, что не все готовы содействовать интегрированию Вселенной [140]. И само это совершенство весьма относительно. Д-503 с гордостью упоминает «мелкие аварии деталей: их легко ремонтировать, не останавливая вечного, великого хода всей Машины» [148]. Конечно, само существование системы исправительных учреждений, включая публичные казни, указывает на то же, особенно учитывая, что это чисто человеческие недостатки. И когда Д-503 говорит, что «откуда-то со дна, из мохнатых глубин, — еще изредка слышно дикое, обезьянье эхо» [148], кажется, будто общество скользит на коньках по тонкому льду. Позже он задается вопросом, есть ли «уже тысяча среди нас» революционных «микробов», подобных ему самому, скрытых среди лояльных «фагоцитов» Единого Государства [224]. Да и тайная полиция не так уж ловко справляется с диссидентами и атавистическими эксцессами. Так, по словам I-330, некоторым женщинам «случалось любить» дикарей в лесах, после чего они незаметно возвращались и рожали незаконных детей — таково, предполагает она, происхождение волосатых рук Д-503 [247]. Она ведет Д-503 за Зеленую Стену. До этого Д-503 избегает преследования за то, что попытался защитить незнакомую женщину от Хранителей [223]. В обоих случаях помогает то, что что в ряды тайной полиции проникли Мефи. На самом деле, то же произошло и в большей части общества. Ожидая очередного единогласного вотума доверия Благодетелю, Д-503 видит, как тысячи людей публично голосуют против [234]. Последним доказательством серьезных масштабов несовершенства служит восстание, бушующее в конце романа. Обратите внимание, что Единое Государство прибегает к Операции не в состоянии уверенной стабильности, а из-за необходимости принять срочные меры, так как появилось «значительное количество нумеров, изменивших разуму» [294].

Конечно, если бы утопические общества были действительно совершенными, противостоять им не было бы ни возможностей, ни желания. Их якобы рациональное устройство не соответствует человеческим потребностям, но если бы соответствовало, «Разум» бы возобладал. Мало того, что сильно снизился бы интерес к повествованию (от этой беды страдают образцовые утопические произведения), также было бы мало смысла сопротивляться натиску современности. Правильное с точки зрения восприятия означало бы правильное с точки зрения этики. К тому же отпала бы необходимость в утопической фантастике, поскольку сами подобные общества, по всей вероятности, уже существовали бы.

Возможно, это и хорошо, по крайней мере для нас, читателей, что вышеприведенный сценарий совершенно наивен. Ошибка глубоко вплетена в ткань большинства утопических режимов, по крайней мере в тех, что представлены в антиутопиях, ра́вно как и в реальной жизни. В «1984» Оруэлла и фильме «Бразилия» Т. Гиллиама (1985) техника довольно отсталая; Эммануэль Голдстейн, не только заклятый враг Океании, но и аналитик, отмечает, что антиутопический мир более примитивен, чем наша доутопическая область. Во времена холодной войны был сделан убедительный вывод, что закрытые и регламентированные общества значительно менее эффективны, что они в конечном итоге становятся жертвами неряшливого мышления хотя бы потому, что изолируются как от внутренних, так и от внешних источников конкуренции, которые могли бы держать их в напряжении. М. К. Букер, рассматривая роман Хартли «Справедливость налицо», приходит к выводу, что при конформистских режимах предсказуема «тяга к посредственности во всех аспектах человеческой жизни» [Booker 1994: 169]. В них допускается множество псевдо- и откровенно антинаучных течений, таких как «лысенковщина» — ламаркизм по-советски. В «1984» О'Брайен отрицает теорию эволюции и утверждает, что Земля не старше человечества. По его словам, Партия, если только захочет, может провозгласить, что «Земля — центр вселенной. Солнце и звезды обращаются вокруг нас» [Оруэлл 1989: 179–180]. Учитывая, что эти режимы постоянно искажают историю, удивляться не следует. По прошествии времени кто там помнит, как оно было на самом деле? Примерно так же, судя по многим его заявлениям, поступает и Единое Государство. Есть еще один недостаток, присущий многим режимам, в частности тем, что фигурируют в «Машине различий» У. Гибсона и Б. Стерлинга (1990), «Фатерланде» Р. Харриса (1992) и «Мы» Замятина: они плохо умеют собирать информацию о своих гражданах [Booker 1994: 160, 165]. Это не только пробивает брешь в броне для диссидентов, но и предполагает абсолютную непознаваемость аспектов личности. Наконец, некоторые режимы и не пытаются рационализировать себя полностью. Так, Единое Государство не только не ликвидирует Личные Часы — по непонятной причине оно допускает, чтобы посреди него продолжал существовать Древний Дом [Singleton 1997: 109]. Подобно Резервации в «О дивном новом мире» или пролам в «1984», это потенциальный рассадник подрывных сил.

С другой стороны, не следует переоценивать компетентность Мефи. Заговорщики намереваются захватить «Интеграл», но у них нет четкого плана, как использовать его для свержения Единого Государства. Когда Д-503 спрашивает, что будет дальше, I-330 отвечает, что не знает: все, что ей приходит в голову, — лететь «все равно куда» [272]. Конечно же, эта попытка заговора легко пресекается. Возможно, все дело в том, что человеку свойственно ошибаться.

4. Современная математика и Мефи

В статьях Замятина неоднократно упоминается революция в научной и философской мысли, инициированная Лобачевским и утвердившаяся в общественном сознании благодаря Эйнштейну. Если евклидова трехмерная геометрия была убедительной иллюзией, то открытие бесчисленных неевклидовых геометрий представляло собой массовый случай математического и эпистемологического «остранения». Отныне ни один взгляд на Вселенную, ни одно постижение важной истины не могли быть приняты как достоверные. В 1921 году, основываясь на этих открытиях, Эйнштейн заявил: «Пока законы математики остаются определенными, они не имеют ничего общего с реальностью; как только у них появляется нечто общее с реальностью, они перестают быть определенными» (цит. по: [Kline 1967: 473]). В то время как старая математика была самым авторитетным критерием истины, новая стала мерой наших пределов в определении истин. Учитывая всеобщий фурор, бушевавший тогда вокруг Эйнштейна и его открытий, Замятин, возможно, знал об этих настроениях; они, безусловно, предвосхищаются в таких статьях, как «О синтетизме», «Новая русская проза», «О литературе», где подобные идеи связаны с разрушением привычных перцептивных установок[11].

Обширнейшие просторы, открытые для воображения неевклидовой геометрией и теорией относительности Эйнштейна, также показали, что логическая индукция может превзойти воображение [Там же: 476, 553]. Как заметил Дж. Кантор, «сущность математики — свобода» (цит. по: [Там же: 474]. А. Н. Уайтхед писал: «Наука чистой математики в ее современных вариантах может быть представлена в качестве самого оригинального продукта человеческого духа» [Уайтхед 1990: 75]. Конечно, о математике достаточно часто говорят, как об искусстве, применяя такие понятия, как симметрия и красота, — так было и с открытиями Эйнштейна. Как и искусство, чистая математика предполагает своеобразный поиск некоей идеи «истины», применимой в универсальном масштабе. Дух открытий сочетается здесь с самовыражением. Кроме того, успехи в математике достигаются за счет приведения к высшему порядку разрозненных элементов — таковым М. Буш считает тешащую самолюбие формальную симметрию в великом произведении искусства [Bush 1967: 33].

Трудно найти лучший пример, чтобы показать, как культурная эволюция опередила биологическое развитие. По сути, математическое мышление настолько далеко выходит за границы, наложенные эволюцией на нашу интуицию, что такие современные научные концепции, как теория относительности и n-мерное пространство, едва ли доступны воображению. Ссылаясь на эти прорывы, Замятин косвенно призывал художников, следуя примерам Лобачевского и Эйнштейна, разрушать иллюзию классического реализма и прокладывать путь к бесчисленным неевклидовым пространствам, которые можно обнаружить в нашем сознании. Более того, в романе эта революция восприятия и служит образцом для восстания, которое в Едином Государстве должны произвести Мефи, а в сознании Д-503 — математические идеи. Замятин достигает этого, ссылаясь на различные

---

[11] О влиянии Эйнштейна на эстетику Замятина см. [Layton 1973; Edwards 1982: 55; Leatherbarrow 1987].

аспекты математики, которые, как и неевклидова геометрия, ставят в тупик наше повседневное восприятие.

Конечно же, Замятин не ожидает, что непосвященный читатель поймет, каким образом Лобачевский доказал, что через точку, не лежащую на данной прямой, проходят по крайней мере две прямые, лежащие с данной прямой в одной плоскости и не пересекающие ее, даже будучи продолженными в бесконечность. В неевклидовых геометриях пространство осмысливается как несколько искривленное. Между тем Эйнштейн произвел аналогичный переворот в физике: он развеял традиционные представления о стабильном времени и пространстве, заменив их скоростью света в качестве единственной универсальной константы, а затем показав, как на траекторию движения луча влияет сила тяжести, а именно искривляет ее. Однако он при этом использовал разработанную в середине XIX века эллиптическую геометрию Б. Римана, в которой все прямые пересекаются, в отличие от гиперболической геометрии Лобачевского, Бойяи и Гаусса, предусматривающей множество непересекающихся, то есть параллельных линий. Как отметил Замятин, «очень прост Эвклидов мир и очень труден Эйнштейнов» [Замятин 2003–2011, 3: 179]. Примечательно, что аспекты неевклидовой геометрии и эйнштейновского пространства, к которым Замятин обращается в романе, обычно связаны с кривизной, бесконечностью и смещением плоскостей — как в многомерных бесконечных спиралях. По сути, границы восприятия даже авангардной литературы позволяют предположить, что повествование ближе к человеческой природе, чем математика. В конце концов, охотникам-собирателям хватало интуитивного понимания мира, которое примерно соответствует пониманию Евклида. За исключением требований отбора, эволюция имеет мало дополнительных стимулов для нашей адаптации к реальной Вселенной. «Человеческий разум, как мы видим, не оснащен маловажной с точки зрения эволюции способностью заниматься естествознанием, математикой, шахматами или другими развлечениями», — замечает Пинкер [Пинкер 2017: 387]. Естественный отбор вообще не располагает способами подготовить человека к будущему и к новым видам восприятия, которые он же и приносит.

Хотя математики Единого Государства знакомы с неевклидовой геометрией, по вышеизложенным причинам они, как и большинство из нас, неохотно думают об этом. То же касается и Д-503: он вспоминает неевклидову геометрию лишь тогда, когда его на это невольно провоцирует кто-то из Мефи. В первый раз она упоминается при описании комнаты R-13: стоит войти и слегка сдвинуть мебель, ее расположение становится, по словам Д-503, «неэвклидным» [165]. Позже Д-503 настолько встревожен выходками I-330, что, хотя его строчки на двумерной бумаге параллельны, «в другом мире...» — тут ход мысли Д-503 обрывается, хотя напрашивается очевидное продолжение: в другом мире эти параллельные линии могли бы пересечься [178]. В статьях Замятин связывает неевклидову геометрию с бесконечностью и многомерностью [Замятин 2003–2011, 3: 178]. Примечательно, что I-330 вызывает у Д-503 мысли об иррациональных величинах, которые, в свою очередь, приводят его в неевклидовы пространства собственной души [204]. Кроме того, в поле зрения Д-503 то и дело попадает S-4711, но лишь мимолетом: он появляется и тут же исчезает, как будто этот Хранитель и тайный сообщник Мефи — четырехмерное существо, вторгающееся в трехмерный мир Д-503 [151, 176, 181, 194–196, 233, 244, 265, 291]. Мы могли бы воспринимать четырехмерное существо только как одномоментный трехмерный срез; увидеть его целиком было бы невозможно. Во всех этих случаях непонятно, каким образом Хранитель прослеживает перемещения Д-503, но многомерность могла бы это объяснить.

Очевидно, что Замятин играет с эффектами измерений. Так, доктор видится Д-503 «тончайше-бумажным»; другой нумер запоминается ему только по пальцам, которые вылетают из рукавов, «как пучки лучей — необычайно тонкие, белые, длинные» [194], что намекает на двухмерность. Когда I-330 обещает отвести Д-503 за пределы Зеленой Стены, он ощущает себя как «бесконечно-малое», как «точку» [236], которая, конечно, не имеет измерений. Удобная двумерная реальность Единого Государства постоянно разрушается. Согласно выводу Д-503, «в точке — больше всего неизвестностей; стоит ей двинуться, шевельнуться — и она может обратиться в тысячи разных кривых, сотни тел» [236]; выходит, точка — самое непредсказуемое из всех явлений? В этом состоянии ума он задает себе вопрос о некогда непререкаемом будущем Единого Государства: «Что будет завтра? Во что я обращусь завтра?» [236].

Поскольку субъективное принятие неевклидова пространства было бы для Д-503 непосильным качественным скачком, Мефи пытаются обратить в свою веру, взывая к его математическому мышлению с помощью элементов новой математики. Так, I-330 заставляет его признать, что «последнего числа» не существует; согласно ее логике, в таком случае нет и «последней революции» [255]. По-видимому, Замятину так понравилось это умозаключение, что он поставил его эпиграфом к статье «О литературе, революции, энтропии и о прочем» (в переиздании 1967 года — «О литературе, революции и энтропии») [Замятин 2003–2011, 3: 173]. Херш считает подобную аргументацию «злоупотреблением математической логикой», поскольку нельзя с такой уверенностью приравнивать числа к революциям [Hersh 1993: 19]. Однако Замятин и I-330 имеют в виду, что явления такого рода не могут рассматриваться как «последние», так что этот аргумент достигает своей философской цели. Исторический прогресс не достиг высшей точки, как бы ни настаивало на этом Единое Государство; он неизбежно приведет к появлению новых социальных форм и т. д. Следует отметить, что Единое Государство, по всей видимости, придерживается представлений о конечности исторического времени, что и подразумевает I-330, делая вывод о бесконечности революций. Идея остановки исторического развития после достижения обществом «совершенства» присутствует также и в марксизме, и в традиционном христианстве — Единое Государство обычно ставится в непосредственную связь с обоими учениями. Так что неудивительно, что Д-503, с рождения впитавший ценности Единого Государства, напуган перспективой того, что на стеклянный город может метеоритным дождем «высыпаться» бесконечность [224].

Еще одна сходная математическая концепция, которую I-330 внушает Д-503, — это идея бесконечной спирали. Правда, она не упоминает этого понятия напрямую, а лишь подводит к нему, рассуждая об «ошибке Галилея». Настоящая орбита Земли, объясняет она, это не «наивный круг...» — и здесь читатель может подставить на место многоточия очевидный вывод: а бесконечная спираль [255–256]. На самом деле, последние открытия в астрономии показывают, что фактическое движение Земли намного сложнее, чем, по-видимому, предполагал Замятин. Спиральная орбита Земли усложнена. Земля не просто вращается вокруг Солнца, движущегося в космосе, — само Солнце движется по спиральной орбите вокруг центра Млечного Пути, который, в свою очередь, движется во Вселенной, движение которой все еще остается открытым для догадок. Однако пока еще рано судить, представляет орбита Млечного Пути вокруг предполагаемого центра Вселенной плоскую или цилиндрическую спираль. Поскольку современные астрономы в целом согласны с тем, что Вселенная расширяется, траектория Млечного Пути бесконечна, и так будет по меньшей мере еще несколько триллионов лет! Как и в размышлениях Д-503 о Колумбе, Земля совершает вокруг Солнца обороты в 360°, но она не возвращается в исходную точку, как в соотношении *«0° = 360° = окружность»*.

Это, конечно, жестоко по отношению к Колумбу, который убедительно доказал, что Земля не является двумерным ограниченным пространством, а представляет собой трехмерную сферу. Этим он разрушил догматический набор представлений почти так же, как Лобачевский и Эйнштейн. Тем не менее в течение года Земля также перемещается — вместе с остальной Солнечной системой, не говоря уже о всей Галактике, — в очередное измерение. Таким образом, Земля приходит в точку 0°', сильно смещенную по отношению к исходной точке 0°. Следовательно, первая точка 0° не тождественна второй точке 0°': мы получаем спираль. Одно из заблуждений Единого Государства состоит в том, что оно постоянно сводит спиральное движение к круговому. Это одна из причин, по которым дни не могут быть полностью стандартизированы в соответствии с системой Тейлора. Пусть каждый из дней повторяет 24-часовую структуру другого дня, они тем не менее не идентичны — благодаря ходу годового времени, смене времен года и т. д. они оказываются совершенно разными.

Но, несмотря на все эти недостатки, многие исследователи безапелляционно объявляют Единое Государство воплощением рациональности, а Мефи — силой, этой рациональности противостоящей, в соответствии с высказыванием Р. Л. Джексона, что «человек по сути своей существо иррациональное» [Jackson 1958: 151][12]. Однако этот взгляд на «математически совершенное» общество плохо согласуется как с арифметическими несуразицами Единого Государства, так и с умением Мефи творчески использовать математику, этот универсальный язык разума [Warrick 1975: 67, 69]. Именно на этом основании Т. Р. Н. Эдвардс называет Единое Государство «одним из наименее рациональных государств» [Edwards 1982: 68]. Учитывая, что Замятин был инженером и преподавателем Политехнического института, в романе делал настойчивые и замысловатые отсылки к математике, а в статьях приводил Лобачевского и Эйнштейна как пример творческого поведения, вряд ли разумно считать его ненавистником математики и противником рационального мышления. В аналогичном ключе мыслят Лахузен, Максимова и Эндрюс, чья математическая интерпретация романа [Лахузен и др. 1994] убедительно доказывает, что Замятин был горячим сторонником математики хотя бы потому, что основанные на математических понятиях образы, зачастую сквозные, составляют неотъемлемую часть романа. В терминах излюбленной Замятиным гегелевской диалектики можно сказать, что рационализм и иррациональность у него представляют собой тезис и антитезис, синтезом которых должна стать по-настоящему цельная личность. Как выразился Д. Сувин, Замятин выступает не против рациональности как

---

[12] См. также [Aldridge 1977: 74; Aldridge 1983: 67, 72, 77; Brown 1963: 37; Brown 1988: 217, 224; Collins 1966b: 125, 127, 130; Collins 1973: 77; Csicsery-Ronay 1988: 239; Doyle 1984: 16; Hillegas 1967: 105; Jackson 1958: 154, 157; Layton 1973: 279, 281, 285; Lopez-Morillas 1972: 60–61; Pitcher 1981: 259; Proffer 1988: 104; Richards 1961: 222; Richards 1962: 58; Russell 1973: 45; Sicher 1984: 385; Slonim 1977: 89; Warrick 1975: 69].

таковой, а против «ограниченного рационализма», практикуемого в Едином Государстве; то, что он призывает именно к «высшему диалектическому синтезу», отражено во многих образных структурах романа [Suvin 1971: 149]. А. М. Шейн на основе математической образности делает следующий вывод:

> Символ иррациональности в романе Замятина, √ –1 (квадратный корень из минус единицы) является неотъемлемой частью системы комплексных чисел, которая не отвергает, а *включает* в себя систему действительных чисел и равенство 2 × 2 = 4. Этим Замятин подразумевает, что иррациональность присуща человеку и... в целостной личности должна быть интегрирована с рациональностью [Shane 1968: 141].

Свою мысль Шейн иллюстрирует призывом Д-503 воссоздать H2O [247]. Ряд других исследователей выдвигает сходные аргументы в пользу того, что Замятин выступает за синтез рационализма и иррациональности, необходимый для формирования целостного человека, — синтез, больше похожий на то, что в нас заложено человеческой природой[13].

С другой стороны, в полном соответствии с моей гипотезой о том, что рациональное мышление и математические способности — поздний продукт эволюции, эти способности кажутся настолько чуждыми и отталкивающими, что читатели часто не желают вдаваться в подобные вопросы: они лишь бегло просматривают соответствующие фрагменты и видят только то, что предпочитают видеть. Это, если хотите, случай отрицательной харизмы. И большинство упомянутых научных комментариев сделано, можно сказать, мимоходом. То же касается повторного перечитывания, необходимого исследователю для научной публикации, — в результате читатели Замятина остаются при своем поверхностном, неверном понимании, уподобляясь Единому Государству, где ни одна из сторон не видит собственного несовершенства. Это может служить иллюстрацией к утверждению

---

[13] См. также [Aldridge 1977: 74; Beaujour 1988: 57; Collins 1973: 76; Mikesell, Suggs 1982: 92; Richards 1962: 59; Rosenshield 1979: 62].

Уилсона о том, что благодаря нашему эволюционному наследию «разум в ходе своего развития апробирует одни пути с гораздо большей предрасположенностью, чем другие» [Уилсон 2017: 176]. Как предупреждает Уилсон, самые популярные пути обычно соотносятся с самыми частотными художественными темами и «они имеют тенденцию к конвергенции для формирования исключительной общности человеческой природы» [Там же: 178], так как внимание к этим явлениям обладало адаптивной значимостью. Сегодня математика чрезвычайно важна для многих профессий; к тому же она необходима любому человеку в таких делах, как подача налоговых деклараций, пенсионное планирование и инвестиции. Однако она привлекает так мало нашего внимания, что мы легко закрываем на нее глаза и/или обращаемся за помощью к технике. Это подтверждает наше предположение о том, что математика стала играть важную роль в нашей среде лишь недавно. С другой стороны, примерно на двухстах страницах романа Д-503 лишь единожды упоминает о том, как он и другие нумера «единомиллионно» пережевывают свою синтезированную пищу [147], зато этот эпизод цитируется почти в половине всех статей, посвященных «Мы». Еда, конечно, давно стала частью нашего коллективного опыта. Понятно, что она представляет собой «популярный» путь понимания текста.

И все же математика — часть нашей эволюционной истории, присущая исключительно человеку, — ни один другой вид знать не знает ни о чем подобном. Сегодня мыслители-эволюционисты считают культуру формой биологической адаптации, которая значительно ускорила для нас темп изменений, особенно в плане освоения новых условий жизни. Математика, в свою очередь, ускоряет культурные изменения. Но нить, связывающая ее с нашей генетической историей, помогает объяснить наше столь двойственное к ней отношение. Это позволяет Замятину использовать ряд математических понятий в явно положительном смысле, не опасаясь, что это вызовет отторжение.

Так, например, в статьях Замятина видное место занимают спирали: он использует этот образ, чтобы обозначить пути выхода из порочных кругов догмы и художественных условностей. Эти круги воплощены в Едином Государстве: например, объявляя об Операциях по удалению фантазии, «Государственная Газета» провозглашает ценность «циркульных» философий [258]. Замятин делает вывод, что вырваться из круга нетрудно: для этого достаточно выйти в дополнительное измерение [Замятин 2003–2011, 4: 268, 282–283]. Это касается также круглой и якобы непроницаемой Зеленой Стены: над ней летают птицы, а под ней проходит туннель Мефи. Между тем ментальные пути Д-503 к бегству обусловливаются процессами, связанными со временем, которое Эйнштейн обозначил как четвертое измерение своего пространственно-временного континуума. Как и орбитальные траектории, время представлено в романе в терминах спирального движения; кроме того, оно переживается с точки зрения исторического развития, полового поколения и памяти. Д-503 говорит: «Человеческая история идет вверх кругами» [215], явно подразумевая под кругами спирали[14]. I-330 пользуется образом осенних листьев, которые, конечно же, падают вниз по спирали, чтобы выразить неизбежность старения и смерти [256]. Кроме того, Д-503, как и Замятин в статьях, часто ассоциирует многомерность, будь то четвертое измерение или — в двумерной плоскости — третье, со своим подсознанием, хранящим его память и либидо [196, 199, 204]. Взволнованный махинациями I-330, Д-503 говорит, что должен «завинтить всего себя», а затем о том, что тикает, «как часы» [210, 211], — в доцифровую эпоху для довершения этого образа потребовалась бы напряженная пружина. Иногда напряжение слишком велико. Решившись очиститься от психологических конфликтов с помощью Операции, Д-503 говорит: «...я, заболевший душой, — показал всего себя, до последнего смолотого винтика, до последней лопнувшей пружины» [268]. «Весь пружинный» — так он чувствует себя, собираясь ударить Ю рукописью, в которую завернут железный шток; но она расценивает его жест как сексуальную прелюдию, и пружина в нем лопается [279]. Ближе к концу романа, стремясь увидеть I-330, он снова взбегает

---

[14] В статье об А. Белом Замятин упоминает теорию поэта о «спиральном движении» человеческой истории [Замятин 2003–2011, 3: 58–59].

по «бесконечной лестнице» ее здания [286], — возможно, лестница имеет почти спиральную форму. Свое последнее свидание с I-330 он описывает как «десять-пятнадцать минут, жестоко скрученных в самую тугую пружину» [287].

Эти инстинктивные силы, ведущие к переменам, опасны для общества и не могут подавляться вечно. Мефи переворачивают с ног на голову упорядоченное окружение Д-503; I-330 и О-90 взывают к его сексуальным и репродуктивным инстинктам; математические понятия, такие как квадратный корень из минус единицы, стимулируют его память и желание прикоснуться к прошлому. Все это подталкивает Д-503 к тому, чтобы погрузиться в бесконечные глубины своего подсознания. Как следствие, вдохновленная математикой тяга Д-503 к будущим революционным переменам сулит почти неизбежный взрыв. Единственным успешным и осязаемым выражением этого служит сам роман Замятина; примечательно, что автор назвал искусство «уравнением спирали» [Замятин 2003–2011, 3: 164].

Роман «Мы» рассматривает разные виды правильного и неправильного применения математики в той мере, в какой они влияют на психические функции и отражают их. Единое Государство, конечно же, использует математику и другие инструменты, чтобы контролировать и в конечном итоге ликвидировать все психические функции, кроме самых элементарных. Мефи, напротив, стремятся восстановить и усовершенствовать эти атрофированные и находящиеся под угрозой уничтожения когнитивные способности. Некоторые исследователи отмечают, что Мефи стараются вернуть человечеству, населяющему Единое Государство, интуицию и инстинктивные побуждения. Однако Мефи также стремятся возродить рациональные способности, которые у жителей Единого Государства давно отмерли. Битва разворачивается как на улицах стеклянного города, так и в сознании Д-503. Мефи действительно овладевают его разумом с помощью рациональных аргументов, поскольку Д-503 в конце концов вновь обретает некоторые математические и творческие способности. Возможно, математика не дана нам природой, но ее можно изучить. В 39-й записи сосед Д-503 заявляет, что Единое Государство победит, так как он доказал конечность Вселенной. Благодаря урокам I-330 по математической аргументации Д-503 сокрушает эту абсурдную идею едким вопросом: «...а там, где кончается ваша конечная вселенная? Что там — дальше?» [292][15].

Конечно, Д-503 одерживает всего лишь пиррову победу: его хватают и заставляют подвергнуться Операции по удалению фантазии. Но хотя многообещающее развитие Д-503 в революционера резко обрывается, это служит очевидным приемом, направленным на то, чтобы движение, начатое героем, продолжалось в сознании читателя[16]. Читатель идет в направлении, указанном для Д-503 Мефи, — в сторону продолжения математически вдохновленных исследований и рассуждений, все «дальше» и «дальше».

---

[15] Есть и другие моменты, когда Д-503 пользуется математикой для столь же творческого мышления; см. [205, 215–216, 229, 236].

[16] Этот прием также отмечен в [Shane 1968: 145] и [Mikesell, Suggs 1982: 92].

Глава 5
Детская игра

1. Книги как дети

Великая книга словно клубок ниток в руках ребенка — точка, не имеющая измерений и задающая бесконечное число направлений. Тем легче понять, почему в утопии, обществе предельно регламентированном и потому весьма бдительном к возможным нарушениям, как правило, нет места ни настоящей литературе, ни игре. Вспомним часто цитируемые слова Замятина: «Мои дети — мои книги; других у меня нет» [Замятин 2003–2011, 3: 186]. Его признание интерпретируется психоанализом как анально-эротическая фантазия, при которой художник смешивает творения своего ума с биологическим потомством[1]. И вправду, начиная свой дневник, Д-503 чувствует некое пробуждение жизни сродни ощущению беременной женщины, впервые услышавшей в себе пульс будущего младенца [140]. Фантазия реалистична: взглянув на это родительское отношение глазами радикального социобиолога, например Р. Докинза, мы могли бы сказать, что мемы[2] таких произведений, как «Мы», передают литературное наследие Замятина в будущее, как если бы они были культурным эквивалентом

---

[1] Д. Ранкур-Лаферьер говорит о таком отождествлении в применении к Замятину в [Rancour-Laferriere 1981a: 77]. Об эротических и анальных мотивах в осмыслении творчества см. также [Cooke 1989].

[2] По Докинзу, единица передачи культурного наследия, или единица *имитации* [Докинз 2013: 174]. —*Примеч. пер.*

его генетической информации (см. [Докинз 2013: 172–183]). В конце концов, Замятин как источник интеллектуального воздействия сегодня жив именно благодаря его книгам. Но если попробовать мыслить в другом измерении, мы можем поверить на слово Замятину и предположить, что его книги похожи на его несуществующих детей, поскольку в том, как они написаны, есть нечто детское.

Замятин приглашает нас отнестись к «Мы» как к живому человеку — недаром заглавием служит личное местоимение. К тому же роман написан от первого лица и открывается словом «я» [139]. Текст представляет собой проекцию личности Д-503. Постижение этой личности и составляет значительную часть нашего эстетического интереса: чем бо́льшую близость мы ощущаем с нашим рассказчиком, тем сильнее «прикипаем» к тексту. I-330 отмечает: «Человек — как роман: до самой последней страницы не знаешь, чем кончится» [246]. По сути, нет ничего необычного в том, что жизнь главного героя совпадает с жизнью повествующего о нем текста. Своеобразие «Мы» в том, что Замятин, как бы играя, настраивает читателя на поражение: развязка знаменует конец Д-503 как личности, которую стоит познавать, — но не конец восстания против Единого Государства.

Итак, если книги могут быть похожи на детей, каковы же дети? И роман, и написанные в тот же период статьи Замятина совершенно ясно дают понять, что он придерживался романтического культа ребенка как образца для взрослых, а не наоборот. В статье «Скифы ли?» (1918) он отмечает искренность детей: «Беда с детьми: в присутствии старших возьмут да и ляпнут что-нибудь этакое неприличное» [Замятин 2003–2011, 4: 288]. В другой статье, «О синтетизме» (1922), Замятин указывает на их врожденное любопытство; говоря о рисунках Анненкова, он пишет: «...хочется заглянуть на ту, зеркальную сторону, где ищут настоящего кошки и дети» [Замятин 2003–2011, 3: 172]. Он отдает им истинную дань уважения в статье «О литературе, революции, энтропии и о прочем» (1923), говоря о том, что литературе нужны огромные философские горизонты и «самые последние, самые страшные, самые бесстрашные “Зачем?” и “А что дальше?”»:

> Так спрашивают дети. Но ведь дети — самые смелые философы. Они приходят в жизнь голые, не прикрытые ни единым листочком догм, абсолютов, вер. Оттого всякий их вопрос нелепо-наивен и так пугающе-сложен. Те, новые, кто входит сейчас в жизнь, — голы и бесстрашны, как дети, и у них, так же, как у детей, как у Шопенгауэра, Достоевского и Ницше, — «зачем?» и «что дальше?» [Там же: 176].

Такой взгляд на вещи для Замятина не мимолетная прихоть: каждая из этих цитат имеет параллель в «Мы». Так, I-330 повторяет эту мысль на разные лады: «Дети — единственные смелые философы. И смелые философы — непременно дети» [255]. Иными словами, Замятин счел эти идеи достойными повторения, так же как и аналогию между бесконечностью чисел и бесконечностью революций, которую далее проводит I-330.

Притягательность детских вопросов объясняется тем, что у детей полностью отсутствуют предубеждения и ожидания. Все в жизни для них внове, все вызывает вопросы, ничто не принимается как должное. Если у Замятина и есть идеология, то она такова: человечество должно «быть как дети». Более того, Замятин воплощает свое кредо в жизнь. «Мы» представляет собой своеобразную противоположность «роману воспитания». Смысл описываемых событий в том, чтобы содрать слои идеологической обработки как с Д-503, так и с нас самих, раскрыть нашу глубинную человеческую природу, данную нам при рождении колоссальную способность к самым разным формам развития. Кроме того, роман организован как игровой текст, чтобы во время чтения мы могли играть, раскрывая в себе ребенка. Это неизбежно ведет к вольнодумству. Таким образом, становится ясно, почему свою «самую серьезную вещь» он называет одновременно «самой шуточной» [Замятин 2003–2011, 2: 4].

Угроза, которую для любого жесткого общественного порядка представляет незрелость, исходит от поведения, наиболее характерного для детей, — игры. Безудержная, спонтанная игра — это средство развития любопытства ребенка. В свободной детской игре все участники начинают на равных, со всеобщего согласия, никакие авторитеты не признаются и случиться может практически что угодно. По сути, игра непредсказуема. Воспитание обычно призвано направить эти свойства в дозволенное русло, но это чревато размыванием составных элементов игры. С полным правом воспитание и образование можно назвать средствами усмирения каждого нового поколения варваров.

Но такое варварство в условиях приобретенной поведенческой гибкости обладает адаптивной ценностью. Вспомним «Новое платье короля» Г. Х. Андерсена — согласно русским формалистам, классический образец сказки: эта история наилучшим образом передает, если не предвосхищает то, что произошло в Румынии в 1989 году, когда митинг в поддержку возвращения Н. Чаушеску внезапно превратился в восстание. Хотя режим Чаушеску был самым жестким в социалистическом блоке, во всяком случае в плане внутреннего контроля, толпа внезапно увидела его правление в истинном свете и почувствовала собственную силу. Приветственные крики переросли в насмешки, и диктатор был свергнут в течение нескольких часов. Нечто подобное происходит с Благодетелем в «Мы», когда Д-503 внезапно смеется, как ребенок у Андерсена, и всемогущий тиран оборачивается бессильным [283]. Д-503 должен был немедленно быть наказан за мыслепреступление, но уходит совершенно невредимым. Как предполагает Пинкер, «юмор может быть оружием против господства» [Пинкер 2017: 602]. Как и харизма, господство — в глазах смотрящего — это ситуация, которая может меняться в зависимости от того, как она воспринимается. Пинкер предполагает, что юмор заразителен, потому что он обеспечивает наблюдателю-оппозиционеру крайне необходимую ему поддержку. Ссылаясь на «Новое платье короля», Пинкер утверждает, что юмор делает возможным свержение тиранов [Там же: 603]. В «Мы» Д-503 пишет: «...смех — самое страшное оружие: смехом можно убить все — даже убийство» [279]. Действительно, мало что может быть более серьезным и ценным, чем игра. И детская игра — прекрасный способ подчеркнуть антиномию между человеческой природой и большинством случаев утопической социальной инженерии. В этом качестве она играет в антиутопическом шедевре Замятина жизненно важную роль.

2. Зачем нужна игра

Таким образом, жестко организованные западные общества имели все основания подавлять спонтанную детскую игру. Платон смотрел на нее довольно мрачно и считал, что детские игры следует ограничить рамками «умеренности» и «разумности любой ценой» [Kelly-Byrne 1984: 173].

> Игры наших детей должны как можно больше соответствовать законам, потому что, если они становятся беспорядочными и дети не соблюдают правил, невозможно вырастить из них серьезных законопослушных граждан [Платон 2015: 143].

Греки смотрели на молодых людей как на «недорослей» и предоставляли им общественное положение только в зрелом возрасте, хотя именно Эллада, по-видимому, была первым обществом, поощрявшим игры для взрослых [Stone 1971: 5]. Христианская церковь не одобряла детских забав, имевших целью, как считалось, лишь удовольствие. По церковным представлениям, будущий святой отличался тем, что отказывался участвовать в детских играх. На иконах Богоматери с младенцем Иисус обычно изображался как *puer senex* — духовно зрелый не по возрасту ребенок. Детство, по сути, отрицалось. Дети должны были вести себя как взрослые. Одежды или занятий, специально предназначенных для детей, практически не было. Напротив, их как можно раньше заставляли вступать в гильдии и приобщаться к различным видам детского труда. М. Коннер считает, что примерно то же происходило в аграрных обществах, для которых типично использовать детей на длительных полевых работах. Это одна из основных причин, объясняющих продолжительность и сроки школьных летних каникул в западных обществах. Игровое обучение нередко приносится в жертву, когда люди отходят от образа жизни охотников-собирателей, предполагающего большое количество свободного времени [Konner 1982: 247].

Мы постепенно заново открываем для себя правильность первобытных обычаев в отношении игры, — очевидно, нам это подсказывает интуиция. Лишь в конце XVIII века западная культура начала ощущать, что в игре может быть какая-то польза. Вклад военизированных видов спорта, таких как верховая езда, бокс и фехтование, в укрепление национальной обороны был оценен по заслугам, и подобные игры стали поощряться. Герцогу Веллингтону приписывается популярная фраза: «Битва при Ватерлоо была выиграна на спортивных площадках Итона». Были приняты законы, запрещающие детский труд. В некоторых утопических произведениях со временем нашлось место и для игры. В книге Ш. П. Гилман «Женландия» («Herland», 1915) общество, состоящее исключительно из женщин, постоянно разрабатывает для детей новые игры, чтобы адаптировать воспитание к меняющимся социальным условиям, — таким образом игра связывается с культурной адаптацией [Booker 1994: 51]. В свою очередь, Скиннер в «Уолдене Два» выступает за «подробную и тщательно разработанную программу воспитания с самого рождения, чтобы к относительно юному возрасту дети полностью усвоили идеологию, на которой основано общество» [Там же: 247]. Согласно нашей модели различения утопии и антиутопии, интересно, что в антиутопических произведениях роль игры, казалось бы естественной для развития человека, либо преувеличивается, либо игнорируется. В «О дивный новый мир» детей воспитывают в системе, где средством внушения служит электрошок; при этом, став взрослыми, они могут почти все время свободно заниматься всевозможными видами спорта, включая весьма вольные сексуальные игры, — в результате им так и не дают по-настоящему вырасти. У оруэлловских членов Партии в «1984», похоже, вообще не было детства. Здесь детей настраивают на более жестокие игры — например, доносить на своих родителей а-ля Павлик Морозов. Игры, как детские, так и взрослые, практически отсутствуют и в Едином Государстве.

Право игры на существование было признано еще и благодаря открытию, что она существует практически повсеместно, во всех обществах. Ф. Шиллер считал игру квинтэссенцией человеческой природы: «...человек играет только тогда, когда он в полном значении слова человек, и он бывает вполне человеком лишь тогда, когда играет» [Шиллер 1957: 302]. Но игра присуща далеко не одним лишь людям. У большинства млекопитающих и птиц тоже существуют игры, и это наводит на мысль, особенно в свете дарвиновской революции, что игра носит адаптивный характер. Считалось, что игра должна давать определенные преимущества, достаточно большие, чтобы компенсировать сопутствующую ей трату времени, энергии и безопасности; 10 % животных с наиболее развитым мозгом играют, и при этом «подростковый» период у этих видов самый длительный.

С продвижением вверх по эволюционной лестнице значимость игры растет. Эти наблюдения вскоре привели к выводу, что столь бесполезное, казалось бы, занятие в значительной степени способствует развитию интеллекта. Как замечает Э. О. Уилсон, «игра предполагает сложную организацию мозга, общность поведения и в первую очередь важную обучающую функцию в развитии поведения» [Wilson E. 1980: 86]. Конечно, мозг любой величины будет бесполезен, если мы не загрузим его всевозможной информацией, связанной с культурой и средой, а также не будем следовать предписаниям и поведенческим тенденциям, традиционно ведущим к успеху. Игра, продолжает Уилсон, позволяет осуществлять этот жизненно важный и масштабный процесс максимально эффективным способом, сочетая приятное с полезным.

> Примечательная характеристика игры у животных — свобода, с которой комбинируются между собой элементы поведения. <...> Игра — это средство, с помощью которого определяются, отрабатываются и, следовательно, закрепляются комбинации, лучше всего подходящие для будущего репертуара взрослых [Там же].

Как отмечали другие эволюционисты, игра — это средство, с помощью которого дети учатся самостоятельно [Cosmides, Tooby 1992]. Это позволяет их родителям тратить свои силы на другие насущные нужды.

Искусство в той степени, в какой оно является игрой, также обладает некоторыми адаптивными свойствами игры [Dissanayake 1974]. Биологические виды, у которых развита игра, подобно обществам, поощряющим свободную художественную культуру, более гибки: они могут адаптироваться к разным условиям хотя бы потому, что их поведенческий репертуар более широк. Что бы они ни делали, это получается у них лучше, чем у других, благодаря тренировке, которую им дает игра, часто рассматриваемая как репетиция взрослой жизни, даже когда это сопряжено с необходимостью смириться с существованием страданий и смерти [Eisen 1988: 11]. Игра знакомит детей с окружением и помогает оставаться осведомленными в старости; она сохраняет ум открытым [Konner 1982: 246]. Кроме того, играющие биологические виды более склонны к сотрудничеству: игра снижает агрессивность и стремление к доминантному поведению [Alford 1984: 158]. Из этих последних соображений социалистические общества, такие как Советский Союз и Китайская Народная Республика, поощряли несостязательные виды группового отдыха — это придавало гражданам сил и способствовало социализации и к тому же давало выход накопившемуся напряжению. Но они не шли достаточно далеко: игра ограничивалась тщательно контролируемыми формами, что лишало ее главных функций. У граждан этих стран, как и у обществ в целом, начали проявляться симптомы игровой депривации. Если игра становится несвободной и, по Платону, «полностью рациональной» [Spariosu 1982: 18], это уже совсем не игра.

Когда игра, как ей положено, спонтанна, ее трудно подавить, не говоря уже о контроле. Дж. Эйзен сообщает, что обреченные узники нацистских лагерей, в частности Освенцима, тщательно заботились о том, чтобы дети могли играть. По некоторым свидетельствам, дети играли даже в газовых камерах. Очевидно, что игра служила как механизмом адаптации к самым тяжелым условиям, так и средством сохранить хоть какое-то человеческое достоинство. Ролевые игры помогали хотя бы в фантазиях изменить соотношение сил, — по сути, дети таким образом сопротивлялись своим мучителям [Eisen 1988]. Как и искусство, игра служит также средством самоконтроля, которое, как утверждает Э. Диссанайке, имеет очевидное адаптивное значение для условий, не поддающихся иным формам регулирования [Dissanayake 1992: 126]. Игра, результаты которой часто налицо, дает здоровое чувство свершения, а это лишь способствует по-настоящему важным начинаниям, которых так много в нашей жизни.

Многие ученые говорят о своеобразном инстинктивном стремлении к новым стимулам, которые побуждали бы организмы отыскивать новые впечатления хотя бы для того, чтобы избежать скуки [Берн 1998; Alford 1984: 160; Eisen 1988: 111]. Мы уже отмечали склонность охотника-собирателя к перемещению с места на место, позволяющую ему лучше освоить ресурсы на его территории, — мы же унаследовали это свойство в форме любви к путешествиям и чтению. Стимулирующее действие игры — еще одно качество, роднящее ее с искусством: в чем же еще состоит прямая роль искусства, если не в препятствии скуке? Интересно, что, подобно игре, искусство меняется при смене обстоятельств. Н. Истерлин отмечает, что художественная литература, как и игра, соотносима с количеством неизвестных в окружающей среде. Поэтому она и развивалась с ходом истории, особенно в периоды, когда жизнь общества усложнялась. Этим Истерлин объясняет рост игрового элемента в литературе, а также факт, что в последние два столетия в западной культуре все выше ценилась новизна [Easterlin 1993: 116–117]. Это ускоряет культурную адаптацию к меняющимся условиям. Подобное может происходить и с литературой: «...как отдельные читатели и писатели, мы испытываем постепенное и тонкое расширение восприятия и понимания, что косвенно способствует нашему взаимодействию с реальностью» [Там же: 120].

Диссиденты в авторитарных обществах часто видели в различных формах игры лучший способ противостоять структурам власти — по меньшей мере это помогало преодолеть чувство собственного бессилия. Разрисовывать стены рядом с квартирой Булгакова, при военном положении, введенном Ярузельским в Польше, отправиться на прогулку во время официального выпуска новостей или даже просто обмениваться свежими политическими анекдотами — все это служило взрослым необходимой отдушиной и в то же время связывало их узами новых, увлекательных тайных сговоров. В «Мы» Мефи прикрепляют одну из своих листовок к грузу подъемного крана, чтобы тот вознес ее на всеобщее обозрение [239]. Похожий номер откалывает R-13: он цитирует подрывные стихи поэта, приговоренного к казни, подавая их как воплощение социального зла, и таким образом публично оглашает выпад поэта против Благодетеля [169]. К сожалению, с самим романом этот номер у Замятина не прошел: несмотря на все похвалы, которые расточает Д-503 Единому Государству, первые читатели «Мы» расценили его как выпад против Страны Советов. В результате книга была опубликована в Советском Союзе только в 1988 году, но сам режим недолго прожил после этой публикации.

Игра полезна для здоровья; она служит признаком здоровья и способствует хорошему самочувствию. Психотерапевты часто отмечают, что дети, уделяющие играм больше времени, лучше восстанавливаются после стрессовых ситуаций. Игра часто используется как метод терапии. Кроме того, лабораторные эксперименты показывают, что искусственно вызванный стресс не препятствует игре, а скорее побуждает детей играть более активно [Eisen 1988: 111]. Игра — это глубоко укоренившаяся поведенческая склонность, которую не так легко уничтожить. Если сблизить ее — и художественный вымысел — со снами, своего рода умственной игрой, то кажется, что игра необходима для здоровья[3]. Более того, она подпитывается проблемами, как и искусство, и все науки. Подобно искусству, игра требует сосредоточенности, и потому ни то ни другое почти не оставляет места для неожиданностей или случайностей. Поэтому ее существование в утопии под большим вопросом: ведь наличие проблем там не допускается. Это и обыгрывается в нелепом заявлении Д-503 о том, что идеал там, где уже ничего не случается [155]. Но с другой стороны, роман насквозь ироничен, а ирония сама по себе предполагает игру. К счастью, Замятин снабжает нас множеством поводов для игры.

---

3 См. соображения об этом Ж. Пиаже в [Post 1978: 40].

3. Человек Неотенический

Игра — одна из главных поведенческих характеристик детства. Она настолько важна, что, возможно, животным дан период молодости именно для игры. Но когда кончается детство человека, если оно вообще кончается? Антропологи сегодня говорят о человеке как о вечно неотеническом существе. Если исходить из различий между незрелыми и зрелыми особями, взрослые люди относительно неотеничны по сравнению с другими приматами: у нас плоские лица, тела почти безволосые, особенно у женщин. Д-503, например, часто описывает свою сексуальную партнершу О-90, подчеркивая ее детскость: «...круглолицая, пухлая складочка на запястье»; вообще нуждающаяся в родительской заботе — чувстве, которое она так хорошо умеет вызывать [142, 265]. Еще важнее большой вес нашего мозга по отношению к весу тела. Это ведет к тому, что этап, на котором человек воспринимается как зрелый, сильно запаздывает, и эта задержка усугубляется с ростом социального развития: так, в США человек в возрасте 39 лет все еще может состоять в организации «*Молодые* республиканцы».

Наша неотения, конечно, сказывается на поведении взрослых. Мы сохраняем интерес к исследованиям и играм, даже в пожилом возрасте можем адаптироваться к новым условиям. Зачастую пенсионеры посвящают значительную часть своих «золотых лет» играм, будь то не требующие больших физических усилий виды спорта, такие как гольф и боулинг на лужайке, или настольные игры, или посещение культурных мероприятий, или чтение. У нас никогда не будет второго детства, потому что, будем надеяться, первое никогда не кончается [Alford 1984: 156]. В европейском обществе взрослым не рекомендовалось заниматься «детскими забавами». Но граница между взрослыми и детскими забавами часто, мягко говоря, произвольна: гольф, например, можно рассматривать как форму «параллельной», или нескоординированной игры, продолжающейся и во взрослой жизни. Современные дети часто воспитываются на сказках, которые в менее развитых обществах были «литературой» для взрослых, а теперь остались таковой лишь для ученых. Кроме того, в книге «Игры, в которые играют люди» Э. Берн выявил игровую структуру повседневных ритуальных взаимодействий взрослых, таких как общепринятые приветствия: «Привет!» — «Как дела?» [Берн 1998: 26]. Действительно ли мы ожидаем откровенного ответа? Берн доходчиво демонстрирует, что цель подобных «взрослых» игр — дать возможность проявиться незрелому состоянию «я», ребенку, живущему в каждом взрослом. Мораль ясна: поскольку взрослые необходимы, чтобы обеспечить медленное развитие своего потомства, они должны по возможности быть активными до глубокой старости. Очевидно, что адаптивным преимуществом для них будет сохранение душевной молодости далеко за пределами подросткового возраста, а вместе с ней и способности реагировать на меняющиеся условия.

Один из способов поддерживать в себе склонности и способности к игре — приобщение к фантастическим вымыслам и художественной литературе[4]. Эта универсальная страсть уже давно признана формой игры. Как и в игре, и читатель, и писатель добровольно участвуют в деятельности, результат которой неизвестен по меньшей мере одному из них; она ограничена некими правилами или условностями, и все это происходит в сфере, относительно свободной от повседневной реальности, отчасти потому, что эта деятельность не носит непосредственно утилитарного характера [Foust 1986: 7]. С другой стороны, можно предположить, что один из недостатков многих утопических текстов, например «Что делать?» (1863) Чернышевского, состоит в том, что их утилитарная цель слишком очевидна. Только признав, что повествование — это игра, мы можем понять, почему оно повсеместно используется в обучении. Художественная литература как игра требует соучастия от читателя, который, по словам В. Изера, получает удовольствие, «когда сам становится

[4] Некоторые создатели и потребители фантастических вымыслов верят в реальность этих фантазий, хотя, например, истории с участием сверхъестественных сил вряд ли случались с кем-нибудь в жизни. Те же соображения, касающиеся игрового начала, могут быть применимы и к художественной литературе.

активным, то есть когда текст позволяет ему задействовать свои собственные способности» (цит. по: [Там же: 11]). Именно к этому призывал Замятин в лекциях о литературном мастерстве. Читатель включается в игру обманутых и сбывшихся ожиданий, а писатель этим пользуется. С учетом этих отношений П. Хатчинсон утверждает: «Разум испытывает сильную потребность прояснять все проблемы и вынужден строить догадки о том, о чем не знает точно». Эту потребность Хатчинсон распространяет на все аспекты организации повествования:

> Забота о порядке и гармонии, похоже, прочно коренится в этой глубинной потребности. Природа не терпит вакуума; точно так же и читателю ненавистна тематическая или смысловая «пустота», равно как и любая степень тематической неопределенности [Hutchinson 1983: 21].

Как правило, в художественном повествовании избегаются непредвиденные происшествия и другие проявления чистой случайности, за исключением начального случайного события, которое запускает сюжет: случайность нарушает двусторонний процесс создания и подтверждения ожиданий — ведь читатель может ожидать чего-то, лишь имея на это некоторые основания. Когнитивные и, следовательно, адаптивные преимущества такого интерактивного чтения для нас очевидны. Для авторитарного общества это, напротив, недостаток: читая самостоятельно и тем самым, будем надеяться, оттачивая свой ум, читатель учится и мыслить самостоятельно.

Безусловно, это игра, в которую можно играть всю жизнь; по сути, многие так и делают, некоторые даже в рамках профессии. Более того, согласно современной теории деконструкции, каждый текст можно проигрывать многократно. Как отмечает М. Холквист, это особенно верно в отношении утопической и антиутопической литературы, которая предусматривает разные варианты «игры» при каждом прочтении, — этому способствует, в частности, традиционное использование открытых финалов, предоставляющих «читателю решать, кто проиграл, кто выиграл» [Holquist 1968: 119–120]. Именно такова концовка «Мы», где судьба революции остается неизвестной. Более того, каждая из глав этой книги представляет собой отдельную комбинацию игральных костей (или новый поворот в чтении), по мере того как я продолжаю играть в игру «Мы» каждый раз заново.

4. Депривация игры в Едином Государстве

К сожалению, не все имеют возможность или дозволение играть. Некоторые люди лишены когнитивных, а следовательно, адаптивных преимуществ игрового опыта. Это считается настолько серьезным состоянием, что детям, испытывающим трудности с игрой, зачастую назначается терапия, непосредственно направленная на решение этой проблемы. Типичные ее симптомы — бездеятельность, слабое чувство идентичности и пониженная обучаемость, часто проявляющаяся в плохой успеваемости.

Рассмотрим теперь последствия депривации игры для общества в целом. Согласно нашей основной гипотезе, одна из задач антиутопии — изобразить фантастическое общество, воплощающее в себе то, что противоречит нормальным поведенческим склонностям человека. Единое Государство, как будто вняв завету Платона о том, что спонтанные развлечения подрывают устои общества, строго ограничивает виды игры — то обезличенными, распланированными сексуальными связями, то жестко контролируемым искусством и маршировкой. Что еще хуже, эта деятельность неизменна: нумера всегда маршируют под одну и ту же музыку и в одной и той же манере. Сексуальная активность не так строго регламентирована, но продолжительность свиданий жестко ограничена одним личным часом. Любознательность и дух исследования подавляются беспощадной стандартизацией, согласно которой в Едином Государстве нет ничего непознанного, необычного или интересного, кроме некоторых остатков прошлого, по неустановленным причинам сохранившихся в Древнем Доме. В нашей культуре просвещенные родители вешают над детскими кроватками мобили, чтобы обеспечить младенцам сенсорное разнообразие, развить у них заинтересованное восприятие. В Едином Государстве детей растят на Детско-воспитательных заводах, что предполагает отсутствие индивидуального внимания и недостаток стимулов как для детей, так и для взрослых.

Некоторые пагубные последствия лишения игр уже налицо. Единое Государство довольно инертно: из записок Д-503 можно понять, что последние шестьсот лет оно повторяло, по сути, одни и те же действия без вариаций. Ироничное название романа, как и безликие буквенно-цифровые имена, наводит на мысль, что у всех граждан имеются сложности с индивидуализацией. Мы уже отмечали в предыдущей главе, что одна из распространенных ошибок в интерпретации «Мы» состоит в том, что Единое Государство всемогуще, что оно слишком прочно построено, чтобы оказаться разрушенным, что оно непогрешимо. На самом деле, здесь предостаточно несчастных случаев и сбоев в системе безопасности. Единственный Хранитель, с которым мы знакомимся, S-4711, оказывается членом группы мятежников Мефи; исходя из этого можно предположить, что вся система ненадежна и кишит изменниками. Более того, она некомпетентна: даже после того, как верные режиму Хранители предотвращают захват «Интеграла» и возвращают ракетный корабль под контроль властей, повстанцам удается избежать ареста. Похоже, что только легковерие граждан, лишенных развлечений, позволяет Единому Государству сохранять иллюзию мощи.

Те же самые симптомы проявились впоследствии и в Советском Союзе, — конечно, Замятин не мог об этом знать, но, похоже, предвидел нечто подобное. Падение коммунизма предвещалось снижением креативности, уровня достижений, продолжительности жизни и даже рождаемости, так что советские граждане постепенно потеряли уверенность в себе. Таким образом, выявляется еще одно высокоадаптивное преимущество игры: она препятствует неряшливому, а следовательно, ленивому мышлению, которое было определяющим качеством как СССР, так и Единого Государства. Ко времени августовской революции 1991 года из всех продуктов советского производства, кроме оружия, конкуренцию на мировом рынке выдерживала только водка.

5. Дети в «Мы»

Одну из причин столь низкой эффективности нумеров можно усмотреть в том, как Единое Государство воспитывает детей. Им, по сути, отказано в настоящем детстве. Позже им будет так же отказано в возможности взрослеть, брать на себя ответственность, реализовывать себя[5]. Не побывав полноценными детьми, они не могут стать полноценными взрослыми. Д-503 говорит: «Мы же — слава Благодетелю, — взрослые, и игрушки нам не нужны» [215], но читателю виднее.

Дети в «Мы» появляются редко. За двумя исключениями, все эпизоды, в которых фигурируют дети, — это либо воспоминания, либо сведения из вторых рук. Но и этого достаточно, чтобы понять цель политики Единого Государства. Воспроизводство (подробнее об этом будет сказано далее) полностью низводится до уровня промышленного производства. Об отношении Единого Государства к отдельным младенцам говорит эпизод, в котором фонолектор, рассказывая о «детоводстве», не обращает внимания на малыша, готового вот-вот упасть с демонстрационного стола на пол [211]. Дети лишены общения с родителями, в обычной жизни первыми товарищами по играм. Метод обучения здесь самый примитивный: зубрежка. Д-503 вспоминает, как вместе с одноклассниками повторял тексты вслед за роботами-инструкторами [166]. Законопослушная учительница Ю хочет заставить учеников выучить наизусть отрывок из рукописи Д-503 [220]. Она строго ограничивает их манеру речи, чтобы они не предавались фантазиям [260]. Спонтанная игра сурово наказывается, как будто это подрывные действия. R-13 в школе был наказан за то, что напихал одному из роботов в рупор жеваной бумаги, так что тот при каждом слове выстреливал бумажными шариками [166]. Когда ученики Ю рисуют на нее карикатуру «в рыбьем виде» — наверняка подсказанную особенностью ее внешности, которую Д-503 сравнивает с «жабрами», а может быть, и отдаленным сходством буквы «Ю» с рыбой, — она вызывает Хранителей.

---

[5] См. также [Спивак 1989].

«Я очень люблю детей, и я считаю, что самая трудная и высокая любовь — это жестокость», — объясняет она Д-503 [220].

Игровые и подобные им склонности являются врожденными, а дети хуже взрослых умеют подавлять естественные поведенческие реакции. Оба вышеупомянутых проступка ведут к подрыву авторитета. Дети, вероятно, подозревали, какие кары им грозят от Единого Государства, но все же продолжали свою непочтительную игру. Примечательно, что дети сопротивляются навязанной им Единым Государством Операции по удалению фантазии, тогда как некоторые взрослые, в том числе Д-503, соглашаются подвергнуться ей добровольно. Ю рассказывает, что ей пришлось связать детей, а позже Д-503 встречает мальчишку, убегающего от толпы людей, очевидно намеренных доставить его на Операцию [261, 277].

Если по ходу сюжета Д-503 (вновь) обретает нормальные человеческие качества, то к ним относится и детское поведение. Этому отчасти способствуют его отношения с I-330. Как напоминает нам Э. Берн, секс, особенно в плане выбора партнера, одна из главных игр, в которые играют взрослые [Берн 1998: 102]. Д-503 находит в I-330 коварного и раздражающего товарища по игре. I-330 часто насмехается над Д-503, она искушает его в Древнем Доме, но при этом дразнит: показывает ему часы, намекая, что, если он вступит в половую связь, ему грозит арест. Замятин и сам присоединяется к этой игре. Рассказывая об их романе, он допускает ряд эротических двусмысленностей. Так, Д-503 после секса с О-90 чувствует, «до чего все опустошено, отдано»; I-330 в его комнате сидит «в широко раскрытой чашечке кресла»; ему снится, что он занимается любовью с деревянным стулом: «неудобно, больно» [189, 221, 226].

Связь с I-330 часто вызывает у Д-503 воспоминания о детстве — таким образом он как бы возвращает его себе. В День Единогласия, испытывая смутное чувство вины за свои похождения с I-330, он, видимо впервые за многие годы, вспоминает свои слезы из-за пятнышка на юнифе: «Я был сейчас тот самый мальчик» [232]. Гуляя с ней, он фантазирует: «Весь мир — единая необъятная женщина, и мы — в самом ее чреве, мы еще не родились, мы радостно зреем» [185]. Д-503 начинает вести себя все более и более по-детски, вплоть до того, что Ю называет его ребенком и предлагает свою материнскую опеку [220, 246]. Кажется, будто обеим этим материнским фигурам удается повернуть ход часов развития вспять: Ю говорит герою, что после Операции он родится заново [260]. Он даже начинает тосковать о матери, которая у него, конечно же, была, но которой он никогда не знал. Д-503 так страдает от депривации нормальной материнской заботы, что обращается к I-330, чувствуя неодолимое желание рассказать ей все о себе и своих детских годах, о том, чего его лишили. Хотя в данном случае такое поведение выглядит довольно экстремальным, оно более нормально, чем кажется на первый взгляд. Д. Ранкур-Лаферьер в книге «Знаки плоти» подробно объясняет, почему сексуальный партнер вполне может вызывать мысли о матери. Исследователь также предполагает, что мы проявляем естественную склонность видеть в своих родителях образец, в соответствии с которым выбираем сексуальных партнеров [Rancour-Laferriere 1985].

Конечно, из-за I-330 все в жизни Д-503 делается непредсказуемым и потому ставится под вопрос. Она лично прививает ему необходимые когнитивные навыки с помощью сократовской беседы. Словами, близкими к тексту статьи «О литературе, революции, энтропии и о прочем», героиня доказывает бесконечность революций и говорит о том, что дети в конце любого рассказа всегда спрашивают: «А что дальше?». Д-503 не желает усваивать урок: «Ничего нет дальше! Точка». Но она стоит на своем и выводит очевидную мораль: «Именно так, как дети, всегда и надо: а что дальше?» [255]. В некотором смысле у Д-503 всегда были детские черты характера, в том числе любознательность, просто он их не признавал. В конце одиннадцатой записи он смотрит в задернутое туманом небо и спрашивает себя: «...если бы знать: что там — выше?» [180]. Это совершенно неприемлемо для Единого Государства, которое пользуется тем же самым словом, обличая фантазию: «Это — лихорадка, которая гонит вас бежать все дальше — хотя бы это “дальше” начиналось там, где кончается счастье» [258]. Хотя возвращение Д-503 к нормальности прервано насильственной Операцией по удалению фантазии, до этого момента урок I-330 не пропадает для него даром. В предпоследней записи, когда его сосед в общественной уборной пытается доказать, что Вселенная конечна, он отвечает практически тем же детским вопросом: «...а там, где кончается ваша конечная Вселенная? Что там — дальше?» [292].

6. «Мы» как игра

«Мы» — это противоядие от депривации игры, возвращающее перекосы, созданные Единым Государством, в состояние естественного равновесия. Как полагает С. А. Голубков, комическое воздействие романа во многом основано на том, что патология в бытии его героев объявляется нормой [Голубков 1993: 27]. Голубков показывает, что нумера ведут себя как машины — это почти идеальная иллюстрация знаменитой теории А. Бергсона о возникновении комического в результате смешения человеческого с нечеловеческим. Отсюда можно сделать вывод, что мы смеемся отчасти потому, что обладаем как бы врожденным чувством человеческой целостности. Мы интуитивно понимаем, какими мы должны быть, и используем юмор в корректирующих целях. Состояние Д-503 должно быть приведено в норму, и юмор играет в терапии важную роль. В начале романа Д-503 даже заявляет, что не способен на шутки — еще один симптом его заболевания, — но I-330 входит в его жизнь именно в тот миг, когда он внезапно смеется [143].

Разумеется, насильственно прерванного выздоровления Д-503, заигрываний I-330 и выходок R-13 едва ли достаточно, чтобы возместить вред, нанесенный Единым Государством. Зато эту задачу прекрасным образом выполняет рукопись Д-503, то есть сам роман, представляющий собой, помимо прочего, исчерпывающий свод упражнений в свободной, увлекательной, подрывающей устои игре. В нем отражен личный опыт Замятина, в детстве испытывавшего, по его собственному признанию, недостаток игр. Примечательно, что он компенсировал этот недостаток, сделав своими товарищами по играм книги. Таким же товарищем его книга стала для нас.

Игровой комизм присутствует в тексте практически на каждой странице. Например, в романе множество случаев, когда нумера не видят того, что у них буквально перед носом: они как будто слепы к своему окружению — этот симптом соответствует нашему диагнозу депривации игры. Замятин широко использует прием остранения: Д-503 то и дело натыкается на странные, непонятные ему объекты, которые мы с легкостью узнаем. Этот прием, по словам Шкловского, помогает преодолеть автоматизм восприятия. Таковы «в тончайшей бумажной трубочке это древнее курение», которое дымится во рту I-330 в Древнем Доме, и «что-то отвратительно-мягкое, податливое, живое, зеленое, упругое», то есть трава, по которой ступает Д-503 за пределами Зеленой Стены [173, 241]. По сути, Д-503 становится нашим проводником по миру, который мы знаем чуть ли не лучше его самого; он словно подзуживает нас как можно тщательнее изучить книгу, пристальнее вглядеться в его мир, а заодно и в наш собственный.

Игровой характер текста обнаруживает себя почти сразу. Разные биологические виды каким-то образом умеют распознавать «игровое лицо» друг друга; этот удивительный вид коммуникации обычно включает в себя преувеличенно выразительную мимику, которая задана у Замятина с самого начала. Как отмечают многие исследователи, заглавие романа отражает современную тенденцию говорить от первого лица во множественном числе, введенную в обиход пролетарскими поэтами, — можно сказать, что это название слишком хорошо укладывается в их намерения. Мы сразу же должны заподозрить, что автор ведет нас дальше, настраивает на снижение — и он нас не разочаровывает. С самого начала Замятин подрывает основы, не совершая никаких определенный действий — что самое важное, действий наказуемых, крамольных.

В целом в основе юмора Замятина лежит почти полное переворачивание обычных читательских ожиданий. С самой первой страницы, когда Д-503 начинает свой дневник in medias res, цитируя «Государственную Газету», читатель предполагает, что письмо Д-503 исполнено подспудной иронии: не может же быть, чтобы вымышленный рассказчик, или реальный романист, или оба сразу на самом деле верили в написанное. С этого момента все слова определяются разными шкалами ожиданий, богатством явных и скрытых семантических связей (Ю. М. Лотман), и получают двойной смысл. Наглядный пример этому — некоторые идеологические принципы, веру в которые демонстрирует Д-503. Показательны, в частности, его высказывания о «Расписании железных дорог», которое он называет «величайшим из дошедших до нас памятников древней литературы» (дошедших, конечно, со времен его читателей), и похвалы сонету о 2 × 2 = 4: «редкая по красоте и глубине мысли вещь» [147, 182]. Сами эти формулировки заставляют читателя думать, что дело обстоит с точностью до наоборот. То, что замышлялось как панегирик во славу Единого Государства, оборачивается резким его осуждением [Barratt 1984: 103]. Текст, который, как всякий великий *новый* роман, предполагает новаторство, имеет весьма оригинальную завязку, в которой совершенно неоригинальный, заурядный персонаж переписывает газетную статью. Он пытается убедить нас, что верит в начинания Единого Государства, но тут же сам себе противоречит, говоря, что к полету «Интеграла» и покорению космоса готовы «почти» все [140]. Д-503 изо всех сил старается употреблять местоимение «мы», но никак не может избавиться от привычки говорить о себе «я». В точности как доктор Стрейнджлав, персонаж одноименного фильма С. Кубрика, — бывший нацист, который тщетно пытается подавить позывы салютовать «Зиг хайль». Как мы уже отмечали, роман «Мы» начинается со слова «я» [139].

Стиль «Государственной Газеты» с ее трескучей риторикой и мессианскими претензиями, по-видимому, пародирует тон советских газет в первые послереволюционные годы [Barratt 1984: 104–105]. Как ни странно, в объемных исследованиях «Мы» уделялось на редкость мало внимания отсылкам к современной роману действительности — текст рассматривался почти исключительно как предвосхищение последующих событий. Утопическая фантастика обычно пишется не о далеком будущем, а о близком настоящем, о тех самых обстоятельствах, в которых она создается. Лахузен, Максимова и Эндрюс выявили в нумерологии романа загадочные отсылки к Ленину и провозглашению им советской власти [Лахузен и др. 1994: 65, 77]. Они также сообщают, что петроградцы узнавали в звонке на обед в 12 часов дня ежедневный полуденный выстрел петропавловской пушки [Там же: 75]. Есть в романе и случаи игры, понятной лишь посвященным, едва ли доступной расшифровке другими читателями. Так, исследователи утверждают, что аудиториум 112 носит номер тюремной камеры, в которую автор трижды попадал в разное время после арестов [Там же: 83–84]. Конечно же, во время написания романа неприятности с правоохранительными органами были свежи в памяти Замятина: незадолго до начала работы, 15 февраля 1919 года, писатель был арестован ЧК, в его квартире был произведен обыск [Файман 1997: 79]. В имени S-4711 может быть зашифрован намек на одну из самых популярных в то время марок одеколона (кёльнская вода № 4711) [Gregg 1988: 65], или анаграмма даты спуска на воду «Св. Александр Невский» (в постройке которого принимал участие Замятин в 1916–1917 годах), или и то и другое (см. критическую оценку этих предположений [Лахузен и др. 1994: 9])[6]. Некоторые из этих скрытых смысловых связей могли оказаться непонятными даже современникам, тем читателям, на которых рассчитывал Замятин, пытаясь опубликовать «Мы» в СССР. Возможно, будь роман опубликован при новом режиме, мы бы больше знали о том, как в тексте отражены современные реалии. Другие формы присутствия исторического контекста вполне возможно декодировать. Так, трудно удержаться от вопроса, как бы отнесся советский читатель 1920-х годов к словам Д-503 о том, что необходимость почтовой цензуры излишне объяснять. Даже извещение, что на

---

6 Рассматривая предположения о связи числа 4711 с ледоколом «Св. Александр Невский» и маркой одеколона, Т. Лахузен, Е. Максимова и Э. Эндрюс ссылаются на статьи А. Мейерса, в частности «Zamiatin in Newcastle: The Green Wall and The Pink Ticket» (1993) [Myers 1993: 424]. — *Примеч. ред.*

Д-503 записался в качестве сексуального партнера нумер I-330, должно пройти через Бюро Хранителей [171–172]. Д-503 также припоминает «беспорядочные, неорганизованные выборы у древних», вопрошая: «Строить государство на совершенно неучитываемых случайностях, вслепую — что может быть бессмысленней?» [230]. Несомненно, примерно так думали и некоторые большевики, когда в январе 1918 года отменили выборы в Учредительное собрание. Замятин, возможно, также намекает на то, что и сам Ленин тогда точно не знал, каким должен стать будущий СССР. Как и предполагали многие читатели, «сократовски лысый» Благодетель [283], похоже, направляет нас к Ленину, обладателю лысины, которого в ранней советской прессе часто сравнивали с Сократом [Barratt 1984: 114]. Стихи R-13 о тоске по оковам написаны «ведь о нас, о теперь» — это может относиться как к XXX веку романа, так и ко времени Замятина [178]. Юмор состоит отчасти в том, что, если бы Замятину пришлось объяснять эти слова, он мог бы объяснить их двояко.

Текст содержит немало насмешек над современной Замятину действительностью, как бы провоцируя читателя отвергнуть утопическое начинание того времени. Утопические произведения, в силу вышеупомянутой диахронической перспективы, вряд ли могут избежать сатиры в адрес времени, когда они пишутся. В представлениях Д-503 прошлое — по *странной случайности*, речь идет о начале XX века — «это так неправдоподобно, так нелепо, что я не выдержал и расхохотался вслух» [143]. В частности, его повергает в шок сексуальная жизнь «древних», не подчиненная централизованному планированию [148], — замечание, которое, конечно же, вызовет противоположную реакцию. С другой стороны, многие современники, вероятно, оценили бы едкие замечания Д-503 о фортепианной музыке Скрябина [150].

Самодовольные заявления Д-503 о превосходстве его утопического образа жизни лишь увеличивают пропасть между рассказчиком и читателем. Кого могут впечатлить абсурдные утверждения Д-503 о том, что красота соотносится с несвободой или что оседлость — высшая форма жизни, которая далась человеку не без труда, кто поверит похвалам Часовой Скрижали

[141–142, 147]? Насмешка тем действеннее, что в пользу каждого из диковинных утверждений Д-503 можно найти свои аргументы. Текст настолько искажает читательское ожидание, что мы можем и не воздать должного утопии.

Повествование Д-503 часто попросту абсурдно. Роман полон логических пробелов и ошибок. Почему Единое Государство намеревается завоевывать другие планеты, если оно еще не усмирило дикие народы, оставшиеся на Земле? Следующий уровень — это уровень несообразностей. Например, каким образом Д-503, глядя сквозь тускло-прозрачную *Зеленую* Стену, может увидеть, что у зверя по другую сторону *желтые* глаза [200]? Как можно маршировать по стеклянному тротуару? Алогизмы присущи и самому Д-503. Например, он так до конца и не понимает, что на уме у I-330. Так, когда объявляется Операция по удалению фантазии у всех нумеров, он немедленно звонит ей, чтобы сообщить радостную новость, но в ответ получает многозначительное долгое молчание [259]. В одном случае Д-503 противоречит самому себе буквально в пределах половины страницы: вначале говорит, что он и I-330 одинаковы, а несколькими строками ниже — что они совершенно разные [143]. Он заканчивает тридцатую запись мыслями о самоубийстве и начинает следующую со слова «Спасены!» [256–257]. В конце тридцать третьей записи он прощается с читателем строками, напоминающими внезапное окончание пушкинского «Евгения Онегина», но в начале тридцать четвертой наш герой по-прежнему с нами [268–269]. Почти то же самое происходит в конце тридцать восьмой записи, когда сразу после последнего разговора с I-330 он в порыве эмоций письменно заявляет, что больше не может писать. А следующая, но не последняя запись снабжена подзаголовком «Конец» [289].

Все утопические произведения ведут свое происхождение от «Государства» Платона, так что они интертекстуальны по определению, — это убедительно показал Г. С. Морсон в книге «Границы жанра» [Morson 1981]. Чтение утопий непременно предполагает поиск отсылок к другим текстам. Благодаря С. Хойсингтон [Hoisington 1993] в «Мы» выявлено и детально аргументировано наличие «пушкинского следа»: в основном он связан с поэтом несколько африканской внешности, R-13, созданным по образу и подобию того, кого в России называют «наше всё». Когда Д-503 оплодотворяет О-90, он испытывает ощущение, подобное прыжку с башни [213], что напоминает вещий сон Самозванца в «Борисе Годунове». Взойдя на борт «Интеграла», он видит «муравьиных людей» [269] — точно так же Самозванцу с высоты виделась «Москва что муравейник» [Пушкин 1960б: 218]. Запись Д-503 о древних выборах: «...ночь, площадь, крадущиеся вдоль стен фигуры в темных плащах» [230–231], а возможно, и в масках напоминает вступительную сцену «Каменного гостя». Фигура юноши с горящим углем вместо сердца, которую Д-503 видит за Зеленой Стеной, — весьма прозрачная отсылка к пушкинскому «Пророку», этой знаменитой декларации поэтической независимости. Кроме того, текст Д-503 пересыпан искаженными обрывками цитат Достоевского, связывающих роман с «Записками из подполья» (например, стихотворение о 2 × 2 = 4) и «Братьями Карамазовыми», прежде всего в эпизоде встречи Д-503 с Благодетелем, явно списанным с Великого инквизитора из поэмы Ивана. А. Шейн отмечает и другие скрытые намеки на Достоевского: так, прослушивание Скрябина сравнивается с эпилептическим припадком, а собрат R-13 по поэтическому цеху внезапно объявляет, что он гений и, следовательно, выше закона, подобно Раскольникову [Shane 1968: 142–143]. Еще одна реминисценция — утверждение Д-503, что «сознают свою индивидуальность — только засоренный глаз, нарывающий палец, больной зуб» [224], отсылающее к зубной боли Подпольного человека.

В романе также присутствуют многочисленные аллюзии на произведения других авторов, например возможный намек на «Путешествия Гулливера» (1726) Дж. Свифта: когда Д-503, как заправский солипсист, фантазирует, будто это он создал мир, он боится двинуть локтем, «чтобы не посыпались осколки стен, куполов, машин», как будто он находится в Лилипутии [142]. В других эпизодах Д-503, отмечающий, что к прошлому он в лучшем случае равнодушен, намекает на гордиев узел, разрубленный Александром Македонским [216], и припоминает библейскую историю об Аврааме и Исааке [291][7]. Аллюзией может быть и музыкальная цитата из Марша Единого Государства: возможно ли, что «тра-та-та-там» [142] — это те самые знаменитые четыре ноты, с которых начинается Пятая симфония Бетховена? Помимо многочисленных аллюзий на Библию, в том числе пародийных, мы, конечно, должны ожидать интертекстуальных связей с «первоутопией» — «Государством» Платона. Не может же Благодетель быть описан как «лысый, *сократовски* лысый человек, и на лысине — мелкие капельки пота» [283] без всякой привязки к главному персонажу этого греческого диалога? Вспомним также, что Д-503 протаскивает в текст описание одной мифической местности, не упоминая, что наши знания о ней почерпнуты у автора пресловутого «Государства»:

> Представьте себе, что однажды в океане вы наткнулись на шестую, седьмую часть света — какую-нибудь Атлантиду, и там — небывалые города-лабиринты, люди, парящие в воздухе без помощи крыльев или аэро [245].

Текст становится игровой площадкой и в плане родовых понятий. Использование Замятиным метафорических полей так навязчиво, что кажется, у него одна цель: пробудить в читателе исследователя и заставить его по-своему интерпретировать различные особенности романа. Такова его широкая, сложная и пронизанная взаимосвязями трактовка цвета [Proffer 1988; Hoisington, Imbery 1992] металлов [Collins 1973], воды [Cowan 1988], библейских образов [Gregg 1988] и — для полноты картины — различных направлений образности, представленных в каждой из глав данного исследования. Казалось бы, для серьезного художественного произведения хватило бы лишь нескольких из них, но он одновременно охватывает их все и еще многое другое — поистине *tour de force*, призванный раздразнить наше чувство игры. Как только ему это удалось?

---

[7] Дж. Биллингтон усматривает в первых строках первой записи пародию на начало Евангелия от Иоанна [Биллингтон 2001: 557].

«Мы» — один из первых романов, говорящих о том, что автор разбирается в теории литературы — в данном случае Замятин разбирается в теориях знаменитых русских формалистов. Во время Гражданской войны Замятин читал лекции по литературному мастерству и одновременно писал роман. Слова у него не расходились с делом. Как будто иллюстрируя примерами научные тезисы Шкловского, Замятин снова и снова обыгрывает прием обрамления. Когда Д-503 воображает себя богом, который только что создал окружающий его мир, нам напоминают, что он лишь фиктивный автор текста и у нас нет возможности опровергнуть его заблуждение. После того как доктор рассказывает Д-503 о зеркальном мире, «куда мы с любопытством заглядываем детьми» [196], тот пытается непременно туда проникнуть, что не так уж трудно, учитывая, что у шкафа имеется зеркальная дверь. Но с другой стороны, почти весь город сделан из стекла. Правильное освещение может повсюду создать отражения и зазеркальные миры в них, однако при другом падении света здания стали бы прозрачными, создавая иллюзию отсутствия Единого Государства. Собственно, это и не иллюзия.

На другом уровне текста мы находим множество математических игр, бóльшая часть которых была разъяснена Лахузеном, Максимовой и Эндрюс. Например, пятиугольное число, входящее в имя I-330, указывает на ее связь с дьяволом [Лахузен и др. 1994: 92]. Аналогично, если мы до конца решим ошибочное уравнение, с помощью которого Д-503 высчитывает вероятность своего назначения в аудиториум 112, то, разделив 1500 на десять миллионов, получим в итоге единицу, деленную на 6666,6666 — число Апокалипсиса [Там же: 29]. К тому же сами буквенно-цифровые имена носят рамочный характер. R напоминает Д-503 о привязанном сзади чемоданчике («в карете»), О кажется ему круглой, в S видится что-то змеиное, а Ю, как мы уже отмечали, подозрительно смахивает на рыбу [Там же: 92][8]. Это дает читателю повод

8 Юмор Замятина в отношении «горбатенького» S временами доходит до гротеска: Хранитель так изогнут, что даже в прыжке не может достать листовку Мефи, висящую на высоте двух метров [238].

задуматься, что первично: имя или форма тела? Аналогичную роль выполняют игры, понятные лишь определенному кругу читателей. Читателю-иностранцу, не знающему русского слова «рояль», нелегко понять, что «королевского» в фортепиано, на котором I-330 играет Скрябина [150]. Кроме того, Замятин проделывает многочисленные трюки с рукописью Д-503 — но это удовольствие мы прибережем на потом.

Заостряя внимание на отдельных примерах, легко упустить важное. В «Мы» присутствует множество уровней игры. Текст так насыщен игрой и отсылками, что это может дезориентировать читателя. Например, трудно удержать в голове четкую сюжетную линию хотя бы потому, что повествование задает множественные траектории чтения. «Мы» — это программное обеспечение для ума; каждое прочтение/игра будет иным в зависимости от читателя и способа перечитывания — и так до бесконечности. Согласно В. Изеру, читателя провоцируют на взаимодействие с текстом: читая строку за строкой, он должен оценивать, чему следует верить. Это тем более важно, если мы имеем дело с ненадежным рассказчиком, таким, как Д-503. Иногда он старается быть добросовестным регистратором событий, некоторые отрывки сам признает неверными — правда, не сообщает, какие именно, — а во многом явно ошибается. Он часто ссылается на другие фрагменты собственного текста; некоторые из них существуют, а некоторые нет. Мораль ясна: НЕ ВЕРЬТЕ БЕЗОГОВОРОЧНО ТОМУ, ЧТО ЧИТАЕТЕ. Вряд ли такая практика годится для лояльного гражданина в тоталитарном обществе.

Как утверждает П. Хатчинсон, игровые нарративы обманывают читательские ожидания; если роман достаточно длинен, он может даже утратить внутреннюю последовательность [Hutchinson 1983: 10]. Одно из решений — предоставить большое разнообразие модусов, материалов, тем и т. д., создав, по сути, калейдоскоп точек зрения. Все это характерно для романа, жанра, который, по Бахтину, не приемлет «авторитарного слова», а точнее говоря, неизбежно подрывает его [Booker 1994: 20]. Замятин желает, чтобы мы вникли в суть якобы неизбежного будущего, но, как в любой игре, процесс интереснее результата.

Несомненно, сама многоплановость «Мы» взывает к нашей потребности в новизне.

И что греха таить, в игру, заданную романом Замятина, обожают играть ученые. Зачем нам Nintendo, если у нас есть «Мы»? Из произведений русской литературы XX века только «Петербург» А. Белого, «Мастер и Маргарита» М. А. Булгакова и «Доктор Живаго» Б. Л. Пастернака могут сравниться с «Мы» по количеству написанных на Западе интерпретационных исследований[9]. Как правило, ученый создает первоначальную концепцию, часто исходя из гегелевской триады «тезис — антитезис — синтез», столь часто выдвигаемой в статьях Замятина, и понимание смысла романа кажется осуществимым. Но ученый должен остерегаться ответов, лежащих на поверхности, ибо роман изобилует уловками. Как мы видели, математические примеры в тексте в большинстве своем содержат грубые ошибки: их следует понимать как расставленные автором ловушки. То же самое относится и ко многим ложным следам, которые подбрасывает нам Д-503.

Порой читатель также может вступить в игру, добавляя собственные творческие интерпретации. Такова, например, трактовка Дж. Биллингтоном предпоследней записи — в общественной уборной якобы происходит гомосексуально окрашенная встреча Д-503 с Сатаной, имеющим вид «гигантского фаллоса»: «Странная эта форма уверяет Д-503, что тот способен на оргазм» [Биллингтон 2001: 558]. Б. Г. Герни взял на себя смелость добавить к своему замечательному переводу романа несколько сносок, якобы написанных Исследователем 565316 из Венерианского бюро многоязычия [Zamyatin 1960: 119, 205]. Трудно устоять перед соблазном поиграть в игру «Мы».

Кульминация игровой тактики Замятина — то, как он поступает с финалом. Операция, которую делают Д-503, по всей вероятности, ставит точку в развитии этого персонажа. Читателю остается только гадать, что бы произошло, если бы Д-503 не был

---

[9] См. мой доклад на эту тему «Zamyatin's "We": The Classic of Twentieth Century Russian Literature» на конференции American Association of Teachers of Slavic and East European Languages (Сан-Диего, 1994).

схвачен и подвергнут лоботомии. Так строятся многие сюжеты, но этот прием особенно важен для «Мы», где состояние ума Д-503 служит одной из главных тем и определяет основания для оценки утопии. Гибкая, свободная, ранимая, деятельная и талантливая личность, какой он мог бы стать, на этом этапе, можно надеяться, похожа на читателя. Резкий контраст между фактическим Д-503 и потенциальным Д-503, который лишь несколькими строками выше спрашивал: «Что там — дальше?» — выглядит убийственным.

Сюжет намеренно лишен развязки. Текст обрывается на самом интересном месте: битва между Мефи и Единым Государством в разгаре, а судьба участников висит на волоске — I-330 продолжает ожидать казни. Автор бросил читателя, и тому остается лишь одно — словно ребенок, спрашивать: «А что дальше?» Это вопрос, который мы должны задавать себе всю жизнь.

Глава 6
По ту сторону принципа удовольствия

1. Смерть и налоги

Художественная литература, в частности «Мы», существует отчасти потому, что мы редко даем себе труд вдуматься в допущения, на которых строим социальную жизнь. П. Брукс полагает что «[якобы] очевидные [допущения] — те, говорить о которых зачастую интереснее всего и одновременно труднее всего» [Brooks 1985: XI]. Главная причина в том, что мы не думаем об очевидном: некие внутренние рамки мешают нам думать о нем, а если позволяют, то лишь ограниченным образом. Конечно, мы могли бы проявлять гораздо бóльшую умственную свободу, если бы только эта мысль пришла нам в голову.

И здесь мы должны рассмотреть феномен избирательной актуализации сознания лишь на тех предметах, которые и отчасти, и полностью подвластны нашему контролю (*negotiability*) . Иными словами, мы активно занимаемся лишь тем, что можем или должны изменить в лучшую или худшую строну. Некоторых явлений, таких, как дыхание и пульс, мы не замечаем, пока с ними все в порядке; если же возникают проблемы, мы очень быстро на них зацикливаемся. Есть и другие обстоятельства, изменить которые, как нам кажется, не в нашей власти, — поэтому мы считаем, что тратить на них время и силы просто бесполезно. Перцептивная сортировка, которой мы подвергаем явления, доступные нашему вниманию, имеет важные последствия с точки зрения отбора. Из соображений совокупной приспособленности мы должны использовать свои ограниченные ресурсы по максимуму. Это и вынуждает нас игнорировать то, что мы можем считать и считаем само собой разумеющимся, равно как и то, что выходит за пределы постижимого.

Как и многое в эволюционной психологии, эта глубинная структура выплывает на поверхность в отдельных случаях дезадаптации, когда наши поведенческие склонности, предположительно сформированные в ходе эволюционной истории, перестают соответствовать новым условиям. Как пример можно рассмотреть известные слова Б. Франклина: «В жизни нет ничего неизбежного, кроме смерти и налогов». Даже если ученые вскоре откроют генетические ключи к процессу старения, смерти пока ничего не угрожает. Как отмечают многие культурологи, в современных западных обществах принято вытеснять ее, выталкивать из сознания. Во многих произведениях Л. Н. Толстого, особенно в «Смерти Ивана Ильича» (1886), делается попытка сделать ее снова актуальной, чтобы мы по максимуму использовали свою жизнь, полностью осознавая неизбежную смерть. Но мысль о неминуемом конце может также ослаблять моральный дух и, следовательно, снижать эффективность наших действий. Ясно, что такое сознание неадаптивно для обществ, вынужденных себя защищать, — то есть практически для всех. Мы не любим думать о собственной кончине — особенно хорошо это известно агентам, продающим полисы страхования жизни, а также похоронным бюро, предлагающим «предварительные» полисы ритуального страхования. Может быть, лучше упорствовать в заблуждении, что мы будем жить вечно; здесь важную роль может сыграть религия.

Между тем налоги обязательны лишь постольку, поскольку мы верим, что их необходимо платить, и отказываемся даже предполагать другие варианты. Если бы среди нас было больше приверженцев, скажем, Г. Д. Торо, мы бы считали неизбежным гражданское неповиновение, а не налоги. Но оказывается, что мы угнетаем сами себя и ограничиваем свои мысли собственными заблуждениями — в данном случае тем, что уподобляем налоги смерти. Мы сами сделали их неизбежными, но этим дали себе возможность меньше переживать из-за их неизбежности.

Недавние исключения лишь подтверждают правило: они дают некоторое представление о том, как мы волей-неволей ограничиваем свое поведение и в результате оказываемся далеки от полной реализации своих когнитивных возможностей. В последние десятилетия специалисты по бывшему социалистическому блоку неизбежно сталкиваются со странным парадоксом. Недостатки коммунистического проекта, этой самой самонадеянной на сегодняшний день попытки создать плановую социальную утопию, конечно же послужившей Замятину непосредственным образцом, были очевидны для всех наблюдателей. С другой стороны, скорый конец этих режимов казался невозможным. Политические элиты в этих обществах казались слишком хорошо организованными, по крайней мере в том, что касалось их самосохранения. Парадокс пирамиды власти, описанный Толстым в «Войне и мире», ни в чем себя не проявлял: люди забыли, что меньшинство может управлять большинством лишь до тех пор, пока последнее с этим мирится. Напротив, политическая власть рассматривалась как перевернутая пирамида, и иллюзии, будто некоторые люди, говоря словами Оруэлла, «равнее других», было достаточно, чтобы обеспечить повиновение.

Эта иллюзия была настолько сильна, что никто не осмеливался предсказать неминуемое падение этих государств, кроме разве что А. А. Амальрика и, возможно, если исходить из нашего прочтения «Мы», Замятина. Общественное развитие, особенно в таких странах, как ГДР, было подчинено жестким марксистским принципам, то есть финализировано: политическая жизнь в буквальном смысле умерла.

В 1979 году новый папа римский, поляк Иоанн Павел II, посетил Польшу, и тогда произошло любопытное событие, предопределившее конец тоталитарной эпохи в этом регионе. На мессу под открытым небом на склоне холма под стенами знаменитого монастыря в Ченстохове собралось около двух миллионов соотечественников Иоанна Павла II. Столь массовое признание католической веры было невыгодно тем, кто рассчитывал на партийную карьеру, но, оглядев собравшихся, они, вероятно подумали: «Э, да нас здесь много». По некоторым данным, именно осознание того, что «нас много», породило и профсоюз «Солидарность», и окончательное падение железного занавеса. Десять лет спустя восточные немцы начали голосовать ногами, перелезая через забор посольства ФРГ в Праге. Они чувствовали, что их невозможно остановить, и это действительно было невозможно. Толстой оказался совершенно прав.

Как же получилось, что столько людей, в том числе за рубежом, было введено в сильное и длительное заблуждение, которое помогло сохранить тоталитаризм, практически признав его «неизбежность»? Иллюзия оставалась жизнеспособной, пока люди были не в состоянии до конца решить уравнение политической власти и понять главное: любое управление в конечном счете основано на молчаливом согласии управляемых. При диктатуре, не обеспечивающей заметного улучшения жизненных условий — а порой и обеспечивающей, — это согласие оборачивается интернализованным угнетением: управляемые отчасти сами управляют собой в соответствии с диктатом режима. Хотя ситуация, описанная в «Мы», значительно лучше условий жизни в Петрограде в период написания книги, советские критики, например А. К. Воронский, сразу почуяли неладное. Как бы Д-503 ни превозносил общественную и социальную организацию утопии, даже убежденные коммунисты должны были чувствовать, что люди не станут легко принимать существование в мире униформ, общежитий и столовых, во всяком случае в течение неопределенно долгого времени. Чтобы нумера соглашались быть управляемыми, необходимо грозить им террором — для этого создается система слежки и строгих наказаний, в которой запрещены инакомыслие, не говоря уже о бунте. Тем не менее инакомыслие и бунт возможны всегда.

Интернализованное угнетение отнюдь не продукт современности или утопии. Мы могли бы спросить: почему наши предки были так преданы монархиям, да и другим, практически любым системам правления и вождям? Мало того что управляемые обманывают себя, веря в непогрешимость правителей — они нередко капитулируют перед угнетателями, полагая, что бороться с ними бесполезно. Такое наблюдается у животных, живущих стаями: охотно демонстрируя подчинение вожаку стаи, можно избежать внутривидового насилия, что способствует совокупной приспособленности группы, в том числе приспособленности послушных особей. Только в случае, если подчинение практически инстинктивно, налоги и правители неизбежны, как смерть: мы сами делаем их такими. Не протестуя против них и других форм государственного контроля над нашей жизнью, мы уподобляемся мертвецам.

Конечно, виноваты не только управляемые. Правительства научились манипулировать заблуждениями народа с помощью пропагандистской мифологии, вознаграждений и террора. Как правило, при этом они задействуют некоторые грани человеческой природы, заложенные в психике — например, пользуются символами, ранее связанными с религиозной практикой, попирая при этом другие основы нашего бытия. Но небольшие по составу органы власти, проводящие в жизнь расчеты *социальной инженерии*, имеют ту же структуру, пусть и в меньшем масштабе: большинство выполняет приказы немногих, часто в ущерб самому себе. Замятин, бывший марксист, а позже анархист, встревожился, когда уже при военном коммунизме, в 1918–1921 годах, увидел, что в новообразованном Советском государстве развиваются те же симптомы. В статье «Завтра» (1919) он писал: «...мы переживаем эпоху подавления личности во имя масс. <...> Умирает человек. Гордый *хомо еректус* становится на четвереньки, обрастает клыками и шерстью; в человеке — побеждает зверь» [Замятин 2003–2011, 3: 114–115]. В другой статье, «Я боюсь» (1921), он высказывал опасение, что из-за навязывания литературе государственного контроля «у русской литературы одно только будущее: ее прошлое» [Там же: 124]. И наконец он написал «Мы».

В «Мы» Замятин описывает те же самые механизмы в действии. Движимый, очевидно, авторской иронией, Д-503 поет дифирамбы «абсолютной, эстетической подчиненности, идеальной несвободе» в Едином Государстве, восхваляет нумера, марширующие по четыре в ряд, их «не омраченные безумием мыслей лица» [141,

142]. Интернализованное угнетение действует гораздо эффективнее, если население не осознает того, что само с собой делает, — особенно если делает это с удовольствием, как мы и видим в описанном зрелище. Приверженность Д-503 жесткому контролю вызывает не зависть к его строго регламентированному миру, а скорее ужас из-за того, что он не понимает, чего лишен.

Тем меньше удивления вызывает то, что Д-503 и его сограждане по утопии ведут себя так, будто они в некотором роде мертвы, — они не выглядят живыми, дышащими людьми. Одно из достижений Замятина в изображении Д-503 состоит в том, что, взяв на себя большой риск нарисовать такого двумерного персонажа, он постепенно возвращает главного героя к жизни. Возрождение начинается, когда Д-503 впервые осознает, что ему свойственны сновидения, иррациональные ассоциации и навязчивые состояния, то есть что у него есть подсознание. Вопрос о том, способны ли Единое Государство и законопослушные нумера, подобные Д-503, справляться со спонтанно возникающими психическими явлениями, вскоре становится главным предметом сюжетного интереса. Д-503 неоднократно высказывает желание мыслить рационально; любое проявление бессознательного выводит его из себя. Хотя он признает, что когда-то сны считались нормальным явлением, теперь он видит в них симптом серьезного психического заболевания. Герой так расстроен, что в конце концов обращается за медицинской помощью, пусть даже это грозит удалением фантазии, процедурой, которую ему насильственно навязывают в конце романа. Он все больше и больше думает о психологии, о том, что голова похожа на дом или ядро огненной планеты, о том, что там, внутри.

По мере того как Д-503 теряет и ослабляет контроль над собственным мыслительным процессом, его внутренний опыт начинает напоминать опыт читателя. Это не всегда приятно: Замятин заставляет главного героя испытывать все больше страданий и неудобств. Таким образом, книга затрагивает в нас и мазохистскую струну, а вскоре и вовсе становится для читателя альтернативной, воображаемой жизнью и овладевает его мыслями, поскольку реальный психологический процесс берет верх над утопическим и спекулятивным, и мы обнаруживаем, что у нас в руках превосходный психологический роман. Все эти события ведут к рождению неуправляемого сознания, совсем не подходящего для Единого Государства.

«Мы», конечно же, первая великая констатация подавления свободы мысли, которое вскоре после написания романа в 1920 году на десятилетия стало главной и отвратительной чертой тоталитарных режимов. Здесь предвосхищена та распространенная форма культа личности, при которой политический лидер буквально обожествляется — так в нашу эпоху возродилось божественное право королей, только теперь оно определялось не династически. Благодаря государственной политике у нумеров попросту не возникает вопроса, на самом ли деле их государство — «величайшая и разумнейшая во всей истории цивилизация» [292], математически совершенная, неприступная для любой оппозиции и несущая в себе неизбежное политическое будущее всей Вселенной. То, что на самом деле Единое Государство всеми этими достоинствами не обладает, подтверждается событиями романа, особенно восстанием Мефи в конце, но для многих истинно верующих нумеров это мало что меняет. Степень их заблуждения говорит о том, насколько мощно действуют процессы внутреннего угнетения и наделения харизмой, особенно когда одно сочетается с другим. Все их убеждения основаны на простом самообмане — это становится ясно сразу после взрыва Зеленой Стены, когда социальный порядок на глазах рассыпается, а бóльшая часть населения, можно сказать, «просыпается». Д-503 в шоке, когда повсюду видит повсеместное противозаконное поведение его сограждан, вплоть до открытого совокупления, — но мы-то должны были это предвидеть. Режим мог так долго властвовать над их сознанием всего лишь из-за серьезных, но вполне обычных ошибок в суждениях.

Единое Государство, как и диктатуры в реальной жизни, умело пользуется склонностью людей позволять другим думать за них. В процессе идеологической обработки Д-503 заучивает сонет о равенстве 2 × 2 = 4. Это очень точное метонимическое обозначение способа, которым Единое Государство высчитывает человеческое поведение: подавление самостоятельной мысли. В контексте «Записок из подполья» 2 × 2 = 4 для героя Достоевского означает «довершение» человека, остановку мышления и в конечном счете «начало смерти»:

> После дважды двух уж, разумеется, ничего не останется, не только делать, но даже и узнавать. Все, что тогда можно будет, это — заткнуть свои пять чувств и погрузиться в созерцание. Ну, а при сознании хоть и тот же результат выходит, то есть тоже будет нечего делать, но по крайней мере самого себя иногда можно посечь, а это все-таки подживляет [Достоевский 1973: 119].

Как уже отмечалось, утверждение Подпольного человека Достоевского, что «дважды два пять — премилая иногда вещица» [Там же: 118], частая характеристика жизни. Очевидно, что это небывалое равенство не кладет конец мыслям, а скорее стимулирует, оживляет их. Следует отметить, что далее Замятин соглашается с Достоевским, приравнивая концовку к смерти. В предпоследней записи Д-503 сравнивает точку, которую собирается поставить в конце своего дневника — того самого романа, который читает читатель, — с крестом, который «древние» обычно ставили «над ямами, куда они сваливали мертвых» [292].

В соответствии с рассуждениями З. Фрейда в работе «По ту сторону принципа удовольствия» (1920) такое «довершение» может приносить удовлетворение, достаточное, чтобы превзойти удовольствие, полученное ценой усилий и риска. «Целью всей жизни является смерть» — таков невеселый вывод Фрейда. Он также обнаружил, что сознание обладает «примитивной» потребностью в «восстановлении прежнего состояния»: ограничение, даже полное исчезновение индивидуальной мысли эффективно, безболезненно и безопасно (см. [Brooks 1985: 99, 102]). Все эти качества Замятин связывает с термодинамическим понятием энтропии, которое часто уподобляет своего рода интеллектуальной смерти. Общеизвестно, что иногда приятнее прекратить думать, по крайней мере осознанно, и отдать себя в чью-то власть. То же самое применимо и к смерти. М. Роуз отмечает: «В романной перспективе... жители утопии превратились в роботов. Стремление к совершенству — это стремление к смерти» [Rose 1981: 174]. В некотором смысле это относится и к читателям, которые слишком быстро принимают на веру пресловутое математическое совершенство режима. Жить в мире, подверженном ошибкам, может быть, и нелегко, но такова реальная жизнь.

Фрейд считал, что это стремление к финализации и ограничению мышления — врожденное свойство человеческой природы (см. [Brooks 1985: 99]). Д-503, похоже, с этим согласен: «...инстинкт несвободы издревле органически присущ человеку» [141–142]. Процесс принуждения начинается рано. Так же, как наше физическое существование, по словам многих философов, является терминальным состоянием, наша иллюзорная свобода воли подвергается все большим ограничениям по мере того, как мы берем на себя больше ответственности. Всевозможные догмы, включая 2 × 2 = 4, нам просто необходимы, если мы хотим достичь благосостояния, которого требует рождение и воспитание детей. «...Нам не пристало рассуждать, / Нам — исполнять и умирать»[1]. И это может начаться задолго до конца. Как отмечал и сам Замятин, «есть люди живые-мертвые и живые-живые» [Замятин 2003–2011, 3: 176] в зависимости от того, насколько свободно или ограниченно они мыслят.

Как ни странно, в этом губительном поведении нетрудно выявить некоторые преимущества для живых. Э. О. Уилсон напоминает нам, что в соответствии с эволюцией не только нашего организма, но и поведения наша «функция» состоит не в том, чтобы порождать в качестве потомства другие организмы, а чтобы воспроизводить в них наши гены [Wilson E. 1975: 3]. Смерть неизбежна для всех существ, но наша кончина, если она не преждевременна, способствует развитию наших генов в детях, которым, как показывают повторные кредиты на обучение в колледже и большинство завещаний, мы позволяем паразитировать на наших ресурсах. Успешно выполнив эту функцию, мы продолжим

---

1 Слегка измененные строки из стихотворения А. Теннисона «Атака легкой бригады» (1854): «Their's not to reason why, / Their's but to do and die». — *Примеч. пер.*

практически бессмертное существование наших генов, которые не умирают, пока воспроизводятся. В конце концов, копия гена — это тот же самый ген; бессмертие заключается в информации. Наши гены сохранялись, хотя и с мутациями, более двух миллиардов лет [Докинз 2017; Cooke 1996]. Так что жертвовать собой ради потомства имеет смысл, даже если нашим потомством оказываются книги: в этом случае они участвуют в передаче мемов. Смерть в конечном счете отвечает нашим генетическим интересам, — таким образом, нам не следует обращать внимания на временные неудобства, особенно те, что испытывает организм «по ту сторону принципа удовольствия». Вот почему мы отрабатываем разные способы самопожертвования, особенно в детских играх и искусстве. Как сообщает нам Брукс, заместительная смерть, которую мы косвенно переживаем в концовках художественных произведений, подготавливает нас к настоящей кончине. То и другое избавляет нас от необходимости о ней думать.

2. Психоанализ в «Мы»

Психоанализ упорно и подробно объясняет нам модели самообмана, которые, в сущности, подавляют собственные мысли, а также крайние степени мазохизма, переживаемые в литературе лишь косвенным образом. Психоаналитический подход часто требуется в случае повторяющихся паттернов как бы бездумного поведения, которые так часто описывает Д-503, если не для объяснения самих повторяющихся описаний. Д-503 — рассказчик с множеством синдромов, от которых ему удается избавиться лишь частично. К тому же перед нами преувеличенные, ничем не сдерживаемые эмоциональные реакции Д-503, равносильные истерии; они вступают в противоречие со стараниями Единого Государства уничтожить не только мысли, но и чувства. Д-503 склонен и к свободным ассоциациям — этот вид умственной деятельности лучше всего способен интерпретировать психоанализ. То же касается и пересказываемых им снов. Наконец, примечательно, что очень часто Д-503 может проследить проявления бессознательного вплоть до детских и юношеских переживаний. По словам С. А. Голубкова, едва ли не ключевая проблема романа — глубокое отчуждение; характерно, что у нумеров нет прошлого, нет своей биографии [Голубков 1993: 51, 52]. Мало того, что Д-503 странно одинок в десятимиллионном городе, самое худшее, что он отчужден от самого себя. Но, как мы видели, говоря о его детских переживаниях, он проходит процесс восстановления собственной личности, в котором восстанавливаются крупицы его прошлого и, следовательно, биографии — все это постепенно возвращает его к нормальной жизни.

Помимо архетипов К. Г. Юнга, присутствие которых в романе выявили К. Коллинз [Collins 1966b; Collins 1973] и Т. Ф. Роджерс [Rodgers 1992], психоанализ оказался единственным направлением психологии, которое когда-либо применялось к анализу «Мы». Как ни странно, Коллинз утверждал, что фрейдовские открытия в большей степени применимы к прозе Достоевского и Гоголя, нежели к произведениям Замятина. Так может быть лишь в случае, если психологическая теория применима лишь выборочно. Если в теориях Фрейда есть хоть какая-то правда, то она должна быть правдой для всех, включая Замятина[2]. В связи с этим мне вспоминается заявление Ч. Дарвина, что он отказался бы от всей теории естественного отбора, если бы ему показали хоть одну черту хоть одного животного, которая не поддавалась бы эволюционному анализу. Если бы Коллинз был прав относительно Замятина, мы вполне могли бы обойтись без Фрейда. Но беспокоиться не о чем: в романе множество свидетельств того, что психоанализ уместен, а некоторые другие замечания Коллинза помогают понять, почему он уместен.

---

[2] Одной из причин, по которой Коллинз счел фрейдистскую интерпретацию запретной для Замятина, могла быть самая настоящая автоцензура, которой писатель подвергал личные факты своей биографии. Так, Коллинз отмечает, что ни в одном из своих кратких биографических очерков он не упоминает жену. Подобное поведение можно наблюдать у В. В. Набокова, который прославился своими — симптоматичными? — нападками на Фрейда и психоанализ. В результате не было предпринято никаких попыток связать особенности его творчества с конкретными аспектами психики автора.

Коллинз отмечает, что многие персонажи описаны фрагментарно, и предполагает, что их следует рассматривать как проекции психики Д-503 [Collins 1966b; Collins 1973]. По словам Д-503, роковая женщина I-330, вся «оттуда, из дикой древней страны снов» [172], ни дать ни взять блоковская Незнакомка. Присущие I-330 крайности поведения, особенно сексуального, самого опасного, подразумевают, что она всего лишь плод воображения Д-503. Впервые она появляется в миг, когда Д-503 разражается смехом, — это напоминает нам высказывания Фрейда о том, что юмор часто дает выход бессознательному. С самого начала кажется, будто все, что говорит I-330, — это ответы на мысли Д-503, как будто она составляет часть его сознания; ее первые слова, обращенные к Д-503, — о том, что он ведет себя «как некий мифический бог в седьмой день творения. Мне кажется, вы уверены, что и меня сотворили вы, а не кто иной» [143].

Д-503 — автор своего дневника, а следовательно, его бог — в некотором смысле он действительно ее сотворил. Позже его удивляет, что «Она говорила как-то *из меня*, говорила *мои мысли*» [157]. Насколько может судить читатель, она и состоит из его мыслей. Этот вид мысленной телепатии встречается и в ряде других случаев. Например, в Древнем Доме: «Она как будто угадала — обернулась. “Ну, вот мои глаза. Ну?” (Это, конечно, молча.)» [157].

Во время другого свидания, когда она надевает желтое платье, Д-503 спрашивает себя, не слышен ли ей стук его сердца [174]. Позже она таинственным образом исчезает из той самой комнаты в Древнем Доме [187] примерно так же, как появилась в первый раз как будто она всего лишь порождение его фантазии.

И вправду, Д-503 с трудом проводит границу между собой и I-330. Временами ему хочется полностью слиться с ней. Перед одним из свиданий он обнимает ее ноги, кладет ей голову на колени:

> ...я — кристалл, и я *растворяюсь* в ней, в I. Я совершенно ясно чувствую, как тают, тают ограничивающие меня в пространстве шлифованные грани — я исчезаю, раство-

> ряюсь в ее коленях, в ней. Я становлюсь все меньше — и одновременно все шире, все больше, все необъятней. Потому что она — это не она, а вселенная. А вот на секунду я и это пронизанное радостью кресло возле кровати — мы одно [226].

Несмотря на его романтические слова о том, как двое сливаются в одно, он также опасается, что она может полностью завладеть им. Во время их первого официального свидания, фиксирует герой, он «увидел там отраженным себя. Но было неестественно и непохоже на меня... я определенно почувствовал страх, почувствовал себя пойманным, посаженным в эту дикую клетку» [157–158].

Примерно то же самое происходит после неудавшегося восстания в День Единогласия [236]. В конце романа, когда герои в философских терминах обсуждают счастье, трудность сохранить собственную идентичность рядом с I-330 достигает для Д-503 критической стадии: «Как тогда, давно — она говорила как-то за меня, мною — развертывала до конца мои мысли. Но было в этом что-то такое жуткое — я не мог — и с усилием вытащил из себя "нет"» [261]. Тем не менее его последующие слова: «Не могу без тебя, не надо без тебя» — достигают ее слуха, хотя он не уверен, сказал он это или только подумал, «но I слышала» [262]. Одно из побуждений, заставляющих его решиться на добровольную Операцию, состоит в том, чтобы, погибнув, убить и ее, — так он это объясняет, говоря, что всегда ненавидел ее [291]. И после встречи с Благодетелем в воображении Д-503 встает сцена казни I-330 посредством Машины [283]. Возможно, это тоже его фантазия. Если, будучи автором дневника, Д-503 выступает как бог текста, то, конечно, ее пытки и неминуемая казнь в конце — его рук дело.

I-330 не единственный персонаж, вторгающийся в сознание Д-503. На протяжении всего романа Д-503 чувствует, что за ним следит загадочный S-4711. Когда во второй записи он впервые видит «изогнутого» Хранителя, лицо S-4711 кажется Д-503 знакомым [144]. И эта встреча далеко не последняя: S-4711 то и дело появляется именно там, где оказывается Д-503 [176, 195, 201, 211, 219, 223–224, 233, 265]. Д-503 начинает уподоблять S-4711 собственной тени. Примерно то же он имеет в виду, называя S-4711 своим «Ангелом-Хранителем» [211], — классическая манера истолкования психических явлений, порожденных бессознательным. Д-503 надеется, что после Операции у него больше не будет тени [260], — и это снова намек на то, что S-4711 порожден его подсознанием. S-4711 как будто обладает способностью появляться из воздуха и растворяться в нем. Наконец, когда Д-503 делает свое признание S-4711, оказывается, что Хранитель способен предугадывать его мысли и говорить за него [291]. Д-503 настолько выбит из колеи, что опрометью выбегает из комнаты, так и не подвергнувшись Операции. Но это уже знакомое ощущение: ведь Д-503 незадолго до беседы с S-4711 обнаружил при личной встрече с Благодетелем, что аргументы последнего были его собственными мыслями — почти как если бы он столкнулся со своим супер-эго [282].

Наше подозрение, что другие персонажи являются проекциями психики Д-503, подтверждается и иными отрывками, где Д-503 чувствует, что его личность расщеплена. Когда I-330 вливает ему в рот ликер, происходит нечто вроде высвобождения либидо Д-503, о котором тот говорит в третьем лице. Он описывает свои ощущения под действием зеленого «яда»: «Было два меня. Один я — прежний, Д-503, нумер Д-503, а другой... Раньше он только чуть высовывал свои лохматые лапы из скорлупы, а теперь вылезал весь» [175]. Это ведет к тому, что Д-503 оказывается на грани насилия, пытается овладеть I-330 против ее воли. Следующая сцена начинается с того, что Д-503 смотрит на себя в зеркало:

> И первый раз в жизни — именно так: *первый* раз в жизни — вижу себя ясно, отчетливо, сознательно — с изумлением вижу себя, как кого-то «его». <...> ...я гляжу на себя — на *него*, и твердо знаю: *он* — с прочерченными по прямой бровями — посторонний, чужой мне, я встретился с ним первый раз в жизни. А я настоящий, я — не — он... [177].

Диссоциация Д-503 с аспектами собственной личности усиливается во время последующего разговора с R-13, чье буквенно-цифровое имя начинается с зеркального отражения местоимения «я».

Но индивидуальные проекции психики Д-503 — это далеко не все. Коллинз отмечает, что структура города, круг, наложенный на квадрат, представляет собой мандалу, а следовательно, отражение психики в целом [Collins 1966b]. Поскольку все, что мы знаем о Едином Государстве, черпается исключительно из повествования от первого лица, мы не в состоянии отличить реалии мира Д-503 от эманаций сознания героя. Д-503 то и дело дразнит читателя, намекая, что вся история может быть его выдумкой. И он сам, и его текст неизбежно состоят из мыслей Замятина и читателя. Фрейдистское аутоэротическое представление, согласно которому книги писателя метафорически выступают как его дети, пронизывает все. Если, как предполагает I-330, книги похожи на людей, то само собой разумеется, что они имеют общие психоаналитические структуры. «Мы» — нечто большее, чем программное обеспечение для ума, — это психика в действии; так нам и следует относиться к тексту. То, что мы бываем сбиты с толку, несет в себе важное эстетическое преимущество. Мы эмоционально втягиваемся в чтение, когда вместо обычной бумаги, покрытой строчками, начинаем видеть перед собой личность, способную вызвать эмоциональное участие. Такое отношение к художественному повествованию может показаться странным, но много ли есть людей, которых мы узнаем так же близко, как Д-503?

Несмотря на столь богатый материал для психоанализа, было предпринято всего две попытки исследовать «Мы» с применением теорий Фрейда. Э. Х. Барух, рассматривая любовь и власть в утопических произведениях, написанных мужчинами — в отличие от созданных женщинами, — отмечает, что в том, как Д-503 «расщепляет» свой «объект любви» на послушную О-90 и агрессивную I-330 (нечто вроде средневековой дихотомии *мадонна—блудница*), присутствуют признаки эдипова комплекса. Но, удивляется Барух, откуда мог взяться этот комплекс, если Д-503 воспитывался, как и все дети в Едином Государстве, промышленным методом? При таком воспитании он был лишен как преимуществ, так и фрейдистского воздействия традиционной семьи, и в первую очередь вскормившей его матери. Таким образом, Барух ставит вопрос о том, возможно ли понять психику людей, выросших в принципиально иных обстоятельствах [Baruch 1991: 209]. Конечно, существует множество экспериментальных данных, подтверждающих, что младенцы обладают и способностью, и побуждением реагировать на лица. То же самое, скорее всего, относится и к другим функциям, необходимым для установления прочных семейных уз, и не составляет особого труда увидеть адаптивное значение этой подготовленности, благодаря которой наша психика, когда мы входим в этот мир, уже не является *tabula rasa*. Это говорит о том, что, едва родившись, мы обладаем достаточным представлением о чужой психике, чтобы успешно начать строить социальные отношения, особенно учитывая, насколько мы от них зависимы. С другой стороны, нам трудно представить себе альтернативные структуры психики, которые выглядели бы правдоподобными, — если говорить обобщенно и беспристрастно, это свидетельствует о силе воздействия теорий Фрейда как на писателя, так и на читателя. Вот почему в начале романа подавляющий собственную личность Д-503 кажется нам таким чуждым, а позже, когда начинает проявляться его бессознательное, таким знакомым. Мы не только находимся под влиянием собственного детского опыта — мы с готовностью проецируем его на других, в том числе на героев книг, которые читаем. Как предполагает Д. Ранкур-Лаферьер, художественная литература может интересовать нас лишь в том случае, если мы интересны сами себе [Rancour-Laferriere 1994].

Независимо от того, было ли у Д-503 нечто вроде традиционных родителей (что кажется весьма маловероятным), он испытывает в них явную потребность. Если у человека их нет, он немедленно начинает искать замещающие их фигуры — одноклассники Д-503 находят такую фигуру в своем неодушевленном учителе. Одно из воспоминаний Д-503 связано с его школьным наставником, роботом Пляпой, на которого ученики направляют всевозможные знаки привязанности. И I-330, и Д-503 обращаются со старухой в Древнем Доме так, будто она их мать. Д-503 отказывается от материнской опеки, предложенной ему Ю. Этот импульс к поиску родителей согласуется с этологическим наблюдением, согласно которому детеныши «высших» биологических видов, особенно нашего, рождаются «подготовленными» к отношениям *родитель—дитя*. Для потомства видов, нуждающихся в родительской заботе, жизненно важна способность распознавать родителей и побуждать их к заботе, выражающейся в основном в кормлении. Те, кому это не удается, быстро чахнут. Следовательно, их недостаточная генетическая подготовленность не отражается на следующем поколении. Потомки, которым удастся преуспеть, внесут значительный вклад в будущий генофонд, и в результате этой «положительной обратной связи» следующие поколения родятся должным образом подготовленными. Правда, этот механизм несовершенен, его можно обмануть. Если описывать природу как живое существо, можно сказать, что она не стремится к совершенству, довольствуясь механизмами, которые почти всегда (или, точнее, достаточно часто) предоставляют селективное преимущество. Известно, что дикие гусята рождаются с «установкой» следовать за первым крупным движущимся объектом, который они видят после того, как вылупятся из яйца. Это целесообразно, так как в естественных условиях это обычно мать, но в зоопарке им может оказаться и служитель — очень забавное зрелище. Естественный отбор не предвидел такой путаницы. Конечно, ни служитель зоопарка, ни робот Пляпа не могут долго оставаться удовлетворительными родительскими фигурами.

Тот же ход мысли применим и к Благодетелю. Барух предполагает, что «семейная» политика режима направлена на то, чтобы все линии родства сходились на лидере, находящемся на вершине пирамиды. Именно это происходит при многих диктатурах, когда тиран провозглашается истинным отцом народа и подданные относятся к нему практически с родственной привязанностью [Baruch 1991]. Процесс заходит еще дальше в «1984», где, по выражению Барух, Старший Брат оборачивается Великой Матерью.

Примечательно, что Д-503 говорит о «материнской груди» Единого Государства [269], что отражает аналогичную подмену. При таком гнусном режиме бунт — необходимая стадия развития, подобная взрослению и выходу из-под родительской власти в реальной жизни. Поэтому нас не должны удивлять эдиповские проявления в романе, посвященном в конечном итоге бунту против власти. Очевидно, что такова подоплека встречи Д-503 с Благодетелем, в результате которой наш герой тут же задумывается о своей матери и жалеет, что у него ее нет. В конце концов, эдипов комплекс предполагает соперничество с отцом за мать. И если мы находим эту сцену правдоподобной и даже трогательной, это эффектно и для нас, по крайней мере для читателей-мужчин.

Примечательно, что для Д-503 его возлюбленная I-330 тесно ассоциируется с матерью. Несколько раз он кладет голову ей на колени, как будто воплощая фантазию о возвращении в чрево матери. Как уже говорилось выше, он воображает, что становится все меньше и меньше и наконец исчезает в ней, по сути проигрывая фазы своего натального опыта в обратном порядке. Он говорит о ней как о Вселенной, вызывающей океаническое чувство расширения [226], которое, как считается, является первой фазой пробуждения сознания младенца — фазой слияния с окружающей средой. Глядя в ее глаза, он видит себя «крошечным, миллиметровым» [227]. Переживая экстаз, он в то же время испытывает боль и ужас, так как приравнивает свою любовь к ней, а следовательно, растворение в ней, к смерти: «Потому-то я и боюсь I» [229]. «Очевидно, что она неявно включает в себя смерть, — признает он и тут же добавляет: — Я все-таки хочу ее губами, руками, грудью, каждым миллиметром...» [229].

М. У. Петроченков весьма подробно рассмотрела наличие у I-330 признаков кастрирующей матери [Petrochenkov 1998]. Острые зубы I-330 и другие заостренные черты, которые в деталях рассматривает Петроченков, вызывают страх перед кастрацией, участью, которую мужчины считают хуже смерти, — уподобление, согласующееся с эволюционной психологией. Эти образы усиливают впечатление, что, преступая авторитет отцовской фигуры и увиваясь за I-330, настоящей роковой женщиной,

Д-503 играет с огнем. С I-330 связано нечто большее, чем ирония. Ее внезапное появление привносит в текст «нарративное влечение» (narrative desire), создавая «сугубо эротическое» напряжение, которое будет снято только желанием Д-503 умереть, — желанием, составляющим другой полюс этой динамической структуры, главного, как полагает П. Брукс, двигателя большинства сюжетов [Brooks 1985: 103].

Способность страха кастрации притягивать к себе внимание наглядно продемонстрировала шумиха, поднятая в прессе в 1993 году, когда некий Джон Уэйн Боббит был кастрирован женой, доведенной до отчаяния его скотским поведением. Хотя произвести кастрацию не так уж трудно, встречается она редко. Этот случай вызвал поистине всеобщий и стойкий, то есть истерический интерес, отодвинув в тень другие, гораздо более тяжкие преступления. Газеты интересовались исключительно тем, сможет ли Боббит восстановить сексуальную функцию, когда его мужское достоинство пришьют на место. В это же время происходили убийства, но жертвам повезло меньше: о них пресса не вспоминала. Наше внимание зачастую распределяется непропорционально, и это может быть обусловлено эволюционными факторами. По-видимому, естественный отбор сформировал наши реакции так, что они согласуются не с логикой, а с репродуктивными интересами — с точки зрения эволюции, непременным условием игры под названием «жизнь». Если жертва не восстановит утраченную репродуктивную функцию, она генетически мертва, возможно, эквивалентна «мертвым-живым» Замятина. А те, кого убили, просто мертвы.

3. Догма как смерть

В том, что наше восприятие и понимание несколько искажено, есть свои преимущества. Так, лжецу удается лгать убедительнее, если он не задумывается над тем, о чем лжет; самообман придает лжи больше фальшивой искренности, неважно, лжет человек другим или особенно самому себе. В этом и состоит фрейдистское понятие бессознательного [Rancour-Laferriere 1981b]. Однако, чтобы выбросить из головы мысли о чем-то одном, вероятно, необходимо думать о чем-то другом. Иллюзия способствует заблуждению, а человек — это вид, особенно склонный навязывать иллюзии себе и другим. Вся критическая школа деконструкции направлена на то, чтобы предоставить убедительные доказательства нашей мощной и, вероятно, врожденной склонности к конструированию именно иллюзий, разоблачить которые может только объективный наблюдатель, а не обычный талант. Отсюда возникает и весьма важный эстетический побочный продукт. Если бы впадать в заблуждение было не так легко и приятно, художественные вымыслы приносили бы нам мало пользы.

Мы настолько легковерны, что, по сути, назначение любой науки — уберегать людей от лжи. (Полагая, подобно Панглоссу, что все к лучшему в этом лучшем из миров, мы должны требовать того же от литературоведения.) Но это гораздо легче сказать, чем сделать, поскольку сохранять объективность — на удивление неблагодарное занятие, тогда как иллюзии приносят колоссальное эмоциональное вознаграждение. И сулят журавля прямо в руки. Так что мы должны сдерживать себя, чтобы не впадать в экстаз от потенциального открытия, не делать поспешных выводов, не вчитывать в текст собственные соображения и не принимать часть за целое, а желаемое — за действительное. Никакие процедуры рецензирования и экспертной оценки не мешают нам порой говорить глупейшие вещи. И тем легче диктовать другим, о чем и как они должны думать.

Иллюзии возникают с наибольшей вероятностью, когда человек не знает, как ему думать. Мы в самом деле хотим это знать. Д-503, как и все Единое Государство, не переносит самого понятия бесконечности — понятия, которое явно противоречит кажущейся целостности нашего мировоззрения. Он не скрывает, что боится бесконечности, и сообщает о намерениях общества проинтегрировать ее или обнести стеной — нам такая реакция кажется исключительно глупой или истеричной. Однако в неведении, если бы его можно было себе вернуть, Д-503, вероятно, обрел бы временное счастье.

Вместо того чтобы оставить уголок карты пустым, мы рисуем там пухлощеких херувимов, чтобы лучше скрыть от самих себя собственное неведение. В отличие от Подпольного человека, Великий Инквизитор Достоевского утверждает, что люди в большинстве своем противятся свободе и предпочли бы, чтобы познание для них было *довершено* («кончено крепко» [Достоевский 1976: 229]) именно таким образом. Далее он демонстрирует, как организованная религия удовлетворила эту потребность с помощью имеющегося запаса жестких догм — в этом и состоит эмоциональная притягательность религиозных верований, истинная человеческая универсалия. По оценке антрополога Э. Ф. К. Уоллеса, за последние 60 000 лет человечество породило около 100 000 религий (см. [Уилсон 2015: 245]), так что вполне естественно, что по меньшей мере некоторые из них основывались отнюдь не на фактической точности проповедуемых ими воззрений.

Ни одно общество в истории не могло долго обходиться без веры, из чего Уилсон делает вывод, что людям свойственна мощная, по сути биологическая, потребность в вере. Адаптивное значение нашего легковерия очевидно: оно способствует распространению религий, которые, в свою очередь, способствуют сплочению группы, а следовательно, ее выживанию. Можно было бы сравнить жизнеспособность религиозных и атеистических обществ, если бы мы располагали для сравнения достаточно долговечными нерелигиозными группами. Печальная история Французской революции и социалистического блока свидетельствует о социально пагубных последствиях скептицизма.

Иллюзии тем более влиятельны, когда они навязаны в форме религии. Как отмечает Э. С. Рабкин, Единое Государство соответствует перевернутому изображению Нового Иерусалима в Откровении [Rabkin 1986]. Р. Грегг и Ж. Хетени находят в романе и его персонажах многочисленные библейские параллели [Gregg 1988; Хетени 1987]. Подобно новой светской религии марксизма, идеология Единого Государства претендует на всеохватность, совершенную гармонию и прежде всего определенность. Светский бог — та же таблица умножения, которая «не ошибается»

[182]. Кроме того, эта религия совсем рядом — «здесь, внизу, с нами» [183].

Производство подобных осязаемых чудес, как утверждает Великий инквизитор, вынуждает верить; именно на них простые люди хотели бы обменять свою свободу и именно их отказывается творить настоящий Иисус, во всяком случае, по мнению Достоевского. Замятин также призывает своих еретиков вырваться из порочных кругов догмы, размышлять самостоятельно и непредсказуемо. Точно так же, по мнению обоих писателей, то, что верующие придерживаются навязанного образа мыслей, не делает им чести — это, напротив, равносильно смерти.

4. Встреча со смертью

Естественная смерть в романе отсутствует. Единое Государство как будто изъяло ее, как и рождение, из бытия большинства нумеров; Д-503 ни разу о ней не упоминает. Тем не менее она должна существовать, потому что персонажи стареют: мы встречаем морщинистую старуху в Древнем Доме, пожилую Ю. В последние десятилетия многие ученые, в частности Р. Карсон, сделали те же выводы относительно современных западных обществ: мы изгнали смерть из своей повседневной жизни. В результате у нас искаженное представление о смертности человека. Для предыдущих поколений непосредственное лицезрение смерти родственника было частью нормального жизненного опыта. Традиционные религии неустанно напоминают нам: «Покайтесь сегодня, ибо завтра мы умрем», призывая наилучшим образом использовать ограниченное время, которым мы располагаем. В обществах охотников-собирателей смерть обычно включена в проживаемую жизнь, которая, в свою очередь, рассматривается некоторыми группами как перерыв в более обширном опыте существования в иных мирах [Konner 1982: 350–351]. Вера в духов и призраков — еще одна человеческая универсалия — выполняет примерно ту же функцию, позволяя предположить, что у нас есть психологическая потребность в смерти.

Словно в противовес регламентированной стерильности режима, роман, как ни странно, изобилует описаниями смерти, преимущественно насильственной. По ходу сюжета люди гибнут в результате аварий на производстве, гражданских беспорядков и публичных казней. Более того, персонажи много говорят о смерти. В текст постоянно вторгаются болезненно мрачные образы. Таково приведенное Д-503 невеселое сравнение голосования в День Единогласия с последним вздохом человека перед смертью [234]. Учитывая опасность, которую представляет для его личности «эдиповский» роман с I-330, интересно, что Д-503 то и дело сравнивает любовь и — на средневековый манер — секс со смертью [229]. Д-503 напоминает читателю, что обе стороны скоро умрут. В начале 32-й записи он спрашивает:

> Верите ли вы в то, что *вы умрете*? «Да, человек — смертен, я — человек: следовательно...» Нет, не то: я знаю, что вы это знаете. А я спрашиваю: случалось ли вам *поверить* в это, поверить окончательно, поверить не умом, а *телом*, почувствовать, что однажды пальцы, которые держат вот эту самую страницу, — будут желтые, ледяные...
> Нет: конечно, не верите — и оттого до сих пор не прыгнули с десятого этажа на мостовую, оттого до сих пор едите, перевертываете страницу, бреетесь, улыбаетесь, пишете... [263].

На тот момент это наблюдение справедливо и для самого Д-503. Он не один так думает, ибо I-330 также говорит о неизбежности смерти [256] — хотя, опять же, если Д-503 — бог текста, то это его собственные слова.

Д-503 постоянно возвращается к этой идее, как будто сам готовится подчиниться воле к смерти. После того как I-330 искушает его, он завершает десятую запись словами: «Я гибну» [176]. В своем желании смерти Д-503 заходит все дальше. В День Единогласия он выражает готовность быть казненным: «Пусть потом конец — пусть!» [232]. Позже он представляет себе, как происходит эта казнь в «грозной Машине Благодетеля» [257]. Он наблюдает, как безропотно идет на казнь осужденный [170]. После встречи с Благодетелем герой (в весьма уместном для этого возрасте, ему 32 года) пытается представить себе, каково это — быть пригвожденным к кресту — странная фантазия, вызванная, скорее всего, разглагольствованиями Благодетеля о Голгофе [281–282, 283]. При этом Д-503 неоднократно репетирует свою смерть. Это происходит при каждом его незаконном свидании с I-330, при оплодотворении О-90 — ведь это преступление, караемое смертной казнью, — при возвращении в зеркальный шкаф, где он «умер» [201]. Взяв наконец свою судьбу в собственные руки, он признается S-4711, что всегда хотел погибнуть [291]. В конце концов ему это удается, но только до определенной степени — по этому поводу еще многое можно сказать.

На протяжении всего романа Д-503 вовлекает читателя в непрерывное перетягивание каната, то и дело выражая желание вернуться к жизни, полностью подчиненной диктату Единого Государства. В этом он видит некую форму смерти, которую в конечном итоге и попытается принять, подвергнувшись Операции. В начале предпоследней записи Д-503 объявляет: «...все решено — и завтра утром я *сделаю это*. Было это то же самое, что убить себя, — но, может быть, тогда только я воскресну. Потому что ведь только убитое и может воскреснуть» [289]. Отправляясь на Операцию, он уже не рассчитывает вернуться в свою комнату. В отличие от читателя, который, скорее всего, ощущает естественное желание свободы действий как для себя, так и для персонажей, Д-503 говорит о радостях подчинения воли. Он буквально отстаивает свое право быть казненным за безрассудное, если не самоубийственное зачатие с О-90 незаконного ребенка — поступок, который он уподобляет прыжку с башни. Не раз он пишет о том, как приятно умирать [185, 212, 214]. Этим Д-503 напоминает Джона Дикаря из романа Хаксли: тот тоже настаивает на праве страдать и в конце концов вешается. Очевидно, что Д-503 хочет сбросить с плеч бремя свободы, «сразу все кончить, сразу все искупить», включая его связи с Мефи, — проще говоря, «надо было сделать все скорее» [195, 290]. Д-503 превозносит гильотину как решение проблем — это избавило бы его от собственной психики, которая все больше раскрепощается [216]. Дважды герой преждевременно прощается со своим дневником, собираясь отправиться навстречу ожидаемой кончине [268, 289]. В последнем случае, добравшись до Бюро Хранителей, он «хватал их за рукава... молил их — как больной молит дать ему скорее чего-нибудь такого, что секундной острейшей мукой сразу перерубило бы все» [290].

В такие минуты самоубийство кажется лучшим решением. Примерно об том и говорит Д-503 в конце тридцать первой записи, пусть хотя бы для того, чтобы избавиться от растущего смятения. Он воображает, как его заставляют с завязанными глазами идти по краю пропасти:

> ...один только шаг — и от вас останется только сплющенный, исковерканный кусок мяса. Разве это не то же самое?
> ...А что если не дожидаясь — самому вниз головой? Не будет ли это единственным и правильным, сразу распутывающим все? [256].

То, что самоубийство так завораживает читателей, служит очередным свидетельством нашей инстинктивной воли к смерти. Если подумать, любой из нас мог бы покончить с собой, и попытки делаются чаще, чем мы готовы признать. Примечательно, что в притче «Три Отпущенника», отдаленно напоминающей историю Иова, законопослушные персонажи предпочитают утопиться, чем жить без работы, которой в рамках жестокого эксперимента лишило их Единое Государство [269–270]. Самоубийство — один из видов далеко не случайной смерти, при которой мы целиком и полностью становимся хозяевами своей судьбы. Сочетание контрастных качеств — подчинения и власти — усиливают его притягательность.

Несколько раз Д-503 близок к тому, чтобы совершить реальное самоубийство или равносильный ему поступок. Во-первых, он постоянно чувствует искушение покончить с собой, подчинившись властям или совершив незаконный акт оплодотворения. Он рассматривает и более серьезную возможность: крушение «Интеграла» [272]. После того как попытка государственного переворота сорвана, он приказывает отключить двигатели, позволяя ракетному кораблю упасть, и говорит: «Конец всего» [275].

Позже в тот же день он жалеет, что не «разбил себя и всех вдребезги» [269]. Если бы Д-503 исполнил свой план убийства Ю, его бы наверняка казнили. К тому же он неоднократно говорит о своем намерении подвергнуться Операции — шаг, который он приравнивает к самоубийству.

Однако Д-503 так и не решается на добровольную экстирпацию фантазии. В Бюро Хранителей, узнав, что его Ангел-Хранитель — двойной агент, он приходит в такое волнение, что сбегает с Операции. Но ненадолго. В последней записи кратко сообщается, что толпа захватила его и силой привела на Операцию. Поскольку его пришлось привязать к столу, можно предположить, что он все-таки оказал некоторое сопротивление [293].

5. Текст как догма

Одна из проблем при чтении таких романов, как «Мы», состоит в том, что силы заблуждения легко берут верх над объективностью. Мы не сопротивляемся иллюзии романного повествования и с удовольствием погружаемся в нее, казалось бы не прилагая никаких усилий, в то время как объективное чтение, которое требуется от ученого, — задача трудная, сопряженная с дисциплиной и упорством. Не следует забывать, что искусство коренится в ритуальном поведении, при котором передаваемые эмоции влияют на образ мысли. Хотя современные формы искусства всячески стараются стимулировать мысль, они все же ограничивают ее и направляют к более или менее общим целям. Древние художественные тексты были неотделимы от религиозной догмы. Сегодня тексты могут действовать как временные религии. Нам следует серьезнее относиться к распространенному представлению об авторе как о боге собственной текстовой вселенной: в его силах сделать так, чтобы внутритекстовая метафизика была верной не только для персонажей, но и казалась таковой читателю. Всего лишь демонстрируя, как мыслят его персонажи, он порой может воздействовать и на наш образ мысли.

Возможно, в «Мы» Замятин ошибся в расчетах и перестарался, так как заблуждения относительно природы и достижений Единого Государства существуют на двух уровнях: персонажа и читателя, — а не только на первом. Одна из общих стратегий романа состоит в том, что Д-503 навязывает читателю иллюзию эффективности режима, то и дело давая понять, что верит в нее сам. Несомненно, жалкие попытки Д-503 отстаивать свою индивидуальность призваны подтолкнуть нас к более активным умственным усилиям. Роман представляет собой сатиру на свое время и важнейшую попытку Замятина внести посильный вклад в политический процесс, воздействуя лично на каждого читателя. Беда в том, что многие проницательные читатели не заметили иронии автора и сами в процессе чтения поддались искушению принять, а не отвергнуть некоторые из этих же иллюзий. Многочисленные когнитивные ошибки так и остались непререкаемой догмой для читателей и исследователей, а в случае научных публикаций также для рецензентов и редакторов. Как слишком часто случается в литературе, происходит нечто большее, чем приостановка недоверия, — как мы увидим, это ведет к тому, что некоторые читатели выказывают нечто вроде скрытой воли к смерти. Их неверные толкования подчинены важной закономерности — как раз той, что согласуется с нашей гипотезой о воле к смерти. Суть в том, что развязка романа кажется им более беспросветной, чем на самом деле.

Прежде всего, Д-503 практически полностью уверен, что Единое Государство — высшая форма бытия, а следовательно, не оставляет места революциям, дальнейшему социальному развитию. Главный его аргумент якобы математическое совершенство режима, о котором он так часто упоминает. Как мы уже отмечали, большинство исследователей, рассматривавших этот вопрос, с ним согласны. В качестве характерного примера напомним: никто не заметил, что практически все математические выкладки в тексте крайне неточны. Видимо, Замятин слишком мудрено расставил свою ловушку. Кроме того, Д-503 считает Единое Государство несокрушимым: оно не только будет стоять вечно, но и неминуемо завоюет другие обитаемые миры. В результате его окончательное торжество признается неизбежным, а следовательно, нет смысла ему сопротивляться, оставаться «живыми-живыми». Оба соображения не что иное, как иллюзии. Огрехи Единого Государства видны повсюду: нумера просто закрывают глаза на все, что указывает на несовершенство социальной структуры, не говоря уже о том, чем могут грозить проявления анархизма. Так же поступают многие читатели.

Фантазия считается редкой болезнью, однако некие причины вынуждают Единое Государство запланировать и осуществить хирургическое удаление фантазии у всех граждан, несмотря на очевидные минусы этого мероприятия. Хотя у властей уже есть резоны ожидать сопротивления, они рекламируют Операцию в газете и попросту приказывают всем ей подвергнуться. В первый раз услышав об экстирпации фантазии, Д-503 думает, что это его спасет, — и в самом деле, судя по безжизненному стилю последней записи, Операция спасает его от бремени настоящих мыслей.

Среди исследователей романа нет согласия как по поводу участи Д-503, так и в том, действительно ли он совершает психологическое самоубийство своим активным стремлением к Операции. Большинство ученых сходится на том, что Д-503 идет на удаление фантазии добровольно[3]. Р. Л. Джексон даже утверждает, что это позволяет ему «преодолеть духовный кризис» [Jackson 1958: 155], а Р. К. Элиот, вероятно иронически, отмечает, что «в лоботомии он обрел для себя истинный рай» [Eliot 1970: 95]. П. А. Маккарти сам себе противоречит, вначале утверждая, что герой «сам подчинился игу Разума, согласившись на лоботомию», а затем — что «его заставили» [McCarthy 1984: 125, 126]. Трудно согласиться со столь пессимистичными толкованиями: на мой взгляд, они преувеличивают слабость не только характера Д-503 в частности, но и человеческой природы в целом. Правда, Д-503

---

[3] См. [Barker 1977: 552; Doyle 1984: 11; Dyck 1981: 336; Eliot 1970: 95; Freeborn 1982: 124; Garson 1969: 21; Gregg 1988: 67; Gurewich 1988: 28; Jackson 1958: 155; Kern 1979: 24, 36; Maguire, Malmstad 1992: 186; Richards 1962: 56; Ulph 1988: 82; Warrick 1975: 67, 68, 76; White 1966: 75; Оруэлл 2021: 7].

действительно отправляется в Бюро Хранителей с намерением добровольно подвергнуться Операции. Однако намерение — это еще не вся психика Д-503, поэтому намерение не может служить ее полноценным отражением. По ходу романа Д-503 часто меняет свое решение, и вполне вероятно, что он сделает это снова. Мы должны внимательно следить за дальнейшими событиями. В Бюро Д-503 встречает S-4711 и решает признаться в своих крамольных мыслях и поступках. Узнав, что S-4711 на самом деле один из Мефи, Д-503 приходит в смятение. Он бежит из Бюро и спасается в общественной уборной. Там у него завязывается разговор с соседом, во время которого и происходит его внезапный поворот к самостоятельному мышлению. Хотя Замятин не говорит, какие самостоятельные действия мог бы предпринять Д-503 после этой беседы, заданный героем вопрос дает основания предположить, что он способен передумать идти на Операцию добровольно. Примечательно, что предпоследняя запись прерывается топотом людей, спешащих к нему сверху по лестнице. В последней записи он прямо говорит, что его «взяли», отвели в аудиториум, привязали к столу и подвергли Операции [292–293][4].

Еще одно яблоко раздора — судьба восстания Мефи. По мнению многих исследователей, Единое Государство подавляет его, как и предсказывает Д-503 в своих заключительных словах: «Потому что разум должен победить» [294][5]. Однако в таком случае следует признать, что к словам Д-503 стоит прислушивать-

---

4 Такое прочтение разделяют [Barratt 1985: 668; Beauchamp 1973: 292; Beauchamp 1977: 93; La Bossiere 1973: 42; Maslen 1987: 153; Rosenshield 1979: 59; Shane 1968: 145; Walker 1987: 125].

5 Конечно, требуются некоторые пояснения, чтобы поставить эту решающую фразу в нужный контекст, однако заключительная строчка романа просто цитируется как самодостаточная в [Beauchamp 1973: 293; Beauchamp 1977: 93; Dyck 1981: 337; Jackson 1958: 155; Richards 1962: 56; Кузнецов 1963: 135]. Ла Боссьер завершает ею свою статью [La Bossiere 1973: 42]. С другой стороны, Г. Керн пишет, что после «промывания мозгов» словам Д-503 доверять нельзя [Kern 1979: 2438]. Э. Ярвуд называет последние слова Д-503 «слабой попыткой утвердить рациональность и опровергнуть иррациональность» [Yarwood 1970: 148].

ся, а это весьма сомнительно после Операции[6]. Характерно, что он только предрекает победу Единого Государства. Он сообщает, что в городе по-прежнему хаос и рев, что силы Единого Государства воздвигли временную стену, по всей вероятности, *в центре* города. Следует помнить, что защитники режима сражаются в черте города за баррикадой, построенной на 40-м проспекте (их как минимум 59). Очевидно, что битва продолжается, и в конце романа ее исход не решен[7]. Более того, если новый, безжизненный стиль прозы Д-503 и его сниженная восприимчивость что-то говорят о боеспособности других граждан, подвергшихся лоботомии, то Единое Государство явно в беде.

Проблема неверной, чрезмерно пессимистичной научной интерпретации усугубляется, когда речь идет о судьбе I-330. На последней странице романа Д-503 наблюдает, как ее пытают. Поскольку она сопротивляется допросу, ее душат снова и снова. Каждый раз ее приводят в чувство, так что она определенно жива, когда Д-503 заявляет: «Завтра они все взойдут по ступеням Машины Благодетеля» [294]. Хотя в романе это «завтра» так и не

---

[6] См. [Bayley 1972: 20; Beauchamp 1975: 173; Beauchamp 1983a: 91; Beauchamp 1983b: 62; Berneri 1950: 316; Collins 1966b: 127, 131; Collins 1973: 65; Gregg 1988: 67; Gurewich 1988: 28; La Bossiere 1973: 42; Macey 1986: 32; Mikesell, Suggs 1982: 91, 96; Morson 1981: 132, 142; Parrinder 1973: 23; Pitcher 1981: 253; Rabkin 1981: 22; Richards 1961: 221; Richards 1962: 56; Russell 1973: 45; Shane 1968: 145; Sicher 1984: 386; Slonim 1977: 89; Suvin 1971: 148; Swingewood 1975: 159; Ulph 1988: 90; Walsh 1962: 101; Weber 1959: 443; Woodcock 1956, 88–89; Кузнецов 1963]. П. Дойл пишет: «Революции, еретики и мир за пределами Стены будут всегда, поэтому энтропия Единого Государства не может победить», однако, по его мнению, восстание «обречено» [Doyle 1984: 12, 14].

[7] См. [Brown 1963: 37; Brown 1988: 224; Connors 1975: 120, 121; Freeborn 1982: 124; Hillegas 1967: 107; Jackson 1958: 156; Kern 1979: 24, 38; Maslen 1987: 153; Rose 1981: 175; Rosenshield 1979: 59]. Г. Розеншилд также подробно затрагивает проблемы, связанные с определением судьбы революции. Некоторые исследователи указывают, что Единое Государство проиграло или проиграет, учитывая его слабость. См. [Csicsery-Ronay 1988: 239; Ruhle 1958: 40; Лахузен и др. 1994] и особенно [Swanson 1976: 205], где защитники Единого Государства названы «антропоидами из города-государства, монополитана, которые теперь беспомощны перед силами жизни, обрушившимися на них из-за Зеленой Стены».

наступает, некоторые исследователи полагают, что Д-503 наблюдает за ее казнью[8]. Конечно, в рамках текста это не самый главный вопрос: ясно, что перспективы у I-330 и ее сокамерников самые мрачные. Но в романе, в котором столько поворотов сюжета и судеб, в котором так резко нарушаются всевозможные типовые ожидания, можем ли мы действительно быть совершенно уверены, что казнь состоится? А что, если тюремщиком окажется S-4711? К этому моменту читателю рекомендуется занять выжидательную позицию.

То, что исследователи, в том числе некоторые весьма видные ученые, чаще всего неверно толкуют именно эти три темы, не случайно, поскольку каждая из них подталкивает роман с его проблематикой к ясному и пессимистическому, если не мазохистскому финалу. Из этого можно заключить, что мы предпочитаем категоричные выводы и однозначные развязки. Возможно ли, что эти ученые, как и многие другие читатели, толкуют роман именно так, чтобы преувеличить неизбежность гибели Д-503 и, образно говоря, пережить собственный конец? П. Брукс утверждает: «Влечение, заложенное в тексте, — это в конечном счете влечение к концу, к узнаванию, которое и оказывается моментом смерти читателя в тексте» [Brooks 1985: 108].

Как в музыкальном произведении, в традиционном повествовании, после того как разрешается конфликт, говорить больше ничего не нужно — вся книга уже позади. Иногда это достигается фактической смертью главного героя — так завершаются «Анна Каренина» (хотя Толстой продолжил роман, написав еще и восьмую книгу), «Защита Лужина» Набокова, «Серебряный голубь» А. Белого. «Доктор Живаго» на некоторое время задерживается в эпилоге после похорон Живаго, а затем еще на несколько десятилетий в памяти его любящих друзей. «О дивный новый мир» завершается самоубийством Джона Дикаря, а в кон-

---

[8] См. [Beauchamp 1973: 293; Beauchamp 1977: 93; Beauchamp 1983b: 62; Dyck 1981: 336; Gurewich 1988: 28; Jackson 1958: 156; Kern 1988: 126; La Bossiere 1973: 42; Richards 1962: 57; Rose 1981: 168, 174; Sicher 1984: 387; Warrick 1975: 76; Woodcock 1956: 88–89; Кузнецов 1963: 136].

це «1984» Уинстон Смит ожидает пули в затылок, размышляя о том, как он любит Старшего Брата. Собственно, смерть часто дает персонажу своего рода ретроспективное определение; конечно, это несправедливо, но, если герой — жертва убийства, казненный узник или самоубийца, запоминается он в первую очередь своей гибелью.

Учитывая, что как автор Д-503 наделен привилегией писать все, что ему заблагорассудится, он воплощает собственное стремление побывать по ту сторону принципа удовольствия: несколько раз «прорепетировав» свою смерть в предыдущих записях, в последней он изображается «мертвым-живым».

Д-503 близок к тому, чтобы дать читателю то, чего тот, по словам П. Брукса, на самом деле хочет. Следуя фрейдовской универсальной сюжетной схеме, согласно которой любой роман организован по принципам человеческой жизни, «то, что движет текстом, постоянно повторяясь, — это воля к смерти, стремление к концу» [Там же: 102]. Необходимый и долгожданный заключительный аккорд, столь мощная сила в музыке, здесь равносилен смерти текста, а вместе с ним и смерти читателя — как читателя данного текста.

Но роман Замятина — это, помимо прочего, полемика с традиционными способами повествования и, следовательно, повествовательными концовками. Как говорил Йоги Берра, игра в бейсбол «не кончена, пока она не кончится». Роман «Мы» не кончился, хотя он и закончен.

2 × 2 = 5... Замятин явно не хотел, чтобы на последней странице читатель расслабился и успокоился, — напротив, он побуждает нас думать дальше. Как мог бы сказать Подпольный человек о своем несовершенном равенстве, «2 × 2 = 5» — это не начало конца, а просто начало. Этим мы вовсе не собираемся ограничивать или «финализировать» мысль читателя. Лучший способ закончить эту главу — сказать, что наше прочтение «Мы» еще «не кончилось».

Глава 7
Lex Sexualis

1. Любовный интерес

Один из способов обнаружить человеческую природу — оскорбить ее. В этом отчасти состоит основная тактика антиутопической фантастики. Как мы отмечали в предыдущих главах, стоит писателю изобразить общество, действия которого далеко выходят за рамки обычного человеческого поведения, как большинство героев, а с ними и читатель, почувствуют угрозу дегуманизации. Наша реакция будет скорее эмоциональной, даже висцеральной, чем просто сознательной. Этот прием особенно действенен, когда речь идет о сексуальном поведении — теме, которая подробно и зачастую зловеще-экзотически трактуется почти во всех антиутопиях, а также в некоторых «позитивных» утопиях.

«Любовный интерес» в нашем искусстве практически универсален, и это неудивительно. Особое внимание, которое мы уделяем сексу, убедительно подтверждает наше ожидание, что формы поведения, приближенные к критической точке репродукции, в которой гены передаются от одного поколения к другому, будут оказывать большее эволюционное воздействие. Как выразился Э. О. Смит, «дарвинизм рассматривает дифференцированное размножение [учитывая, что особи не одинаково успешны в размножении. — *Б. К.*] как стержень эволюции» [Smith 1997: 70]. Репродуктивное поведение также будет сильнее удерживать наше внимание, которое здесь становится почти навязчивым. В нашем отношении к сексу проявляется феномен избирательной актуализации сознания на предметах, которые потенциально подвластны контролю (*negotiability*), и мы, конечно, хотим что-то с этим сделать, пусть и не все время.

Поэтому, когда общество начинает вмешиваться в наши интимные дела, мы тут же настораживаемся. Мы, скорее всего, выдадим сильную и, можно сказать, врожденную эмоциональную реакцию, прочитав в «1984», что режим Океании основал «антиполовой союз», допускающий половые сношения исключительно с целью производства детей. Бывшая жена Уинстона Смита называет секс «нашим партийным долгом» [Оруэлл 1989: 60]. Член Внутренней партии ангсоца О'Брайен далее заявляет, что режим надеется отменить оргазм. Эта цель практически достигнута во фригидной Республике Галаад, изображенной в «Рассказе служанки» М. Этвуд: «служанки» предоставляются элите только в репродуктивных целях, а вовсе не для удовольствия, не говоря уже о браке. В фильме «THX 1138» сексуальная активность полностью запрещена, а в повести А. Рэнд «Гимн» — сведена исключительно к контролируемому воспроизводству. Аналогичная тенденция к сексуальному консерватизму присутствует в «Утопии» Мора, где супружеская измена карается смертью. Наша модель включает также отклонения в противоположную сторону. У хранителей в «Государстве» Платона должны быть общие жены. В «Дивном новом мире» беспорядочные сексуальные связи — обязательный стандарт поведения для всех «альф» и «бет». Секс полностью утрачивает эмоциональную значимость. Бернард Маркс наживает себе неприятности из-за того, что уделяет слишком много внимания одной женщине. Дети появляются из пробирки, практикуется клонирование и искусственная задержка развития плода. В то же время в «Семени желания» Э. Бёрджесса (1962) правительство пытается остановить перенаселение, мотивируя бездетность граждан: здесь всячески пропагандируются гомосексуальные отношения, вплоть до проведения ночных семинаров по гомосексуализму и распространения лозунга «Быть гомо — Sapiens». В романе С. Дилэни «Тритон» (1976) провозглашается неограниченная сексуальная свобода для всех полов, которых на космической станции «Фетида» насчитывается «сорок или пятьдесят»

[Booker 1994: 117]. В невероятно смешной комедии Вуди Аллена «Спящий» (1973) фигурирует устройство «оргазмотрон», позволяющее достичь чувственного удовлетворения без сексуальных партнеров. С другой стороны, в фильме Л. К. Джонса «Парень и его пес» (1975) мужчины низведены лишь до роли поставщиков спермы; более того, она извлекается с помощью машины, напоминающей доильный аппарат. В некоторых антиутопических и утопических режимах практикуется узаконенное изнасилование, открытое, как в романе Ж. Перека «W, или Воспоминание детства» (1975) с его сезонами охоты на женщин, или скрытое — в случаях, когда режим запрещает человеку отказываться от чьих бы то ни было сексуальных домогательств, как, например, в книге Р. Сильверберга «Вертикальный мир» (1971) [Там же: 213, 242]. Можно привести еще много примеров необычных репродуктивных практик в литературе такого рода. Без сомнения, ни одно жизнеспособное общество никогда не поощряло такого поведения, по крайней мере в широких масштабах и в течение долгого времени. Секс вызывает у нас такой непосредственный и сильный эмоциональный отклик, что мы не можем оставаться равнодушными практически к любому его изображению; поэтому традиционно нормальное сексуальное поведение в утопии часто представлено как совершенно ненормальное.

По сравнению с приведенными примерами сексуальное поведение, насаждаемое Единым Государством, консервативно. Как и другие принципы утопии, они в целом соответствуют рациональным представлениям об этике. Половая жизнь поставлена под бюрократический контроль. Официально это сделано для того, чтобы устранить ревность и вызванное ею насилие, которые якобы часто влечет за собой секс. Д-503 утверждает, что у них больше нет «поводов для зависти» [153], и создается впечатление, будто секс доступен всем нумерам. Обычно целью крайних проявлений социальной справедливости служит стремление обеспечить максимальную степень благополучия, одинаковую для всех граждан. Но все равно одного существования Lex Sexualis более чем достаточно, чтобы вызвать отвращение к данному обществу, — это помогает нам понять, в чем, собственно, состоит наша человечность. Тип репродуктивного поведения, избранный Единым Государством, во многом противоречит естественному. Прежде всего, ради соблюдения репродуктивных стандартов многим просто не позволяют стать родителями, фактически перекрывая им главный путь к совокупной приспособленности. А мир, где мы лишены *генетического* благополучия, едва ли можно считать утопией.

2. Чем опасны гены

Эволюционная психология никоим образом не требует, чтобы ее принципы соблюдались сознательно. Нужно только, чтобы они действовали, какой бы ни была непосредственная мотивация. Эта новая парадигма основана, как мы помним, на наблюдении за поведением животных и даже насекомых, а также миллионов тех людей, которые никогда не слышали о Дарвине, но ведут себя «как если бы» они пытались соответствовать далекоидущим положениям его теории. При этом вероятно (даже вполне возможно), что такой человек опишет причину своих действий почти так же, как убежденный эволюционист. При нашем этологическом подходе к литературе мы то и дело наблюдаем неожиданные моменты, когда персонажи, так сказать, сталкиваются с истинными мотивами тех или иных решений. Неудивительно, что это так часто связано с сексом, размножением и воспитанием детей: ведь эти древние модели поведения особенно важны для передачи генетического наследия, которая стоит в центре эволюционной психологии. Следовательно, и наши герои, по всей вероятности, станут выразителями этого принципа. Несомненную роль играет то, что унаследовать приобретенные в результате эволюции признаки можно только в случае успешного размножения предков. Проще говоря, прародители, которые не могли размножаться, не имели потомства, и поэтому мы не унаследовали их склонностей, по крайней мере напрямую. Это, конечно, создает контур положительной обратной связи, благоприятствующий консерватизму в вопросах репродукции.

Примерно в середине «Мы» Д-503 интуитивно постигает внутренние механизмы эволюционной психологии. Ему внезапно открываются истинные причины, по которым практически любое утопическое общество пытается изменить естественные модели сексуального поведения вплоть до крайних мер, рискующих встретить серьезное сопротивление. Это происходит, когда Д-503 спускается по лестнице, чтобы предъявить розовый талон, дающий ему право на сексуальную близость с I-330. Увлеченный видениями расцветающей плодовитости, он спрашивает: «И не думаете ли вы, что сперматозоид — страшнейший из микробов?» [226]. По сути, Д-503 открыл глубокую истину, выходящую далеко за рамки секса: она подводит нас к важной мысли, касающейся генетического воздействия в целом. Наблюдение Д-503 намного глубже, чем его или Замятина непосредственные намерения — или то, что они могли знать, учитывая современное автору состояние биологической науки. Речь явным образом идет о том, что человеческие гаметы передают генетическую информацию, лежащую в основе не только индивидуальной физиологии, но и поведения человека. Эти истинные семена человеческой природы представляют собой неизбежную угрозу режиму, основанному на стандартизации и социальном контроле. По сходным причинам Советский Союз впоследствии решительно сопротивлялся дарвинистским теориям генетического наследия, которые на определенном уровне признают различия между людьми и дифференцируют их способности, причем считают эти различия постоянными, не зависящими от обычно предпринимаемых социальных мер. Популярная мысль о происхождении, то есть генах, лежала в основе классовой системы, которую революция намеревалась отменить. Советские власти поощряли неоламаркистские взгляды, которые представлял в своем учении Т. Д. Лысенко, — по-видимому, это давало властям гораздо больше возможностей лепить из своих граждан то, что они считали нужным. Как будто претворяя в жизнь советские замыслы, Единое Государство и многие другие утопические режимы самонадеянно проводят политику контроля над репродуктивным процессом: именно власти должны определять, чьи гаметы следует одобрить, взрастить, а потом подвергнуть обработке, чтобы получились стандартизированные, послушные граждане. Однако, пытаясь подчинить популяционную генетику собственным планам, эти режимы сталкиваются с мощными, стихийными силами сексуального самоопределения, лежащими в основе естественного отбора, — именно этот конфликт обычно оказывается для читателя самой интересной частью сюжета.

Но мог ли Замятин знать, что главная опасность человеческих гамет для Единого Государства коренится не в их генетическом потенциале и не в сопротивлении действию теории хаоса? Эволюционная психология демонстрирует, что гены, передаваемые половыми клетками, заставляют их носителей передавать этот потенциал способом, разрушительным для утопического режима, стремящегося постричь под одну гребенку всех своих граждан. Это может выражаться в сексуальном соперничестве, в предъявлении исключительного права на партнера и детей, а также в других тактиках, ориентированных на семью; все они служат общей репродуктивной стратегии, состоящей в максимизации генетического богатства собственного генотипа, иногда за счет других. Иными словами, мы отдаем предпочтение собственным детям, так как они несут *нашу* генетическую информацию в будущее. Поэтому неудивительно, что, как полагал З. Фрейд, «сексуальные импульсы не благоприятствуют формированию групп» (см. [Beauchamp 1975: 171])[1]. А. Свинджвуд отмечает, что все тоталитарные общества пытаются искоренить эротизм, и это отражено во многих, хотя и не во всех утопических произведениях [Swingewood 1975: 160]. Многие стремятся свести на нет и другие аспекты репродуктивного процесса. Мы уже отметили общее противостояние между тоталитарным режимом, требующим в первую очередь преданности властям, и семьей с ее инстинктивной преданностью тому, что дарвинисты понимают как генетическое продолжение личности. Секс служит осью этого

[1] Бошамп также сопоставляет антиномию секса и социального контроля в Едином Государстве с замечаниями Фрейда о том, что эгоизм секса подрывает «стадный инстинкт, групповое чувство» цивилизации [Beauchamp 1973: 292].

противостояния, и тем больше оснований у строя, практикующего социальную инженерию, от него избавиться.

Неизменный интерес человека к репродуктивным стратегиям влияет и на художественное выражение этих проблем. Контроль над сексом, а зачастую и порождаемый им «инстинктивный» отпор, — неотъемлемая часть и утопической мысли, и антиутопической фантастики, притом что о других насущных вопросах социальной инженерии нередко говорится практически скороговоркой. И все потому, что эта проблема для нас жизненно важна. Мы еще можем мириться с другими формами социальных экспериментов, но именно здесь, скорее всего, наше терпение лопнет, и нам захочется об этом узнать — свидетельство тому бульварная пресса. Как наглядно демонстрирует роман Замятина, мы обычно не терпим внешнего вмешательства в естественные способы выбора партнера, создания пар и размножения; все мы хотим играть активную роль в определении своей эволюционной судьбы. В результате наше представление о себе, как правило, коррелирует с нашей сексуальностью — это эмоциональная «цитадель» чувства личной свободы, и мы быстро замечаем, что в делах репродукции «трое — это толпа». Эти ощущения присущи каждому человеку и естественным образом сопутствуют появлению у Д-503 полноценной души.

Безусловно, некоторые аспекты политики Единого Государства напоминают рациональные планы, предлагавшиеся реальными социальными реформаторами и мыслителями-утопистами, хотя эта политика явно не входит в нормальный набор типичных для нашего вида поведенческих альтернатив[2]. Описанная Замятиным политика Единого Государства в сфере секса может быть истолкована как сатира на сексуальные реформы, к которым призывали некоторые советские феминистки, например А. М. Коллонтай. В середине 1920-х годов на страницах газет публично разъяснялась необходимость вмешательства государства в половую

---

[2] Ч. Ламсден и Э. О. Уилсон утверждают, что, хотя в разных человеческих обществах существует большое количество форм альтернативного поведения, общий диапазон этих форм ограничен [Lumsden, Wilson 1983]. Это, конечно, относится и к сексу.

жизнь — исключительно в интересах революции [Голубков 1993: 29]. Т. Р. Н. Эдвардс предполагает, что треугольник Д-503, R-13 и О-90, возможно, пародирует аналогичный *menage a trois* в «Что делать?» Чернышевского [Edwards 1982: 64–65]. Замятинская картина контролируемого размножения, особенно исключительного права на детей, присвоенного Единым Государством, могла быть ответом на различные послереволюционные проекты, призванные покончить с традиционной семьей. Надо сказать, что советские программы воспитания детей, которые когда-то так тревожили иностранцев, теперь копируются во многих развитых обществах: все это должно способствовать освобождению женщин, чтобы они могли продолжать карьеру. Что касается евгеники, то здесь Замятин, скорее, имел в виду некоторых ее британских сторонников, начиная с двоюродного брата Дарвина, сэра Фрэнсиса Гальтона. Исследователи также обнаружили, что у описания Замятиным репродуктивной политики Единого Государства имеется широкий круг культурно-литературных предшественников и источников, в том числе утопий. Среди них ликурговская Спарта, произведения Платона, Т. Кампанеллы, Т. Мора, маркиза де Сада, Ф. Рабле, С. де Бержерака, Ф. М. Достоевского, А. А. Богданова, Ф. У. Тейлора, Э. М. Форстера, Джерома К. Джерома и особенно Г. Уэллса[3]. Из различных аспектов человеческой природы, затронутых в романе, любовь и секс рассматриваются наиболее подробно. Освещение Замятиным сексуальных проблем не было проигнорировано в литературе, посвященной «Мы»: исследователям, как и читателям, как правило, интересна любовная интрига в повествовании. Неоднократно отмечалось, что именно половой вопрос превратил Д-503 в инакомыслящего[4]. Присутствие в романе темы секса делает его го-

---

3 См. подробнее в [Woodcock 1956: 89; Collins 1973: 47–51; Rabkin 1986; Richards 1962; Lewis, Weber 1975; Rhodes 1976: 36–37; Beauchamp 1977: 91; Stenbock-Fermor 1973: 187–188; Lopez-Morillas 1972: 57].

4 См. [Beauchamp 1983b: 67; Browning 1968: 19; Browning 1970: 25; Collins 1973: 47–51; Edwards 1982: 63–68; Layton 1973: 281–282; Mikesell, Suggs 1982: 93–95; Richards 1962: 59; Warrick 1975: 75; Woodcock 1956: 90–93].

раздо более актуальным: представьте, как снизился бы интерес к повествованию, не будь в нем любовной интриги между Д-503 и I-330. Это задевает струну, которая вызывает у читателя бурную реакцию протеста против утопии, дающую понять, что игра ведется не по правилам.

Вопрос об источниках литературного или культурного влияния не так важен, как механизм этого влияния — наша общая одержимость репродуктивными стратегиями. Замятин, очевидно, сам размышлял о сексуальности и репродукции человека, интересовался теориями других мыслителей. Тема секса занимает видное место и в других произведениях писателя. Читатели также имеют склонность думать о сексе. И чтобы оценить роман, им совсем не обязательно отмечать в нем интертекстуальные связи. Весьма показательно, что Замятин не пытался написать ученый трактат, чтоб опровергнуть утопические проекты рациональной реформы сексуального и репродуктивного поведения. Вместо этого он привел чрезвычайно действенный аргумент в пользу человеческой природы, написав роман. Иными словами, полемика Замятина против утопии апеллирует не только к рациональному мышлению читателя, но и к его генетически обусловленным эмоциям, то есть к разным видам воображения. Более того, можно сказать, что мы читаем романы, чтобы чувствовать себя более человечными. И, учитывая многогранность затронутых в романе проблем, связанных с биологической природой человека, выбранное Замятиным средство воздействия особенно эффективно.

Д-503 то и дело интригует нас, объясняя, насколько жизнь в его обществе превосходит ту, которой живет его потенциальный читатель. Выступая как представитель Единого Государства, он изображает правительственный Lex Sexualis как необходимое противоядие от свойственных нам форм сексуального, репродуктивного и эволюционного поведения; он нагнетает враждебность, то высмеивая поведение читателя, то выказывая к нему отвращение [148]. Примерно то же делает Хаксли в «О дивный новый мир», где слово «мать» считается оскорбительным, а упоминание естественных родов вызывает тошноту. Замятин представляет политику Единого Государства так, чтобы наши чувства оказались оскорблены; вызвав сильные эмоции, он перетягивает читательские симпатии на сторону врожденной человеческой природы, тем самым заставляя признать и оценить ее. Так или иначе, он заставляет нас осознать, что человека нельзя вылепить в соответствии с каким-либо социальным планом. Как только мы это понимаем, можно считать, что его битва против марксистского инвайронментализма-бихевиоризма, или так называемого социального конструирования, наполовину выиграна.

Замятин далее вызывает эту реакцию с помощью диалектики психологического развития. Он заставляет Д-503 постепенно распознавать врожденные аспекты собственной психики, особенно либидо. Однако читательская радость от того, что Д-503 становится похожим на нас, омрачается тем, что он продвигается вперед медленно и непоследовательно. Он не производит впечатления настоящего героя-любовника, учитывая его двойственное отношение к сексу и тому, что мы сочли бы типичным поведением. Конечно, самое вопиющее — это финал, когда после насильственного удаления фантазии Д-503 утрачивает существенные компоненты своей человеческой природы, что фактически равносильно кастрации. Если, как утверждает Г. С. Морсон, этот последний поворот говорит о том, что «нам конец» [Morson 1981: 142], необходимо понять, из чего складывается это «мы» и как оно влияет на читателя в процессе чтения романа.

3. Цивилизация как выхолащивание: секс

В первую очередь Единое Государство стремится лишить своих граждан естественного эмоционального удовлетворения от секса и любви. Цель здесь в том, чтобы подавить эмоции, которые часто приводят к образованию обособленных семейных единиц и, таким образом, несут в себе разрушительную «естественную» преданность, противоречащую преданности «большой семье» — государству. К. Коллинз отмечает:

> Утопии, как правило, ограничивали или регулировали сексуальное самовыражение, видя в нем: (1) проявление эгоизма в ущерб духу коллективизма; (2) отвлекающий фактор, без которого человек мог бы отдавать больше времени и сил более благородным делам; или (3) причину размножения всех особей без разбора, в том числе умственно и физически неполноценных [Collins 1973: 47].

Именно эмоции, сопутствующие стремлению к сексу и половой активности, таят в себе самую непосредственную угрозу. Уинстон Смит в «1984» приходит к выводу, что «удачный половой акт — уже восстание», и его незаконная связь с Джулией — «бунтовщицей... ниже пояса» [Оруэлл 1989: 61, 112] — это, по сути, сексуальный мятеж. Утопическое общество могло бы и мириться с сексом, если бы не клубок эмоций, которым он обычно сопровождается, — именно поэтому в романе Хаксли так настаивают на безличных, беспорядочных половых связях: секс здесь поистине опиум для народа. В «Рассказе служанки» женщин поставляют практически как товар, и общество Галаада бдительно следит, чтобы никто не получал удовольствия, обоснованно опасаясь, что это приведет к дестабилизирующим привязанностям. В оруэлловской Океании семьи допускаются, но детей побуждают доносить на родителей. Также и в «Мы» Д-503 наблюдает, как другие нумера сдают властям друзей и любимых, пусть даже у них нет семей [164]. Хотя Единое Государство еще не готово отказаться от секса ни как от средства размножения, ни как от формы физиологической разрядки, оно, вероятно, сделает это, как только ему удастся получить полный контроль над всеми поступками граждан. Оно намеревается довести до совершенства систему Тэйлора, ликвидировав не поддающиеся полной регламентации Личные Часы, в которые совершается запланированный половой акт. А пока Единое Государство регулирует лишенную страсти сексуальную жизнь с помощью Lex Sexualis, согласно которому на каждый половой акт требуется официальное разрешение.

Политика тотального контроля проводится жесткими принудительными методами, включая смертную казнь, нелепую пропаганду и социальную обусловленность — явно эффективную, судя по тому, как бездумно Д-503 повторяет ее принципы [153]. Государство одевает всех в бесполую униформу, скрывающую анатомические различия между полами, которые играют такую важную роль в человеческой сексуальности и которые обычная мода, как правило, старается подчеркнуть. Естественный эффект от подчеркнутой сексуальности в одежде становится ясен Д-503, лишь когда он видит I-330 в желтом полупрозрачном платье: по его словам, «это было в тысячу раз злее, чем если бы она была без всего» [173]. Кроме того, головы всех граждан Единого Государства должны быть выбриты или коротко острижены. Единственные исключения из этого бесполого стиля — сохранение грамматического рода в речи Д-503 и буквенно-цифровые имена, где мужчины обозначаются согласными и нечетными числами, а женщины — гласными и четными числами; так же обозначены и жилые помещения, разделенные по половому признаку [286].

Конечно, никакие потуги режима полностью стереть половые различия и установить равенство не в состоянии преодолеть общечеловеческие склонности. Персонажи не путают половую принадлежность, этот важнейший аспект идентичности [Rancour-Laferriere 1985: 135]. Руководящие должности, по-видимому, занимают мужчины, и профессии мужчин обычно указаны. Женщины, напротив, чаще описываются с точки зрения физической привлекательности. Примечательно, что Ю, единственная женщина с именем и названной профессией, работает с детьми.

Что гораздо серьезнее, Lex Sexualis не удовлетворяет эмоциональные потребности персонажей. Это проявляется в настойчивых попытках О-90 предъявить эмоциональные притязания на Д-503 и в том, как легко наш рассказчик зацикливается на стремлении к единоличному сексуальному обладанию I-330. Он действует как живая иллюстрация к откровенному замечанию М. Уилсон и М. Дейли: «Мужчины придерживаются собственнического взгляда на сексуальность и репродуктивную способность женщин» [Wilson, Daly 1992: 289]. По сути, этот закон — слабое место Единого Государства, чем и пытаются воспользоваться Мефи, выбрав I-330 в качестве сексуальной приманки для Д-503, создателя «Интеграла». Даже ожидая ареста, I-330 пытается заняться с Д-503 сексом, надеясь выпытать у него, как прошла его встреча с Благодетелем. Невозможно также избавиться от аффилиативных функций секса. О-90 говорит о Д-503, как собственница. Бесполые одеяния и бритые головы не мешают людям предпочитать тех или иных представителей противоположного пола; зависть и ревность никуда не делись, как и любовь, только теперь этим чувствам труднее дать выход. Степень сексуального подавления во всем обществе проявляется вскоре после того, как Мефи пробивают брешь в Зеленой Стене: Д-503 видит, как нумера «бесстыдно совокуплялись — даже не спустивши штор, без всяких талонов, среди бела дня...» [286].

План Океании по искоренению секса фактически представляет собой выхолащивание; Lex Sexualis во многом направлен на то же самое. И это, как ни странно, происходит вопреки провозглашенной законом теоретически абсолютной сексуальной свободе: «...всякий из нумеров имеет право — как на сексуальный продукт — на любой нумер» [153]. Дегуманизирующая цель закона состоит в сведении полового акта «к гармонической, приятно-полезной функции организма, так же как сон, физический труд, прием пищи, дефекация и прочее» [153]. Если в прошлом каждый мог предаваться сексуальной жизни «когда и сколько хотел», теперь секс должен быть урегулирован [148]. Отчасти по примеру «Города Солнца» Кампанеллы Единое Государство разрабатывает для каждого нумера Табель сексуальных дней, якобы на основе клинически выявленного содержания половых гормонов в крови, но расписание явно не устраивает граждан. По графику Д-503 должен встречаться с О-90 через день. Но, как мы видим, ей этого недостаточно, и она запрашивает разрешение на внеплановые встречи с нашим рассказчиком. Он также не расходует на нее все свое чувственное влечение, раз у него остается столько сексуальной энергии для I-330. Тайная цель Lex Sexualis — свести секс к нулю — становится явной, когда начинается открытая революция, и первой реакцией многих нумеров оказывается нарушение именно Lex Sexualis.

В реальной жизни секс невозможно приравнять к «стакану воды», то есть к простой физической потребности, как предлагала Коллонтай, — скорее, он служит главным средством самовыражения и самосознания. Более того, эволюционисты утверждают, что основное назначение столь высокой сексуальной активности человека — наладить эмоциональную связь между партнерами, побуждающую отца взять на себя длительную заботу, в которой так нуждается человеческое потомство. Этим можно объяснить весь наш ажиотаж вокруг любви, нашу способность спариваться «в неподходящие дни», когда зачатие невозможно, а также женский оргазм[5]. Даже Единому Государству трудно предотвратить эмоциональные последствия секса, то есть привязанность. Д-503 называет свой уютный любовный треугольник с R-13 и О-90 «семьей» [167]. Правда, о сексуальной ревности нет и речи; в одном случае Д-503 даже оставляет двух других наедине, чтобы они могли должным образом использовать свой розовый талон [167]. Двое мужчин делят одну женщину — это проявление полиандрии заметно контрастирует с почти универсальной практикой умеренных форм полигинии. Еще более странно, что Д-503 и R-13 выбирали О-90 вместе. Их общее решение также предполагает, что в Едином Государстве все еще преобладает ассортативное скрещивание [165]. Излишне говорить, что по любым человеческим меркам немногое из этого представляется нормальным. Сексуальная свобода, провозглашенная Lex Sexualis, существует исключительно в теории. Кроме того, закон противоречив. Все половые связи требуют официального одобрения; это подразумевает, что они должны быть стабильными и регулярными, с ограниченным числом долгосрочных партнеров. Можно было ожидать закономерное сближение нумеров и последующие эмоциональные осложнения.

Одна из самых возмутительных статей Lex Sexualis состоит в том, что гражданин не может противиться сексуальным притязаниям другого, если последний получил необходимые разрешения. Это равноценно узаконенному изнасилованию как мужчинами женщин, так и женщинами — мужчин. Д-503 приходит в смятение, узнав, что I-330 добыла документ, согласно

---

5 См. подробнее [Rancour-Laferriere 1985: 104–107].

которому он записан на нее как «сексуальный продукт»; хотя он возмущен вольным поведением этой роковой женщины, он знает, что никак не сможет ее остановить [171][6]. Примечательно, что все три героини в романе сексуально агрессивны и открыто соперничают за его благосклонность, попирая все традиционные условности по поводу мужской инициативы[7]. I-330 записывает Д-503 на себя и посылает ему розовые талоны как прикрытие для своей подпольной деятельности; к тому же она устраивает незаконные свидания в Древнем Доме и заставляет Д-503 подчиняться ей. О-90 подкрепляет свое право на его личность, выражая ему свою привязанность и настаивая на незапланированных половых сношениях. К счастью для Д-503, Ю так и не выполняет своего намерения получить на него сексуальное право. Ю значительно старше тридцатидвухлетнего Д-503. Он упоминает ее «сучковатую руку», «косточки ее пальцев», отмечает, что она говорит, «вздрагивая свисающими, как древние украшения, щеками» [207, 220, 260]. Она представляется ему как человек, «уже долгие годы изучавший жизнь», и надеется, что герой увенчает ее «вечерние годы» [207, 221]. Половая связь между ними противоречила бы общечеловеческой модели, согласно которой мужчины старше своих партнерш, по всей вероятности в силу их разных репродуктивных возможностей. Как правило, женщин отбирают по физической способности рожать здоровых детей, и это отражается в стандартах физической красоты во всем мире. Мужчины же приобретают ценность за счет накопленных ресурсов, репутации и/или предполагаемой «перспективности», так что возраст и достигнутый успех лишь повышают их привлекательность. Ю физически противна Д-503; когда она раздевается перед ним, он

---

6 Подробнее об этой важнейшей и провокативной стороне личности I-330 как роковой женщины см. [Ulph 1988].

7 С. С. Хойсингтон отмечает, что «Замятин меняет местами традиционные сексуальные роли. В “Мы” именно самка, I-330, выступает как стимулирующая, оплодотворяющая сила, опылитель: ее сравнивают с пчелой, ее запах — с пыльцой. Самец, Д-503, играет пассивную роль; он сравнивается с расцветающим цветком, с созревающим плодом» [Hoisington 1995: 83]. В некотором смысле I-330 оплодотворяет его зеленым ликером.

видит ее «желтое, висячее тело» [279]. Неудивительно, что он предпочитает молодую и здоровую I-330. Между тем все три женщины испытывают к нему сексуальное влечение. Может быть, из-за того, что он главный строитель «Интеграла»?

Примечательно, что Д-503 начинает испытывать сильные эмоции только тогда, когда переворачивает эти неестественные паттерны и начинает проявлять сексуальные притязания способами, более типичными для мужчин. Красочные рассказы Д-503 о занятиях любовью с I-330 не позволяют усомниться, что его половые акты с О-90 были всего лишь физиологической разрядкой: на них хватало пятнадцати минут [151] — поэтому он не испытывает к О-90 собственнических чувств. Только после первого, неудачного свидания с I-330 ему начинают сниться сны, полные зловещих сексуальных образов. И конечно же, именно с I-330 он испытывает настоящую сексуальную страсть и чувство территориальности (см. [Rancour-Laferriere 1985: 275–286]). Он пользуется своим правом выбора между доступными партнершами и решается взять на себя инициативу с I-330, хотя она вряд ли из тех, кто ему подчинится. Несмотря на то что к нему и так уже проявляют благосклонность две женщины, он предпочитает соперничать с другими мужчинами за I-330. И конечно, ударив R-13 по голове и отняв у давнего друга I-330, он испытывает чувство некоторой атавистической свободы [235]. Более того, сексуальную агрессивность и территориальность он приписывает своему «лохматому я», воплощению его первозданной природы [175, 223, 234].

Сексуальная страсть Д-503 к I-330, предполагаемый источник его инакомыслия, неотделима от его стремления получить на нее единоличное сексуальное право: «Я хочу одну: I. Я хочу, чтобы она каждую минуту, всякую минуту, всегда была со мной — только со мной» [231]. Такая форма сексуального обладания во многом напоминает моногамный брак — обычное следствие эмоциональной привязанности, достигнутой через половые сношения. Д-503 говорит, что он и I-330 — «одно» [185]. Эволюционная психология объясняет традиционную моногамию, отмечая, что, если мужчина отклоняет возможность репродуктивных отношений с другими женщинами, чтобы вложить все ресурсы в детей своей партнерши, ему, как правило, требуется некоторая уверенность в том, что это и его дети. Отсюда и пресловутые «двойные стандарты», и чувство ревности, которое испытывает Д-503, когда не без оснований подозревает, что I-330 дарит сексуальную благосклонность и другим мужчинам. Это также следует эволюционистским предположениям, что мужчин больше, чем женщин, беспокоит неверность партнерши из-за риска оплодотворения чужим семенем. В отличие от женщины, мужчина редко может быть уверен в происхождении своего потомства. Вытекающая из этого психологическая склонность защищать свою уверенность в отцовстве может проявляться в «чувстве сексуальной ревности, упорной склонности мужчин обладать женщинами и контролировать их, а также в насилии или угрозе насилия для достижения сексуальной исключительности и контроля» [Daly et al. 1982: 11]. Сегодня, при нашем достаточно разнородном населении, неуверенность в отцовстве, возможно, не представляет такой проблемы, но мы по-прежнему одержимы отцовством — это пережиток более ранних обществ, генетически гораздо более однородных, где различать детей от разных мужчин могло быть гораздо труднее. Еще одна проблема, возникшая на той же ранней стадии развития человечества, связана с совместным употреблением пищи. Мужчины и женщины добывали разные продовольственные ресурсы, и, пока первые во время охоты преследовали дичь, вторые надолго оставались вне поля их зрения. Таким образом, склонность к доверию и ревности распределилась между полами совершенно асимметрично. О-90 и Ю ревнуют Д-503 к I-330, которая, в отличие от них, не испытывает этого чувства; однако ревность самого Д-503 гораздо более непримирима и даже чревата насилием.

Вследствие того что ревность часто приводит к насилию, Единое Государство пытается подавить ее, обещая доступ к любому желанному партнеру; возможно, устранению ревности служит и стандартизация физической внешности, по-видимому с помощью евгеники [144, 152]. Примерно так же общество, изображенное в романе Л. П. Хартли «Справедливость налицо», пытается искоренить сексуальную ревность, побуждая женщин улучшать или ухудшать свою внешность хирургическим путем так, чтобы достичь всеобщей обыкновенности. Д-503 высмеивает использование притяжательных местоимений как претензию на сексуальную территориальность. Но он и сам не чужд собственнического духа, что позволяет Мефи его дурачить. Герой также подвержен сильному чувству зависти, которое часто выражает насильственными действиями — например, топчет розовые талоны соперника или угрожает убить других любовников I-330 [175, 286].

И все же чувствами Д-503 к I-330 движет не столько привязанность, сколько желание получить над ней власть. В самом начале их отношений он ясно дает понять, что она ему не нравится из-за слишком вольного поведения. I-330, конечно же, провоцирует его, то заигрывая с ним, то афишируя романы с другими мужчинами. Она состоит в связи с R-13, S-4711, каким-то Ф, безымянным медиком и кто знает, с кем еще. И она старается, чтобы он непременно это заметил. Будучи вынужден уйти с одного из свиданий, подчиняясь Скрижали, он слышит, как она говорит кому-то, возможно любовнику, что будет ждать в Древнем Доме «одна» [159]. Позже она называет некоего медика «один из моих...» [175], вынуждая Д-503 задуматься: один из ее — кого? Однажды, позвонив ей, Д-503 слышит в ее комнате чей-то шепот [231]. Так что у него есть все основания задаваться вопросом, кто ее сейчас целует [194]. Несмотря на бесспорную физическую привлекательность и сексуальную доступность, роковые женщины оскорбляют традиционные мужские чувства своей неприкрытой агрессивностью, проявлением сексуальной инициативы. Проще говоря, они ассоциируются со злом во многом из-за того, что отказываются подчиняться мужчинам. Поскольку мужчинам, как и многим нашим предкам, часто приходится работать вдали от дома, так что они не могут присматривать за супругой, женщинам полагается вести себя скромно, как бы для того, чтобы не давать повода для подозрений в неверности. Классическая роковая женщина поступает с точностью до наоборот: I-330 всеми возможными способами демонстрирует независимое мышление и крайне вольное поведение. Всюду, где только возможно нарушить закон, I-330 его нарушает: пьет спиртное, курит, игнорирует расписание, обычно соблюдаемое под страхом смерти, предводительствует в группе Мефи и, что особенно важно для Д-503, соблазнительно одевается. Как он может «обладать» ею, не говоря уже о том, чтобы надеяться на ее сексуальную верность?

У диалектики нашей, по-видимому, врожденной склонности к сексистским структурам есть и следующая, особенно неприятная стадия. Как правило, убийство самодостаточной женщины в ходе повествования заставляет мужчин забыть свои опасения [Bassein 1984: 61]. В конце «Мы» I-330 подвергается пыткам и ожидает казни, что выглядит почти как исполнение желания Д-503. К этому времени герой уже выдал ее, и мы не должны упускать из виду, что текст все еще может находиться под его контролем. Д-503 признается, что она его раздражает, отталкивает, что ему хочется наговорить ей оскорбительных слов [155]. Его чувства к ней представляют собой гремучую смесь любви и ненависти, ибо всего через несколько страниц он пишет: «Я помню — я весь дрожал. Вот — ее схватить — и уж не помню что. Надо было что-нибудь — все равно что — сделать» [158][8].

После свидания, когда I-330 дразнит его за то, что он порвал ее платье и пытался овладеть ею, Д-503 пишет: «Мне было ясно одно: я ненавижу ее, ненавижу, ненавижу!» [176]. Его желания балансируют на грани изнасилования. О новых страстях Д-503, возможно, неловко читать, но они помогают ему заново открыть первобытные аспекты своей человеческой природы и сделать возможной его психологическую интеграцию: ведь, почувствовав однажды сексуальную ревность, он больше не может отрицать ее силу.

4. Цивилизация как стерилизация: деторождение

Эволюционная психология объясняет, что наше сексуальное поведение обусловлено репродуктивными потребностями. Из этого следует, что девиантная сексуальная политика Единого

---

[8] Р. Рассел сравнивает эту смесь любви и ненависти, продиктованной ревностью, с буйной любовной образностью Маяковского [Russell 1973: 42–43].

Государства влечет за собой еще более отталкивающие модели рождения и воспитания детей. Этой теме не уделяется такого пристального внимания, как сексу, отчасти из-за того, что инстинкты Д-503 восстановились не полностью. Но имеется достаточно фактов и намеков, в очередной раз говорящих об угрозе дегуманизации. Прежде всего на это указывают Материнская и Отцовская Нормы, установленные Государством. Д-503 не сообщает, пользуются ли граждане, соответствующие этим стандартам, лишь строго ограниченной репродуктивной свободой, определяет ли Государство время и частоту половых отношений и назначает ли партнера исходя из «научных» принципов. Все это вполне вероятно, судя по насмешливому определению Д-503 наших обычных способов спаривания: «Совершенно ненаучно, как звери» [148]. Вслед за Государством Д-503 приравнивает деторождение к садоводству, птицеводству и рыбоводству; понятие «детоводство» подразумевает, что дети должны быть приравнены к продукции и домашнему скоту [148].

В этом можно усмотреть влияние Г. Уэллса, отмечавшего, что нелепо заниматься животноводством и при этом никак не контролировать деторождение (см. [Collins 1966a: 355]). Но все может стать еще хуже. Жесткие границы города, рассчитанного на неизменное число жителей — десять миллионов, — предполагают контроль численности населения. В самом деле, куда подевались все остальные люди? Исторические факты, излагаемые Д-503, таковы: жители города и люди, обитающие за Стеной, — потомки 20 % населения земного шара, уцелевших после Великой Двухсотлетней Войны. Вымирает ли человеческий род и вносит ли Единое Государство свой вклад в сокращение численности населения? Недаром Д-503 говорит: «...очищенное от тысячелетней грязи — каким сияющим стало лицо земли» [152].

Регулирование деторождения фигурирует во многих утопических произведениях. В «Городе Солнца» Кампанеллы (1623) юношам разрешается сочетаться с беременными или бесплодными женщинами — такие сексуальные игры заведомо не ведут к деторождению. По достижении предписанного возраста мужчины и женщины обнаженными занимаются гимнастикой на глазах у судей, которые соединяют их в пары и допускают к половым сношениям каждую третью ночь. Детей от таких союзов до двух лет кормят грудью, а потом передают на воспитание государству. В романе Бёрджесса «Семя желания» правительство, в духе китайской политики «одна семья — один ребенок», неохотно позволяет парам родить одного ребенка; ограничение не снимается, даже если младенец умрет. Но все равно это лучше, чем у Хаксли, где благодаря современным противозачаточным средствам все половые сношения непродуктивны: функция размножения предоставлена инкубаториям, фабрикам по производству детей.

Такая репродуктивная политика не только ущемляет наше естественное право иметь детей, но и лишает права на деторождение тех, кто не соответствует нормам. Так, О-90 слишком мала ростом для материнских стандартов Единого Государства. Вспомним, что Д-503 ни разу и словом не обмолвился о том, что кто-то является законным родителем. Это отвратительное преувеличение роли цивилизации как инструмента, регулирующего поведение, равносильно фактической стерилизации. Мы должны иметь в виду, что, если где-то и делались попытки ввести принудительную стерилизацию, это оказывалась крайне сомнительной мерой — так же, впрочем, как и любые предложения по ограничению рождаемости. Протесты и/или попытки обойти такие законы неизбежны, и этим подтверждается наше понимание воспроизводства как естественного права. В таком случае у тех, кому в этом праве отказано, возникает стихийное желание выступить против любой политики, лишающей их гены будущего, поскольку таким образом они лишаются своей прямой эволюционной цели. Конечно, все не так просто: некоторые не желают заводить детей, иные готовы пожертвовать собой. Намеренное безбрачие находит свое объяснение в эволюционной психологии: хотя гены бездетных людей не передаются напрямую следующему поколению, их поведение может способствовать репродуктивному благополучию родственников, с которыми у них есть общие гены, — причем в такой степени, что это с лихвой компенсирует потерю их собственных репродуктивных возможностей. Несмотря на то что эта гипотеза требует дальнейшей проверки, она дает обоснование, а следовательно, и значительную мотивацию для альтруизма. Альтруистическое поведение, как и все генетически обусловленные действия, если не полностью, то по крайней мере отчасти диктуется подсознанием; при этом оно может стимулироваться сознательно; например наличием племянников и племянниц, двоюродных братьев и сестер. Таким образом, в Едином Государстве, граждане которого не знают, кто их родственники, мы могли бы ожидать по крайней мере ослабления склонности к самопожертвованию в форме отказа от деторождения.

Единое Государство контролирует появление потомства, сочетая бюрократию с наукой. Планирование сексуальных дней в соответствии с лабораторными тестами, по-видимому, представляет собой высокоэффективную версию календарного метода, так как Д-503 не упоминает о других видах контрацепции, равно как и о незапланированных беременностях в результате законных сексуальных контактов. Примечательно, что О-90 впервые беременеет, когда занимается любовью без собственного розового талона, то есть не по своему графику, — такое репродуктивное диссидентство карается смертной казнью. О принудительных абортах речи не идет.

Неконтролируемую силу наших репродуктивных инстинктов демонстрирует в первую очередь стремление О-90 завести ребенка. Она, по-видимому, уже не раз обсуждала это свое желание с Д-503, и ей в голову не приходит сублимировать свои чувства, помогая воспитывать чужих детей, хотя она явно неравнодушна к младенцам [151]. Она уверяет, что, пусть даже ее казнят, ей будет достаточно уже того, что она выносит и родит ребенка. Как полагает Д. П. Бараш, такое материнское самопожертвование особенно свойственно женщине, если она не надеется родить более чем одного ребенка, — наблюдение, соответствующее прогнозам эволюционной теории [Barash 1977: 295]. Позже, когда О-90 уже заметно беременна, она говорит, как она счастлива оттого, что «полна... вровень с краями» [252]. При этом она не единственная мать-диссидентка, защищающая свои репродуктивные права. I-330 говорит о других женщинах, которые ускользнули из города, забеременели от первобытных мужчин из-за Стены и родили детей в Едином Государстве [247]. Она предполагает, что именно поэтому у Д-503 «лохматые» руки.

Рудиментарный родительский инстинкт можно наблюдать и у других персонажей, хотя и в сублимированных формах. Это, в частности, Ю, которая работает на Детско-Воспитательном заводе и горит желанием по-матерински опекать Д-503. Важную роль, подобную роли приемной матери, выполняет I-330, когда помогает Д-503 безопасно вывести из города беременную О-90. Со своей стороны нечто вроде настоящего отцовского чувства начинает испытывать и Д-503: он ощущает кровное родство с О-90, поскольку стал биологическим отцом ее ребенка, понимает, что обязан обеспечить безопасность и ей, и их ребенку [265–267]. Коллинз с этим не согласен, утверждая, что «Д-503 так и не берет на себя эту ответственность. Его неспособность быть настоящим отцом — часть его общей неспособности быть человеком» [Collins 1966b: 128]. Тем не менее следует отдать должное Д-503: он подвергает себя опасности, незаконно оплодотворяя О-90. Он сравнивает свой поступок с прыжком с башни и ожидает, что все кончится для него казнью [213]. Конечно, в целом на вопрос об отцовстве Д-503 и о его готовности помогать воспитывать своего ребенка ответить трудно. Как предупреждают эволюционисты, отцовский инстинкт мужчины никогда не будет таким сильным, как материнские чувства женщины. У мужчины теоретически может быть сколько угодно детей, но репродуктивный потенциал женщины значительно ниже, поэтому в каждого ребенка она вкладывает больше [Barash 1977: 300; Daly, Wilson 1978]. Чувства Д-503 к О-90 в этот момент содержат примесь скорее отцовской, чем супружеской привязанности. В этой связи следует отметить, что эволюционисты объясняют относительную неотеничность женщин тем, что им необходимо вызывать у партнера альтруизм, включая желание защищать ее. Вот и Д-503 часто упоминает детские черты О-90, ее уязвимость и общую пухлость. Описывая свои чувства к беременной О-90, он говорит, что «нечто подобное могло быть у древних по отношению к их частным детям» [265]. Но подобные рассуждения не объясняют, почему О-90 так хочет, чтобы отцом ее ребенка был уже не записанный на нее Д-503, а не R-13, который на нее записан.

Конечно, родительские импульсы не удовлетворяются на этапе биологического размножения. Процесс вынашивания и рождения детей усиливает эмоции, побуждающие родителей обеспечить ребенку необходимый ему длительный уход; эти эмоции служат не только важнейшим средством сплочения естественной семьи, но и механизмом, с помощью которого генетическая приспособленность передается последующим поколениям. В обществах охотников-собирателей, как правило, высоко развита родительская, особенно материнская забота о потомстве. Поскольку грудь матери часто оказывается единственным источником молока, грудное вскармливание длится много лет [Cosmides, Tooby 1992 : 323]. Во многих сообществах матери практически круглосуточно находятся в тесном, часто физическом контакте с детьми. Так, О-90, едва забеременев, понимает, что одних только родов и нескольких дней ухода за ребенком ей недостаточно; она решает, что должна найти путь в безопасное место, где она сможет растить и воспитывать свое дитя. Однако следующий этап репродуктивной политики Единого Государства направлен на то, чтобы пресечь эту естественную реакцию: детей забирают и отправляют на Детско-Воспитательный завод. При такой политике от отца и матери после рождения ребенка не требуется дальнейших вложений. Все материальные ресурсы обеспечивает Государство. Следовательно, теоретически исключается и сексуальная связь: мать больше не нуждается в альтруизме со стороны биологического отца. Эволюционисты отмечают, что в обществах, где у мужчин нет уверенности в своем биологическом отцовстве, женщины с большей вероятностью будут ухаживать за детьми совместно. Это, безусловно, устраивает Единое Государство, гражданам которого не дозволено знать, кто их дети или родители.

Враждебность Государства к семейным отношениям отражена также в архитектуре жилых домов: нумера живут в однокомнатных квартирах с прозрачными стенами, стандартной мебелью и общими столовыми. Детские комнаты в Древнем Доме, по мнению Д-503, свидетельствуют о том, что когда-то люди считали свое потомство личной собственностью. То, что вполне естественно для нас, кажется ему дикостью [157]. Но все равно традиционные склонности зарыты не так уж глубоко. Комнату в Древнем Доме, где его соблазнила I-330, Д-503 называет «нашей квартирой» [201, 251]. И то, что во время сексуальных контактов нумера опускают шторы, — пережиток старого, собственнического менталитета.

Государство ничего не предоставляет детям взамен родительской любви, — напротив, оно подвергает их жесткому курсу идеологической обработки под руководством учителей, подобных Ю, подкрепленному строгими наказаниями со стороны Хранителей [220]. То, что Д-503 и его одноклассники видят родительскую фигуру в своем роботе-учителе Пляпе, служит печальным признаком их потребности в сыновней привязанности. Единое Государство обрезает все эмоциональные связи — это мы видим в эпизоде, когда лектор игнорирует ползущего к краю стола младенца. Лишь в последнюю секунду подбегает О-90, спасает малыша от опасного падения и целует его [211]. Конечно, мы бы отреагировали на такую жестокую небрежность так же, как она.

5. Цивилизация как вивисекция: евгеника

Венец программы Единого Государства по дегуманизации своих граждан — очевидное намерение перекроить их человеческую природу путем изменения их генов. На этот счет есть лишь несколько намеков, но их достаточно, чтобы дать тревожное представление о том, к чему приведет политика Государства. Так, Д-503 дважды намекает, что, возможно, когда-нибудь у всех нумеров будут одинаковые носы, — как если бы это входило в государственную политику по искоренению сексуальной зависти [144, 153]. Описывая одного персонажа, рассказчик упоминает его «сотое, тысячное и единственное из всех лицо» [274]. Производство идентичных носов и лиц потребовало бы стандартизации всех генотипов — вполне вероятное продолжение стандартизации всех прочих аспектов жизни. Возможно, именно для этой цели введены Материнская Норма и Отцовская Норма. Поскольку сексуальная ревность и естественное деторождение еще существуют, до этого этапа пока далеко — Д-503 предполагает, что «одинаковыми» все станут лет через пятьдесят или сто. Однако некоторое воздействие евгеники чувствуется и теперь [144]. Судя по реакции других персонажей, волосы на теле Д-503 уже выглядят редкостью. Конечно, жители Единого Государства, согласно описаниям Д-503, еще сохраняют отчетливые индивидуальные черты: вспомним крылообразные уши S-4711 и его физический недостаток — согбенную фигуру, толстые «негрские» губы R-13 и голубые глаза О-90, а также ее нестандартный рост. При этом разительный внешний контраст между жителями города и мохнатыми людьми, живущими за Стеной, свидетельствует о том, как много изменений произошло за восемьсот лет, пока город был отрезан от внешнего мира.

В литературных утопиях часто описывается стремление режима сформировать, стандартизировать, а иногда и улучшить физические качества граждан, обычно с помощью программ, равносильных евгенике. В «Утопии Дарси» (1990) Ф. Уэлдон описана попытка достичь «уникультуры» путем запланированных смешанных браков, чтобы устранить расовые различия [Booker 1994: 279]. В «Государстве» Платона стражей награждают женщинами за военную доблесть, вероятно, чтобы это качество передавалось будущим поколениям. «Неудачно уродившиеся» потомки переводятся в низшие сословия — своего рода метод генетической «обрезки». По той же логике в романе Этвуд «служанки» предоставляются только высокопоставленным чиновникам: в конце концов, из-за радиоактивного загрязнения женщины высших сословий в Республике Галаад по преимуществу бесплодны. Уэллс в «Современной утопии» и Беллами в «Через сто лет» изображают программы селекционного воспитания, предвосхищающие «детоводство» Замятина. В жутковатом романе «W, или Воспоминание детства» Перека «выживает быстрейший»: организуются специальные забеги, в ходе которых мужчины состязаются друг с другом за возможность догнать одну из ограниченного числа женщин и овладеть ею [Там же: 213]. Многие из этих приемов пародируются в книге Войновича «Москва 2042», где крестьян «выводят», чтобы производить «породу крестьян», но настоящих коммунистических писателей «выводят», скрещивая писателя не с писательницей, а с женщиной — профессором в области марксизма [Войнович 1986: 257–258].

Евгеническая политика в долгосрочной перспективе не принесет пользы Единому Государству. Сооружение Зеленой Стены привело к замкнутости генофонда, который в конечном итоге станет почти однородным. Спаривание между особями со схожими генотипами равносильно инцесту; согласно биологической диалектике замкнутости, спаривание тезиса с тезисом породит тезис, вот только возрастет шанс, что вредоносные гены окажутся в гомозиготном состоянии и пагубно повлияют на фенотип потомства. Антропологи давно поняли, что эта опасность служит причиной любых запретов на инцест и, в свою очередь, основой для жизнеспособной социальной организации. И действительно, есть признаки того, что населению этого чрезвычайно уязвимого общества не хватает физической и умственной жизнеспособности. В конце концов, граждане Единого Государства не знают, кто их родственники, — мы это понимаем, когда Д-503 высказывает желание, чтобы у него была мать, хотя она у него, конечно же, была [283]. Следовательно, они вынуждены полагаться на записи в лабораториях Сексуального Бюро, чтобы избежать инцеста, то есть непреднамеренного спаривания с незнакомыми им единокровными или единоутробными братьями и сестрами, а то и с родителями (Ю?). Остается надеяться, что ученые Единого Государства лучше разбираются в генетических расчетах, чем в математических.

Понять нашу реакцию на это нездоровое положение дел помогает эволюционная психология. Мы устроены так, что заботимся не только о своих собственных генах, но и об эволюционном здоровье и судьбе общества, если не вида в целом. Мы от природы склонны лезть в чужие дела, и общества, где к половой неразборчивости относятся по-настоящему терпимо, редки и, по всей вероятности, нежизнеспособны. Это одна из причин «любовного интереса» в повествовании. Этот вид инстинктивной евгеники отчасти достигается сексуальным поведением, соответствующим нашей генетической обусловленности. Так, эволюционисты отмечают, что запрет на инцест существует во всех культурах. Мы не только сами избегаем сексуальных связей с близкими родственниками, но и возмущаемся, когда табу нарушают другие.

Этот запрет нашел широкое отражение в искусстве, в частности в таких произведениях, как «Эдип-царь» Софокла или «Валькирия» Вагнера. Аналогичную угрозу «неестественного» или «опасного» спаривания мы видим в «Буре» Шекспира, где Калибан пытается изнасиловать Миранду, и в «Волшебной флейте» Моцарта, где Моностатос похищает Памину. Эти угрозы стимулируют нашу социальную и культурную озабоченность тем, что спаривание каким-то образом должно обещать здоровое потомство. Примечательно, что в «Эдипе» и «Валькирии» зло наказано: Эдип ослепляет себя, а Зигмунд убит, как и его рожденный от кровосмешения сын Зигфрид, погибающий в «Гибели богов», финальной части тетралогии. Между тем оба других упомянутых произведения завершаются браками, устраивающими зрителя: Миранда выходит замуж за сына короля неаполитанского, а Памина — за принца Тамино. Как отмечает Пинкер, «в большинстве браков мы имеем дело с женихом и невестой примерно одинаковой степени желанности» [Пинкер 2017: 459]. Вспомним также традиционную концовку сказок: «Стали они жить-поживать, да добра наживать» — в ней выражается эмоциональное удовлетворение от того, что перед нами самая здоровая (с точки зрения эволюции гоминидов) сексуальная связь, прочный союз хорошо подобранной пары, не являющейся родственниками, по крайней мере близкими.

Конечно, все это не обязательно переживается на сознательном уровне. В примитивных обществах примерно 10 % всех браков экзогамны — это необходимо, чтобы избежать последствий замкнутого генофонда [Wilson E. 1975: 553]. Рассказ I-330 о городских женщинах, ищущих партнеров среди лесных мужчин, по сути, и свидетельствует об инстинктивном следовании этой здоровой модели аутбридинга. Механика этого процесса отчасти строится на влечении людей к «свежей крови», к «противоположностям»: нужно, как считает I-330, чтобы «половины» человеческого рода «соединились» [247] для взаимной генетической выгоды. Самой I-330, например, нравятся волосатые руки Д-503: по-видимому, ее влечет «солнечная, лесная кровь», которая, вероятно, течет в его жилах [144, 172, 247, 267, 291]. Д-503 также считает, что «лохматые лапы» — свидетельство его первобытной природы, и связывает с этим свои временами возникающие атавистические реакции [153]. По словам Дж. Коннорса, волосатые руки Д-503 служат «катализатором его кризиса идентичности» [Connors 1975: 121]. Следует отметить, что экзогамия имеет нечто общее с гегелевской диалектикой изменения, столь близкой Замятину: сочетание тезиса с антитезисом влечет за собой генетический синтез и продолжение процесса эволюционного развития. Главный герой не единственный продукт столь разнородного наследия. Сходные генетические «изъяны» имеются, наверное, у большей части населения Земли. Врач проговаривается Д-503, что среди нумеров свирепствует эпидемия болезни под названием «душа» — под душой можно понимать «внутренний мир», сознание, психику, которая, конечно же, имеется у каждого человека как часть природного наследия [197]. То же самое признает и «Государственная Газета», сообщая читателям о наличии у всех фантазии: «Вы больны!» [258]. Когда вспыхивает революция, Д-503 повсюду видит масштабные и спонтанные общественные беспорядки, и замешаны в них далеко не одни лишь Мефи.

Биология — это не обязательно судьба. Генетическую эволюцию может опережать — и опережает — культурная, в том числе техническое развитие. Конечная евгеническая цель Единого Государства становится совершенно очевидной, когда оно решает обойти отстающий эволюционный процесс, хирургически удалив гражданам фантазию. Иными словами, Государство намерено повернуть процесс эволюции вспять, уничтожив адаптивные компоненты психики. На результаты жутко смотреть. По словам Д-503, «оперированные» нумера похожи на «человекообразные тракторы» [264]. Так же пугает рассказ Ю о том, как она добилась, чтобы школьников связали и подвергли Операции — в этом выразилась ее «беспощадная» любовь [157]. Судя по тому, что Д-503 после Операции равнодушно называет I-330 «та женщина», хирургическая процедура способствует отсечению сознания от либидо [293].

Операция может обернуться для Государства самоубийством, как генетическим, так и психологическим. Хотя после удаления у граждан фантазии их лояльность будет обеспечена, они станут умственно неполноценными и, скорее всего, окажутся в невыгодном положении в продолжающейся борьбе с врагами, чья психика остается целостной. Кроме того, судя по отсутствию страсти в последней записи Д-503, они вряд ли смогут заниматься сексом, а следовательно, передать свои гены будущим поколениям. Конечно, Единое Государство могло бы что-нибудь придумать на случай такого развития событий, но сумеет ли оно?

Как бы ни повлияла Операция на результат битвы, бушующей в финале романа, мы можем завершить свой обзор сексуального контекста романа на оптимистической ноте. Хотя Государство и сделало выбор в пользу Операции, она не затрагивает гены граждан. Если люди, даже психически ущербные, останутся сексуально полноценными, спонтанное возрождение здоровых репродуктивных стратегий, революций и искусства будет неизбежным, *пока этот генетический код остается нетронутым.* Т. Р. Н. Эдвардс утверждает:

> Дьявольская религия несовершенства и энергии записана в хромосомной структуре человечества и будет утверждать себя даже после столетий порабощения. Возможно, это гарантия того, что последние слова Д ошибочны: разум может и не победить [Edwards 1982: 80].

Ожидается, что нашей реакцией будет отвращение, как и у большинства граждан Единого Государства, противящихся Операции. Наше врожденное стремление к все более совершенному образу человека здесь заставляет нас вынести режиму нравственный, эволюционный и эстетический приговор. Это наглядно доказывает, что фантазия повышает приспособленность и, если смотреть шире, что культура, в том числе искусство, действует как биологическая адаптация, давая возможность нам справляться с надвигающимися изменениями окружающей среды. Фантазия способствует этому процессу, помогая нам заранее оценить пока не существующий режим, прежде чем подчиниться ему в реальной жизни. И лучше всего для этой цели подходит роман, так как он служит посредником между уровнями фантазии. На логическом уровне фантазия проецирует правдоподобное будущее. Благодаря роману мы можем, пусть и в своем воображении, пожить в утопическом обществе, проверить его на своих инстинктивных реакциях — на биологическом уровне, который его отторгает. Может быть, за Единым Государством интересно наблюдать, но после прочтения романа мы точно знаем, что не хотим там жить.

Глава 8
Язык тела

1. Тело в утопии

В утопии нечестно играют все: и сторонники рациональной социальной инженерии, и ее противники. Хотя утописты могли бы ограничиться дискурсом, способным привести хоть к какому-то согласию, обе стороны предпочитают наносить удары ниже пояса, провоцируя реакцию, порожденную природными инстинктами. Они задействуют физиологические рефлексы, по преимуществу непроизвольные; единственный способ их отразить или парировать — ответить тем же. Таким образом, вместо того чтобы пытаться повлиять на читателя аргументами, авторы утопий и антиутопий просто навязывают нам свои взгляды, задействуя непосредственные реакции читателя. Они в буквальном смысле задевают нас за живое, добираясь до корней наших чувств, того, что определено физиологией человека[1]. Это соотношение подтверждается открытием «зеркальных нейронов», позволяющих нам ощущать, пусть и с меньшей интенсивностью, то же, что и люди, чьи действия мы наблюдаем. Эти соматические реакции, в которых и состоит главное отличие утопической фантастики от утопической философии, непосредственно обусловлены нашей эволюционной историей.

Но утописты и антиутописты используют в бою разные приемы. Благодаря необычайно быстрой связи между вкусовой сен-

---

[1] Сюда входят и сексуальные реакции, и, следовательно, весь репертуар репродуктивных стратегий, рассмотренных в предыдущей главе.

сорной системой и мозгом висцеральные реакции, как правило, подают сигналы тревоги; они вносят хаос в утопию, поэтому лучше их исключить. Согласно принципам «гипнопедии», бездумно повторяемым в «О дивный новый мир» как раз для профилактики таких реакций, «когда страстями увлекаются, устои общества шатаются» [Хаксли 2021: 130]. Произведения Шекспира запрещены в антиутопии Хаксли именно из-за того, что пьесы Барда вызывают слишком сильные эмоции. Зато гражданам дозволено без помех баловаться беспорядочным сексом и широкодоступными галлюциногенами, чтобы у них не развились сильные чувства, которые могли бы привести к недовольству властью. Утописты обычно сводят эмоции к казенному оптимизму, чтобы предотвратить антисоциальное поведение, зачастую выражающееся в висцеральных реакциях. По сути, утопистам на руку, чтобы граждане в их обществах были оцепенелыми, бесчувственными. Именно это равнодушие вызывает утопическая литература у многих читателей. Антиутописты от спонтанных реакций выигрывают, поэтому используют больше запрещенных приемов. Читать их тексты гораздо увлекательнее, так как они используют в своих целях все телесные механизмы выворачивания души наизнанку.

Это различие между видами чувствования в утопии и антиутопии ясно видно с первых же страниц «Мы». В самом начале романа Единое Государство обещает «математически-безошибочное счастье» [139]. Все это счастье на деле сводится к демонстрации отупения чувств, например во время ежедневных прогулок: «восторженно отбивая такт ... не омраченные безумием мыслей лица» [142]. Этот образ повторяется и позже: наблюдая за рабочими, Д-503 отмечает их «зеркальные, не омраченные безумием мыслей, лбы» [192]. Ближе к концу романа Д-503 с трудом распознает слезы — по-видимому, редкий товар в Едином Государстве [286]. Но режим не может долго сдерживать естественные эмоции. Достаточно Д-503 переписать несколько строк из «Государственной Газеты», как уже на второй странице у него начинают гореть щеки — конечно же, от возбуждения, которое вызывает у него захватывающая перспектива покорения космического пространства [140]. В начале второй записи от пыльцы, летящей из-за Зеленой Стены, у него сохнут губы, и это «несколько мешает логически мыслить» [141]. Мы точно знаем, что он чувствует. Как быстро поняли антропологи, столкнувшись с ранее изолированными народами, язык мимики и реакций тела универсален. Это в нас говорит общая для всех человеческая природа. Маршируя, Д-503 и другие герои едва сдерживаются, чтобы не закричать, хотя их мысли вполне обыденны. Поскольку из всех эмоций здесь дозволен лишь восторженный казенный оптимизм — еще одна черта будущего Советского Союза, предсказанная Замятиным, — все балансируют на грани истерики: очевидно, естественные чувства были закупорены так долго, что вот-вот высвободятся. Главные герои только вначале кажутся двумерными: ясно, что вскоре они раскроют подчеркнутую человеческую глубину переживаемых чувств. И они нас не разочаровывают: Д-503 внезапно разражается смехом, I-330 заставляет его обратить на себя внимание, и сюжет начинает развиваться.

Сейчас уже должно быть понятно, что утопия была бы вполне достижима, если бы не люди — живые, дышащие люди, со всем багажом своей эволюционной истории и наследием, которое не могут поколебать никакие футуристические режимы. Правительство позиционирует себя как образец здравомыслия. Д-503 превозносит его рациональность как высшее достоинство, а слово «ясно» приобретает в его дневнике характер вводного «слова дня». Он пытается делать записи в спокойном, беспристрастном, «логичном» стиле, которого требует государственная эстетика — каковы эти требования, мы можем понять из его описаний музыки, сочиненной в соответствии с математическими формулами, по заглавиям, таким как «Ежедневные оды Благодетелю» и «Марш Единого Государства», а также по всеобщему восхищению древним «Расписанием железных дорог». Но Д-503 — обычный человек, и именно поэтому он не может долго сдерживаться — он создает захватывающий текст, модернистское повествование, от которого невозможно оторваться, со всевозможными трогательными, волнующими, поистине головокружительными поворотами. Его дневник полностью идет вразрез со вкусами Единого Государства и этим держит читателя в постоянном напряжении.

Изображение Замятиным висцеральных реакций помогает читателю сочувствовать Д-503, понимать, что мы в буквальном смысле чувствуем одно и то же. Д-503 то и дело упоминает свои физические состояния, чтобы непосредственно, словами, понятными каждому, передать читателю свои медленно, постепенно возникающие человеческие реакции. Когда I-330, искушая его, переодевается в желтое платье, его сердце отчаянно колотится; когда он встречает ее в таинственном подземном убежище, у него дрожат колени [173, 202]. Когда же он понимает, что за свидание с ней его могут казнить, он холодеет от страха, так же как и при виде знака Мефи [176, 238]. Замятин часто обрывает предложения, чтобы показать нервное возбуждение Д-503, — так происходит, когда рассказчик читает долгожданное письмо от I-330 [210]. Когда к нему обращается Благодетель, Д-503 чувствует, как к его голове и щекам приливает кровь [281]. Моменты дезориентации героя, например, когда Д-503 «поплыл... вниз» (в лифте) в шкафу Древнего Дома, могут вызвать у читателя головокружение [201]. Кроме того, Д-503 пересказывает нам свои сны, но, если он не предупреждает, что это только сны, они реально переживаются и нами. И наши сердца, вероятно, тоже колотятся, когда мы от них просыпаемся [204]. В конце концов, это и есть цель любого приключенческого романа — дать нам заместительные «висцеральные» переживания.

«Мы» заставляет нас в полной мере осознавать наше телесное «я». Конечно, Д-503 порой описывает свои реакции штампами бульварной литературы, вроде «затаив дыхание» или «с замиранием сердца», когда хочет показать, что дрожит от волнения или страха. Но, регистрируя самые разные оттенки непроизвольных физиологических реакций, он пишет на языке, понятном сразу всем читателям: ведь его телесные реакции так похожи на наши. Например, он пишет о себе, что тикает, как часы, или уподобляет себя машине, работающей на чрезмерной скорости, с опасно накалившимися подшипниками [211, 229]. Читая, мы одновременно чувствуем, чувства напоминают нам о нашей человеческой природе, и устои утопического общества шатаются.

Показателен эпизод, в котором Д-503, как и пристало верноподданному, с трепетом приходит на торжество в День Единогласия. Увидев на празднике I-330, он чувствует словно «молнийный, высоковольтный разряд»; его «пронзило, скрутило в узел». Его зубы стиснуты, душа уходит «в пятки», он замирает. Он видит I-330 рядом с R-13, и его лохматые руки дрожат. Позже, после драматичного голосования, Д-503 чувствует свой учащенный пульс, его сердце сжимается, в висках стучит. Когда вспыхивают беспорядки, Д-503 начинает действовать: он гонится за I-330. Ударив R-13 по голове, он чувствует, как колотится сердце, выхлестывая горячую, радостную волну [233–235]. Все это придает его повествованию черты сообщения непосредственно с места событий. Д-503 позволяет нам чувствовать то же, что он, и так же, как он. Но главное, подобные фрагменты напоминают нам, что и у нас есть чувства, которые невозможно полностью подавить даже в утопическом государстве до тех пор, пока оно населено людьми.

То, что Д-503 часто прибегает к языку тела, имеет еще одно последствие: это дестабилизирует текст, а вместе с ним и Единое Государство. Что бы там ни говорил Д-503, создается впечатление, будто утопия, вместо того чтобы спокойно двигаться к неизбежному светлому будущему, балансирует на грани катастрофы: слишком уж часто рассказчика охватывает паника. Уже в шестнадцатой записи Д-503 обращается за помощью в Медицинское Бюро, чувствуя себя так, будто с самого утра он не дышал и у него не билось сердце. Хотя мы добрались только до середины романа, он уже упоминает «последний раз в жизни» [196]. Нередко кажется, будто то, что он считает окончательной катастрофой, уже близко. В последующих записях много таких моментов. Прячась в шкафу в Древнем Доме, он так взвинчен, что слышит шаги приближающегося S-4711 «сквозь шум крови» в висках [201]. Позже, когда в его комнату входят Хранители, волосы у него на голове шевелятся, а ягодицы пульсируют — в основном из-за того, что под этой частью тела он прячет рукопись, усевшись на нее [249]. Читая газетное объявление о спасительной, как он думает, Операции, он снова испытывает ощущения, подобающие лояльному гражданину: его руки дрожат, по спине и рукам пробегают ледяные иголочки [259]. Естественно, что он пребывает в нервном напряжении, когда Мефи собираются захватить «Интеграл», и до конца нападения чувствует дрожь во всем теле. Потом Д-503 отдает приказ остановить корабль, чтобы он упал и разбился, и при этом его сердце «подымается все выше к горлу» [270–272, 275]. Все это весьма характерно для рассказчика, который снова и снова прощается с нами, лишь бы на следующей странице продолжить свой дневник.

Преступный замысел Д-503 убить Ю тоже вызывает знакомые чувства, но другого сорта. При мысли об убийстве у него возникает ощущение «чего-то отвратительно-сладкого во рту»; представляя себе ее размозженный череп, он не может проглотить слюну, все время сплевывает, но во рту остается сухо [276]. Вполне понятно, что, когда он бросается ее искать, у него «бухает» сердце и колотится в висках. Собираясь ударить ее по голове, он тяжело дышит, во рту снова становится «отвратительно-сладко», и он сплевывает на пол [278]. Всем нам приходилось испытывать возбуждение столь сильное, что меняются вкусовые ощущения, хотя во рту нет ничего, кроме слюны. Замятин неоднократно напоминает нам о функции вегетативной нервной системы, которая управляет телом, пока сознание занято другими делами. В частности, пищеварительная система, отвечающая за поглощение пищи, переваривание и выделения, служит источником многих самых распространенных висцеральных реакций; такие реакции надолго остаются в памяти, и вспоминания о них весьма неприятны. Некоторые вкусовые ощущения остаются с нами навсегда. Именно так в значительной степени формируются чувства недаром считается, что вкус создает постоянные ассоциации. В свою очередь, ассоциации могут влиять на первичное ощущение. В последний раз встретившись с I-330, Д-503 жадно глотает воду. Позже, расстроенный тем, что она выспрашивает у него детали его встречи с Благодетелем, он снова пьет воду, но пить ему противно [287–288]. Но порой ни к чему объяснять, как мы должны реагировать на ощущения Д-503. Например, когда он удерживает на вилке кубик студенистой нефтяной пищи — главного продукта питания в Едином Государстве.

Единому Государству висцеральные реакции чужды, и в этом нет ничего удивительного. Властям милее уравновешенность — это видно из того, как Д-503 определяет рассудок: «...раздробление бесконечности на удобные, легко переваримые порции» [181]. Но тем хуже для Единого Государства. Ощущения на физиологическом уровне переживаются индивидуально и служат тому, кто их испытывает, напоминанием о его индивидуальности. После попытки помочь женщине, которую он принял за I-330, убежать от стражи Д-503 возвращается в марширующие ряды, но все еще дрожит. Желая понять, отчего он так остро ощущает самого себя, он прибегает к аргументу, заимствованному из «Записок из подполья» Достоевского:

> Я чувствую себя. Но ведь чувствуют себя, сознают свою индивидуальность — только засоренный глаз, нарывающий палец, больной зуб: здоровый глаз, палец, зуб — их будто и нет. Разве не ясно, что личное сознание — это только болезнь [224].

А болезнь подчеркивает нашу индивидуальность, что имеет пагубные последствия для коллективного сознания. Чувство солидарности Д-503 со своим обществом в День Единогласия исчезает, стоит ему почувствовать боль в сердце. Он пытается рассуждать: «Если от нефизических причин может быть физическая боль, то ясно, что...» [233]. Но из-за висцеральных реакций ему уже ничего не ясно.

2. Инстинктивный аппетит

Раз уж наши реакции тела обладают такой силой воздействия, простой способ определить истинные симпатии фантаста — посмотреть, какие блюда он выставляет на общий стол. Путь к сердцу читателя может лежать через литературный «желудок». Легкость подобного доступа побуждает к мошенничеству и сторонников, и противников. В конце концов, нет особых причин для того, чтобы еда в централизованно-плановом государстве была особенно вкусной или гнусной, хотя определенную роль может сыграть энтузиазм его граждан, и есть некоторые причины признать преимущество утопических столовых. В любом случае качество еды, которой нас угощают в этих произведениях, нередко располагается на крайних полюсах вкусовой шкалы.

Выясняется, что авторы, побуждая нас заглянуть в будущее, обращаются к отдаленному прошлому: как представляется, вопрос об утопии был решен задолго до того, как мы стали охотниками-собирателями. Висцеральные реакции, столь важные для решения этого вопроса, обусловлены нашей природой — не только человеческой, но и биологической. Все биологические виды должны поглощать пищу, переваривать ее и выводить из организма результаты жизнедеятельности — других вариантов нет. Эти процессы почти полностью непроизвольны, им трудно (если не мучительно) противиться и приятно следовать им. Благодаря этому архаическому наследию отражение в произведении природных инстинктов оказывает глубокое воздействие на читателя, в то время как рациональные аргументы вызывают гораздо меньше интереса и с легкостью игнорируются. Физиологические рефлексы способны оживить тексты, которые в противном случае были бы весьма вялыми. И эти чувства — важнейший аргумент. В конце концов, какой смысл придумывать утопию, если жизнь там приятна не плоти, а только разуму?

Рассматривая систему пищеварения как один из источников непроизвольных реакций, мы неминуемо придем к первому принципу питания в раю: еды должно быть много. Голод, за редкими и недавними исключениями, всегда сопутствовал жизни человечества. Конечно же, он был серьезной проблемой в России и свирепствовал во время Гражданской войны, в годы, когда писался роман. И самого Замятина тогда выручала помощь М. Горького, предоставившего ему паек и жилье. Когда-то было принято наедаться до отвала, запасаясь энергией и готовясь к голодным временам; потому мы и сегодня, в эпоху изобилия, идеализируем пиршества, множим жировые клетки и страдаем от ожирения.

Кроме того, на столе должно присутствовать приятное разнообразие блюд: рог изобилия подразумевает широкий выбор. Поскольку мы бывшие охотники-собиратели и привыкли питаться практически любой пищей в любом климате, наш гибкий организм требует разнообразия. Чтобы удовлетворить потребность в разнообразной пище, возникшую, конечно же, в процессе эволюции, мы должны выбирать из разных групп продуктов питания. Судя по тому, как мы не любим есть вчерашний обед, однообразный рацион быстро подавляет как аппетит, так и моральный дух.

То, что у разнообразия есть пределы, не опровергает этот эволюционный аргумент, а только подтверждает его. Наш геном представляет собой внушительную перекрестную матрицу разных, часто противодействующих сил. Не стоит забывать, что пищеварительный цикл — это «улица с двусторонним движением». Как бы много ни было веществ, которые природа приучила нас поглощать и усваивать, мы не едим все подряд, да и не испытываем такого желания. Обратная сторона аппетита — тошнота, противоположная ему висцеральная реакция. Рвота — это всего лишь последняя линия защиты организма от попадания ядов. Подумайте, что нужно для того, чтобы вы употребили в пищу некий продукт. Если вы не отчаянно голодны, то есть не находитесь во власти очередной мощной висцеральной реакции, вы не будете есть то, чего вначале не одобрит зрение. Продукт должен также пройти проверку, которую ему устроят обоняние, вкусовые рецепторы, жевательный и глотательный аппараты. Наконец, он будет подвергнут воздействию пищеварительных соков. Если где-нибудь на этом пути что-то пойдет явно не так, еда либо останется на тарелке, либо вскоре будет отторгнута организмом. Пинкер называет чувство отвращения «интуитивной микробиологией» [Пинкер 2017: 421], хотя на самом деле это некоторое преувеличение: мы различаем только продукты, которые *могут* оказаться вредными, и те, что *кажутся* безопасными. Например, мы с большей вероятностью испытываем отвращение к мясу, чем к овощам, хотя последние иногда опаснее первого. Если есть угроза отравиться, чрезмерная осторожность не помешает, поэтому, как отмечет Пинкер, «отвращение — чувство явно иррациональное... большинство людей не будут есть суп из тарелки, в которую они плюнули» [Там же: 416–417].

И снова мы понимаем, что здесь постарался естественный отбор, посредством случайных ошибок адаптации. Мы, как правило, испытываем удовольствие, совершая действия, которые на протяжении нашей эволюционной истории были адаптивными, и находим неприятными те, что некогда снижали наши шансы на эволюционный успех. Но теперь их легко перепутать из-за того, что окружающая среда изменилась и природу стало возможно обмануть. Хороший пример слабого звена в адаптации — сахар: сладкий вкус когда-то обозначал фрукты на пике их питательной ценности, но теперь, в рафинированном виде, он может принести больше вреда, чем пользы. Тем не менее основная модель закрепилась прочно хотя бы потому, что аппетит имеет очень долгую историю. Функции вегетативной нервной системы оказывают большее влияние на наше поведение, чем черты, приобретенные относительно недавно. Это имеет огромные последствия для утопических мечтаний, которые пытаются отрезать нас от нашей же истории.

Эволюционная основа вкуса позволяет нам сделать третье предположение: еда в литературной утопии должна быть вкусной. Однако вкусовые ощущения удивительно изменчивы. Поскольку у всех нас общее наследие, очевидно, что полезное для одного для другого едва ли окажется ядом, но нас в этом трудно убедить, — как правило, нас поражают различия, существующие между традиционными кухнями. Повторяю, основной принцип эволюционной психологии состоит в том, что чем теснее тот или иной тип поведения связан с репродуктивным успехом, тем сильнее будет эмоциональный стимул, который либо подсказывает, либо запрещает нам вести себя именно так. Более того, тем сильнее будет наш врожденный интерес. Обратите внимание, в какой степени такие виды деятельности, как секс, питание, сотрудничество, личная власть, независимость и воспитание детей, отражаются в наших развлечениях, включая оценку утопических фантазий. Но, согласно одному часто игнорируемому аспекту эволюционной теории, естественный отбор имеет дело только с тем, что, скорее всего, оказывается под рукой. Нечто экзотическое, но доступное может и не привлечь внимания, и тем более не вызвать висцеральных реакций, в то время как знакомое и при этом запретное будет неудержимо притягательным. Предупрежденный запретом на употребление алкоголя, Д-503 очень заинтригован зеленым ликером I-330, но почти не обращает внимания на банан, предложенный ему первобытной женщиной, так как в пределах Зеленой Стены фруктов не знают. Весьма важно, что интерес вызывает скорее то, что находится на границе допустимого и недопустимого, чем грубые отклонения. Последние настолько редки, что их можно игнорировать. Это же касается и различия между съедобным и несъедобным. Нас больше интригует возможность употребления в пищу насекомых, чем, скажем, попытка есть глину. При этом существуют съедобные насекомые, и они употребляются в пищу некоторыми народами, тогда как почва действительно может быть опасной. Насекомых, в принципе, можно есть, но о том, чтобы есть землю, не может быть и речи. Поэтому любопытство у нас вызывает поведение, которое кажется лишь умеренно отвратительным. Недаром в художественных вымыслах так часто встречается идея каннибализма, практики, распространенной во многих древних обществах; яркие примеры тому роман Бёрджесса «Семя желания» и фильм «Зеленый сойлент» (Р. Флейшер, 1973).

Как полагает П. Розин, общая причина тошноты и отвращения к некоторым видам еды коренится в боязни заражения, и обычно это связано с продуктами животного происхождения [Rozin 1987: 192]. Наша эволюция как социальных двуногих, вероятно, началась с собирания падали: собственно, наши представления о съедобности частей туши примерно сопоставимы с порядком потребления мяса павших животных [Blumenschine 1986: 1, 33]. Эта стадия сменилась охотой. В результате мясо падали вызывает отвращение практически везде, но служит приемлемым источником пропитания в случаях голода. Притом что мы упорно убиваем животных ради еды, наше наследие падальщиков сохраняется в виде амбивалентного интереса к разложению. То, что вызывает тошноту, зачастую также дразнит наше любопытство. Это пережиток этнического развития; такое поведение все еще в пределах возможного. Может ли это быть одной из причин, по которым мы с интересом читаем неприятные тексты, например антиутопии? То же можно сказать и о романах ужасов.

Розин предполагает, что лишь немногие виды еды вызывают у нас устойчивое отвращение; благодаря этому наш вид мог употреблять в пищу самые разные субстанции и, таким образом, расселиться по большей части планеты [Rozin 1987: 182]. Благодаря этой гибкости продуктами, которые вызывают отвращение в одном регионе, с удовольствием питаются в другом. В случае острой необходимости или в течение достаточного времени можно научиться поглощать практически все, но мало кто так поступает. И помехой может стать сознание. Трудно даже допустить мысль о том, что можно есть многие абсолютно съедобные, но экзотические продукты, особенно мясные, — в частности, рептилий, насекомых или животных, которых на Западе называют домашними любимцами. Конечно, во многих развитых странах широко распространены рестораны экзотической кухни, но экзотика обычно не идет дальше рецептов: сами блюда, особенно мясные, как правило, готовятся из привычных для данной местности ингредиентов. Как мы вскоре увидим, обычно дело не во вкусе и не в продукте, который вы едите, а в том, что, *по вашему мнению*, вы едите. Вы действительно хотите знать, из чего делают сосиски? Меньше знаешь — лучше спишь.

В результате пищевые аверсии стали опорой для этнических различий, что имеет очевидное адаптивное значение для общественного биологического вида. Отсюда наша врожденная склонность ограничивать свой аппетит по причинам, мало связанным с питанием как таковым. Интересно, что множество этнических оскорблений порождено именно разницей в пищевых привычках (см. [Cooke 1987]). По-английски французов презрительно называют frogs (лягушками) не потому, что это слово несколько созвучно этнониму — хотя, возможно, и не без этого, — а скорее из-за пристрастия французов к лягушачьим лапкам. То же самое выражается по-русски прозвищем «лягушатники», в котором нет никакой языковой игры. Оскорбительность таких кличек в том, что чужой народ ассоциируется с продуктами питания, которые считаются неприемлемыми. По сути, разум может ввести в заблуждение кишечник, и необычные продукты, даже вполне безвредные, могут вызвать тошноту. Такая психосоматическая реакция наблюдается порой у ортодоксальных евреев при нарушении кашрута, в частности запрета на поедание свинины: возможно, они ожидают, что употребление запрещенных продуктов принесет им вред [Fieldhouse 1986: 137; Rozin 1987: 192]. С другой стороны, немногие продукты питания создают такое ощущение комфорта, безопасности, чувства, что мы «дома», как национальная, «мамина» кухня. Это заставляет уточнить третье предположение относительно утопической кухни: она должна быть знакома, как молоко матери, чтобы не создавать этническую дезориентацию.

3. Меню в утопии

Таким образом, за утопическим столом нас не ждет никаких сюрпризов. В полном соответствии с нашими тремя предположениями, основанными на эволюционной теории, пища, которую нам там подадут, будет обильной, умеренно разнообразной и привычной для данного региона. Так угощают в «Государстве» Платона:

> Питаться они будут, изготовляя себе крупу из ячменя и пшеничную муку; крупу будут варить, тесто месить и выпекать из него великолепные булки и хлеб, раскладывая их в ряд на тростнике или на чистых листьях. Возлежа на подстилках, усеянных листьями тиса и миртами, они будут пировать, и сами и их дети, попивая вино, будут украшать себя венками и воспевать богов. <...> Ясно, что у них будет и соль, и маслины, и сыр, и лук-порей, и овощи, и они будут

> варить какую-нибудь деревенскую похлебку. Мы добавим им и лакомства: смоквы, горошек, бобы; плоды мирты и буковые орехи они будут жарить на огне и в меру запивать вином [Платон 2015: 84].

Если это меню не удовлетворяет граждан, Платон допускает «и разную утварь, и кушанья, мази и благовония, а также гетер, вкусные пироги, да чтобы всего этого было побольше» [Там же: 85]. Во избежание нестабильности Платон вводит ограничение: вино пить «в меру». В конце концов, тактика утопии состоит в том, чтобы удерживать граждан в равновесии.

Платоновское меню, как и многое в «Государстве», во многом стало образцом для дальнейших утопических фантазий. Более поздние утописты не вдавались в такие подробности, но они постоянно подчеркивают количество и качество еды в своих регламентированных общинах. Н. Г. Чернышевский в «Что делать?» мечтает о том, чтобы блюда подавались в виде шведского стола с паровым подогревом. (Шведские столы, где каждый может брать что и сколько хочет, были в России редкостью до 1990-х годов.) Моррис в утопии «Вести ниоткуда» уточняет, что вино должно быть французским. В Икарии Э. Кабе блюда должны превосходить те, что подают в лучших ресторанах Парижа, в то время как жителям утопии Беллами в «Через сто лет» приходится довольствоваться тем же ассортиментом, что предлагают лондонские рестораны Lyons' Corner Houses [Berneri 1950: 248]. Кроме того, рекомендуя общественные столовые, утописты могут следовать призыву Платона к умеренности, а также ограничивать или запрещать вещества, считающиеся опасными, такие как никотин и алкоголь. Напомним, к слову, что у Замятина в Едином Государстве употребление того и другого карается смертной казнью — неудивительно, что Д-503 содрогается от одной мысли о спиртном напитке [174].

Учитывая разные национальности наших авторов-утопистов, у них нет единого мнения относительно меню; все сходятся лишь на том, что блюда должны приготовляться из продуктов местного происхождения. Поскольку люди — всеядные животные, они могут подвергаться воздействию самых разных пищевых токсинов [Buss 1999: 70]. Есть знакомую пищу гораздо спокойнее. В «Мистерии-буфф» Маяковского рабочих в будущем социалистическом раю встречают, по русскому обычаю, хлебом и солью — удивительно только, что эти продукты выбегают им навстречу сами. Можно также вспомнить анонимную, но очень американскую по духу «утопию бродяги», в которой имеются «сигаретные деревья, лимонадные ручьи», куры, которые «несутся яйцами всмятку», и «речки выпивки»:

> И озера похлебки, и виски рекою,
> Можно плавать весь день на большом каноэ
> В Великих Скалистых горах леденцов...
> (цит. по: [Berneri 1950: 318–319])[2].

Конечно, еда, которая обычно считается доступной лишь высшим слоям общества, может в виде исключения привозиться из далеких стран. В утопическом рассказе Ф. В. Булгарина «Правдоподобные небылицы, или Странствования по свету в двадцать девятом веке» (1824) климат в России настолько изменился, что кофе и шоколад, в 1824 году редкие деликатесы, стали считаться самыми простыми напитками, а бананы, кокосы и специи экспортировались в Индию в обмен на капусту, гречку и огурцы [Булгарин 1824].

Однако в большинстве утопических меню явно отсутствует типичное для настоящих застолий главное блюдо: то, что Доктор Сьюз называет «убивштексом»[3]. В реальной жизни мясо обычно занимает на столе почетное место — это, конечно, следствие привычек охотников-собирателей, которые передались и нам. Как было отмечено в главе 2, предпочтение мясу объясняется тем, что пища, появлявшаяся по принципу «разом густо, разом пусто», ценилась выше той, что была всегда доступна и служила

---

[2] Имеется в виду народная песня «Big Rock Candy Mountain».

[3] Из сказки американского писателя Доктора Сьюза (Теодора Сьюза Гайсела) «Как Гринч Рождество украл». В оригинале — roast beast (жареный зверь). В переводе М. Бородицкой — «объедейка». — *Примеч. пер.*

основным продуктом питания. И конечно, соображениями питательной ценности. Как отмечает Р. Келли, люди, добывающие пищу, высоко ценят жир, который помогает усваиваться ценным жирорастворимым витаминам [Kelly 1995: 105]. Кроме того, он легко накапливается и хранится в организме — свойство, весьма важное для вида, которому приходится чередовать периоды обжорства и голода. Лишенные этих пороков утопические трапезы кажутся нам довольно спартанскими.

4. Меню в антиутопии

Чтобы перевернуть все с ног на голову, автор антиутопии должен нарушить хотя бы один из трех утопических принципов: изобилия, разнообразия и вкуса. Было бы достаточно и одного исключения, чтобы лишить утопическую столовую шанса попасть в какой-либо ресторанный рейтинг, однако некоторые авторы доводят описание кулинарных ужасов до крайности — такова ярость, которую вызывает утопия. В антиутопии еда гораздо меньше соответствует психологическим и даже физиологическим потребностям, так как ей не хватает по меньшей мере одного из упомянутых свойств.

Во-первых, по антиутопии бродит призрак голода. В романе К. Бурдекин «Ночь свастики» (1937) рядовых фашистов будущего Третьего рейха кормят скудно, чтобы они были выносливыми и готовыми к войне. Сельский пир в ее Германии — это картофель, суп и хлеб, колбаса — редкое лакомство, правда яблок при этом можно есть сколько угодно. Режим очень скрупулезен в том, чтобы не выдавать даже лояльным гражданам больше еды, чем должно хватить одному мужчине; женщины и неарийцы получают так мало, что еда для них становится навязчивой идеей. В более ранней немецкой антиутопии, «Социал-демократические картинки будущего» Рихтера, Германия практикует строгое нормирование и, подобно Океании в «1984», резко сокращает пайки — не важно, идет ли речь о хлебе, мясе или шоколаде. В «Мы» нумера едят под стук метронома — вполне возможно, что столь высокая степень стандартизации нужна для ограничения порций независимо от размеров тела и пищевой потребности. 50 жевательных движений на каждый кусок продлевают процесс приема пищи и таким образом растягивают скудную порцию: ведь кубики нефтяной пищи совсем крошечные [284]. У Рихтера такую политику объясняют принципом равенства, но на самом деле ее цель, как и везде, политический контроль. Власти пытаются подавить волнения рабочих, урезав пайки бастующим. Все это приводит к дегуманизации граждан, и утопия вскоре начинает напоминать концентрационный лагерь. А там, в свою очередь, несъедобные продукты гротескным образом превращаются в деликатесы: так, в повести А. И. Солженицына «Один день Ивана Денисовича» (1959) заглавный герой тщательно высасывает сок из плавников вареной рыбы, чтобы скудная порция казалась больше.

Второе направление нападок на пищу — ее качество: оно резко снижается, особенно в плане разнообразия. Из-за исторически сложившейся всеядности нас не устраивает повсеместное отсутствие мяса, а также большинства свежих фруктов и овощей — состояние, странным образом предсказанное и сбывшееся на коммунистической Кубе и в бывшем Советском Союзе. Жители антиутопий едят одни и те же безвкусные продукты в большем или меньшем количестве, снова и снова. Д-503 упоминает о «новейшей поваренной книге», что подразумевает некоторое разнообразие блюд [183]. Но в «Мы» присутствует только одно блюдо: кубики нефтяного желе. Спрашивается, почему на один кусочек нефтяной пищи полагается пятьдесят жевательных движений? Неужели желе, производимое в Едином Государстве, так трудно разжевать? В рассказе Дж. К. Джерома «Новая утопия» (1891) на завтрак подают точно отмеренную — чтобы никто не съел слишком много — порцию овсянки с теплым молоком, обед состоит из бобов и фруктового компота; ужин не предусмотрен, зато по субботам граждане могут рассчитывать на «плумпудинг» [Джером 1991: 202]. Одно дело, когда вы сами ограничиваете себя макробиотической диетой и питаетесь коричневым рисом; совсем другое, когда ограниченную диету вам навязывают. По словам П. Филдхауса, лишать людей выбора в еде — значит подрывать их моральный дух; это обычное явление в больницах, общежитиях, казармах или тюрьмах. Как правило, это так, даже если еда по качеству не отличается от домашней [Fieldhouse 1986: 78].

В связи с этим можно подумать, что блюда в строгих общественных режимах наподобие утопических должны с большей вероятностью вызывать у людей подозрительное отношение. Однако у авторов антиутопий персонажи зачастую ничего не подозревают и вполне довольны тем, с чем никогда не смирились бы читатели, — эта тактика иронической инверсии побуждает нас реагировать так, как, собственно, и реагируем, когда повседневная еда оказывается нам чуждой. Д-503, похоже, ничего не имеет против своей нефтяной пищи; хлеб для него не более чем метафора, а когда ему предлагают банан, он его не опознает. В пьесе Маяковского «Клоп» (1929), действие которой происходит в далеком будущем, в 1979 году, люди менее чем за 50 лет утратили переносимость пива и даже его запаха, который чувствуют в дыхании Присыпкина. В «О дивный новый мир» Дикарь учится находить удовольствие в «полигормональном печенье и витаминизированной эрзац-говядине» [Хаксли 2021: 334], но мы едва ли сумеем справиться с таким шоком будущего за почти 200 страниц повествования: пищевые предпочтения меняются исключительно медленно. Антиутописты могут вызвать враждебную реакцию не столько у своих персонажей, сколько у читателей, просто потчуя их блюдами, состоящими из несъедобных ингредиентов. Граждан антиутопии Войновича «Москва 2042» кормят переработанным «вторичным продуктом», попросту говоря экскрементами. В романе Бёрджесса «Семя желания» и в фильме «Зеленый сойлент» мы испытываем шок, когда узнаем то, чего не знают граждане: что их основной продукт питания — человеческие останки. Конечно, в обоих случаях они тщательно переработаны, так что происхождение продукта угадать невозможно.

Кроме того, еда может быть такого отвратительного вида и качества, что наизнанку выворачивает и персонажей, и читателей. Лучший пример висцеральной двойственности — столовая в Министерстве Правды у Оруэлла, где вид жаркого напоминает рвоту: «[Уинстон Смит] стал заглатывать жаркое полными ложками; в похлебке попадались розовые рыхлые кубики — возможно, мясной продукт» [Оруэлл 1989: 51]. *Возможно*? Большинство едоков начали бы с того, что удовлетворили свое любопытство, но у Уинстона нет выбора. По мере того как он озирает пищу и свое убогое окружение, в нем нарастает бунт, начавшийся как висцеральная реакция:

> Всегда ли так неприятно было твоему желудку и коже, всегда ли было это ощущение, что ты обкраден, обделен? <...> ...если тошно тебе от неудобного, грязного, скудного житья... от странного и мерзкого вкуса пищи, не означает ли это, что такой уклад жизни *ненормален*? <...> Если он кажется непереносимым — неужели это родовая память нашептывает тебе, что когда-то жили иначе? [Там же: 56].

И напротив, немногие мгновения, когда герой чувствует себя свободным, измеряются его вкусовыми рецепторами — так происходит, когда Джулия приносит на их свидания «настоящий» шоколад, а потом и «настоящие» кофе, хлеб, джем и сахар. Благодаря естественному отбору Уинстон может доверять своей «родовой памяти».

5. Обусловленное отвращение

Оруэлловская Океания вызывает только отвращение. Замятинское Единое Государство тоже — в меньшей степени, но с гораздо бо́льшим числом оснований. Тактика антиутопистов — добиться, чтобы ненавистная идея, в данном случае утопия, ассоциировалась с чем-то отвратительным, и таким образом создать неизгладимый паттерн отталкивающего поведения. Тошнота и намеки на нее играют важнейшую роль в выработке рефлекса отвращения к определенным видам пищи и формам поведения. Эксперименты на различных животных, от змей до волков, доказывают, что такие впечатления быстро усваиваются и прочно запоминаются. Это объясняет особенно сильную связь между запахом и памятью. Так, аромат ландыша заставляет Д-503 вспомнить «сразу все» [163]. Как отмечают Дж. Гарсия и Л. П. Бретт, условный рефлекс отвращения, которые они формировали у животных, вызывая у них тошноту, «кажется на удивление странно независимым от когнитивного, сознательного процесса» [Garcia, Brett 1977: 278]. В контексте искусства висцеральная реакция — козырной туз. Если антиутопист добивается того, что мишень его нападок ассоциируется с чем-то отвратительным, читателю крыть нечем. Ассоциациям не обязательно быть точными или справедливыми. Рассмотрим «эффект беарнского соуса»[4]. Если человек, поев незнакомой пищи, тут же получает расстройство желудка, он, скорее всего, обвинит в своем недомогании эту новую для него еду независимо от того, действительно ли причина в ней. К тому же впоследствии он, вероятно, будет избегать этого блюда [Konner 1982: 29–30]. Как предвестник будущих быстрых социальных изменений, утопия находится в особенно уязвимом положении.

В «Заводном апельсине» Бёрджесса (1962) общество с помощью аверсионной терапии пытается вылечить Алекса от склонности к сексуальному и прочему насилию, однако лечение вызывает у него также непредвиденный побочный эффект — отвращение к Девятой симфонии Бетховена. В Океании Оруэлла власти пытаются подавить сексуальное влечение граждан, прочно ассоциируя его с клизмами. Официальная «двухминутка ненависти» к врагам Старшего Брата начинается с «отвратительного воя и скрежета» — Уинстону «трудно дышать», он ощущает «холод в животе» [Оруэлл 1989: 28, 31]. Когда ближе к концу романа О'Брайен в комнате 101 угрожает ему крысами, Уинстон едва не теряет сознание от тошноты и кишечных спазмов. Отныне он не может пить джин, не вспоминая об отвратительных паразитах. Ассоциативное зловоние пропитывает и режим. В «Рассказе служанки» правительство Республики Галаад вывешивает казненных «грешников» на всеобщее обозрение

---

[4] Обиходное название обусловленного вкусового отвращения.

для устрашения будущих преступников. Наиболее широко аверсивное обусловливание используется в романе Хаксли, где детям прививают отвращение, например, к цветам с помощью оглушительных шумов и электрошока. В «Мы» нам отвратительно Единое Государство, уравнивающее любовь с другими физиологическими нуждами, включая испражнение [153]. По словам Д-503, государственные поэты, помимо прочих пошлостей, воспевают «интимный звон хрустально-сияющей ночной вазы» [183], — по сути, еще одна демонстрация прозрачной структуры Единого Государства.

Один из способов вызвать более сильную степень отвращения — привести в действие защитные реакции. Замятин прибегает к классическим фобиям, таким, как боязнь змей и пауков, чтобы включить у читателя врожденные механизмы предупредительной защиты. Д-503 испытывает отвращение к S-образному — змееобразному? — горбуну S-4711. Ему мерещится «жало» квадратного корня из минус единицы, математический символ которого и вправду имеет некоторое сходство со скорпионом [205]. «В белых одеждах Благодетель» на Площади Куба, похожей на «круги паутины», изображается как «белый, мудрый Паук... мудро связавший нас по рукам и ногам благодетельными тенетами счастья» [232][5]. *Счастья*? Обратите внимание, что о пауке говорится как о чем-то само собой разумеющемся. На первый взгляд, все в порядке: Д-503, похоже, ничего не подозревает, притом что жуткий образ вылезает как будто из подсознания. По словам Н. Э. Эйкен, «некоторые стимулы могут формировать эмоциональную реакцию без посредства сознательного решения» [Aiken 1998: 50]. Эйкен отмечает, что защитные рефлексы, идущие по «быстрому таламическому пути», могут заставить нас реагировать, прежде чем мы успеваем осознать, на что именно реагируем [Там же: 103]. В непосредственной близости от змеи, паука, скорпиона или другого опасного хищника скорость реакции может быть вопросом жизни и смерти, так что она

---

[5] Э. Барратт отмечает, что весь план города имеет форму паутины [Barratt 1985: 666]. С другой стороны, то же можно сказать о многих городах.

имеет явное адаптивное значение. Поэтому естественный отбор постарался, чтобы мы как можно быстрее реагировали на подобный угрожающий намек. Поскольку чрезмерная реакция не требует от организма больших затрат — лишь в самых крайних проявлениях она может вызвать психоз и/или остановку сердца, — для защитных рефлексов типична неумеренность. К тому же, чтобы вызвать неконтролируемую реакцию, зачастую бывает достаточно и одного признака угрозы: чешуи, извивающейся формы, злобно горящих глаз или острых зубов. Лучше перестраховаться, ибо береженого бог бережет. И наконец, защитные рефлексы легко перевешивают сознательный контроль над эмоциями и могут некоторое время продолжать действовать без дополнительных стимулов [Там же: 60]. С другой стороны, когда стимулы, связанные с угрозой, включены в художественные тексты, стимулятором становится само искусство.

В «Мы» стимулы, связанные с угрозой, занимают видное место. По понятным причинам обнаженные зубы, особенно заостренные, как у хищников, вызывают тревогу. Нетрудно заметить, что Д-503 неоднократно обращает внимание на острые белые зубы I-330. Ее улыбка напоминает ему укус [150, 157, 159, 202], зубы у нее «ослепительные, почти злые» [150], но при этом сладкие [288] и «нежно-острые» [187]. Эта странная смесь положительных и отрицательных ассоциаций ясно показывает, что зубы I-330 завораживают Д-503, застывшего в нерешительности где-то на полпути. Поскольку зубы I-330 символизируют как добро, так и зло, Д-503 не может не смотреть на них. Также он неоднократно описывает глаза других персонажей. Пятна в виде глазков, как правило, служат насекомым, чтобы отпугивать возможных хищников: тех тревожит ощущение, будто на них нацелился взглядом другой хищник. Д-503 постоянно замечает, как на него смотрят довольно хищные персонажи: I-330 и змееподобный S-4711 с его сверлящими глазами-буравчиками [161]. Наконец, вид крови, вероятный признак опасности, часто вызывает истерию. Многие животные, особенно ядовитые рыбы, окрашены в кроваво-красный цвет, чтобы держать хищников на расстоянии. Когда в День Единогласия Д-503 видит, что I-330 истекает кровью, у него в глазах «все стало багровым», и он переходит к насильственным действиям [235]. По сути, I-330 сочетает в себе многие из этих стимулов, создавая общее завораживающее впечатление. Помимо острых зубов и дерзкого взгляда, она обладает голосом, похожим на хлыст — змееподобный образ, — а ее лицо состоит из острых треугольников, что дополняет мотив острых зубов[6].

Замятин также вызывает реакцию отторжения, действуя от противного: население Единого Государства он часто изображает как не способное реагировать. Д-503 с совершенно безнравственным удовольствием говорит о том, насколько «сияющим стало лицо Земли» благодаря массовому истреблению людей во время Великой Двухсотлетней Войны [152]. Когда около десятка рабочих погибает в производственной аварии, Д-503 с гордостью отмечает, что никто и не вздрогнул, что ритм работы «не споткнулся» [209]. Порой персонажи проявляют полную бесчувственность, как, например, врач, который спрашивает Д-503, не согласен ли тот «заспиртоваться» — не когда-нибудь, а прямо *сейчас* [197]. Если мы в таких случаях не содрогаемся, в нас нет человечности — не зря мы практически не задумываясь говорим о своих бесчеловечных, хладнокровных сородичах, что у них «каменное сердце». Иными словами, должным образом обработанные люди не испытывают висцеральных реакций. В классическом культовом фильме Ридли Скотта «Бегущий по лезвию» именно по этому признаку блейд-раннеры отличают андроидов от настоящих людей.

Выработка условных рефлексов опирается на то, что наши мысли тесно переплетаются с висцеральными реакциями. Мы не можем отличить здоровую пищу на вкус; о ее полезности для здоровья мы судим лишь по тому, как мы о ней думаем. Это допускает значительный разрыв между поведением и истинной причинно-следственной связью событий. То, чего вы не знаете, с меньшей вероятностью вызовет у вас тошноту. Мы можем предотвратить неблагоприятные реакции и разжечь аппетит, назвав пчелиную рвоту медом, а рыбьи яйца — икрой. В некото-

---

6 См. также [New 1970].

рых языках, например в английском, названия некоторых видов мяса животных не имеют ничего общего с названиями самих животных (ср. русское «говядина», никак для современного человека не связанное с «коровой» или «быком»).

Аппетит можно разжечь с помощью обмана, замаскировав один продукт под другой: примеры — вегетарианский гамбургер или «фальшивый заяц». Макаронную диету можно оживить, просто придав изделиям разную форму. С другой стороны, как уже было сказано, лучше не знать, из чего делают сосиски и колбасы, иначе они могут вызвать отвращение. Олеша в «Зависти» уделяет немало внимания их ингредиентам, высмеивая попытку Андрея Бабичева «утопизировать» советскую пищевую промышленность, используя колбасу как оружие против частных, семейных кухонь. Висцеральная реакция оказывается преувеличенной из-за простейшего пищевого отвращения, и автор может эксплуатировать ее дальше уже в новых, самых разнообразных целях.

На самом деле висцеральная реакция гораздо коварнее. На утопическом столе пока еще не было ничего, кроме... слов. Нам даже не нужна пища или другой органический материал, чтобы вызвать чисто физический протест. Казалось бы, это свидетельствует против генетической природы висцеральных реакций. Однако одно то, что аппетит и условные рефлексы присутствуют в утопической фантастике, еще раз доказывает, что естественный отбор часто действует через систему знаков. Как давно убедили нас философы, трудно ощутить что-либо за пределами образа — хотя пищевой цикл служит важным исключением из этого правила. Образы — это все, что мы можем надеяться получить от художественной литературы, и их часто бывает достаточно, чтобы вызвать физиологические ощущения. Поэтому мы способны реагировать на слова и т. д. почти так же, как если бы они были пищей.

Еще одно дестабилизирующее свойство висцеральных реакций — их предельная заразительность. Подобно зевоте, они легко переходят от того, кто их испытывает, к другим, не подверженным их воздействию. Вид, а особенно запах рвоты, скорее всего, вызовет новые приступы тошноты. То, что мы так легко поддаемся позыву, безусловно, служит селективным преимуществом: зачем нам самим испытывать неприятные ощущения, чтобы приобрести аверсивный рефлекс, если их можно получить косвенным путем? Этот пример помогает нам понять, почему висцеральные реакции так мощно воздействуют, так часто считаются признаком искренности и так прочно утвердились как составная часть мастерства актера, который умеет эти чувства сыграть и тем самым вызвать их в зрителе. А зритель восприимчив. Разве мы не жаждем искусства ради того, чтобы оно нас внутренне «трогало»? Сам Аристотель видел цель трагедии в том, чтобы через страх и жалость вызвать у зрителя *катарсис*, своего рода висцеральную реакцию. Так запускается следующая стадия висцеральных реакций.

Еще одним примером накопительного характера естественного отбора может послужить наша инстинктивная реакция на несъедобные компоненты окружающей среды. Самые сильные непищевые реакции основаны на моделях пищевых рефлексов. В природе ничто не возникает из ничего. Новые органы и формы поведения должны адаптироваться на основе предыдущих. Эмоции и виды поведения, не находящиеся в тесной связи с биологическими моментами, формируются в соответствии с теми, которые с этими моментами связаны. Подобно тому как современное общество зачастую формируется вокруг древнейшего вида биологической деятельности — потребления (если речь не о размножении), наши оценки часто имеют физиологическую подоплеку. Достаточно вспомнить, как много оценочных слов и фраз, означающих висцеральные реакции, мы применяем к неорганическим явлениям. Если нам что-то сильно не нравится, мы скажем, что от этого нас «выворачивает наизнанку», что оно «неаппетитное», «с душком», «гнилое», «тошнотворное», «тухлое» и «смердит». Поскольку мы «сыты этим по горло», оно вызывает «рвотный рефлекс»: нас от этого «мутит», «тошнит», «с души воротит», тянет «плеваться» и «блевать». Все эти выражения могут быть приложимы и к утопическому искусству.

Теоретически висцеральные реакции — это игра, в которой неизвестно, чья возьмет. Каждая из сторон может использовать их в своих целях, хотя, как мы уже отмечали, у антиутопий имеется естественное преимущество: вывести читателя из равновесия в их интересах. Как правило, эти реакции направлены на культурные различия, которые отделяют жителей утопий от нас самих, — это равносильно экологическому шоку, учитывая, что мы могли бы адаптироваться к утопии лучше, чем нам это удается, — хотя на это не хватит времени, требующегося на прочтение романа, притом что наша эмоциональная природа уходит корнями в плейстоцен. Фордианцы в романе «О дивный новый мир», изучая традиционный человеческий образ жизни, то и дело высказывают как веселье, так и отвращение. Особенно высокую степень физиологического ужаса вызывает все, что связано с «живородящим», то есть для нас нормальным, размножением. Слово «мать» превратилось в непристойность. Это не располагает читателя к ним. Нечто похожее происходит в «Клопе» Маяковского, где Присыпкин попадает в далекую эпоху 1979 года — время, когда коммунизм восторжествовал и окружающая среда очищена. Граждане будущего находят сильно пьющего современника Маяковского отвратительным и теряют сознание всякий раз, когда он просто в их присутствии дышит.

Но чтение вызывает в нас *наши собственные* висцеральные реакции, и шок будущего, который мы испытываем, — это наш шок. Таким образом, мы можем лучше делиться своими реакциями. Именно это почти непреднамеренно случилось с «Клопом»: Маяковский, величайший русский футурист и глашатай коммунизма, все же отшатывается от социалистического будущего, в котором Присыпкину нет другого применения, кроме как стать кормовой базой для почти вымершего вида «клопус нормалис». От одной мысли о том, что человека можно использовать как корм для паразита, каким бы редким тот ни был, волосы встают дыбом. Полагаю, что современных зрителей не оставит равнодушными и дискуссия в этой пьесе о том, следует ли позволять людям умирать или воскрешать их против их воли, исходя из того, что «каждая жизнь рабочего должна быть использована до последней секунды» [Маяковский 1958: 246]. В романе Бёрджесса «Семя желания» труп мальчика передают Министерству сельского хозяйства для переработки в удобрение. Наши развившиеся в ходе эволюции висцеральные реакции служат последним оборонительным рубежом человечности, как будто сам наш организм сопротивляется идее социальной инженерии. Такой момент зафиксирован в «О дивный новый мир», когда Дикарь впервые видит дельт и эпсилонов, которых намеренно задерживают в развитии. Его вырвало. Во многом благодаря тому, что герой был рожден и воспитан в естественных условиях, он единственный в романе, кто осуждает чудовищность фордизма. Конечно, он нормативный герой, тот, на чье место ставит себя читатель. Позже он «очищается» и объясняет: «Я вкусил цивилизации. <...> И отравился ею» [Хаксли 2021: 327]. («I ate civilization. <...> It poisoned me».). После его висцеральной реакции другие слова уже не нужны.

Итак, одна из важных тактик Замятина в «Мы» состоит в том, чтобы настроить читателя против Единого Государства, вызвав у него множество телесных реакций, хотя немногие из них так сильны, как в книгах Оруэлла и Хаксли. Вместо того чтобы возмущаться прошлым, Д-503 просто смеется — смех тоже отчасти висцеральная реакция. Они, однако, вполне годятся для того, чтобы отграничить его от нас, вызвать род шока будущего. Именно такой шок мы испытываем, когда Д-503, выйдя за Стену, описывает траву как «что-то отвратительно-мягкое, податливое, живое, зеленое, упругое» [241]. Ранее, когда I-330 вливает ему в рот зеленый алкоголь (ликер «Creme de Menthe»?), Д-503 воспринимает его как «нестерпимо-сладкий... жгучий яд» и пьянеет немедленно, гораздо раньше, чем спирт успел бы попасть в его кровеносную систему [175].

С другой стороны, Мефи хотят вернуть человеческому роду всю полноту врожденных висцеральных реакций — это необходимо, чтобы оставаться людьми. I-330 объясняет, как следовало бы поступить со сверхцивилизованными нумерами Единого Государства: «Содрать все и выгнать голыми в леса. Пусть научатся дрожать от страха, от радости, от бешеного гнева, от холода, пусть молятся огню» [248]. И это уже написано на лицах некоторых мятежников: их возбуждение так велико, что они идут, «глотая, — по словам Д-503, — раскрытыми ртами бурю» [285].

Роман завершается двумя важными, хотя и описанными не прямо висцеральными реакциями. Когда Д-503 идет в Бюро Хранителей, чтобы признаться в своих проступках и подвергнуться Операции, его душевное смятение отзывается во всем организме: «...голова расскакивалась, я хватал [людей] за рукава, я молил их — как больной молит дать ему скорее чего-нибудь такого, что секундной острейшей мукой сразу перерубило бы все» [290]. Из этого ничего не выходит, так как Хранителем, который его допрашивает, оказывается двойной агент S-4711. Осознав наконец, с кем он разговаривает, Д-503 думает о библейском Аврааме: тот, весь в холодном поту — как, несомненно, и наш рассказчик, — собирается принести в жертву сына, и тут ему сообщают, что Бог просто пошутил. Как будто страдая от расстройства желудка, Д-503 отталкивается от стола и убегает: «...себя всего — схватил в охапку» [291]. Примечательно, что он не помнит, как оказался сидящим на унитазе в общественном туалете. Подобно Дикарю Хаксли, он испражняется цивилизацией, которая рушится вокруг него, и слышно, как он стонет.

Второй случай — совершенно бесчувственная заключительная запись, сделанная лоботомированным Д-503. Кроме неизменной улыбки, он не способен ни на какие висцеральные реакции: ни когда рассказывает, как его схватила толпа и отвела на Операцию, ни когда пытают его бывшую возлюбленную, ни когда он узнает о ее предстоящей казни. Д-503 отмечает «что у ней острые и очень белые зубы и что это красиво» [293]. Теперь нам, читателям «Мы», предстоит отстоять нашу человечность, отреагировав «нутром» — всем организмом.

Глава 9
Аутизм в «Мы»

Биологическое присловье «Онтогенез повторяет филогенез» справедливо и по отношению к развитию сознания в «Мы». По ходу повествования Д-503, в процессе возвращения себе психики современного человека, проходит важные эволюционные этапы выявления человеком собственного сознания. Возможно, это не совпадение, а скорее отражение важнейшей тенденции в художественной литературе. Показывая, как Д-503 открывает для себя свое сознание, Замятин затрагивает другие открытия, важные для нашей общей истории: что сны — не сверхъестественные послания, а рефлексия переживаемых психологических конфликтов; что люди думают по-разному; что их мысли отражают детский и подростковый опыт; что люди не всегда способны контролировать свои действия, не говоря уже об эмоциях, которые могут восприниматься как отдельные части эго; что существует язык тела, в том числе реакции вегетативной нервной системы; что у нас есть подсознание. И уже ближе ко времени создания романа приходит понимание того, что все вышеперечисленное и многое другое переживается как комплексные, одновременные потоки сознания.

Будем исходить из предпосылки, что изучение человеческого сознания лежит в основе развития характеров и стиля повествования, да и всей истории литературы. Возможно, главный вклад «Мы» в исследование психики состоит в том, что Замятин своим романом заставляет нас признать естественную психологию. По мере того как при чтении и написании романов мы углубляемся в природу нашего самосознания, растет умение читателя взаимодействовать с другими людьми в социальном дискурсе. Мы не просто с легкостью угадываем чужие психические состояния, но и получаем от этого удовольствие — отсюда и наш интерес почти ко всей повествовательной литературе. Но проблема в том, что это относится не ко всем: людям, страдающим той или иной формой расстройства аутистического спектра в соответствующей степени, трудно представить себе, как думают другие. Это ведет к проблемам в социальной коммуникации. Иными словами, они испытывают дефицит интерсубъективной интерпретации [Bogdan 2000: 178]. Есть убедительные доказательства того, что аутизм — заболевание в значительной степени генетическое: примерно 80 % страдающих им — мужчины, и болезнь часто обнаруживается у кровных родственников, особенно идентичных близнецов. Более того, как утверждает Б. Бойд, «автоматизм и эффективность» нашей нормальной теории разума «красноречиво свидетельствуют о высокой степени адаптации» [Boyd 2009: 155]. В «Мы» Замятин дает читателю возможность испытать, каково быть аутистом, в сравнении с радостями нормальной человеческой субъектности. Кроме того, несмотря на генетическую основу, наш «метаменталитет» — это способность, которая должна развиваться в благоприятной социальной среде, включающей в себя и художественную литературу. И в «Мы» отражены многие существенные моменты воспитания социального интеллекта.

Весьма характерно, что такая первостепенно важная тема, как природа человеческого сознания, рассматривается в фантастическом романе о будущем. Утопическая и антиутопическая фантастика обычно больше озабочена идеальной организацией человеческого общества. Один из главных вопросов в шедевре Замятина — что значит быть человеком, особенно с точки зрения личного психологического опыта, жизни в том виде, в каком мы ее проживаем. Готовность довольствоваться материальными и социальными удобствами, предлагаемыми в утопиях, аналогичных Единому Государству, — природное свойство или ее можно привить? Действительно ли эти установления, а может быть, и любой порядок, слишком сильно стесняют нормальное сознание? Правильный ответ на этот вопрос зависит от нашего понимания того, что собой представляет человек, особенно с точки зрения его психологических склонностей. Примечательно, что Д-503 постоянно спрашивает себя: «...кто — я, какой — я?» [180]. Совершенно очевидно, что Замятин противопоставляет основанную на механизме *стимул—реакция* бихевиористскую психологию Единого Государства и других социалистических структур новым открытиям, из которых одни принадлежат Фрейду, а другие ко времени написания романа еще не получили признания в среде психологов. Как и другие хорошие художники, Замятин с помощью своего текста развивает наши представления о психологии, часто опережая клинические исследования. В этом смысле его роман, как и многие другие, отвечает своему главному посылу о бесконечности революций, о постоянно расширяющемся познании. Мы рассмотрим, насколько роман в целом согласуется с тем, что мы сегодня знаем об аутизме и теории разума, концепциях, практически неизвестных при жизни Замятина.

Когда Д-503 говорит, что люди похожи на романы, мне вспоминается совет Б. Р. Тилгмана: если хотите узнать, что значит быть человеком, читайте художественную литературу [Tilghman 1991]. Конечно, каждый знает, что значит быть самим собой, но художественная литература — один из лучших и самых распространенных способов узнать, что значит быть *другим*, понять и *прочувствовать*, о чем и как этот другой человек думает. Как выразился Р. Данбэр, читатель повествования «подглядывает за интимной жизнью других» (цит. по: [Sugiyama 2005: 185]. Сугияма делает вывод:

> Таким образом, функция персонажа состоит в том, чтобы освещать сознание наших собратьев — людей... персонажи почти без исключения служат репрезентациями человеческой психики... персонажи [в повествовании] дают нам особый доступ к человеческой психике, которого мы лишены в реальной жизни [Там же: 185–186].

Как правило, люди не позволяют другим, за исключением членов семьи и любовников, долго смотреть на них или «ковыряться в мозгах». Благодаря книгам и другим современным формам повествования современный читатель может изучать изображенных в книгах персонажей столько, сколько позволяет текст. А тексты, как правило, позволяют все больше: согласно нашей гипотезе об истории литературы, описания психики со временем стали пространнее и глубже[1]. Кроме того, в полном соответствии с идеей Замятина о расширении познания я предполагаю, что повествования, особенно такие новаторские романы, как «Мы», расширяли наше представление о человеческих возможностях, заставляя нас яснее почувствовать, кем мы могли бы быть.

Кажется, что именно так обстоит дело в «Мы»: повествование ведется от лица Д-503, которому есть что рассказать нам, гостям его мира, о своем обществе. Но вскоре выясняется, что еще больше он должен рассказать самому себе о себе. Выбранный Д-503 жанр — ежедневные дневниковые записи — имеет важную особенность: он заставляет Д-503 пристально смотреть на себя. А это, в свою очередь, влечет за собой судьбоносный результат: самосознание рассказчика развивается. По словам М. А. Хатямовой, его дневник — «форма выражения пробуждающейся личности» [Хатямова 2008: 165]. Сначала он пытается подвергать свой автопортрет самоцензуре, но потом решает: «Пусть мои записи... дадут кривую даже самых незначительных мозговых колебаний» [153]. Вскоре он понимает, что его сознание представляет собой смесь многочисленных, зачастую противоречивых сил, и поэтому изображение психики оказывается удивительно реалистичным; это имеет последствия, которые ему трудно опровергнуть, так как он старается оставаться довольным жизнью в Едином Государстве. Следуя за Д-503 в путешествии по его сознанию, мы отчасти понимаем, почему романы так важны для людей.

Одной из предпосылок для нашей гипотезы служит предположение, что самосознание очень важно, так как в условиях есте-

---

[1] См. об этом подробнее в моем докладе «Natural Psychology in the Evolution of Russian Prose», прочитанном на ежегодной конференции 18th Annual Human Behavior and Evolution Society Conference (Филадельфия, 2006, 7–9 июня).

ственного отбора оно крайне ценно. Английский философ Н. Хамфри считает именно самосознание причиной, по которой наши умственные способности значительно превосходят требования, предъявляемые *физической* средой плейстоцена, условиями, в которых возник наш вид и развилось сознание [Humphrey 1983]. Наш мозг — дорогое удовольствие. Серое вещество мозга расходует калории примерно в пятнадцать раз быстрее, чем остальной организм. Более того, чтобы у наших детей мог развиться большой мозг, превышающий возможности женского таза, они рождаются примерно на девять месяцев раньше срока, то есть задолго до того, как они научатся ходить, — а именно до этого момента вынашивают детенышей большинство других животных. Кроме того, черепная коробка у человека затвердевает только после рождения, что позволяет развиться еще большему количеству серого вещества. То, что мы рождаемся беспомощными младенцами, в свою очередь, требует других значительных физических и поведенческих модификаций. Это прямохождение на двух ногах, позволяющее родителям носить детей на руках; «общественный договор» между полами, благодаря которому возможна такая родительская забота; долгосрочное спаривание, чтобы укрепить и продлить этот договор, и многие другие вытекающие из этого изменения — по сути, многое из того, что мы считаем человеческой природой.

Хамфри предполагает, что указанные формы адаптации были продиктованы *социальной* средой, необходимостью успешно конкурировать с другими людьми, которые также участвуют в пресловутом дарвинистском «выживании наиболее приспособленных». За то, кому быть хищником, а кому — добычей, мы соперничаем не только с другими видами — наш успех как особей зависит от взаимодействия с себе подобными в борьбе за ограниченные пищевые ресурсы, сексуальных партнеров, статус и удовлетворение прочих базовых потребностей. Как отмечает Р. Богдан, сознание, а особенно самосознание, присуще общественным биологическим видам: «Предположение, скорее, состоит в том, что именно их политика в большей степени, чем другие социальные виды деятельности, оказала сильное воздействие на интерпретативные навыки» [Bogdan 2000: 62]. Поскольку человеку необходимо знать, кому можно доверять, и предвидеть действия тех, кому доверять нельзя, повышенные умственные способности позволяют нам моделировать чужое сознание на основе единственного сознания, которое мы хорошо знаем, — своего собственного. Поскольку все это часть непрекращающейся конкуренции между сородичами, давление отбора ведет к дальнейшему развитию когнитивных способностей, а оно, как мы утверждаем, в свою очередь, вызывает стилистические изменения в процессе истории искусств. Стиль в конце концов передает текстуру того, что мы воспринимаем как ментальный опыт. Это разновидность жизненно важной психологической информации.

По-видимому, только люди, как самые социальные животные, развили в себе способность обманывать себе подобных. Поскольку наивная демонстрация внутренних состояний может привести к эксплуатации со стороны сородичей, мы учимся скрывать некоторые свои мысли и пытаемся проникнуть в чужие. Хамфри и другие полагают, что эти факторы легко приводят к постоянно ужесточающейся битве между обманом и разоблачением обмана; поле битвы мы называем обществом, в котором живем. Полагаю, что такие битвы также ведут к повышению психологического правдоподобия в изображении литературных персонажей, повествовательной портретной живописи, которая отчасти служит тренировкой в этих важнейших видах деятельности. В той мере, в какой мы способны войти в мир повествования, — ведь сопереживание вымышленным персонажам, несомненно, помогает учиться на косвенном опыте, — романы рассчитаны на самообман. Это главная тема в «Мы», где рассказчик постепенно и непоследовательно осознает то, что и так все время было отчетливо видно.

Трудно представить себе роман, который лучше, чем «Мы», иллюстрировал бы теорию Хамфри о том, что социальная конкуренция привела к расширенному развитию человеческого сознания. Текст начинается в тот самый момент, когда Д-503 берется за перо, чтобы написать агитку, которая помогла бы Единому Государству подчинить себе другие народы. Сюжет начинает разворачиваться со следующей записи, когда I-330 буквально влезает в сознание Д-503 и начинает эксплуатировать его. Поскольку он строитель «Интеграла», космического корабля, предназначенного для завоевательной миссии, она пытается возбудить его сексуальный интерес, чтобы использовать героя в целях ее подпольной организации, готовящей государственный переворот. До сих пор Д-503 жил в якобы гармоничном обществе и полностью доверял своим согражданам. Пусть их эксплуатируют Благодетель и Хранители, но они по крайней мере не используют друг друга в своих интересах. Поэтому Д-503 может изображать их двумерными, как геометрические фигуры. Он мало с кем поддерживает личные отношения, за исключением членов своего любовного треугольника О-90 и R-13, но он ни разу не упоминает имен Второго Строителя или своего лысого соседа[2]. Обратите внимание, что он делит женщину, О-90, со своим старым школьным другом R-13, но тот не делит с ним своих тайн. Д-503 и не подозревает, что поэт — мятежник, имеющий прямое отношение к заговору. Д-503 знает, что О-90 отчаянно хочет стать биологической матерью, но он не представляет, что она готова совершить тяжкое преступление — пойти на несанкционированную беременность — ради того, чтобы выполнить свое предназначение. Кроме того, Д-503 не видит того, что скрыто в нем самом, — это не что иное, как человек.

Можно сказать, что порой у Д-503 и некоторых других нумеров проявляются отдельные симптомы синдрома Аспергера, легкой формы аутизма. Как и люди, страдающие этим заболеванием, Д-503 мало интересуется чужими лицами или эмоциями[3].

---

[2] Адресная система, согласно которой жилища нумеров располагаются в буквенно-цифровом порядке, подсказывает, что соседа, вероятно, зовут либо Д-501, либо Д-505.

[3] Аутизм и синдром Аспергера отличаются разнообразием симптомов и могут быть диагностированы только по отклонениям в поведении. У больных наблюдается не только разная симптоматика, но и разная степень нарушения нормальной деятельности. Упоминая часто отмечаемые симптомы как аутизма, так и синдрома Аспергера, болезней, которые трудно отличить друг от друга, я полагаюсь на исследования [Astington 1993; Baron-Cohen 1993; Baron-Cohen 1997; Bogdan 2000; Donnellan 1985; Janzen 2003; Kim, Volkmar 1993; Tager-Flusberg et al. 1993].

Похоже даже, последние ему не нравятся: так, во второй записи он расхваливает «не омраченные безумием мыслей лица», а в День Единогласия ему хочется быть одним из «этих настежь раскрытых лиц» [142, 232]. Герой зачастую неправильно истолковывает язык тела своих сограждан, возможно, потому, что почти не давал себе труда как следует рассмотреть их. Примечательно, что мало чьи характеристики внешности детализированы, кроме портретов центральных персонажей. Двумерные описания его знакомых, как, например, лица Второго Строителя — «круглое, белое, фаянсовое — тарелка», — наводят на мысль, что он почти не вглядывается в них [190, 191, 260]. Зачем это ему? На это у героя никогда не было причин: другие нумера редко удивляли его или обманывали его ожидания. Кроме того, Единое Государство строится на предпосылке, что люди очень похожи друг на друга, если не полностью взаимозаменяемы, а впоследствии власть намеревается сделать их практически идентичными. Следовательно, Д-503 плохо подготовлен, чтобы понимать язык тела: текст изобилует намеками на то, что I-330 — Мата Хари, S-4711 — «крот» Мефи среди Хранителей, а R-13 — диссидент, но герой уделяет мало внимания уликам, находящимся у него перед носом. В этом и многих других отношениях его умственные способности сильно отстают от мышления обычного читателя. Д-503 не понимает хода мыслей, который мы воспринимаем как само собой разумеющийся, например, почему О-90 предлагает ему веточку ландыша или как-то еще выражает привязанность [163]. Он не понимает, почему так бледен R-13 после выступления со стихами на казни поэта-диссидента. Чуткому читателю сразу делается ясно, что R-13 читает крамольные стихи не для того, чтобы предупредить о недопустимости инакомыслия, — таким образом он косвенно выражает собственный протест с немалым риском жизни [169–170]. Иногда своей неспособностью понимать других Д-503 превосходит даже самых законопослушных нумеров. И Ю, и Благодетель безуспешно пытаются объяснить, ему, что I-330 интересуется им только из собственных тайных побуждений, но он остается при своих иллюзиях [246, 282–283].

Еще более красноречивый симптом болезни Аспергера — поразительное отсутствие у Д-503 эмпатии. Во второй записи он злится на О-90 за ее выражения любви. Позже он «с наслаждением, втыкая в нее по одному слову», читает ей отрывки из дневника — какие, не сказано, но вполне вероятно, что как раз о своем пренебрежении ею и/или страсти к I-330 [212]. Часто Д-503 проявляет удивительную черствость, например, когда предлагает Второму Строителю пройти Операцию по «вырезыванию» фантазии — настоящую лоботомию воображения, предназначенную для того, чтобы нумера лучше поддавались контролю Единого Государства. Д-503 предполагает, что Второй Строитель хмурится из-за намека, будто у него есть воображение, но более вероятно, что он так реагирует именно из-за того, что воображение у него есть [191].

У аутистов часто отсутствует способность к социальной оценке. Как это ни странно для самопровозглашенной утопии, Единое Государство оставляет мало места для солидарности между нумерами. Д-503 приучен высоко ценить жестокое правосудие, которое вершат Благодетель и Хранители; как и во многих тоталитарных государствах, публичные казни становятся поводами для празднования [148, 170]. Этот недостаток присущ и другим. Так, Второй Строитель с довольной улыбкой предвкушает, как в Операционном будут пытать «ненумерованного» человека [190]. Настоящий шок мы испытываем, когда Д-503, рассказывая, как «с десяток» нумеров превратилось в пар во время несчастного случая на производстве, выражает гордость, «что ритм нашей работы не споткнулся от этого ни на секунду, никто не вздрогнул; и мы и наши станки — продолжали свое прямолинейное и круговое движение все с той же точностью, *как будто бы ничего не случилось*» (курсив мой. — *Б. К.*) [209]. Свое равнодушие к гибели рабочих он оправдывает тем, что для Единого Государства они составляют лишь «бесконечно малую третьего порядка... — и добавляет: — Арифметически-безграмотная жалость... смешна» [190].

Зато на Д-503, как и на других людей с синдромом Аспергера, успокоительно действует повторяющееся поведение, даже лишенное смысла, такое как ежедневные прогулки по четыре человека в ряд под Марш Единого Государства. Для него «Расписание железных дорог» — классика древней литературы. Вместе со своим обществом он, как и большинство аутистов, сопротивляется переменам. В его понимании «идеал (это ясно) — там, где уже *ничего не случается*» [155]. Л. Каннер, врач, первым описавший аутизм, указывает в числе симптомов как «ограничение разнообразия спонтанной активности», так и «тревожно-обсессивное стремление поддержания тождества» [Каннер 2010, 2: 85, 86]. Если подумать, то Единое Государство — это не область социального взаимодействия, создать которую, по-видимому, входит в намерения утопической социальной инженерии, а скорее общество, безопасное для не способных жить в социуме аутистов. Неудивительно, что Д-503 так часто бывает одинок среди десятимиллионного населения. Сидя в столовой за общей трапезой, он практически не вступает в разговоры с согражданами, и непохоже, чтобы он от этого страдал. Аутистов обычно устраивает одиночество; часто они не реагируют на внешние раздражители, вплоть до того, что их можно принять за глухих, — вероятно, потому, что полностью погружены в собственные мысли. По меньшей мере трижды соседям Д-503 приходится кричать, чтобы привлечь его внимание [193, 263, 284]. Аутисты, как правило, не интересуются другими людьми. Характерно, что Д-503 и весь заполненный нумерами аудиториум равнодушно наблюдают, как ребенок едва не падает со стола, одна лишь О-90 подбегает, чтобы предотвратить беду [211]. Страдающие синдромом Аспергера наивны и беспомощны в обществе, как и Д-503 в окружении Мефи.

Д-503 сомневается, действительно ли существуют другие люди, включая читателя, или все они лишь его тени [218]. При первой же встрече I-330 говорит, что он похож на Бога в седьмой день творения: «Мне кажется, вы уверены, что и меня сотворили вы, а не кто иной» [143]. В какой-то момент, занимаясь любовью с I-330, он думает: «...я — вселенная», хотя обычно секс вызывает у него чувство слияния с ней, ощущение, что они «одно» [185, 187][4]. Такой

[4] См. также [204, 206, 226].

солипсизм напоминает аутизм. Д-503 кажется, будто I-330 говорила «как-то *из меня*, говорила *мои мысли*» [157], и далее: «...развертывала до конца мои мысли» — ощущение, по его признанию, «жуткое» [261]. В высказываниях Благодетеля он тоже узнает свои собственные мысли [282] (ср. [Евсеев 1997: 158]). Учитывая, что автор текста он сам, это в некоторой степени неизбежно. Этим же соображением может объясняться способность Хранителя S-4711 непостижимым образом появляться и исчезать из поля зрения Д-503. Кроме того, Д-503 сомневается в реальности своих читателей: «Разве я не населил вами эти страницы...» [218]. Он спрашивает: «...если этот мир — только мой, зачем же он в этих записях? Зачем здесь эти нелепые "сны", шкафы, бесконечные коридоры?» [205]. Здесь, по крайней мере, герой хотя бы подозревает, что все это существует на самом деле, — и, как мы увидим в следующей главе, писание «записок» играет центральную роль в его неполном исцелении. Дело в том, что аутисты, как правило, плохо осознают сами себя: ведь для этого необходимо быть в состоянии представлять, что о них думают другие. Ведение дневника заставляет Д-503 задуматься о том, каким его представляют себе читатели, — и действительно, во второй записи он встречает двух незнакомцев, которые вдруг обращают на него внимание, как если бы I-330 и S-4711 отделились от его «я», чтобы выполнять за него функцию самоанализа[5].

Аутизм — понятие относительно новое. Он был выявлен и получил свое название только в начале 1940-х годов; вскоре после этого был открыт синдром Аспергера. Однако люди с такой формой мышления, скорее всего, были среди нас всегда и воспринимались просто как «странные». Каким-то образом Замятин наделил многими симптомами этих заболеваний Д-503 и других жителей Единого Государства, несомненно, чтобы вызвать подсознательную реакцию отторжения. Режим не терпит сновидений

---

5 Пришедший к аналогичным выводам В. Н. Евсеев указывает на «диалогизм» дневника Д-503 [Евсеев 1997: 156]. Для письма, как и для любой эффективной коммуникации, необходимо представлять себе, как думают другие, когда слушают и читают — в этом теория разума совпадает с теорией М. М. Бахтина.

и игр, которые дают достаточный выход внутренним ощущениям и, следовательно, способствуют развитию естественной психологии. Помимо упомянутых выше показателей, мы также отмечаем в социальном протоколе аутизма ограниченные паттерны интереса, навязчивую приверженность определенным нефункциональным ритуалам, нравственную и поведенческую негибкость с неадекватными невербальными жестами, вероятно связанными с нарушением зрительного контакта. Последнее подтверждается тем, что Д-503 удивляется, даже пугается, когда его новые знакомые I-330 и S-4711 смотрят ему прямо в глаза — их поведение далеко от аутичного[6]. Он не раз замечает, как глаза последнего «ввинчивались» в него [181]. По-видимому, все дело в том, что они Мефи. Как и его соотечественники, Д-503 не стремится к спонтанной деятельности — он предпочитает рутинную работу, в которой как будто прячется от жизни. Так происходит и в рассказанной им печальной истории о «Трех Отпущенниках», нумерах, в порядке жестокого эксперимента лишенных работы: некоторое время они продолжали бессмысленно повторять трудовые движения за пределами предприятия и наконец покончили с собой [269–270]. Эти симптомы сопровождаются странными интонациями повторяющихся речевых формул, таких как «ясно» или «ради Благодетеля», которые Д-503 некстати употребляет в разговорах с I-330. Д-503 и его коллеги часто не могут завершить высказывание; их разговорам не хватает связности. Остается надеяться, что это все же не язык будущего, а лишь особенность общения людей, отстающих в социальном развитии. В повествовании Д-503 неоднократно проявляется его сосредоточенность на деталях, но он не способен воспринять целостность объекта — особенно это заметно в личных отношениях. Например, он прослеживает треугольник взглядов, соединяющий его с О-90 и младенцем в аудиториуме, но не понимает его смысла [211]. А случившаяся с ним в детстве истерика при столкновении

---

[6] С. Барон-Коэн предполагает, что в силу социального интеллекта у нас имеется «детектор направления взгляда», и отмечает: «Трудно не замечать глаза других, особенно когда они направлены на нас» [Baron-Cohen 1997: 212, 214].

с квадратным корнем из минус единицы вызывает подозрение в обсессивно-компульсивных тенденциях [164][7]. Эти симптомы создают картину жизни, которой люди не должны жить.

Аутизм, как правило, имеет генетическое происхождение; исключение — некоторые разновидности черепно-мозговых травм. Мальчики страдают этим заболеванием в четыре раза чаще девочек, а его симптомы проявляются уже в младенчестве. Таким образом, мы можем подвести под естественную психологию Хамфри адаптивную основу. Наше адаптивное будущее в социальной конкуренции зависит от того, будем ли мы вести себя так, будто умеем делать то, чего по определению не умеем, — читать мысли. Тем не менее мы читаем жесты друг друга и можем с некоторой достоверностью ассоциировать физические действия, включая скрытые сигналы, с психическими состояниями. Вызван ли аутизм наличием вредоносных генов, или же он объясняется отсутствием генетически сформированного «модуля», отвечающего за нашу естественную психологию, склонность интуитивно понимать чувства других?[8] Этот вопрос я оставляю специалистам. Замятин может ошибаться, полагая, что симптомы аутизма у Д-503 частично излечимы, но он правильно использует их как способ продемонстрировать глубокую ущербность Единого Государства.

Прежде всего представляется важным, что Д-503 был воспитан согласно политике Единого Государства: методами «детоводства», — то есть как бы произведен промышленным способом. Замятин интуитивно ощущает долгосрочный вред, нанесенный рассказчику отсутствием родительской, особенно материнской

---

7 Согласно Л. Каннеру, аутисты огорчаются «при виде чего-либо сломанного или неполного» [Каннер 2010: 79]. Дж. Джанзен отмечает, что они «часто прибегают к ритуализированным действиям — иногда в качестве успокаивающего средства» [Janzen 2003: 115]; именно это мы наблюдаем, когда Д-503 ежедневно гуляет под Марш Единого Государства или решает арифметические задачи.

8 С другой стороны, есть предположения, что у легких форм аутизма есть свои адаптивные преимущества, такие как внимание к деталям и способность запоминать информацию, отмеченные у отдельных аутистов. Некоторые специалисты утверждают, что аутизм следует рассматривать не как дефицит или расстройство, а скорее как отличие.

заботы. Я бы сказал, что все мы вступаем в жизнь в некотором роде аутистами, но благодаря сочетанию врожденных склонностей — возможно, столь часто постулируемого модуля теории разума — с нормальной семейной обстановкой, как правило, вырастаем из этого состояния. Личное взаимодействие, особенно обмен взглядами матери и младенца, выводит нас из первоначального солипсизма и развивает интерес к психическим состояниям других [Bogdan 2000: 67]. Интерсубъективность проявляется у нас на втором году жизни. Естественная психология развивается столь мощно, что, как отмечает С. Барон-Коэн, нам трудно удержаться от того, чтобы «интерпретировать поведение с помощью менталистского подхода» [Baron-Cohen 1997: 227]. Мы с легкостью приписываем намерения и личность неодушевленным предметам и иногда даже даем им «человеческие» имена: так, Д-503 и его одноклассники прозвали своего робота-наставника Пляпой.

Дети усваивают социальное поведение, внимательно наблюдая за поведением родителей [Bogdan 2000: 120]. Вникая во внутрисемейную политику, они учатся учитывать мнения других и овладевают, по выражению Богдана, «метасемантической интерпретацией» [Там же] — начинают представлять себе ход мысли других. Это влечет за собой следующие стадии «метаментальности»: осознание того, что другие думают иначе, умение смотреть на вещи с их точки зрения, в том числе понимать, как они видят самих себя, воссоздание мотивов чужого поведения и использование этих умений для репетиции собственных будущих действий — обычно на основе самоинтерпретации [Там же: 134, 145]. Это то, на что в большей или меньшей степени неспособны аутисты. По тем же причинам они не могут адекватно воспринимать повествовательную художественную литературу[9].

---

[9] Л. Зуншайн отмечает, что «художественная литература представляет собой проблему для людей, страдающих аутизмом» [Zunshine 2006: 9]. Бойд соглашается, что «аутисты испытывают трудности в понимании повествований». В остальном они могут быть высокофункциональными. Возможно, как одно из доказательств генетического происхождения он отмечает почти прямо противоположные симптомы у синдрома Уильямса: «глубоко нарушенный интеллект», но «высокая общительность и умение играть, хорошая теория разума, речевая и квазинарративная беглость» [Boyd 2009: 190].

Весьма уместно, что все это передано в романе: ведь литература содержит в себе множество свойств, отсутствующих при аутизме, как будто служит его почти зеркальной противоположностью. Повествовательная художественная литература основана на сопереживании — как раз на том, чего в первую очередь не хватает аутистам. Отметим, что эмпатия значительно облегчает нашу способность учиться как друг у друга, так и у писателей. Сугияма предполагает, что существует «обратная связь между повествованием и теорией разума», и утверждает, что нарратив — это «средство хранения и передачи информации», из которого можно почерпнуть значительную социальную и «метаментальную» мудрость [Sugiyama 2005: 189, 191]. Богдан рассматривает нарратив как «реконструкцию множества сознаний» и, следовательно, «площадку для тренировки множества навыков», включая в первую очередь естественную психологию:

> ...повествование может постепенно видоизменить реконструкцию у ребенка, так что интерпретация из интуитивной, визуальной, эгоцентричной, персональной и локализованной превращается в абстрактную, разомкнутую, не обусловленную ситуативно и отображенную на общей сетке культуры. Представьте себе этот процесс как переход *от* интерпретации зримых людей, интерпретирующих других таких же людей в непосредственно доступных, ярко изображенных, привязанных к ситуации контекстах (раннее детство), *через* интерпретацию (практически бестелесных) сознаний, интерпретирующих другие (практически бестелесные) сознания в косвенно доступных или несколько более абстрактно изображенных контекстах (позднее детство), и далее к интерпретации не приписанных к субъекту и ситуативно не обусловленных мнений [Bogdan 2000: 156, 157].

Д-503 не довелось читать романов, из которых он мог бы почерпнуть «метаментальные» таланты, так что он развивает их, написав свой собственный. В целом текст следует линии развития, описанной Богданом. Примечательно, что в конце первой записи Д-503 представляет себе, как чувствует себя мать, внутри которой растет плод [140]. Сюжет начинается с того, что Богдан назвал бы «тематической предикацией»: вступительное замечание I-330 о Д-503, напоминающем бога, соответствует утверждению Богдана, что «необходима интерсубъективная социализация и интерпретация, способная поддерживать трехсторонние отношения разум—мир—разум» [Bogdan 2000: 78, 79]; эта способность не встречается у аутистов. Эпизод встречи с героиней нарушает первоначальный солипсизм записок Д-503, так как в них вмешивается ее точка зрения. Герой понимает, что не может принимать сознание других людей как нечто само собой разумеющееся. В ответ на слова Д-503: «Мы так одинаковы...» — I-330 спрашивает: «Вы уверены?» [143]. Кажется, впервые в жизни, и уж точно в тексте, который составляет наше сознание как его читателей, Д-503 сталкивается с человеком, кого, по его представлению, не вполне понимает. Практически любой читатель обратит внимание, что лицо I-330 часто напоминает символ «X» — общепринятое в математике обозначение неизвестного [172]. Очевидно, что I-330 представляет для Д-503 раздражающую загадку. Она умело использует его зарождающееся либидо, при этом сохраняя при себе свои тайные мотивы. Д-503 с досадой пишет, что ее лицо напоминает старинный дом, более того, дом с «опущенными шторами» [156–158, 172, 175, 195, 247]. Герой может только спрашивать себя, что происходит в непрозрачных (к несчастью для него) головах его новых знакомых. Более того, для Д-503 теперь непрозрачны и старые знакомые. Он задает себе вопрос, что «перебирает» R-13 в своем затылке-«чемоданчике», и в конце концов он перестанет принимать как должное «простой, круглый ум» О-90 [162, 166, 178].

Согласно Хамфри, раз уж мы не умеем читать чужие мысли, то читаем свои — как лучшую доступную модель чужих внутренних состояний. Вот и Д-503 начинает читать собственные мысли. После того как I-330 заставляет его выпить крепкий напиток, он видит себя «внутри» [175]. Следующая запись начинается с того, что он рассматривает свое отражение в зеркале[10]. Этот фрагмент

---

[10] Ср. статью Евсеева, где отмечены многочисленные зеркальные и стеклянные поверхности, присутствующие в романе [Евсеев 1997: 150].

стоит процитировать полностью, так как он удачно воспроизводит классический тест на самосознание у животных:

> И первый раз в жизни — именно так: *первый* раз в жизни — вижу себя ясно, отчетливо, сознательно — с изумлением вижу себя, как кого-то «его». Вот я — он: черные, прочерченные по прямой брови; и между ними — как шрам — вертикальная морщина (не знаю: была ли она раньше). Стальные, серые глаза, обведенные тенью бессонной ночи; и за этой сталью... оказывается, я никогда не знал, что там[11]. И из «там» (это *там* одновременно и здесь, и бесконечно далеко) — из «там» я гляжу на себя — на *него*, и твердо знаю: он — с прочерченными по прямой бровями — посторонний, чужой мне, я встретился с ним первый раз в жизни. А я настоящий, я — не — он... [177].

Зеркало в его комнате было всегда, как и положено во всех спальнях Единого Государства, но, признается Д-503, он только сейчас заметил его существование. Д-503 видит себя таким, каким его видят другие, но при этом ему не удается достичь того, чего достигают высшие млекопитающие, — отождествить себя со своим отражением. Но по крайней мере, он начинает исследовать «бесконечное», таящееся за пределами его отражения, более тщательно описывая свой внутренний опыт; точно так же он впоследствии задастся вопросом: «Что там — дальше?» — за пределами «конечной вселенной» режима [292]. Он сравнивает свои мысли с «мерным, метрическим стуком колес подземной дороги» и слышит «отчетливое, металлическое постукивание мыслей» [181, 214], но недолго течение мыслей останется таким размеренным. Выйдя за Зеленую Стену, Д-503 чувствует себя, «как будто взорвали бомбу, а раскрытые рты, крылья, крики, листья, слова, камни — рядом, кучей, одно за другим...» [241]. Хотя его внешние действия продолжают носить автоматический характер, он начнет остро осознавать себя, поймет, что у него имеются разные планы сознания. Кроме того, непоследователь-

---

[11] Вполне вероятно, что это также словесный автопортрет Замятина, чего и следует ожидать в романе, написанном от первого лица.

ный, но чувствительный ментальный «сейсмограф» Д-503 временами приближает его нарратив к потоку сознания [153]. Он, по-видимому, понимает, что многие планы его сознания — а может быть, и все — действуют одновременно и что в совокупности они каким-то образом составляют его личность.

Главное в открытии Д-503 других планов сознания то, что начинает ощущать свое бессознательное. Д-503 начинает видеть сны лишь после того, как в его жизнь ворвалась I-330, особенно когда она знакомит его с плотскими удовольствиями, запрещенными в Едином Государстве, такими как табак, алкоголь и спонтанная сексуальная страсть (в отличие от совокуплений по официальным розовым талонам), не говоря уже о личном самовыражении. Она как будто отправила его в путешествие по его же сознанию. Герой пересказывает жутковатые сны [160, 204, 221], вспоминает эпизоды из детства [98, 114–115, 164, 166, 212] и представляет свое собственное бессознательное в виде неевклидовых геометрических тел и континентов, лежащих «за поверхностью» [204]. С другой стороны, Д-503 порой натыкается в своем сознании на пустые страницы: очевидно, его бессознательное способно оставаться и таким, собственно бессознательным [281, 283]. Д-503 привел нас к самой границе своего сказочно богатого внутреннего мира. Он также приходит в ужас, столкнувшись со своим диким alter ego с лохматыми руками, склонного к неконтролируемой ярости [175, 223, 246]. Автопортрет Д-503 трудно назвать красивым, но, по крайней мере, он стал более завершенным. Далекий от своего первоначального самодовольного тона, он теперь испытывает трепет перед тем, чего ни он, ни читатель не знают. Мы отрываемся от текста, гораздо лучше понимая, кто мы такие с точки зрения психики.

События романа можно воспринять как конкурентную борьбу внутри сознания. Д-503 поначалу признает, что «неспособен на шутки — во всякую шутку неявной функцией входит ложь» [148]; в R-13 его раздражает «дурная привычка шутить» [165][12]:

[12] Следует отметить несколько неловких потуг на юмор со стороны властей, например шутка о дикаре с барометром [149] и смех в аудитории, когда I-330 играет Скрябина [150].

герой помнит, как когда-то наказали его одноклассника за то, что тот набил рупор робота-наставника жеваной бумагой [166]. Мефи приобщают Д-503 к юмору и обману — метаментальным способностям, которые практически незнакомы аутистам. Вероятно, неспроста I-330 появляется во второй записи лишь в момент, когда герой разражается смехом [143]. Интересно, что Д-503 также не в состоянии вникнуть в мысли R-13 и S-4711 — как выясняется, они участники того же тайного заговора, следовательно искусные обманщики. При этом он чувствует, что все они, особенно I-330, могут читать его мысли. Они обучают его «метаментальности» с помощью ряда обманов, демонстрирующих их превосходство. Так, I-330 сообщает Д-503, что он получит наряд в аудиториум 112. Он не может понять, как и с какой стати она распоряжается этой функцией Единого Государства; не меньше его удивляет ее умение обходить закон, когда ей заблагорассудится. Она задерживает его в Древнем Доме так, что он оказывается на грани преступного опоздания, а после еще и насмехается над ним [176]. В следующее посещение Древнего Дома она соблазняет его, а потом дразнит «падшим ангелом» [167]. Она продолжает посылать ему розовые талоны, якобы на сексуальные часы, и просит его обмануть Единое Государство: спустить шторы, как если бы она была у него. Когда Д-503 срывает знак Мефи, S-4711 криво улыбается и подмигивает ему [238]. I-330 отрицает, что Д-503 мог видеть за Стеной Хранителя, а позже S-4711 подтвердит, что и вправду там был [244, 291]. Героиня издевается над Д-503, перефразируя утверждение Благодетеля, что счастье там, где нет желаний, и предлагая подвергнуться Операции [262]. Эта форма поведения достигает апогея, когда S-4711 раскрывает карты перед Д-503: именно тогда тому приходит на ум история Авраама, которому Бог повелел принести в жертву Исаака, а потом сказал, что только пошутил [291]. В довершение всего Д-503 не чужд самообмана. Занимаясь сексом с I-330, он пытается подавить мысли о других ее любовниках [288]. К тому же он отказывается видеть то, что, как сообщается в его записках, ясно видят даже самые верные приспешники Единого Государства, Ю и Благодетель, — что I-330 его дурачит [246, 282].

Д-503, в свою очередь, постепенно усваивает эти уроки обмана, о чем свидетельствуют его собственные отдельные хитрости. Написанный Замятиным задолго до клинического описания аутизма портрет непоследователен и/или неточен: аутистам недоступно «ложное убеждение» (помогающее нам представить, как ошибается кто-то другой), которое требуется для преднамеренного обмана. А может быть, автор ошибочно полагает, что болезнь хотя бы частично излечима. Все это, вероятно, важно, чтобы приблизить Д-503 к состоянию нормальной субъективности, искушая читателя надеждой. Д-503 пользуется розовым талоном I-330, чтобы оплодотворить О-90, таким образом нанося удар по истинной —контрацептивной? — цели планирования Единым Государством сексуальных дней [212–213]. Он лжет Ю, уверяя ее, что в ней нет ничего напоминающего рыбу или жабры [220]. В разговоре со Вторым Строителем он отпускает довольно загадочную шутку об авиакатастрофе [239]. Д-503 прячет рукопись от Хранителей, сев на нее и демонстративно делая фальшивые записи [249]. Он заказывает для «Интеграла» больше топлива, чем требуется для испытательного полета, скорее всего имея в виду потребности Мефи [263–264]. Он ведет О-90 к I-330 обманным маршрутом, чтобы не привести за собой «хвост» в лице S-4711, и в конце концов отправляет ее одну, дав ей записку с указаниями [265–267]. Когда власти срывают попытку Мефи захватить «Интеграл», Д-503 пытается скрыть свою роль в заговоре, «запершись» в себе, как в «непрозрачном» доме [274]. Хотя он приходит в ужас от идеи верноподданной Ю записать его на себя как сексуального партнера, вскоре ему удается обмануть ее. Когда он заманивает ее в свою комнату, чтобы убить, она неверно истолковывает его намерения, и результат весьма зрелищен: она раздевается и ложится на его кровать [279]. Он убивает ее в переносном смысле — смехом. Таковы некоторые преимущества умения разбираться в естественной психологии.

Читатель не может не заметить, что роман отчасти строится на инверсии психической болезни и здоровья. Д-503, к своему великому ужасу, узнает, что у него образовалась «душа», якобы неизлечимое заболевание, которым, как мы вскоре узнаем, страдают и другие. Хотя его мучают сопутствующие симптомы, такие как дурные сны, мы с радостью признаем, что он выздоравливает и/или обнаруживает свою человечность.

По ходу сюжета Д-503 становится все больше похожим на нас, отчасти потому, что открывает в себе способность действовать по собственной воле. Примечательно, что, к своему же удивлению, он становится гораздо более активным. Он бьет R-13 по голове, выхватывая из рук поэта I-330; за Стеной он вскакивает на камень и произносит импровизированную речь — а в придачу еще и лжет [235, 243]. Кроме того, у Д-503 развивается эмпатия, что также противоречит симптомам аутизма. Во время свиданий с I-330 ему удается наладить с ней глубокое чувство единения, которое, по крайней мере, устраивает его самого. Совершенно самостоятельно он находит способ спасти О-90 с их будущим незаконным ребенком, попросив I-330 помочь вывести ее из города. И кроме того, у героя развивается творческая проницательность, лучший показатель психического здоровья. I-330, его наставница в человечности, помогает ему понять: истинная судьба человечества состоит в том, чтобы люди по обе стороны Стены объединились, подобно тому как соединение водорода и кислорода дает воду [247][13]. В конце предпоследней записи Д-503 опровергает теорию своего соседа о конечности Вселенной одним едким вопросом. Следует также отметить, что именно Д-503 пишет замечательный роман, изобилующий метафорами, — для аутистов это была бы китайская грамота. Под конец он даже начинает читать мысли I-330 [288].

Д-503 также приобретает новые способности к реконструкции в том смысле, что теперь он может представлять и даже предугадывать действия других. В начале он говорит, что не представляет себе иной жизни, чем в Едином Государстве [146–148], но в то же время уже чувствует некую «нить» между I-330 и S-4711 [148, 233]. I-330 недаром соблазняет его: результат вскоре дает о себе

---

[13] Согласно каноническому тексту, это умозаключение самого Д-503. Однако в машинописи из архива И. Е. Куниной-Александер ясно дается понять, что таков ход мысли I-330. Ср. [Cooke 2011b].

знать. Д-503 дважды воображает, а может, и предвосхищает ее казнь, представляя, как она лежит под Машиной Благодетеля [174, 283][14]. Совершая проступки, он, вполне понятно, воображает, что его наказывают [186, 257], даже распинают на кресте [283]. Он мысленно видит, как О-90 под Газовым колоколом выдает его имя [214], — этим предвосхищается последняя запись, только наоборот: на последней странице I-330 отказывается называть имена [293–294], хотя несколько раз теряет сознание от боли. Поскольку в планы Мефи на Д-503 входит сексуальная ревность, неудивительно, что его способности к мысленной реконструкции и репетиции значительно стимулируются, когда он представляет себе I-330 с другими мужчинами, включая горбатого S-4711 [174, 194]. После того как переворот сорван, Д-503 реконструирует, как власти узнали о заговоре от Ю, которая видела его рукопись, то есть роман, который мы читаем [274]. Разрабатывая план побега для О-90, которая носит их ребенка, он представляет, как I-330 уводит ее за пределы Стены [252–253]. Примечательно, что это сопровождается сильнейшим с его стороны проявлением эмпатии: он называет О-90 «маленькая часть меня же самого» [265]. Конечно, мы должны мимоходом отметить, что без способностей к ментальной реконструкции мы не смогли бы читать романы. Сила нашего воображения — как раз то, с чем должна покончить Операция, и есть основа естественной психологии[15].

Частичное исцеление Д-503 длится недолго. При этом, несмотря на признаки улучшения, он начинает возвращаться к своему прежнему «я». Например, на объявление Операции он реагирует тем, что бросается сообщать «изумительную» новость I-330. На

---

[14] Поскольку текст дневника обрывается, мы так и не узнаем, казнили ли ее.

[15] Об ограниченности воображения у аутистов см. [Mithen 1998: 173]. Ср.: «...воображение... основной вид деятельности при мысленной проработке и, следовательно, предпосылка мысленной рефлексии, мотивируется и в значительной степени формируется социумом» [Bogdan, 2000: 60], то есть в нашем понимании социальной конкуренцией. Согласно Зуншайн, теория разума «делает возможным существование литературы в том виде, в каком мы ее знаем» [Zunshine 2006: 10].

другом конце провода его встречает холодное молчание [259]. Ясно, что герой не может угадать ее мысли и позволяет героине использовать его до самого конца. И на Операцию он отправился было добровольно, хотя затем отступил, пораженный известием, что S-4711 — двойной агент и сторонник Мефи.

Трудно предположить, что произойдет с Д-503 далее, и это характерно для столь непредсказуемого романа: книги, как и люди, должны уметь обманывать. Д-503 схвачен и насильно подвергнут Операции. То, что за этим следует, похоже на полномасштабную картину аутизма. Он изъясняется простыми, повторяющимися словами — и теперь, как уступчивый и не умеющий лгать аутист, полностью признается в содеянном Благодетелю. Он не понимает того, что писал раньше. Хуже того, он демонстрирует полное отсутствие эмпатии — смотрит, как пытают I-330, и говорит, что это «красиво» [293]. Хотя он и узнает свой почерк, дневник его удивляет: ««Неужели я когда-нибудь чувствовал — или воображал, что чувствую это?» [293]. Он больше не в состоянии читать собственный роман.

Согласно модели, которую мы построили на предположении Тилгмана, мы узнаем, что значит быть настоящим человеком, читая литературу, подобную роману Замятина[16]. Это очень важно. Не имея в голове этого идеала, мы не смогли бы ни увидеть, насколько Д-503 приближается к полноценной личности, ни должным образом отреагировать на трагическую развязку. Кроме того, роман написан от первого лица, благодаря чему самосознание Д-503 становится нашим собственным. Поэтому повторное открытие главным героем своих психологических способностей заканчивается для нас горьким разочарованием. Мы не желаем разделять его неадекватные реакции из последней

---

[16] Зуншайн полагает, что «ненадежный рассказчик — это в первую очередь функция текста, задействующая наши механизмы когнитивной адаптации для мониторинга источников [информации]» [Zunshine. 2006: 212]. Д-503, конечно же, ненадежный рассказчик как в силу его когнитивных ограничений, так и из-за попыток обманывать. Его пример подтверждает предположение, что художественная литература стимулирует механизмы теории разума.

записи. Вопиющая экстирпация фантазии обрывает процесс его — и нашего — возрождения: читателю остается только признать, что наше сознание слишком богато, чтобы без риска поддаваться стеснению ограниченной средой, то есть утопией. Зато путь Д-503 к самопознанию может служить отправной точкой для нашего самостоятельного пути, по сути, стимулирует дальнейшую эволюцию сознания.

Конечно, все, о чем здесь говорилось, едва ли входило в сознательные намерения Замятина, учитывая, что в 1920 году об аутизме еще не было известно. Можно было бы упрекнуть Замятина в непоследовательности и в ошибочной уверенности, что аутизм излечим; однако следует помнить, что узнать об аутизме он мог исключительно с помощью своей интуиции и/или эстетического мышления. В остальном «Мы» — поразительное изображение глубокой человеческой проблемы, которую во многих отношениях можно назвать оборотной стороной нашей способности понимать повествование. Примечательно, что ведение дневника приводит Д-503 к действиям, удивительно напоминающим те, что рекомендуют специалисты по аутизму для облегчения состояния больных[17]. Кроме того, выявленная нами динамика подтверждает нашу гипотезу о том, что мы наделены эволюционно обусловленной психологией, которая позволяет нам хотя бы подсознательно и частично понимать такие психологические явления, как аутизм, опережая науку.

Кроме того, весьма важно, что Замятин сумел предугадать столь многое из того, что позже было описано клинической психологией. По словам Дж. Кэрролла, «повествование всегда предназначалось для передачи человеческого опыта, и так было задолго до появления “психологии” в какой-либо официальной или достоверной форме»[18]. «Мы» — прекрасный этому пример, и он не единичен. В произведениях Достоевского и Толстого современные им критики также усматривали новое, более глубокое

---

[17] О том, что больные синдромом Аспергера могут улучшить свое состояние, занимаясь художественным творчеством, см. [Myers et al. 2004].

[18] Эта мысль прозвучала в личной беседе.

понимание «нейротипичного» сознания. Иными словами, читатели реагировали на новаторские литературные произведения так же, как мы могли бы воспринять доклад психолога на конференции.

Наша историческая модель углубления психологической интуиции, безусловно, приложима к «Мы»; многое в романе свидетельствует о том, что Замятин черпал познания о психике у писателей, подобных Толстому и Достоевскому. Это видно практически всюду, где речь идет о снах, о бессознательном, двойниках и бесчисленных проявлениях языка тела[19]. Это не ново, но весьма важно: поскольку писатели учатся друг у друга (и у всех остальных), знание, передаваемое нам литературой, растет. С течением времени мы ожидаем от лучших авторов все более глубокого проникновения в человеческую природу, и оно включает в себя описание нормального сознания. Во многом следуя собственной модели расширения границ познания, выраженной в таких статьях, как «О литературе, революции, энтропии и прочем», Замятин опирается на наследие, полученное им от литературных и интеллектуальных предшественников.

---

[19] У Д-503 волосы то и дело встают дыбом, мышцы подергиваются, в животе переворачивается — в каждом случае это точно регистрирует состояние его нервов и провоцирует нас на такую же реакцию; примерно то же происходит с героями «Анны Карениной». Например, когда Хранители приходят, чтобы осмотреть его комнату, его зрение затуманивается, рука дрожит, а ягодицы, под которые он прячет дневник, сев на него, пульсируют [144]. Как мы видели в предыдущей главе, таких моментов в романе множество. Вполне возможно, что Замятин преувеличивает физиологическую основу реакций, изображаемых у Толстого, отчасти пародируя их: маловероятно, что он о них не знал.

Глава 10
Самовыражение

1. Письмо как подрывная деятельность

Одним из аргументов в пользу утопии всегда было освобождение человеческого духа. Как только люди будут обеспечены пропитанием, жильем и другими предметами первой необходимости, а общественное устройство приведено в гармонию, останется только предаваться занятиям, которые на протяжении почти всей истории человечества были доступны только привилегированным слоям общества. В некоторых утопиях предполагается культурная жизнь, участвовать в которой смогут все — в духе наших предков, охотников-собирателей. В конце концов, искусство — настоящая человеческая универсалия, в той или иной форме оно есть во всех обществах — очевидно, что само это наблюдение необходимо анализировать с эволюционной точки зрения [Dissanayake 1988; Dissanayake 1992]. Очевидно, что искусство — это лишь верхушка айсберга нашей поистине неудержимой и, без сомнения, врожденной склонности к творчеству, способности, имеющей естественное адаптивное значение, настолько сильное, что потребность в творчестве трудно подавить.

Однако в утопии отведено на удивление мало места искусству, за исключением групповых танцев и хорового пения, хотя оно, наряду с философией, обычно признается квинтэссенцией «гуманитарного знания». Утопическое искусство весьма строго удерживается в рамках утвержденного этикета и ограничивается формами, лишенными как изобретательности, так и художественной жизнеспособности. Гениев, проявляющих себя в разных сферах, таких как Вагнер, Пушкин, Толстой или Моцарт, похоже, больше не существует. Может быть, гений и утопия несовместимы? По словам Г. С. Морсона, вымышленные утопические общества обычно враждебны к художественной литературе [Morson 1981: 81–84, 117]. Платон попросту изгнал поэтов из своего Государства. Авторы антиутопий еще сильнее обострили конфликт между социальной инженерией и искусством, в первую очередь литературой. Всюду свирепствует цензура. В романе Хаксли запрещен Шекспир: слишком уж сильные эмоции он вызывает — режиму выгоднее, чтобы альфы и беты глушили свои чувства «ощущалками». В «1984» Оруэлла, «Рассказе служанки» Этвуд и «451° по Фаренгейту» Брэдбери (1953) книги, а вместе с ними и прошлое уничтожаются, чтобы отрезать нас от наших корней. Изречение высоко почитаемого в «дивном новом мире» Форда гласит: «История — сплошная чушь». Поскольку художественное наследие зачастую продолжает жить даже в обыденной речи, например в виде расхожих цитат из классики и литературных ассоциаций, в антиутопиях дело доходит до попыток исказить язык: самый тяжелый случай, конечно же, новояз в «1984», непригодный ни для художественного письма, ни для творческого мышления. Если литературе и дозволено существовать легально, то только в виде парадоксальных пропагандистских лозунгов («Война — это мир»), организованных митингов ненависти в Океании или отупляющей гипнопедии Мирового Государства Хаксли («Прорехи зашивать — беднеть и горевать»).

Но гони искусство в дверь, оно влетит в окно. Дикарь продолжает твердить строки из Шекспира, Уинстон Смит вспоминает английские народные стишки о лондонских церквях. Стихи нужны им, чтобы удержать ценнейшее культурное наследие. К самому поразительному средству прибегают персонажи «451° по Фаренгейту»: они берутся сохранить книги слово в слово, заучивая их наизусть, подобно тому как Н. Я. Мандельштам хранила поздние стихи мужа в самые мрачные годы сталинизма. Герои антиутопических романов на удивление часто берутся за перо и пишут, иногда совершенно нелегально, как Уинстон Смит. В «Приглашении на казнь» (1935–1936) В. В. Набокова осужденный на смерть Цинциннат пишет, чтобы острее осознать собственное положение и одновременно отстраниться от окружающей его пошлости. Во всех произведениях Набокова подчеркивается важнейшая мысль, что художественное творчество — лучшее противоядие от неряшливого мышления, характерного для тоталитаризма. Ту же идею мы наблюдаем в статьях Замятина о литературе. Как и выдающиеся литературные произведения, написанные в тюрьмах, лагерях и еще более экстремальных условиях, существование в антиутопической фантастике искусства указывает на то, что жить без него человек не может и не станет. Это также говорит о мощной, биологически обусловленной потребности в искусстве.

Почему же утопия не приемлет искусство? До сих пор мы рассматривали общие темы искусства, отраженные в «Мы» и других классических произведениях утопической фантастики, потому что художественное не что иное, как гипертрофированное изображение реального поведения, существующего вне искусства. В таких вопросах, как совместное употребление пищи, висцеральные реакции, игра и секс, искусство получает свое селективное преимущество «из вторых рук», то есть от самих этих видов деятельности. Рассматривая тему творческого письма в «Мы», мы приближаемся к ключевым вопросам биологической природы самого искусства. Конечно, нельзя сказать, что литература принадлежит к древнейшим формам человеческой культуры, но рассказывание историй, песни, танцы и пластические искусства, без сомнения, были у наших предков задолго до того, как те научились все это записывать. Поскольку традиционные нарративы воспринимались реальными и предполагаемыми слушателями как правдивые, зачастую в высшем, то есть религиозном смысле, считалось, что эти тексты передают и хранят важную информацию. В результате, как отмечает Сугияма, в глазах публики «рассказчик часто предстает как человек, обладающий особым знанием» [Sugiyama 1996: 417]. В свою очередь, «рассказчику» такая репутация и всеобщее внимание обычно идет на пользу — хотя в тоталитарных обществах бывает и по-другому: так, советская власть, запретив роман Замятина, попыталась заставить автора замолчать и наконец по просьбе самого писателя, позволила ему покинуть «рай для рабочих».

Есть множество других причин усматривать в производстве и потреблении искусства селективное преимущество, и эти причины не зависят ни от одной из областей, обычно ассоциируемых с искусством, таких как политическая организация, образование или религия. Искусство все чаще признается выражением альтернативного способа познания и, более того, особенно продуктивной формой мышления: оно помогает нам мыслить и способствует личному самовыражению. Диссанайке весьма убедительно показала, что непременное условие искусства во всех человеческих культурах — «создание особых вещей», потребность сделать обычное относительно необычным [Dissanayake 1988; Dissanayake 1992]. Таким образом, оно побуждает художника стремиться к высокому уровню исполнения, совершенствовать самовыражение и самоконтроль. Искусство также помогает нам лучше понимать окружающую действительность. Оно ускоряет процесс адаптации, на сей раз минуя биологию, но явно следуя ее примеру — во многом потому, что искусство делает нас более гибкими.

Утопические общества можно было бы рассматривать как высшую степень адаптации к нашему природному и, что особенно важно, человеческому окружению, если бы эта высшая степень, конечная стадия развития существовала. Даже предположив, что эта задача была выполнена идеально — а это исходя из нашего разбора «Мы» маловероятно, — общая тяга человека к созданию произведений искусства все равно будет опережать культурную эволюцию в утопии и, следовательно, сопротивляться сдерживанию. И тогда быстро возникнет проблема, как не выпустить джинна из бутылки. Едва граждане утопии научатся думать самостоятельно, конец утопии окажется близок. Кроме того, «создание особых вещей», по мысли Диссанайке, противоречит ярко выраженному пристрастию утопии к посредственности: искусство по-прежнему будет побуждать нас превзойти самих себя и, следовательно, мы никогда не будем довольны. Поэтому неудивительно, что искусство несовместимо с утопией, а тема художественного письма возникает во многих антиутопических произведениях — и нигде не стоит так остро, как в «Мы».

Слишком, увы, часто встречающееся подавление и регламентирование художественной литературы, несомненно, коренится в подозрении, что письмо, как и другие формы сочинительства, таит в себе подрывную силу — хотя бы потому, что делает нас умнее. Тоталитарные и якобы утопические общества часто считают нужным контролировать творческое поведение: ведь иначе всевозможные опасные явления возникнут сами собой от одного лишь переноса слов на бумагу, и не важно, содержат они правду или, как художественная литература, вымысел. Тоталитарная власть также должна следить, чтобы граждане не были слишком умными. Таков печальный урок русской литературы, символом которого может служить общая судьба Замятина и «Мы», его важнейшего художественного произведения. Как автор, так и роман были запрещены советскими властями, прекрасно понимавшими, что этот художественный вымысел, где описано несуществующее общество, обладает реальной подрывной силой.

Как уже было показано, «Мы» до конца убеждает читателя в том, что врожденные свойства человеческой природы не поддаются социальной инженерии; эти *эпигенетические правила* прослеживаются в трактовке Замятиным основных, по его мнению, черт человеческой природы: разума, секса и искусства — все они противятся какой-либо регламентации со стороны общества [Shane 1968: 142]. Кроме того, как ясно показывают открытия Лобачевского, Дарвина, Эйнштейна и других гениев, на которых Замятин ссылается в своих статьях, наше стремление к знанию неисчерпаемо; в обозримой перспективе нет окончательной, абсолютной истины, которая могла бы стать надежной идеологической основой утопического общества. По крайней мере на данный момент все находится в движении, все точки зрения относительны, все утопические идеи скомпрометированы фундаментальными физическими законами и врожденными психологическими факторами. Жизнеспособное искусство — произведения, интерес и уважение к которым остаются неизменными, — не дает нам об этом забывать. Наконец, письмо и множество прочих, сопоставимых с ним видов художественного и научного творчества развивают наши когнитивные функции до уровня, нестерпимого для любого деспотического режима, хотя бы потому, что приучают нас видеть истинное состояние Вселенной и правильнее оценивать окружающий мир.

Искусство несовместимо с утопией еще и потому, что новизна, непременное условие жизнеспособного эстетического выражения, противоречит предсказуемости, требуемой социальной инженерией. Даже в обычной беседе мы избегаем повторений. Если нам хочется несколько раз сказать одно и то же, мы стараемся выразить это разными словами. Эта склонность к творческой изобретательности проявляется в дневнике Д-503, едва он начинает писать. Хотя Скрижаль предписывает, чтобы все дни, за исключением ежегодного Дня Единогласия, проходили одинаково — дни недели, месяцы и времена года в Едином Государстве сливаются воедино, — каждая запись Д-503 сильно отличается от других. В результате он начинает осознавать не столько единообразие своего окружения, сколько процессы изменений, отраженных в его записях. Можно также предположить, что Д-503 инициирует эти процессы уже тем, что показывает читателям разные стороны своего мира. Представьте, насколько иным был бы роман, если бы Д-503 довольствовался описанием прогулок под Марш Единого Государства, которые исправно совершал каждый день.

В «Мы» тема письма, в частности форма в которой Д-503 сочиняет рукопись самого романа, служит частью подрывного плана, призванного убедить читателя осознать ограничения утопии и принять современное состояние эпистемологической неопределенности и отчуждения. Такое осознание требует гибкости поведения. Замятин использует рукопись героя как способ убедить нас, что мы можем и должны научиться наслаждаться свободой, которую дает нам изменчивая и неустойчивая окружающая среда. Сочинительство Д-503 также несет в себе глубокий воспитательный смысл и для читателя, и для рассказчика, который учится выражать свои мысли способами, неприемлемыми для Единого Государства.

Борьба между упрощенной социальной идеологией и врожденной неопределенностью человеческого восприятия частично представлена в романе показательными примерами из области искусства. С одной стороны, Замятин демонстрирует нам ряд убогих образчиков подцензурного творчества, дозволенного Единым Государством, — это два коротких стихотворения, одно из которых изобилует арифметическими образами; несколько описаний поэтических чтений и концертов, где исполняется музыка, основанная на математических формулах; упоминания стерильной архитектуры Единого Государства; отпугивающие заглавия некоторых книг, например «Цветы Судебных Приговоров» и «бессмертная трагедия "Опоздавший на работу"» [183]. Из замечаний Д-503 ясно, что они создаются скоростным, механическим способом, отличаются стандартной предсказуемостью и приносят пользу, в первую очередь как орудия пропаганды. Это выхолощенное, а следовательно, нежизнеспособное искусство. Более того, вся творческая деятельность обезличена. Буквенно-цифровые имена художников Единого Государства не названы; исключение — R-13, имя друга Д-503, поэта. Таким образом, «официальное» искусство служит для выражения общепринятых, одобренных государством взглядов, тогда как личностное самовыражение художников прошлого отвергается; из последних в романе упоминаются Шекспир, Достоевский и Скрябин. При этом все нумера обязаны пройти «установленный курс искусства» [159]; кроме того, в Едином Государстве функционирует Институт Государственных Поэтов и Писателей [182] — еще одно удивительное предвосхищение сталинского общества с его союзами творческих деятелей. Однако каждый божий день нумера слышат одну и ту же музыку — Марш Единого Государства, а Д-503 не знает, как выглядит фортепиано [150]. Судьба искусства в Едином Государстве не может не вызывать беспокойства. Под вопросом также эстетический вкус. Поэты воспевают смертную казнь, а также пишут о том, как люди чистят зубы, шпионят друг за другом и ходят в туалет [183]. Вряд ли нас удивит, что этот режим не породил ни одного великого художника — пока мы не доберемся до самого Д-503.

Искусство в романе порой выступает на стороне революции, по сути на стороне человеческой природы. В тексте кратко описывается фортепианная пьеса Скрябина, упоминается бюст Пушкина и излагается ироничный набросок R-13 к поэме об Адаме и Еве — всего этого недостаточно. Есть и еще один возможный пример. В эпизоде казни «преступника» R-13 декламирует откровенно подрывные стихи: Д-503 потрясен тем, что его друг пространно цитирует святотатственные строки о Благодетеле, очевидно написанные осужденным. Как уже говорилось, R-13, скорее всего, воспользовался случаем, чтобы высказать собственные бунтарские взгляды, — недаром поэт выглядит таким взволнованным, к удивлению Д-503 [169].

Тем не менее самой мощной и всепроникающей революционной силой в «Мы» выступает именно естественное человеческое искусство: его воплощает сам роман. Морсон отмечает, что утопическая литература часто маскируется под роман в качестве «обертки» для своих пропагандистских целей. С замятинским текстом все наоборот: вначале он предстает как пропагандистское послание, но вскоре раскрывается как роман. По словам Морсона, антиутопический роман, противоположный, а зачастую и пародирующий утопический, с точки зрения жанра представляет собой «анти-антироман»; следовательно, в нем, как правило, подчеркиваются характерные свойства романа, в частности присутствие индивидуальной личности, со всеми вытекающими последствиями [Morson 1981: 77, 92, 117; 6]. В данном случае такой личностью оказывается наш начинающий рассказчик Д-503, утверждающий, что не разбирается в тонкостях письма. Но вскоре он преуспевает в творчестве. Если — во многом благодаря рукописи Д-503 — Замятина называют одним из величайших русских писателей XX века, то, несомненно, следует признать, что Д-503 не менее значительная фигура для XXX века. Его рукопись представляет собой самый действенный акт индивидуалистического восстания — учитывая, что из-за удаления фантазии его эмоциональное и интеллектуальное развитие оборвалось, I-330 обманула его сексуальные ожидания, а его незаконного ребенка от О-90 ждет неопределенное будущее. Как роман рукопись Д-503 продолжает развенчивать социальную инженерию и стандартизацию; она остается бунтом во имя человеческой природы[1].

Исходя из этих соображений, мы начинаем понимать, почему так много внимания в романе уделяется собственно рукописи Д-503. Трудно представить, каким был бы роман, если бы Д-503 не вознамерился изложить практически все свои мысли на бумаге. Конечно, результатом стал сам роман, но смог бы Замятин сообщить нам столь многое, если бы не главный герой писал текст, а всеведущий повествователь от третьего лица? Писательский долг Д-503 заставляет его отметить и готовящееся восстание Мефи, и шаткость Единого Государства, и собственное растущее инакомыслие. Стремление «создавать особые вещи» вскоре сказывается в растущей одержимости Д-503 своим дневником. Манера письма Д-503 обеспечивает взгляд на события изнутри и неизбежно формирует наше понимание этих событий. Более того, рукопись Д-503 не только напрямую влияет на основной сюжет, но и определяет его[2]. По словам Г. Розеншильда, «едва Д-503 берется за дневник, его взгляды, как ни странно, начинают расходиться с государственными» [Rosenshield 1979: 82]. С этим согласен Эдвардс, когда говорит о «способности искусства завладевать писателем, изменять его и вести к истине» [Edwards 1982: 74]. Как предполагает П. Паррindер, «бунт Д-503 неотделим от его писания» [Parrinder 1973: 25]. И это бунт не только для Д-503, но и для его читателей XX века, учитывая опасные свойства рукописи. Паррindер предполагает, что «“математически совершенное государство” ошиблось уже в том, что поощрило своих граждан к литературному самовыражению» [Там же]. Ведь пишет не один Д-503. Пишущим часто можно увидеть соседа главного героя, и многие нумера

---

1 Сходную оценку см. в [Rosenshield 1979: 58].

2 Притом что целый ряд исследователей отметили роль письма Д-503 и его рукописи в романе, только трое анализируют его пристально [Morson 1981: 133–135; Parrinder 1973; Rosenshield 1979]. По сути, все предпринятые Г. Морсоном исследования утопической, антиутопической и метаутопической литературы можно рассматривать как расширенный комментарий к этому аспекту «Мы».

стоят в очереди в Бюро Хранителей с листками и тетрадками [290]. Вполне возможно, что писание так же действует и на них. Напомним, что Д-503 начинает вести дневник, откликнувшись на призыв Государства нести пропаганду на другие планеты, — эта литература должна была составить весь первый груз «Интеграла». Очевидно, что такая политика непременно принесет Государству непредвиденные проблемы.

Вследствие того что главный герой является и основным рассказчиком, центральной, если не единственной точкой конфликта оказывается его сознание. Как отмечает Парриндер, в результате того, что Д-503 взялся за перо, «настоящее поле битвы» романа «находится у него в голове» [Parrinder 1973: 23, 24]. Если, как говорит I-330, «человек — как роман» [246], то романы должны чем-то напоминать людей, и это чревато новыми последствиями. Хорошие романы помогают сформировать это восхитительное и непокорное существо — человека, обладающего цельной личностью, способного мыслить самостоятельно, подобно еретикам, которых Замятин так часто идеализировал в своих статьях. Это быстро встречает противодействие со стороны режимов, подобных Единому Государству: Морсон называет гипнопедию, гипноз, промывание мозгов и лоботомию методами «превентивной эпистемологии», практикуемыми в литературной утопии, чтобы предотвратить психологическую интеграцию личности [Morson 1981: 128]. Художественное письмо, с другой стороны, способствует душевной цельности [246]. В этом и заключается основное очарование рукописи для Д-503, Замятина и нас, их читателей, поскольку цельность распространяется на всех причастных. Еще одна особенность великой литературы в том, что она создает правдоподобные модели человеческих личностей — Д-503 проделывает это с самим собой. Творчество повышает нашу чувствительность к собственному внутреннему опыту, а в результате мы лучше понимаем других людей — это, по мнению Хамфри, безусловно, «биологически адаптивная черта» [Humphrey 1983: 69]. Подобные модели помогают нам определять, кому мы можем доверять как союзникам, и предвидеть действия противников, одновременно скрывая наши собственные намерения.

2. Рукопись в сюжете

Замятин делает все возможное, чтобы мы обратили внимание на саму рукопись Д-503: она неоднократно, почти навязчиво упоминается в повествовании, которое она же и содержит. На нее падает слеза О-90 и размывает чернила [151]. Позже Д-503, стремясь избавить О-90 от дальнейших слез, прячет под страницами рукописи талон I-330 на сексуальную близость [212]. Он утаивает цифры буквенно-цифрового имени Ю — из страха, «как бы не написать о ней чего-нибудь плохого» [171], что она может увидеть. Затем герой прочитает Ю отрывок из дневника [220] и тем самым запустит роковую и юмористическую цепь событий. Сочтя, что писания Д-503 содержат образцово-показательную пропаганду, Ю возвращается, чтобы просмотреть рукопись без свидетелей. Так она узнает о заговоре Мефи с целью захватить «Интеграл» и срывает его, законопослушно сообщив об этом властям [260, 274]. Восстановив эти неизвестные ему события, Д-503 замышляет убийство Ю. Детали его преступного плана необычны: Д-503 оборачивает обломанный поршневой шток той самой рукописью, которую читает читатель романа. Возможно, страницы его дневника добавили бы несколько граммов веса этому тяжелому тупому орудию убийства, но на самом деле написанные к этому моменту тридцать четыре записи, скорее всего, смягчили бы удар. Тем не менее они позволяют Д-503 осуществить свой план насильственного преступления. Правда, нападение срывается: Ю принимает поведение Д-503 за любовную игру и раздевается [276–279]. Зато потом он использует те же страницы, чтобы увековечить ее конфуз, равно как и другие нелепые аспекты Единого Государства; он буквально уничтожает в нашей оценке и ее, и общество, которому она верна. Морсон сравнивает многочисленные упоминания рукописи как материального объекта с «приемами Стерна и Шкловского» и приходит к выводу, что «в “Мы” рассказана история о нас». Он объясняет автореферентные черты «Мы» его «пограничным» жанром антиутопического романа [Morson 1981: 134–135]. В некотором важном смысле сам роман становится предметом манипуляций, яблоком раздора, и поэтому процесс его написания притягивает к себе все больше внимания.

Но рукопись влияет на поведение Д-503 сильнее, чем можно предположить по всем этим довольно нелепым событиям. Она буквально привязывает его к его столу и к своим страницам. Обязанности автора, которые добровольно взял на себя Д-503, заставляют его посвящать этому труду значительную часть своего времени, а порой идти ради него на серьезный риск и личные жертвы. Примером может послужить эпизод, когда Д-503, усевшись на компрометирующие страницы, дабы спрятать их от пришедших с обыском Хранителей, делает заведомо фальшивые записи, которые может им предъявить [249]. В другом случае, вместо того чтобы побежать и догнать I-330 после их последней приватной встречи, он предпочитает запечатлеть это свидание на бумаге [287]. Наконец, когда Д-503 делает записи в общественном туалете, его захватывает толпа и вынуждает подвергнуться хирургическому удалению фантазии.

Но власть, которую рукопись приобретает над Д-503, отчетливее всего проявляется именно в его ежедневном труде над новыми записями. Как любой начинающий писатель, Д-503 одержим этим занятием. Он не раз описывает сам процесс письма, как правило указывая время, место и обстоятельства, в которых делает каждую запись. Иногда он упоминает номер страницы, над которой работает [151, 212, 227]. Дневник не остается незамеченным и другими персонажами: его проверяют Хранители, а О-90 даже вспоминает, что ее слеза капнула именно на седьмую страницу [212]. Постепенно сам факт, что Д-503 пишет, приобретает важность и для него, и для его знакомых, а также для нас. Это говорит о переменах, которые происходят в Д-503 и в его читателях под воздействием рукописи.

3. «The Medium Is the Message»

Как правило, выбор жанра сильно влияет на основную идею, передаваемую текстом. Манера письма Д-503 оказала глубокое воздействие на получившийся в итоге роман. До тех пор пока махинации I-330 не освобождают его от официального распорядка дня, Д-503 обычно пишет в положенные ему Личные Часы. Примечательно, что он отдает письму время, которое обычно отводится на половые сношения. За единственным очевидным исключением — общественный туалет, где сделана предпоследняя запись, — Д-503 пишет за столом в своей комнате со стеклянными стенами. Зачастую он тщательно указывает интервал между временем события и временем записи. Он также описывает эмоциональное воздействие, оказанное этим событием на него лично и, как следствие, на запись произошедшего. Как мы видели в предыдущей главе, дневник изобилует описаниями висцеральных реакций и жестов, свидетельствующих о душевном состоянии героя — но не только во время его действий как главного героя, но и в процессе описания этих действий. Например, в момент записывания в дневник его щеки горят, по спине и рукам бегут ледяные иголочки, у него кружится голова, он ощущает, что «в голове — как будто взорвали бомбу», ручка и бумага дрожат в его руках и, наконец, он вне всякой логики заявляет, что не может писать, хотя в тот момент именно этим и занимается [139, 219, 241, 249, 259]. Иногда он возвращается к дневнику по прошествии довольно длительного времени, часто в ином расположении духа, на другом уровне запоминания. Порой, напротив, пишет отчет по свежим следам или даже во время самого события — при этом воздействие личности автора на текст, вероятно, усиливается. Он часто вплетает в рассказ о прошлом событии описание своих мыслей и чувств в момент письма, например тревогу, что, пока он пишет, I-330 может заниматься любовью с другим мужчиной:

> И, может быть, как раз сию минуту, ровно в 22, когда я пишу это, — она закрывши глаза, *так же* прислоняется к кому-то плечом и *так же* говорит кому-то: «Ты любишь?» Кому? Кто он? Этот, с лучами-пальцами, или губастый, брызжущий R? Или S? [194].

Таким образом, взгляд Д-503 практически не бывает объективным: читатель вынужден постоянно соотносить свою интерпретацию утверждений Д-503 с меняющимися обстоятельствами, в которых они записываются.

В этом и других важных отношениях рукопись Д-503 возвращает себе некоторые свойства сентиментального романа[3]. А. Ангелофф отмечает сходство его текста с исповедальной литературой романтизма, особенно в том смысле, что он служит отдушиной для чувств рассказчика [Angeloff 1969: 7]. Безусловно, повествование от первого лица создает ощущение близости, дает читателю больше поводов переживать за персонажа, значимость которого таким образом повышается. Здесь постоянные отсылки к указанию на то, когда, где и как было засвидетельствовано событие, приводят не к установлению объективных фактов, как можно было бы ожидать, а скорее к подчеркиванию субъективности взгляда хроникера. Д-503 часто говорит о своих чувствах в момент письма, и его ощущения, безусловно, влияют на повествование, — например, после головокружительных событий в День Единогласия он признается, что от усталости с трудом держит перо в руках [235]. Особую непосредственность и напряженность придает повествованию тот факт, что Д-503 время от времени пишет об эпизоде, в котором сам же и участвует. Создается впечатление, что, будь время, место или хроникер другими, впечатление о событии также сложилось бы иное. Имеется и важное психологическое следствие. Постоянно меняющаяся точка зрения Д-503 демонстрирует, что разум не монолитен: наше сознание всегда находится в движении, и поэтому его, как Подпольного человека у Достоевского, не устроит ни одно распланированное утопическое государство.

Текст «Мы» во многом обыгрывает прием «найденной рукописи»: он представлен как подлинный дневник, написанный для распространения на других планетах. К. Хамбургер отмечает, что повествование от первого лица равносильно «поддельному отчету о подлинных событиях» в том смысле, что оно «позиционирует себя как подлинное» [Hamburger 1973: 312, 314]. Это наблюдение, безусловно, применимо и к рукописи Д-503, хотя описан-

---

3 Д. Сувин полагает, что «формальным образцом» дневника Д-503 мог послужить «лабораторный журнал», но не делает из этого далеко идущих выводов [Suvin 1971: 149].

ные в ней события никак не могут быть приняты за реальные. Д-503 обещает быть откровенным до конца и рассказывать обо всем — например, о том, как он поцеловал старуху у Древнего Дома [200]. «Подлинность» его отчета подчеркивается отдельными записями, которые он делает без конспекта, спонтанно, случайно. Кроме того, Д-503 переписывает и включает в текст якобы реальные документы, такие как газетные статьи и письма, призванные подчеркнуть реальность происходящего; яркий пример — начало романа. Да и к самой рукописи Д-503 относится как к настоящему документу: судя по тому, что в сноске к 26-й записи указан временной интервал, он, по-видимому, добавлял примечания, поясняющие некоторые отрывки, задним числом [152, 166, 170, 238, 270]. Надо сказать, что стиль отдельных сносок вызывает подозрение, будто их написал кто-то другой — что привело бы к некоторым неразрешимым проблемам, — или же наш правдивый, но сильно изменившийся рассказчик добавил их уже после Операции. Д-503 также снабдил почти все записи заголовками, предвосхищающими их содержание; в некоторых отражены события, которые произошли во время сочинения данной записи, другие же довольно загадочны.

Примечательно, что в романе отсутствует фигура «публикатора», который сделал бы композицию «рамочной», то есть поставил документ в жесткий контекст. Читатель не имеет ни малейшего представления о том, что произошло с текстом — равно как и с его автором, и с обществом, в котором он живет, — после того как была сделана последняя запись. Из контекста вымышленного повествования не ясно также, как рукопись вообще оказалась у читателя. На самом деле необъяснимым остается многое: статус рукописи, обстоятельства, при которых она была найдена, попала ли она на борт «Интеграла» в качестве пропаганды Государства или же в данный момент используется группой противников режима[4]. Тщательно выстроенный финал и подача текста в форме «найденной рукописи» полностью отвечают ясному замыслу — лишить читателя какой-либо надежды на полу-

---

4 Эти вопросы поднимаются также в [Meckier 1984].

чение исчерпывающей информации, заставить его справляться с неизвестным без посторонней помощи. В утопических текстах способы перемещения от современного читателю общества к утопическому и обратно, как правило, как-либо объясняются [Morson 1981: 87–89]. Но «Мы» — можно сказать, образцовый пример замятинского нового реализма — был написан с намерением дезориентировать читателя, заставив его проверить и расширить свои навыки чтения и восприятия. Очевидно, что такая форма повествования хорошо согласуется с утверждением М. Пекхэма о недосказанности как универсальной характеристике произведения искусства, которая ведет к селективному преимуществу, стимулируя гибкость поведения [Peckham 1967].

Игру Замятина с физическим существованием рукописи, похоже, переняли и другие авторы антиутопий. Книга Д. Далоша «1985» представляет собой рукопись, конфискованную таможенным инспектором, когда рассказчик пытался контрабандой вывезти ее из Океании на микрофильме, — мы можем прочитать ее только потому, что позже он переправил копию в Гонконг[5]. Поистине, жизнь подражала искусству: сам роман Далоша вышел примерно таким же образом [Booker 1994: 115]. «Рассказ служанки» состоит преимущественно из записей с пленок, расшифрованных членами Ассоциации Галаада — одного из немногих артефактов, оставшихся от Республики Галаад. Войнович идет в своей игре несколько дальше: в «Москве 2042» писатель-рассказчик путешествует на шестьдесят лет в будущее, и там ему дарят экземпляр его книги, в которой он может читать о себе, читающем о себе и т. д. Все это входит в антиутопическую игру с условностями утопической литературы.

Относительность знания, по-видимому, лежит в основе многих характеристик рукописи Д-503. Показательно, что Д-503, неискушенный в литературе, не выбирает какой-либо одобренный

---

[5] Роман венгерского писателя Дьёрдя Далоша «1985» (1982; на русском языке опубликован в переводе А. Иорданского в издательстве «Текст», 1992) сюжетно продолжает «1984» Оруэлла и написан в форме воспоминаний трех оруэлловских героев: Уинстона Смита, Джулии и О'Брайена. — *Примеч. пер.*

Государством жанр, например панегирическую оду, которая, скорее всего, привела бы его к выражению хвалы Единому Государству [Parrinder 1973: 22]. Он предпочитает субъективную форму дневника. В отличие от оды с ее публичной риторикой, дневник обязывает Д-503 к личному самовыражению, что и приводит его релятивное «я» в неизбежный конфликт с якобы абсолютным групповым выражением «мы» Единого Государства. В этом, как отмечалось ранее, и состоит ирония первых строк «Мы», открывающихся словом «я» [139]. По сути, этот фрагмент — прекрасный пример синкретической мысли, характерной для лучших произведений искусства, так как одно это короткое слово служит разным сатирическим целям одновременно. Д-503 остро осознает, что он занимается письмом, и его самосознание обновляется с каждой записью. Более того, многие высказывания Д-503 явно отражают не эмпирическую реальность, а исключительно его мысли. Одну из записей Д-503 делает, опустив шторы на стеклянных стенах своей комнаты; его внимание все больше и больше направлено на внутренние переживания и мысли [217]. Выбранный героем жанр склоняет его к исповедальности, авторефлексии и множеству отступлений. Писательская интенция приводит Д-503 к решающему результату: подсознательные аспекты его психики, такие как память, инстинктивные желания и ассоциативные модели, играют все более заметную роль в формировании его сознания, что заставляет героя еще сильнее сомневаться в объективности его репортажа. Д-503 часто меняет свое мнение и совершенно откровенно противоречит самому себе. Хуже того, он спрашивает себя, не были ли события, описанные в семнадцатой записи, просто его фантазией, и нет никакой возможности узнать это наверняка [203]. Д-503 перескакивает от одной мысли к другой, часто по ассоциации. Нередко мысли обрываются, и Д-503 порой сам толком не понимает, что он делает и почему. Тем не менее письмо действует как форма психотерапии: так, после очередной порции записей Д-503 сообщает, что почувствовал себя «начисто отдистиллированным, прозрачным» [171]. Учитывая все эти осложняющие факторы, мы получаем гораздо более многогранную и правдивую картину сознания — сознания, которое всегда будет сводить на нет упрощенную социальную инженерию.

Есть и другие причины, по которым жанр, выбранный Д-503, малопригоден для государственной пропаганды. Дневник не ограничен объемом и пополняется изо дня в день, а то и поминутно — все это не дает требуемого результата. Описывая мир и самого себя так фрагментарно, Д-503 часто не осознает масштабных закономерностей, столь очевидных для читателя. Его знания ограниченны, и он плохо понимает мотивы других персонажей. Это делает Д-503 и его рукопись, дающую нам доступ к его опыту, особенно уязвимыми. С чрезвычайной пристальностью рассматривая современные ему события, Д-503 самим своим рассказом отрицает какое-либо понятие о предсказуемости или безопасности. Так разрушается его иллюзия о государстве, уверенном в своем будущем, о режиме, убежденном, что исторические процессы подвластны его контролю. Захлестнутый потоком истории, Д-503 теряет уверенность в стабильности Единого Государства и часто спрашивает себя, «что будет завтра» [236]. Так писатель вынуждает читателя признать неопределенность собственного будущего. Как говорит I-330 и о людях, и о романах, «до самой последней страницы не знаешь, чем кончится» [246]. Д-503 пытается угадать будущее, но у него это получается немногим лучше, чем у нас. Произведение Замятина отражает, скорее, неопределенность жизни: многие сюжетные линии так и не закрыты, и, прочитав последнюю страницу рукописи Д-503, мы не узнаем, действительно ли казнили I-330, благополучно ли О-90 родила своего ребенка и какая сторона в конечном итоге выиграла неоконченную битву за город. Читатель вынужден сам разрядить напряжение и додумать развязку — то есть сыграть в тексте активную роль. Единственное, что он знает, это то, что Д-503 доживет до последней страницы — если, конечно, не сменится рассказчик. Набоков в «Приглашении на казнь» высмеивает условность, согласно которой текст совпадает с жизнью рассказчика или главного героя. Цинцинната приговаривают к смерти на первой же странице, и рассказчик тут же напоминает читателю о «правой, еще непочатой части развернутого романа» [Набоков 2002: 47], обыгрывая общепринятое представление, что повествование о герое должно развертываться одновременно с жизнью героя.

Еще одно важное свойство дневника — отсутствие жанровых ограничений. В него можно включать практически любой материал: в отличие от сочинителя оды, автор дневника не обязан подвергать свой труд предварительному редактированию. Так или иначе, чем меньше заданности и чем больше естественности, тем лучше: дневник предполагает более высокую степень искренности, чем прочие жанры. Хотя вначале Д-503 объявляет, что намерен отправить свою рукопись инопланетянам, со временем он начинает писать в первую очередь для себя. Он не раз повторяет, что должен записывать все, что видит и думает, веря, что совокупность его наблюдений автоматически обеспечит вотум доверия Единому Государству. Пребывая в культурном окружении с минимальным опытом инакомыслия, мог ли Д-503 ожидать, что его дневник станет чем угодно, только не поэмой во славу Единого Государства? Кроме того, он не готов справляться с деструктивными мыслями, которые его по сути автоматическое письмо то и дело выносит на поверхность. Будучи однажды записанными, они бросают вызов его убеждениям и самоощущению. Именно они заставляют его наблюдать за работой собственной психики — Д-503 постоянно изучает свои предыдущие записи и тем самым учится смотреть на себя со стороны. Результат никоим образом не отражает предполагаемую симметрию и стандартизацию Единого Государства. Слова одной из записей он расценивает как примеси к своим мыслям, вроде тех частиц, что остаются у химиков на фильтровальной бумаге [171]. Тем не менее он верен своему обещанию работать как сейсмограф мысли. Он записывает и события, которые считает неприятными [150, 153, 155, 200, 235, 257]. Этим он отличается от официальных историков, которые, согласно «Государственной Газете», уходят в отставку, «чтобы не записывать постыдных событий» [258] — тех самых тревожных событий, о которых правдиво сообщает Д-503. Руководимый, по его выражению, авторским долгом, Д-503 изо всех сил старается анализировать явления, противоречащие его гражданской вере, — если бы он не взял на себя писание дневника, он вполне мог бы их игнорировать [217, 292]. Лишь в одном случае Д-503 не удается исполнить свой «долг» — после вылазки за Зеленую Стену: слишком уж он переполнен новыми впечатлениями от этого странного и неожиданного мира [245]. С другой стороны, дневник для него служит средством поддержания дисциплины. После неудавшегося заговора Мефи с целью захвата «Интеграла» он уговаривает себя:

> Возьми себя в руки, Д-503. Насади себя на крепкую логическую ось — хоть ненадолго навались изо всех сил на рычаг — и, как древний раб, ворочай жернова силлогизмов — пока не запишешь, не обмыслишь всего, что случилось [269].

Эта самодисциплина, как мы видим, приводит к тому, что творческое познание героя играет все более активную роль — и это имеет судьбоносные для сюжета последствия.

Тем не менее Д-503 не записывает все, что наблюдает и о чем думает: ведь это практически невозможно. Хотя каждая запись в целом соответствует одному дню из его жизни, он пишет не каждый день. Так, первые тридцать четыре записи охватывают примерно 120 дней, которые проходят между началом его дневника и запуском «Интеграла». Гораздо важнее то, что по некоторым признакам Д-503 утаивает какой-то материал. Помимо эгодистонических импульсов, которые, согласно психоаналитической теории, обычно бывают скрыты или перенаправлены, Д-503 часто подавляет мысли, идущие вразрез с верностью Единому Государству. В тексте множество подобных оборванных предложений — очевидно, что Д-503 подвергает себя самоцензуре. Конечно, чаще всего читатель может без труда завершить опасный ход мысли в начатой фразе. Чем-чем, а последовательностью наш рассказчик не отличается.

Вольный стиль дневника и, следовательно, рукописи Д-503 служит для него еще одним источником беспокойства. Вместо однородного, организованного текста, с расставленными в надлежащих местах восклицательными знаками, запятыми и точками,

Д-503 производит на свет нечто стихийное [217]. Рукопись содержит отступления, поток ассоциаций и впечатлений, пересказ снов, противоречия, отрывочные мысли, эллипсисы, рассуждения без ответа и неполные высказывания. В этом пестром единстве перед Д-503 предстает то, что Парриндер определяет как «отсутствие непрерывности в его мыслях и нарушение логических процессов» [Parrinder 1973: 22–23], — это побуждает героя обратиться к врачу, от которого он узнает, что страдает недугом под названием «душа». У Д-503 не простая, подвластная государственному контролю психика, — напротив, она сложна и многогранна, как неореализм Замятина. Будучи продолжением души Д-503, рукопись вырывается из-под его сознательного контроля.

4. Эпистемологические и онтологические сомнения

Стабильность точки зрения Д-503 нарушается также неопределенностью его аудитории. Имея в виду межпланетную миссию «Интеграла», он воображает, что его читателями станут «пышнотелые, румяные венеряне... закопченные, как кузнецы, ураниты», а может быть, еще и обитатели Марса, Меркурия и Луны [152, 215]. Хотя он и конструктор ракетного корабля, точное назначение полета ему неизвестно. Более того, он никогда не покидал пределов Единого Государства и не встречал даже других жителей собственной планеты, не говоря уже об инопланетянах, поэтому Д-503 не может даже предположить, каков уровень их интеллекта и что им известно о Едином Государстве. Приступая к задаче провести для читателей разъяснительную экскурсию по своему обществу, он пытается отбросить все свои предвзятые суждения. По словам Свинджвуда, Д-503 — первый в истории утопий рассказчик, который сам принадлежит к утопическому обществу, а не попадает туда из нашего мира, и в этом таится опасность [Swingewood 1975: 167]. Описывая основные аспекты устройства Единого Государства, Д-503 постоянно прибегает к непреднамеренному остранению. Желая стать настоящим экскурсоводом, он вынужден представлять себе, как смотрел бы на его общество абсолютно посторонний человек, лишенный каких-либо предубеждений. Он сравнивает себя с писателем XIX века, перед которым стоит задача объяснить, что значит «пиджак», «квартира», «жена» [146]. Иными словами, он теперь не может принимать как должное то, что всегда принимал как должное, и это открывает ему глаза. Глядя на знакомое отчужденным взглядом, он и сам становится восприимчивым к моментам остранения. Собственно, роман рождается во второй записи, когда Д-503 смотрит на свой город, «как будто вот сейчас первый раз в жизни», — и разражается смехом [142]. В этом смысле выбранный Д-503 жанр в очередной раз заставляет его усомниться в идее Единого Государства, которая быстро теряет свой ореол неотвратимости и непогрешимости.

Конечно, совершенно непредвзятый взгляд на свой мир невозможен, и нельзя сказать, что Д-503 так уж последовательно стремится обрести столь незамутненную перспективу. С одной стороны, он считает утопическое общество высшей ступенью развития и часто говорит официальным тоном, подчеркивая предполагаемое культурное превосходство. С другой стороны, он высказывает дикое, но вполне соответствующее его логике предположение, что внеземной читатель похож на его земных предков, живших примерно за 900–1000 лет до появления Д-503, а значит — сюрприз! — на современников Замятина [146][6]. Естественно, ссылки на культурное прошлое, с точки зрения читателя, привязаны к месту — большинство из них относится к русской действительности. Д-503 упоминает имена Достоевского и Скря-

---

[6] Парриндер отмечает достижения Замятина в создании языка будущего, который является одновременно продуктом и единственным средством выражения будущего сознания [Parrinder 1973: 20, 23]. Основываясь на этой идее, мы можем сделать вывод, что читатель также вынужден приспосабливаться к новой языковой и стилистической среде, чтобы перевести высказывания Д-503 на привычные нам термины. Это еще больше подрывает наше чувство объективного восприятия. Еще одна сложность заключается в том, что пестрая проза Д-503 не отличается последовательностью. Например, Розеншилд прослеживает, как постоянная борьба, идущая в душе Д-503, отражается в стиле романа [Rosenshield 1979].

бина и не считает необходимым объяснять своим неизвестным читателям, что такое почтовая цензура [150, 167, 171]. Эти два предположения приводят к тому, что Д-503 вовлекает читателя в продуктивную беседу, в ходе которой создает некоторую общую основу человеческих чувств и реакций, доброжелательно обращаясь к своей аудитории, и в то же время впадает в резко полемический тон, называя их детьми, дикарями и достойными жалости из-за того, что они «не способны философски-математически мыслить» [146, 154, 206, 215]. Ирония позиции Д-503 отчасти состоит в том, что он пытается заставить читателя больше походить на него, притом что, судя по рукописи и поворотам сюжета, он сам походит на своего читателя сильнее, чем ему представляется. Порой он даже спрашивает, что мы делаем и что думаем о нем, то есть выставляет себя на наш суд, что присуще любому публичному высказыванию [148, 154]. Он даже ищет у читателей оправдания, таким образом ставя себя в зависимость от нашего мнения [254]. Дипломатический такт Д-503 так же непоследователен, как все остальное: ему часто приходится переформулировать написанное, он сомневается в ясности смысла его послания из-за огромного культурного разрыва и ловит себя на том, что забывает о неизвестных ему читателях и начинает писать так, будто его единственный читатель — он сам; собственно, так обычно и пишутся дневники.

Здесь нас ждет еще одно нарушение жанровых ожиданий: как отмечает Морсон, в утопической литературе описание рассказчиком нового общества обычно обладает «впечатляющей силой открывшейся истины» [Morson 1981: 77]. Непоследовательность Д-503 как рассказчика — очередной фактор, заставляющий усомниться в истинности его взгляда на вещи. В какой-то момент он роняет рукопись на пол, и страницы рассыпаются. Он говорит, что их уже не вернуть в первоначальный порядок, учитывая хаотическое состояние его ума. Этот порядок как будто не так уж и важен. Разумеется, порядок событий, этапы личностного и психологического развития Д-503 очень важны для читателя, который доверяет нумерации записей и, следовательно, временно́й последовательности излагаемых событий; неудивительно, что нас так и тянет отыскать признаки возможных разрывов. Нумерация записей заставляет предположить, что он все же вернул рукописи ее первоначальный порядок. Однако упоминание номеров страниц рукописи в тексте наводит на мысль, что некоторые из них пропущены. Страница 7 рукописи приходится на 151-й странице русского издания романа[7], страница 170 — на 212-й, а страница 227 в издании соответствует 193-й у Д-503. Каким-то образом потребовалось 13 страниц, чтобы вместить 7 первых страниц дневника (соотношение почти 2 : 1), затем всего 61 страницы, чтобы охватить еще 163 страницы дневника, — теперь соотношение составляет немногим более 1 : 2,5; наконец, 16 страниц понадобилось для публикации 23 страниц из рукописи дневника — пропорция теперь почти выравнивается, составляя примерно 1 : 1,5. Предположение, что читатель сам навязывает тексту хронологический или событийный порядок, то есть сам задает сюжет, в очередной раз демонстрирует относительность любого знания. Это соответствует одному из основных положений эволюционной психологии, согласно которому разум представляет собой не орудие общего назначения, а набор адаптированных механизмов. Поскольку некоторые вещи мы узнаем и замечаем лучше, чем другие, следует ожидать, что в нашем сознании имеются швы и пробелы. У естественного отбора мало причин доводить организмы до совершенства — все, что требуется, — это дать преимущества, достаточные, чтобы сохраниться в следующем поколении. Наша парадигма, по крайней мере, в состоянии объяснить некоторые явления, изучаемые деконструктивистами.

Чтобы установить порядок, читатель должен смотреть дальше, чем Д-503, учитывая, что тот крайне ненадежен как рассказчик. Например, Д-503 часто бракует свои записи как «пустяки», говоря, что сам в них не верит, что готов разорвать их и выбросить как смешные, жалкие и постыдные [164, 177, 203, 209, 241, 231, 257]. Как минимум одна из записей содержит сознательную ложь:

---

[7] Текст романа в цитируемом издании располагается на страницах 139–294. — *Примеч. ред.*

она сделана, чтобы избежать ареста, — но Д-503 не указывает, какая именно, и из-за этого подозрение начинают вызывать все фрагменты. Д-503 не уточняет, какие страницы он засунул под себя, когда в его комнату вошел патруль Хранителей [249]. Также в роман не вошли строки о красоте квадрата, куба и прямой, которые Д-503, по его словам, написал и прочитал О-90. Однако, когда из-за слезы О-90 в дневнике расплываются чернила, Д-503 сетует, что страницу 7 придется переписывать [151]. По-видимому, Д-503 все-таки ничего не удалял и не менял в дневнике, кроме, может быть, одной обманной записи, однако полной уверенности в этом нет.

Взгляд очевидца лишь подрывает доверие к свидетельствам Д-503. Он и сам признает, что мир его рукописи вряд ли незыблем, что слова могут начать двигаться сами по себе [276–277]. Кроме того, читатель зачастую понимает мир Д-503 лучше, чем сам рассказчик: Д-503 склонен не замечать недостатков своего общества, таких, как упорные ошибки в математических расчетах или явно ущербная сексуальная политика[8]. То же касается вещей, более знакомых нам, чем ему, таких, как «бумажная трубочка», которую курит I-330 [173]. Наконец, Д-503 то и дело пускает нас по ложному следу: так, в конце десятой записи он заявляет, что «гибнет», в конце тридцать третьей преждевременно прощается с читателями, а седьмую и восемнадцатую начинает с пересказа своих снов, вводя читателя в заблуждение тем, что описывает их так, как если бы это были реальные события [160, 176, 204, 268]. Собственно, с учетом психологического измерения романа так оно и есть. Еще один ложный след — слова, которыми Д-503 предваряет пересказ разговора с I-330 о плане захватить «Интеграл»: «...он, как мне кажется, будет иметь огромное, решающее значение для судьбы Единого Государства — и больше: вселенной» [254]. Конечно, подавление мятежа Мефи кладет конец этим ожиданиям — они могут быть оправданы только в контексте рукописи как романной, вымышленной вселенной Д-503. Примечательно, что речь в разговоре заходит о бесконечности революций и эн-

---

[8] О ненадежности Д-503 см. также [Barratt 1985].

тропии: в этих темах, как считают многие, содержится главный философский смысл романа. Как и рассказчик, читатель часто не знает, чему верить [203, 267].

К эпистемологической неуверенности читателя добавляются и онтологические сомнения — это происходит всякий раз, когда Д-503 ставит под вопрос реальность как самой рукописи, так и ее содержания — он как будто не уверен, что описываемый им мир существует на самом деле [205–206]. Ему кажется, что его текст — это «какой-то древний, причудливый роман» [259], что, конечно же, правда. Кроме того, он сомневается в реальном существовании своих читателей: «Разве я не населил вами эти страницы — еще недавно четырехугольные белые пустыни. Без меня разве бы увидели вас все те, кого я поведу за собой по узким тропинкам строк?» [218]. И действительно, Д-503 сам создал своих читателей: если бы он не написал этого дневника, некому было бы его читать, и нет никакого способа развеять сомнения Д-503. Согласно самой природе восприятия, особенно процесса обработки информации, все именно так: сенсорные явления преобразуются в ментальные конструкты. Даже если его вымышленные персонажи в некотором смысле реальны, он измышляет их заново уже тем, что переносит их образы на бумагу. В тексте действительно присутствует несколько намеков на то, что персонажи, как и читатели, всего лишь проекции сознания Д-503. В конце 33-й записи он обращается к читателям: «...вы... с кем я прожил столько страниц» [268]. Как минимум дважды Д-503 удается проникать в чужие мысли [157, 179], — в частности, ему кажется, что мысли I-330 как будто исходят из него [157]. Вспомним слова I-330 о том, что герой ведет себя «как некий мифический бог в седьмой день творения», который сотворил и ее, и все остальное [143]. Если он бог собственного текста, то, конечно, она права. Однако солипсизм Д-503 не объясняется только тем, что он бог текста. В другой записи он говорит: «...для меня с недавнего времени построен весь мир» [199]. Тем не менее вопрос остается неясным. Розеншилд отмечает, что лексикон других персонажей отличен от того, которым пользуется Д-503 [Rosenshield 1979: 61], и в подтверждение приводит слова I-330: «...я лучше на твоем языке, так ты скорее поймешь» [248][9]. Д-503 несколько утешает предположение, что изображаемый им мир — только его: в этом случае ему было бы легче его игнорировать. Но это заставляет героя задуматься, почему тогда его так тянет описывать этот мир [205].

На онтологическую фиктивность рукописи Д-503 указывают также различные несообразности, возникающие в его сообщениях о том, как он ведет дневник. Например, трудно понять, как и когда Д-503 сумел записать события, о которых идет речь в тридцать девятой записи, особенно ее роковой конец. Также неясно, какой именно текст читает Д-503 *в начале* сороковой записи, когда утверждает, что перед ним образец нового стиля, без всякого бреда, нелепых метафор и чувств [293]. Часто он симулирует незнакомство с материалом, который только что записал, и, конечно же, многие страницы рукописи больше похожи на роман, чем на настоящий дневник, так как изобилуют развернутыми драматическими сценами со множеством диалогов, а также описательными деталями. Кроме того, временной план, образуемый глагольными временами в речи рассказчика, часто сбивает с толку. Из многочисленных примеров приведем два. Д-503 описывает события Дня Единогласия в прошедшем времени, но прерывает повествование мыслями в настоящем времени: «Сейчас начинается... Что?» [233]. Конечно, это смешение можно объяснить общей непоследовательностью дневника, но использование Д-503 подобной внутренней речи, безусловно, добавляет роману напряжения. То же самое относится к эпизоду, в котором Д-503 предваряет рассказ о планах Мефи захватить «Интеграл» вопросом: «Какими глазами я смотрел бы на это могучее стеклянное чудовище, если бы все оставалось, как вчера? Если бы я знал, что завтра в 12 — я предам его... да, предам...» [260].

Наконец, иногда в описании своего мира Д-503 использует образы, связанные с письмом, как если бы это был всего лишь «чертеж на листе бумаги» [263]. Он упоминает «страницы своего

---

9 Ш. М. Карнике также настаивает на «реальности» других персонажей; она отмечает, что читатель лучше, чем Д-503, понимает и жажду материнства О-90, и недостатки Единого Государства (см. доклад «Conventional Women in an Unconventional World: Zamyatin's "We"»).

мозга», а провалы в памяти уподобляет пустым белым страницам в голове, возможно намекая на пробелы в рукописи [181, 282, 283]. Он перелистывает лица в толпе, «как страницы» [233]. При этом Д-503 ведет неустанную полемику с «древними» способами письма. Так, он высмеивает обычай авторов прошлого писать о чем им вздумается [182]. Однако здесь Д-503 забывает о своем «сейсмографе»: ведь именно такова его писательская техника создания дневника [153].

5. Роман как сознание

Как уже говорилось в начале этой главы, достаточно взяться за перо, как это действие приводит к спонтанным подрывным последствиям. Они совершенно неизбежны, когда сознание начинает взаимодействовать с письменными принадлежностями, они влияют на деятельность мозга и даже берут на себя некоторые функции сознания. Так развитие письменности сделало возможным экстрасоматическое хранение воспоминаний и избавило разум от необходимости запоминать информацию самостоятельно. Исчезновение устной традиции доказывает, что системы письма частично заменили эту функцию сознания. Примечательно, что Д-503 трижды обращается к своим записям, чтобы подтвердить, что событие, подсказываемое ему памятью, действительно имело место; историю, общую память человечества, он называет «великой книгой цивилизации» [146, 226, 247]. Неудивительно, что рукопись Д-503 порой сохраняет прошлое лучше, чем его память. В 18-й записи Ю говорит, что I-330 играет с Д-503 комедию, а в конце той же записи Д-503 пытается припомнить, «кто мне сегодня говорил о комедии» [249]. Чтобы не впадать в деконструктивизм, утверждая, что нет ничего, кроме текста, скажем, что Д-503 действительно помнит события внешние по отношению к его дневнику и предшествующие ему. При этом письмо стимулирует его память. Начав вести дневник, Д-503 вспоминает свои школьные годы — текст помогает ему не просто переосмыслить свое прошлое, но, по сути, восстановить это прошлое, а вместе с ним биографию и личность. Как отмечает Морсон, эта новообретенная автобиография и приводит Д-503 в конфликт с режимом: ведь Единое Государство отвергает как историю, так и индивидуальность [Morson 1981: 132–133].

Развитие письменности обычно называют решающим этапом нашей генно-культурной коэволюции. Вместо того чтобы противопоставлять культуру биологии, большинство эволюционных психологов рассматривает культуру как генетически подготовленную адаптацию, которая позволяет нашему виду все быстрее и эффективнее приспосабливаться к изменениям окружающей среды. Часто это влечет за собой адаптацию к другим культурным адаптациям, создавая синергию эволюционного ускорения. Поскольку основное селективное давление исходит от наших сородичей, мы должны быть начеку. Об этом свидетельствует многоуровневая ирония в тексте романа, создающая эффект многослойной маскировки, очень похожей на дарвинистскую модель обмана, самообмана и т. д., типичную для нашей обостряющейся конкуренции с другими людьми.

Помимо своих прочих достоинств, письмо, как и его многочисленные культурные эквиваленты, учит разум справляться с новыми условиями, мыслить самостоятельно, а затем переосмысливать вновь и вновь, создавая практически бесконечный ряд как изменений восприятия, так и последующих адаптаций. Может быть, обобщение слишком широко, но это подтверждается всей нашей историей за последние десятилетия и столетия, если не тысячелетия.

Еще одно свойство письма, весьма важное, особенно когда человек записывает в дневник собственные мысли, — это побуждение автора обращать более пристальное внимание на свой мыслительный процесс — в той степени, в какой он доступен для самоанализа. Д-503, по его словам, слышит, как «тихонько, металлически-отчетливо постукивают мысли» [214]. Но это также выявляет для него сложность этого процесса, заставляет увидеть разнородность, а зачастую и противоречивость материала, извлеченного на поверхность ассоциативными моделями и снами, а также осознать моменты, когда он теряет контроль над своими мыслями и действиями. Д-503 начинает анализировать свои записи; он даже принимает во внимание то, что прежде в себе подавлял, например историю с квадратным корнем из минус единицы [164]. Иными словами, письмо заставляет его осознавать собственное сознание; Д-503 воспринимает дневник как «свою болезнь, записанную на этих страницах» [223], свидетельство того, что у него есть душа. Кроме того, писательство вполне может привести к автоматическому поведению, когда текст как будто сочиняет себя сам. Д-503 обычно пишет, не формулируя свои мысли заранее, и нередко сам удивляется, почему сделал ту или иную запись; он говорит О-90, что у него выходит «такое что-то неожиданное» [212], то есть что написанное не подчинено его намерениям. Переживания Д-503 очень напоминают положения статьи Замятина «Психология творчества», где речь идет об измененном состоянии сознания, необходимом для творческого процесса: писатель пишет будто загипнотизированный, с сознанием, открытым для любых неожиданных ассоциаций, как во сне [Замятин 2003–2011, 5: 315–321]. Трудно писать, пусть даже механически, не стимулируя воображение. Так происходит с Д-503, который начинает текст с копирования газетной статьи «слово в слово», а в результате непреднамеренно сочиняет роман [139].

Конечно, с точки зрения бессознательного текст может стать сознанием, а заодно и всем остальным существом его автора. Художники часто называют свои произведения детьми — так, собственно, говорил и Замятин; художественное творчество приравнивается к биологической репродукции. Примечательно, что в первой же записи Д-503 сравнивает свои ощущения от письма с тем, что испытывает беременная женщина, когда впервые слышит в себе пульс ребенка; «человечек» вскоре становится продолжением самого Д-503: «Это я и одновременно — не я» [140]. Он защищает рукопись от Хранителей как «мучительный — и может быть самый дорогой мне — кусок самого себя» [249]; позже он замышляет убийство Ю с использованием этого же документа — «всего меня» [276].

В произведениях Замятина есть ряд других автоэротических пассажей. В той же «Психологии творчества», одной из лекций о литературном мастерстве, которые он читал одновременно с работой над «Мы», Замятин сказал:

> ...*писатель*, как женщина-мать, *создает живых людей*, которые страдают и радуются, насмехаются и смешат. И так, как мать своего ребенка, — писатель своих людей *создает из себя*, питает их собою — какой-то нематериальной субстанцией, заключенной в его существе [Замятин 2003–2011, 5: 318].

В 1930 году Замятин вспоминает сочинение одного из своих рассказов как пример «“искусственного оплодотворения”, когда сперматозоид дан творчеством другого художника (чаще мы — андрогины)». Далее он развивает эту аналогию, рассказывая, как поддерживал свою «беременность» с помощью «строгой диеты» из книг подходящего для его замысла содержания [Замятин 2003–2011, 3: 190–191]. В другой статье Замятин делит литературные произведения на «живые-мертвые» и «живые-живые»: последние не только ходят и говорят, но и постоянно задают «нелепые “детские” вопросы» [Там же: 176] совсем как люди. В предпоследней главе «Мы» Д-503 готов завершить рукопись, поставив «точку — так, как древние ставили крест над ямами, куда они сваливали мертвых» [292]. Но текст оживает на достаточно долгое время, чтобы Д-503 успел задуматься о границах Вселенной. Это требует гибкости от текста — а также от его автора и читателя.

Смятение, в которое повергает Д-503 его дневник, — это и наше смятение, поскольку, помимо рукописи героя и ассоциаций, которые она вызывает в нашем сознании, такой сущности, как Д-503, нет на свете. Конечно, его слова вовлекают нас в этот творческий процесс: ведь для того, чтобы прочитать роман, мы должны воссоздать его в своем сознании. Если книга в виде рукописи возвышает разум Д-503 до уровня похвального инакомыслия, то в виде романа она стимулирует аналогичный процесс внутри читателя, вместе с Д-503 создающего его мятежный мир.

В лекциях о литературном мастерстве Замятин рассказывает, как достичь такого сотворчества. В частности, можно обрывать фразы таким образом, чтобы читатель мог «с успехом» заканчивать их самостоятельно, — в «Мы» огромное количество подобных опущенных концовок. То же касается и более масштабных составляющих произведения, таких как сюжетные линии: Замятин отмечает, насколько часто в современной литературе опускается развязка, хотя едва ли читатель может легко угадать исход сражения между Мефи и Единым Государством, бушующего в конце романа. Еще один сходный прием — «ложный вывод»: как объясняет Замятин, автор подводит свою логическую конструкцию к выводу, но вывод делает «ложный». Вы «тем самым заставляете читателя с большей энергией сделать правильный вывод, запечатлеваете этот вывод в читателе как бы после некоторого спора, а такие выводы — всегда прочнее» [Замятин 2003–2011, 5: 351–352]. Наблюдения Замятина применимы практически ко всем аспектам романа, особенно к неубедительному появлению Д-503 как абсолютно целостной личности. И. Чичери-Ронай рассматривает эти приемы как примеры «провокативной сатиры», которая побуждает или «соблазняет» читателя «вчитать» в текст компоненты, которые в нем прямо не проявляются, такие как эротизм, первобытность и другие страсти. Таким образом, Д-503 частично сотворен по образу и подобию самого читателя [Csicsery-Ronay 1988: 241].

То, что Д-503 сумел создать собственный образ так, что мы можем увидеть в нем достаточно полную проекцию его сознания, правдоподобное представление психики, — колоссальное достижение, равноценное достижениям величайших писателей мира, будь то авторы романов или дневников. Таким образом он выполняет центральную для любого произведения искусства роль: во-первых, вызывает интерес, и, во-вторых, пробуждает сочувствие читателя — поскольку эффект самопроекции Д-503 таков, что она стимулирует нашу биологическую потребность в единении с собратьями, — и, наконец, остается в памяти. Кроме того, рукопись служит средством психотерапии, так как помогает ее создателю приблизиться к идеалу психологического здоровья, психической функции, которую олицетворяет творец художественного произведения. Опыт Д-503 не полностью укладывается в теорию Замятина. Он никогда не изучал ни писательскую технику, ни историю литературы, которые его создатель объявлял необходимыми для романиста. По всей видимости, у Д-503 врожденный талант, выражаясь словами Замятина, «какая-то органическая способность» [Замятин 2003–2011, 5: 320]. О том же говорит умение Д-503 создавать полифоническую прозаическую структуру большой художественной ценности без сознательных усилий или особой нужды в переписывании, без которого, по мнению Замятина, обойтись нельзя [Там же: 326; Замятин 2004: 197]. На протяжении всего дневника, даже присягая в верности Единому Государству, Д-503 добивается «крайнего сгущения мыслей» и «огромной художественной экономии», умения выразить как можно больше смыслов всего несколькими словами [Замятин 2003–2011, 5: 319, 347], — в этом Замятин видел важнейшее свойство творческой работы. Творчество Д-503 — это символ собственного труда Замятина как его идеала и цели; в конце концов, литературный триумф Д-503 — это также триумф его создателя.

Представления Замятина о полифонической художественной структуре и «художественной экономии» сопоставимы с мыслью М. Буша, что близость к идеалу в художественном выражении и в функции эго достигается «экономией затрат энергии», которая в произведении искусства состоит в «органическом слиянии разнородных элементов» [Bush 1967: 33]. Это выходит за рамки уроков Замятина, но следует иметь в виду, что сама идея обучать художественному мастерству появилась относительно недавно и не получила достаточного развития; лекции Замятина были одной из первых попыток, но, так или иначе, творческий талант остается истинной загадкой.

Таким образом, вынужденное подчинение Д-503 Операции по удалению фантазии и последовавшее за этим радикальное изменение характера его рукописи особенно трагично. Как предполагает Морсон, речь в повествовании идет о рождении романа, новом открытии для себя настоящей литературы и, как следствие, о возрождении и развитии личности [Morson 1981: 134]. Д-503 становится все больше похожим на своего читателя, но процесс резко останавливается. А значит, читатель сам делает предположения, каким «должно было бы» стать его дальнейшее развитие, — иными словами, мы достраиваем роман в собственном сознании и сами таким образом становимся романистами. Воспитательная функция письма срабатывает не только с Д-503, но и с нами. В «Мы» Замятин представляет нам новую форму прозы, которую называет неореализмом. Мы сталкиваемся с множеством сюжетных и тематических линий, бо́льшую часть которых приходится осмысливать одновременно. Но к моменту, когда развитие романной формы достигает этой стадии, мы уже лучше подготовлены как к чтению романа, так и к восприятию мира за его пределами.

Рукопись Д-503 повествует также об открытии заново человеческой природы; здесь важнейшая роль романа состоит в том, что он подталкивает пишущего к самостоятельному мышлению и самовыражению. Следует отметить, что практически каждый упомянутый в тексте писатель Единого Государства — диссидент — это служит как бы намеком на то, что писательство склоняет человека к иконоборческим, мятежным взглядам. По сути, эти повторные открытия спонтанны — для них практически не требуются внешние стимулы. Исследователи литературных влияний будут разочарованы, увидев, как плохо подкован Д-503 в литературе,— тем не менее он в состоянии написать превосходный роман.

Заключительная запись, резко отличная от всех предыдущих, демонстрирует последствия Операции: в ней не чувствуется таланта и, судя по тому, что повествование обрывается in medias res, у Д-503 практически пропадает желание писать. Розеншилд характеризует последнюю запись как «лишенную эмоций», «почти механическую» [Rosenshield 1979: 59]. Кажется удивительным, что у Д-503 еще осталась какая-то тяга к письму; собственно, хватает ее всего на пару страниц. Знаменательно, что, намереваясь писать пропагандистский дневник, Д-503 по пути наталкивается на роман — одну из самых требовательных литературных форм, которая, подобно симфонии, требует постоянного и одновременного динамического развития всех элементов, и в то же время представляет психику в потоке ее непрерывного движения, раскрывая разные ее уровни логично и одновременно. Творчество, движимое стремлением «создавать особые вещи», сводит все это воедино.

Как показали многие превосходные научные разборы «Мы» и как явствует из наших эволюционистских пояснений к тексту, Д-503 случайно создал увлекательный, глубокий и бунтарский tour-de-force, допускающий множество различных способов анализа. Искусство — это утопия в том смысле, что оно не служит убежищем, а указывает направление развития; «Мы» — это идеальный текст для гибкого читателя. Но мы не должны этому удивляться, так как поиск знания и стремление к максимальному самовыражению, представленные в этом романе, — врожденные черты человеческой природы, которые писатель непременно обнаружит, просто взяв в руку перо и начав писать.

Приложение

Конец? Заключительные мысли о судьбе утопии: киносценарий Замятина «Д-503»

В обширной литературе о «Мы» самым спорным оказался вопрос о том, как следует интерпретировать финал романа. Ирония в том, что речь идет о развязке — таком элементе сюжета, который в большинстве романов обычно не вызывает вопросов. Падет ли Единое Государство под натиском восставших Мефи или сумеет подавить мятеж? Мы могли бы сформулировать вопрос более абстрактно и универсально: способна ли рационалистически сконструированная социальная система удерживать под контролем человеческую природу на длительной и устойчивой основе?

Авторы других антиутопий, на наш взгляд, приходят к пессимистичному выводу. В конце «1984» Оруэлла Уинстон Смит ждет пули в затылок и при этом, вследствие тщательного промывания мозгов, думает о том, как он любит Старшего Брата[1]. Персонаж романа «О дивный новый мир» Бернард Маркс вразумлен и сослан, а Дикарь вешается, по всей вероятности от отчаяния и отвращения ко всему, что ему пришлось повидать. Джаэль, главная мятежница в романе Хартли, становится следующим Дорогим

---

[1] Правда, в уже упомянутом «1985» Далоша Уинстон выживает и становится лидером протестов против режима Океании.

Диктатором, то есть тем, против кого сама же боролась. В «Рассказе служанки» Этвуд Фредовой удается сбежать из Галаада, но ее дальнейшая судьба неизвестна. В «Клопе» Маяковского Присыпкин остается в футуристическом зоопарке: он выживает лишь потому, что может служить кормовой базой для клопа. Все это наводит на мысль, что от социальной инженерии нет спасения: ей невозможно даже эффективно сопротивляться.

По мнению большинства исследователей «Мы», Единое Государство подавляет восстание Мефи (см. главы 6 и 7). Конечно, перспективы повстанцев мрачны: I-330 и другие лидеры арестованы, они допрошены с применением пыток; их казнь назначена на следующий день. При этом множество нумеров либо добровольно, либо, подобно Д-503, насильственно были подвергнуты Великой Операции по удалению фантазии, после которой нонконформизм и сопротивление государственной политике едва ли возможны. Более того, эти «человекообразные тракторы» занимаются тем, что отлавливают других, чтобы с ними сделали то же самое. Однако многие читатели замечают, что сражение все еще продолжается, и приходят к выводу, что в конце романа исход битвы так и остается неизвестным. Так, Р. Рассел приходит к следующей мысли: «...очевидно, что битва за Единое Государство далека от завершения» [Russell 2000]. Я тоже предпочитаю эту третью, промежуточную позицию, полагая, что именно это входило в намерения Замятина: оставить читателей с оборванным финалом, вынуждающим их самостоятельно делать выводы о дальнейших событиях. В предыдущей главе я утверждал, что это авторский прием, призванный побудить аудиторию к активному участию, завершить возвращение к человечности — то, в чем практически терпит крах Д-503. И столь существенное расхождение во мнениях по поводу того, удалось ли Единому Государству подавить бунт, в очередной раз демонстрирует, насколько тщательно Замятин уравновесил силы в заключительных абзацах романа.

Что ж, возможно, теперь этот вопрос можно решить, поскольку в архивах США имеются экземпляры написанного Замятиным киносценария под названием «Д-503». По-видимому, через некоторое время после завершения «Мы» Замятин переосмыслил развязку романа; судя по ряду свидетельств, это произошло после его отъезда во Францию в 1931 году. Рукописная копия киносценария на русском языке хранится в Бахметевском архиве Колумбийского университета (Библиотека редкой и рукописной книги, Библиотека Батлера)[2]. В том же собрании хранится английский перевод этого текста, написанный, скорее всего, позже, чем русский вариант. Поскольку перевод киносценария также написан от руки и содержит ряд языковых ошибок, мы обозначим его как «первый перевод» на английский. Коллекция Г. П. Струве в архиве Гуверовского института Стэнфордского университета содержит отпечатанную на ротаторе копию машинописи, по-видимому представляющей собой более позднюю черновую редакцию этого сценария[3]. Поскольку этот документ написан на заметно более правильном, хотя все еще несовершенном английском языке, мы называем его «вторым переводом» на английский. Однако между двумя текстами имеются немногочисленные, но тем не менее существенные различия, позволяющие предположить, что их следует рассматривать как редакции, продолжающие интерпретацию романа.

Между романом и тремя редакциями киносценария есть некоторые текстовые и сюжетные расхождения. Вопреки началу

---

[2] D-503. Бахметевский архив, фонд Е. И. Замятина, коробка 1. Далее текст киносценария воспроизводится по автографу.
А. Тюрин подготовил полную публикацию текста киносценария на русском языке в «Новом журнале» в 1989 году [Замятин 1989]. В. А. Туниманов воспроизвел текст в [Туниманов 1994]. Киносценарий также опубликован в изданиях [Замятин 2011: 303–306; Замятин 2003–2011, 4: 37–41].

[3] По словам Ю. Накано, среди документов Г. П. Струве в архиве Гуверовского института Стэнфордского университета имеется письмо вдовы писателя от 1949 года, в котором описываются переговоры автора с французскими продюсерами. Л. Н. Замятина также просит Струве написать сценарий фильма по роману и найти американского продюсера (личное общение). Поэтому можно предположить, что автор «второго перевода» именно Струве. Это могло бы объяснить некоторые расхождения между переводами, речь о которых пойдет позже. С другой стороны, в данном тексте киносценария нет никаких указаний на то, что автор уже умер (поскольку указан его парижский адрес) или что текст был написан другим человеком.

сценариев некоторые нумера, в частности женщины, жаждущие экзогамного секса, проскальзывают за Зеленую Стену — но это не та каноническая мотивировка, которую излагает Д-503 в «Мы». Возможно, Замятин преувеличивает счастье людей, поросших шерстью, напоминающей лошадиную, и живущих вне города. Казалось бы, из-за этого в сценарии возникает противоречие: если они «всегда счастливы», то зачем им «абсолютное счастье», которое сулит «синтез» I-330? Но, может быть, эти нестыковки не более важны, чем неуверенность Замятина в правильном написании слова mechanized. В целом эти версии можно расценивать как точное изложение романа. Сравнение двух переводов, воспроизведенных далее, показывает множество языковых различий, совершенно по-разному поставленные — в виде более пространных описаний — акценты, хотя оба документа примерно одинаковы по объему. Порядок событий и тематика полностью совпадают. «Второй перевод» явно создавался на основе первого, который, по-видимому, является приблизительным переводом сценария на русском языке.

Существенные отличия от романа содержатся только в финале русского сценария и отражены в обоих переводах. Важно, что они относятся именно к развязке. Вот как заканчивается русский киносценарий «Д-503»:

> Д-503 схвачен, над ним производится «Великая операция». Он мгновенно успокаивается и возвращается в прежнее свое идеально-машинное состояние. Теперь для него все просто и ясно, он спокойно является к «Благодетелю» и рассказывает ему все, что знает о заговоре и об участии в нем 1-330, он спокойно отправляется с отрядом «оперированных», чтобы найти и арестовать ее. Но они в смятении останавливаются: на улицах, впервые после многих веков, появились птицы, животные, улицы забросаны цветами — «Зеленая стена» разрушена! [Замятин 2003–2011, 4: 41].

Во-первых, Д-503 принимает более активное участие в поимке I-330, тогда как в романе он только доносит на нее Благодетелю. Во-вторых, ее вообще не арестуют, не говоря уже о дальнейших допросах, пытках и ожидаемой казни, присутствующих в романе. Отряд преследователей в смятении останавливается при виде птиц, животных, цветов в городе — это значит, что Зеленая Стена была разрушена, причем уже некоторое время назад и, более того, без ведома Единого Государства. В русской редакции киносценария, как и в романе, говорится о бреши, проделанной ранее в Зеленой Стене, что и послужило началом восстания; в английских редакциях все объединено в одном фрагменте текста. А главное, ничто не говорит о том, что Единое Государство продолжает борьбу: в «первом переводе» даже сказано, что отряд преследователей начинает отступать. Нет здесь и слов Д-503 о неизбежности победы режима или «разума». Очевидно, что последнее замечание — о разрушении Зеленой Стены (странным образом усеченное в «первом переводе») — указывает на победу восстания Мефи.

Без дополнительных свидетельств трудно сказать, что побудило Замятина изменить конец повествования. Возможно, таким образом он просто прояснил, чем — в соответствии с мнением небольшой части исследователей романа — на самом деле должен закончиться роман: падением Единого Государства. По словам В. А. Туниманова, киносценарий — это последний этап его работы над романом [Туниманов 1994: 169]; если это так, то и оба английских перевода, которые мы назвали «первым» и «вторым», представляют собой окончательную авторскую интерпретацию «Мы». Все редакции сценария были написаны более десяти лет спустя после окончания романа, когда Замятин уже находился в добровольном изгнании во Франции, — учитывая его политические проблемы в СССР, сомнительно, что он написал русскую версию в надежде на российское кинопроизводство. Автограф русской редакции киносценария имеет дату «15-VII-1932». «Второй перевод» не датирован, но указан парижский адрес Замятина, и упоминаются первые публикации романа на английском и французском языках.

Следовательно, Замятин, возможно, изменил свой замысел романа, а следовательно, и финал независимо от того, написал ли он его, чтобы указать на триумф или провал восстания, или придумал двойственную развязку, которую должен разрешить читатель. Приехав на Запад после публикации романа на нескольких языках, писатель вполне мог подвергнуться различным влияниям в отношении этого и других аспектов поэтики романа. Возможно, свою роль сыграла и кинокультура, в которую он был погружен. Никаких других редакций этого киносценария не появилось; вероятно, важно, что он, по-видимому, перевел его только на английский («первый перевод»). Хотя позже Замятин написал для Ж. Ренуара сценарий «На дне» по пьесе М. Горького, вполне возможно, что в данном случае он рассчитывал на британскую или американскую киноиндустрию. Туниманов называет сценарий «голливудизацией» романа [Там же]. Вне зависимости от возможной площадки экранизации романа в 1930-е годы, по-видимому, киноиндустрия не восприняла бы должным образом ни пессимистичный (поражение восстания Мефи), ни двойственный финал.

Хотя до первой полной публикации «Мы» на русском языке в 1952 году роман был переведен на несколько языков, никаких рукописей, которые должны были лечь в основу любого из этих изданий, обнаружено не было, кроме машинописной копии из архива И. Е. Куниной-Александер[4]. Исследователям оставалось только счесть издание издательства имени Чехова каноническим источником текста романа; оно также послужило основой для всех последующих переводов и изданий на русском языке. За исключением машинописи «Мы», русская редакция киносценария «Д-503» и «первый перевод» «D-503» представляют собой единственные замятинские автографы романа и связанных с ним произведений, которыми мы располагаем.

Воспроизведение русского текста сценария, сделанное А. Тюриным, не отражает всех характеристик автографа. В процессе написания Замятин вносил много исправлений: добавление отдельных слов и фраз, вычеркивание предложений, фрагментов

---

[4] Хранится в архиве Государственного университета штата Нью-Йорк (M. E. Grenander Department of Special Collections and Archives), фонд Ирины Куниной-Александер, 1937–1978, коробка 1.

и даже целых страниц. Ясно, что во время письма автор очень тщательно продумывал киноверсию своей истории. В «первом переводе» правок гораздо меньше, во «втором переводе» нет ни одной.

Далее приводится тщательный транскрипт первого перевода на английский язык.

Рукопись «первого перевода», судя по всему, принадлежит самому Замятину — об этом говорит его сходство с рукописью русского сценария; «второй перевод» выполнен на пишущей машинке. Беловой автограф «первого перевода» написан разборчивым почерком, что обычно указывает на то, что текст переписан несколько раз (два или более), хотя в нем есть несколько исправлений, в основном вставки отдельных слов. Тем не менее это не совсем точный перевод русского сценария. Я воздержался от исправления очевидных ошибок переводчика (Замятина?).

<u>D-503</u>

A city, geometrically exact. Enormous, transparent cube-houses built of the „new glass"; and one could see how at the 10-th or 20-th stories of these houses are moving their inhabitants as if swiming in the air. Quite similar are all the houses; quite similar is the furnishing of rooms. Against the invasion of unorganized nature — of flowers, trees, birds, animals — the city is defended by the glass „Green Wall", behind which are stretched endless green spaces where no man's foot stepped already for ages...

We are transferred for 1000 years forward from our epoch. All the revolutions, in await of which our generation is living, are already behind us. All the life is rationalized, standardized, calculated according to the Taylor's system. Even love is rationalized: everybody is examined in the sexual relation at the „Medical Bureau" and receives there a certain number of „sexual days" for a week and so called „rosy tickets"; these tickets are seeming for he-everybody or she-everybody the execution of their sexual wants, for a refusal is considered a crime and is punished by the State.

The confidence of the humanity — or, at least, of the State authorities — in the assuming of an absolute happiness is so great as it's supposed to transfer this happiness even to other planets. For this purpose, under the managing of D-503 (names of course are replaced by figures and letters) is constructed the „Integral" — a rocket-plane for interplanetarian communications. Around the builder of this rocket-plane M-2 D-503 is developped the main intrigue.

D-503 is evidently one of the most able engineers of his epoch and he seems to be one of the most typical representatives of the mechanized „happy" humanity. During the usual walk (accompanied by the music of „Musical Works" trumpets) D-503 makes the acquaintance of a woman I-330 which posseses some irony, has something incomprehensible for D-503 and therefore hostile for him as for the rationalized man; nevertheless this „incomprehensible" is attracting him, to his astonishment.

I-330 presents to him a „rosy ticket" and D-503 comes to see her at the appointed time. As it is used here in such a case, at the glass room are already lowered the curtains, but instead of simple „rational act" the hostess I-330 smokes, to awe of her visitor, ancient „cigarettes"; she drinks some green spirit drink and the worse, while kissing makes him to gulp it too. These poisons — nicotin and alcool at the rationalized State, had been, of course, prohibited by a long ago and D-503 ought to go to the State's „Guardians' Bureau" and to let them know the crime, but he does not feel he has enough force to do it and because of this he himself becomes a part of the crime...

By-and-by he is convinced that he got this dangerous illness — „love about which he has read but in ancient books of the 20-th century... This is complicated with his relations to some other woman O-90; it appears that even such a „nonsense" as a jealousy is existing, not only in the ancient books, for O-90 is jealous of him regarding I-330. And what is still worse — O-90 likes to bear a child of him, though she has not right to do it, for she does not satisfy to the „Mothers' Standard" set off by the State. In the paroxysme of desasperation and weekness of will, D-503 agrees to give her this child and the woman O-90 is threatened in the nearest future with the awful „Gooddoers' Machine" (the „Gooddoer" is a State's Chief, elected every year, and he is executing by his own hands the annihilation of criminals by means of this Machine; it is a very quick and esthetic operation — the dissociation of matter with some rays and after a second of what once had been a man was not left but a plash of water and a handful of ash...).

In the meantime meetings of D-503 with this misterious woman I-330 are going on. One of meetings is arranged at „The Ancient House“, which has been kept, as a musem example, from times of 20-th century. Here I-330 receives D-503, having put on a fascinating „ancient“ dress of 20-th century, instead of the usual grey-bluish uniform. While changing this dress again for the uniform, she asks D-503 not to look at her for a time. He does not see her but hears the rustle of the silk, the screak of the mirror door of a wardrob, he wants to rush to her, to embrace her... But when he turns, he sees that I-330 suddenly vanished — where to and how it is quite inconceivable...

During some days he is looking for her, longing at her. There happen some dramatic encounters of D-503 with the woman O-90 who is in await of a child and then — of death under the terrible „Machine“. D-503 finds the only forgetting in his work. The „Integral's“ construction is already ended and soon has to proceed her „maidenflight“ in the stratosphere.

Grieving, D-503 comes once more to this room of the „Ancient House“, where took place his last rendez-vous with I-330. He opens the wardrob door — and behold! — the floor of the wardrob is coming down under his feet, he is lowering somewhere down further and further and at last sees himself in some subterraneous place. He considers that this probably is a place where has been the „undergrounds“ of the „ancients“ of 20-th century. But why then this place is now lighted with electric bulbs? Looking for an exit of this labyrinthus he comes to some door, behind which some voices are heard. He knocks at the door and his acquaintance, a doctor, to which he applied recently to be cured of „love“, comes out to meet him. The doctor, without any explanations, is hastily leading him out to the yard of the „Ancient House“...

The day of the „Gooddoer's“ elections this year is finished up with an unprecedented in the history of the new humanity scandal: instead of an almost religious ceremony of the unanimous voting, some group is voting against — to the perplexity and dread of the others... Here at last D-503 meets his love I-330. She gives the promise to make clear everything what is an enigma to him yet up and some days later he comes down again to this subterraneous place, where he was once, but this time she accompanies him.

The door in the end of this labyrinthus appears to be an exit to a quite new to him world behind the „Green Wall". It is an impetuous world of elements, of nature, of trees, herbs and birds — and some men also, to the great surprise of D-503. But there men during ages have been living here quite independently of the urban men, of the machine-humanity, who had supposed that this race of „wild" men had died out a long ago. People of the world behind the „Green Wall" are cheerful, lively, they do not know the urban chemical nourishment, they are eating some ancient „bread", they are drinking some ancient „wine", they walk quite naked and their skin is covered with a hair — shining and beautiful and very similar of a horse hair...

The woman I-330 believes that the human happiness is in the synthesis of primitive life of this „wild" mankind with the urban mankind's life. She reveals to D-503 that there is a conspiracy against the urban State and that during the trial fly of the „Integral" to the stratosphere conspirators will seize the „Integral", which will give them the powerful arm against the urban State. D-503 has- no power to betray the conspirators, for this would destine to death his love I-330 first of all...

The trial fly of the „Integral" proceeds. I-330 partakes as a radiotelegraphist. But in the very moment, when the conspirators were ready to seize the „Integral", their conspiracy is revealed and consequently the „Integral" happens to be kept in the hands of the urban State. The woman I-330 is quite sure that they have been betrayed by D-503. He understands that now I-330 is lost for him for ever. And the main thing is that he, beyond of his will, was in fact the cause of conspiracy failure — all the dramatic events of last days he was registering at his diary and this diary was read by the agent of the State...

Next morning at the „State paper" are published sensational news about the conspiracy and in conjunction with it the new State edict of the „Great Operation". This „Great Operation" consists of a cauterizing, by means of X-rays, of one of brain centres — namely, of the centre of the fancy, what leads to the full annihilation of the fancy in a human being, and then, having the fancy annihilated, the mankind will not try any more to come out of the state of the great mechanical standardized happiness, in other words — the mankind will be really happy for ever... Therefore all are obliged to submit to the „Great Operation“ and everybody refusing will be forced to do it, for everybody ought to be happy...

But evidently not all desire this obligatory mechanical happiness and because of this a revolt begins in the city. Against mutineers are sent detachments of those who have been already operated, who had already no fancy, who are sweeping all in their way as some tanks.

D-503 is seized and submitted to the „Great Operation“. At once he is quieted and comes back to his former ideally mechanical state of mind. Now all is again quite simple and clear to him, he calmly appears before the „Gooddoer“ and relates him all what he knew about the conspiracy and about the participation of I-330 in it. Then without any hesitation he comes, in the head of a detachment of „Operated“, in order to find and arrest I-330, his former love. But suddenly this detachment stops in great perplexity and then starts the retreat: first time after many centuries in the streets appeared birds, animals, on the glass pavement are dispersed bright flowers — the „Green Wall“ is indeed!

Замечания к «первому переводу»

Хотя текст переведен на английский достаточно точно и бегло, он изобилует языковыми ошибками и стилистическими погрешностями; очевидно, что перевод сделан не носителем языка, — это мы вполне можем ожидать от тех, кто владеет английским подобно Замятину. Пунктуация и графика местами несет на себе следы иноязычного (русского) влияния: кавычки выглядят как „ “ вместо англоязычных “ ”, причем закрывающая стоит перед точкой или запятой, а не после, как в английской традиции, а буква «д» имеет русское начертание. Орфографические ошибки вроде «desasperation» и «paroxysme» заставляют предположить французское влияние: после изгнания из СССР Замятин жил в Париже. Английские фразы нередко звучат неестественно и неуклюже, но признаков исправлений, сделанных другой рукой, нет. Мы увидим, что во «втором переводе» многие отрывки значительно улучшены.

Сомнительно, что Замятин мог как-то воздействовать в 1924 году на первого переводчика романа на английский Г. Зильбурга. Кроме того, писатель умер задолго до появления других переводов романа на английский язык. Интересно, что некоторые выражения он переводит в манере, совершенно отличной от Зильбурга или кого-либо еще[5]. «Благодетель» переводится как «Gooddoer», в отличие от «Welldoer» у Зильбурга или «Benefactor» у других переводчиков. «Единое Государство» передается как «the State», часто «the urban State», вместо «the United State» Зильбурга, или более точного перевода «One State», или «Single State»[6]. Во многих случаях это можно счесть очередным свидетельством «иностранного акцента» в английской речи Замятина. При этом есть и смысловые нюансы, значимые для нашей интерпретации «Мы»: например, здесь особо подчеркивается различие между тем, что делается внутри и снаружи Зеленой Стены. Есть незначительные изменения в сюжете. Ю и R-13 отсутствуют — возможно, из-за краткости текста, естественной при адаптации романа для кино. Дневник Д-503 значительно сокращен, почти наверняка из-за перехода повествования от первого лица к рассказу предположительно от третьего лица, хотя Д-503 продолжает играть в каждой сцене определенную роль. Но теперь Д-503 выполняет более активные действия в преследовании I-330: он даже возглавляет отряд, направленный ее арестовать. Но никакого ареста не происходит. Усеченная концовка сценария, по-видимому, указывает на распад государства — русский оригинал заканчивается разрушением Зеленой Стены. Сказанное станет яснее, когда мы обратимся ко «второму переводу» на английский.

---

5 По словам Накано, Замятин одобрял перевод Зильбурга, экземпляр которого имелся у его вдовы (указано в личной беседе).

6 В «первом переводе» — «Mother's Standard», во «втором» — «the State health standard for mothers», тогда как у Зильбурга — «Maternal Norm». Также в «первом переводе» — «Musical Works», во «втором» — «music factory», притом что у Зильбурга — «the Musical Tower» [Zamiatin 1924]. Похоже, что автор перевода никак не опирался на текст Зильбурга.

Copyright by E. ZAMIATINE, PARIS[7]

D-503

Synopsis of a film scenario from the novel — „WE“ by ZAMIATIN, New York: E. P. Dutton, Paris : Nouvelle Revue Française

A town constructed geometrically of glass. The houses are entirely transparent. It is as if there were no walls, you can see all the different rooms with their identical furniture and the people in them.

Men and women are both dressed in the same uniform made of dark grey material. Around the town is the „green wall“ a glass structure which shuts out the rest of the world in which are still found the elements of nature. No one from the new glass town has passed this wall for centuries.

We are transported into a period a thousand years from to-day. All the revolutions for which our generations wait have been successfully undergone. The whole of life is reasonable and ordered, including love itself. Each person is subject to medical examination and a certain sexual activity is accorded to each person on this basis. In this connection each individual is given a „pink certificate“ defining his or her sexual activity.

The fulfilment of sexual desire must be regulated by this certificate and any infringement of the regulations in this respect is treated by the state as a crime and punished as such.

Humanity, or at least the supreme authorities are so firmly convinced that the maximum of earthly happiness has been attained that they determine to transmit the secret of this happiness to other planets. With this idea in mind a rocket is designed under the direction of D-503 (names have of course been replaced by letters and numbers) which is destined to provide a means of communication with other planets. The present story centres around this rocket and its constructor.

---

[7] D-503. Synopsis of a film scenario from the novel — «We» by Zamiatin. Архив Института Гувера (Hoover Institution Archives), Фонд Глеба Струве, коробка 147, папка 21.

D-503 is one of the most gifted engineers of his time and he seems to be a typical specimen of the happy, mecanised humanity of his time. One day during one of the scheduled outings made by fours to the sounds of music from the music factory, D-503 meets a woman y-330. There is something enigmatic about her that D-503 cannot explain, there is a certain mysterious irony about her which should by rights repel a perfect specimen of mecanised humanity such as himself but which, to his own astonishment, actually attracts him irresistibly to her. One day Y-330 presents him with the significant „pink certificate“ and he goes to her room at the appointed time. As is customary under the circumstances, the glass walls are screened with blinds but instead of surrendering herself to him in the rational manner Y-330 merely excites him and keeps him at a distance.

He sees with horror and indignation that she smokes „cigarettes“ (now regarded as an ancient custom of bygone days) and drinks a beverage containing alcohol (likewise a custom which has been discarded). And, what is very much worse she forces him to imbibe some of the obnoxious liquid by kissing him on the mouth and injecting some by force.

The consumption of these two poisons — alcohol and nicotine — is of course forbidden in the rationalised state and D-503 knows that it is his duty as a loyal citizen to report Y-330 for her crime. However, he does not feel capable of doing this and he therefore automatically becomes an accomplice in it. Gradually he realized that he is falling ill of the disease called „love“ which is treated at some length in the ancient books of the XXth century. Things are complicated by the fact that D-503 has had relations with another woman O-90. And here we learn that JEALOUSY is still a reality and not simply the worn out theses of XX-th century novels. O-90 is jealous of Y-330. Worse still she wishes to have a child by D-503 although she has no right to do so because she does not come up to the State health standard for mothers. In a moment of unpardonable weakness and despair D-503 agrees to give her this child and the „Benefaction Machine“ will soon punish O-90's crime...

The Benefactor is the head of the state and he is elected every year. He executes all criminals personally. One of the execution is shown, that of a poet who has dared to write ironic verses about the Benefactor....The execution is carried out by means of a dis-association of the body matter taking less than a second, of the human being nothing remains but a little heap of cinders and a small pool of pure water.

However, meetings between D-503 and the mysterious Y-330 continue. One of these meetings takes place in an old house which has been retained as a museum of the XX-th century. Y-330 receives D-503 in a XX-th century period dress instead of the ordinary uniform. She asks to turn his back while she changes into her uniform in front of an antique wardrobe which a mirror door. He hears the squeak of the wardrobe door and turns to take Y-330 into his arms but she has suddenly disappeared in the most inexplicable fashion.

For several days he hunts for her sadly, wishing beyond everything to see her again. In the meantime the rocket has been finished and is being tested out at the factory. There is a dramatic meeting between O-90 who is expecting her child and D-503. Overcome with misery D-503 goes back to the room in the XX-th century museum where Y-330 had so mysteriously disappeared. He opens the door of the wardrobe and suddenly the floor beneth his feet gives away so that he finds himself in an underground room. He presumes that it must have formed part of the old XX-th century underground railway system but all of a sudden he notices that it is lighted by electricity and must therefore be inhabited. He goes to a door from which the noise of voices comes, he knocks and a doctor comes out — the same whom D-503 had recently consulted with regard to his „Love“ disease. The doctor, without explanation leads him back by a secret way into the courtyard of the museum. Finally the great day of the Benefactor's election arrives. The day ends with a scandal unprecedented in the history of the new humanity: instead of the purely formal ceremony of voting in which the ballots have always been unanimous the election is impeded by an opposition vote. A small section of the public votes against the candidate. In the midst of the resulting panic, D-503 again meets his love Y-330. She promises to explain everything to him and a few days afterwards he again descends with her into the same underground room where he had met the doctor.

At the other end of the underground room there is a long passage ending in a door which gives entry to the other world outside the „green Wall". It is a tumultuous elemental world, inhabited by birds and thickly clad in vegetation. Here too, to the great surprise of D-503 live men who have existed for centuries independent of the mechanical civilization on the other side of the „Green Wall"...

The inhabitants of this other world are always happy and good humored. They enjoy life. They eat the ancient „bread and drink" wine and they wear no clothes but are covered with a thick coat of shiny hair rather like that of the horse and very beautiful to behold.

Y-330 conceives of a perfect human happiness in the synthesis of this elemental life with that of the mecanised civilisation behind the „Green Wall". She tells D-503 of a conspiracy which she has organised with the idea of undermining the power of the „Benefactor". The conspirators hope to gain possession of the interplanetary rocket while it is on a trial flight in the stratosphere in order to use it as a weapon with which to fight the mecanised state. D-503 cannot bring himself to denounce the conspirators for Y-330 would certainly be the first to be condemned to death...

The rocket flight takes place. Y-330 is on board in the capacity of radio-operator but at the very moment when the conspirators are about to seize the rocket their plot is discovered and the machine remains in the hands of the state. Y-330 naturally believes that D-503 has betrayed them and he realizes that she is probably lost to him for ever. And indeed he has, quite unwittingly been the cause of the plot's failure for he has recorded the various exciting events of the last few days in his diary...

The next day the State Newspaper published the discovery of the plot and also the details of the „Major Operation": one of the State scientists has discovered a method of destroying the imagination in men's minds by exposing certain brain centres to X rays. Once the imagination is destroyed men will never again attempt to liberate themselves from the great one hundred per cent mecanical happiness. And they will therefore be truly happy. It is announced that every single inhabitant of the mechanised state must undergo this operation and force will be applied to those who resist in order that they shall be happy even against their wish.

However it turns out that not everyone wishes to be happy by such a method and a revolt breaks out in the mecanised town. Detachments of men already operated on are sent to fight against the rebels. Having lost all imaginative sense and the sensibility that goes with it they destroy all that comes in their path like tanks pitilessly.

D-503 is captured and operated on. He becomes calm immediately and regains his ideal, mecanical sense of balance. Everything is now simple and clear to him he goes to the Benefactor and tells him the story of Y-330 and her conspiracy with perfect frankness. He then sets off calmly with a detachment of operated men to find and arrest her. But of a sudden they stand back animated: in the streets there are birds for the first time in hundreds of years and there are animals. The streets are flooded with flowers. —

The „Green Wall“ has been demolished.

Замечания ко «второму переводу»

Примечательно, что Замятин (если предполагать его авторство машинописного текста) транслитерирует свою фамилию двумя разными способами. Первое отражает французское написание, которое фигурирует во время его жизни в Париже, второе — фамилию, указанную при первой нью-йоркской публикации романа. По загадочным причинам романная Мата Хари — I-330 в русской редакции киносценария и в «первом переводе» сохраняет каноническое имя, но в этой редакции превращается в Y-330[8]. Употребление заглавных букв этого имени и названия «Зеленая Стена» непоследовательно.

---

8 Она названа I-330 и в издании издательства имени Чехова, и в машинописном экземпляре романа И. Е. Куниной-Александер.

Послесловие
Загадочный феномен

В начале романа «Мы» главный герой Д-503, один из создателей космического корабля «Интеграл», описывает утопическое Единое Государство. Он хочет отправить свою рукопись — роман, который мы читаем, — людям на других планетах, то есть нам, своим читателям. Издание «Мы: Текст и материалы к творческой истории романа» [Замятин 2011] и недавно вышедшая «Замятинская энциклопедия» [Давыдова 2018] натолкнули меня на мысль, что история рукописи Д-503, пожалуй, более реальна для нас, чем история создания романа Замятина.

Роман «Мы» — единственное классическое произведение утопической и научно-фантастической литературы, получившее равное признание и в России, и за рубежом, но иногда кажется, что этот текст пришел к нам ниоткуда. Поскольку, несмотря на широкую известность Замятина как одного из самых видных литературных деятелей раннего советского периода, об творческой истории этого романа известно очень мало. Я не сомневаюсь в авторстве, однако очень странно, что мы гораздо больше знаем о том, как вымышленный Д-503 ведет свой дневник, чем о том, как реально существовавший писатель создал свой роман.

Главная заслуга М. Ю. Любимовой и Дж. Куртис, редакторов первого академического издания романа, состоит в том, что они представляют текстологически выверенную редакцию текста. До этого исследователи опирались на первое полное издание [Замятин 1952], считавшееся каноническим текстом лишь из-за того, что не было альтернативы. Сравнивая это издание с машинописной копией из архива И. Е. Куниной-Александр, редакторы подготовили роман к публикации. Издание было дополнено тщательным сравнением имеющегося источника текста с фрагментарной и неточной пражской публикацией М. Л. Слонима в эмигрантском журнале «Воля России» [Замятин 1927], которое провела Любимова и выявила ряд разночтений.

Итак, существует большое количество научных и научно-популярных исследований романа, и нам совестно, что их авторы принимали как должное сомнительную редакцию 1952 года. Даже если допустить, что Л. Н. Замятина участвовала в работе над этим изданием, вряд ли она обладала достоверной информацией об истинных намерениях писателя, ведь прошло 15 лет после смерти ее мужа. Ю. Накано пишет, что в 1946 году, когда вдова писателя предприняла попытку издать роман снова, у нее не было черновиков. Скорее всего, у нее была верстка, подготовленная для парижского издания 1939 года (работа над книгой была прекращена из-за немецкого вторжения во Францию). Накано считает, что именно эта верстка и была положена в основу издания 1952 года и В. А. Шварц, заведующая издательством имени Чехова, сама подготовила его [Nakano 2011: 443].

Известно, что первая редакция, переведенная на английский язык Г. Зильбургом в 1924 году [Zamiatin 1924], еще при жизни Замятина, имела ряд расхождений с «чеховской»[1]. Это заставляет предположить, что Зильбург ориентировался на какую-то другой источник текста, к сожалению, утраченный. Без этого источника мы не можем с уверенностью говорить о полноценном каноническим тексте. Несмотря на то, что большинство выявленных разночтений мелкие (большая часть их — опечатки), любые подробности в изучении такого уникального произведения представляют большую ценность для исследователей. Например, теперь мы знаем, что самую важную фразу романа о том, что люди за Зеленой Стеной — это «Половина, которую мы потеряли», произносит не Д-503, а I-330 [247][2].

---

[1] См. [Cooke 2011b]

[2] См. [Cooke 2011b: 415–416].

Для понимания романа было бы полезно больше знать о том, когда, где, в каких условиях и, конечно, почему Замятин начал писать «Мы»; исследователи не пришли к единому заключению даже о том, в каком году Замятин закончил свой роман — в 1920, 1921 или в 1922. Не сохранилось ни одного черновика, кроме одного фрагмента (из Записи 24-ой) [481]. Хотя Замятин был частью литературной Москвы и Петрограда, читал лекции о литературном творчестве, мы практически ничего не знаем о том, как он работал с текстом романа. Положение исследователей романа Замятина напоминает ситуацию с учеными-классиками и медиевистами, восстанавливающими по крупицам древние тексты. Попросту удивительно, что у нас так мало документальных свидетельств! Другими словами, имеется странный контраст между историей романа после его завершения и тем, как он был написан. Сравните, например, краткое описание лет, когда Замятин пишет роман, во вступительной статье Любимовой [Любимова 2011a] и в монографическом исследовании биографии писателя Куртис [Куртис 2020] с тем, что обе пишут о драматичных событиях периода публикации романа и принятия Замятиным решения об эмиграции, который длился 10 лет до отъезда за границу, особенно материалы Куртис в подробной статье [Куртис 2011b][3].

К тому же, характер этого романа во многом сатирический, но кого имеет в виду Замятин? Обычно сатира направлена против современников. Например, Любимова сравнивает последние слова романа — «я уверен — мы победим! Потому что разум должен победить!» — с финалом статьи Ленина, изданной в июне 1921 года: «А мы знаем, чего хотим. И поэтому мы победим» [294, 440]. Но против кого еще?

Мы не предлагаем считать, что Замятин сам получил рукопись из ракеты Д-503 или нашел ее где-то, как говорили о романе Шолохова. Но поражает то, что этот текст — единственная попытка Замятина написать научно-фантастический роман. Некоторые замятиноведы, например, Я. В. Браун и И. О. Шайтанов,

---

[3] См. также [Давыдова 2018: 699–711].

убедительно сравнивают роман с другими произведениями писателя, но всё-таки остается значительное отличие между ним и другой прозой Замятина[4]. И автор, насмешник и выдумщик, предложил правдоподобный язык будущего, создав один из самых значительных романов XX века. Как писатель сумел вместить столь самобытный и оригинальным мир в свой не очень большой текст? Обнаруженная в XXI веке машинопись не дает нам ответа — это только копия уже написанного романа или поздний беловик; она практически ничего не говорит о процессе творчества. Повторяю: иногда приходит на ум, что роман появился ниоткуда.

Любимова обращается к характеристике не только стиля романа, но и стиль всего творчества Замятина, и его личности[5]. Нельзя не заметить контраст между личностью автора и его прозой. Роман «Мы» экспрессивен — стоит лишь взглянуть на его пунктуацию, особенно в новой редакции. Между тем в жизни, в частности, в эмиграции, «англичанин» Замятин был по-английски сдержан. Но и можно увидеть и сходства: у него был очень широкий круг интересов, что отразилось на богатстве образов романа; больше остальных мыслителей того времени он интересовался разными науками и видами искусства.

Не имея фактических данных о том, когда Замятин писал свой роман, Любимова представляет нам внутреннюю, философскую, биографию писателя. Поскольку он относится к постсимволистскому поколению авторов, которое известно вниманием к авангардизму, Любимова пользуется теми интеллектуальными источниками, которые интересовали писателя и влияли на его творчество, сравнивая их с его лекциями и с текстом романа. Таким образом, она показывает, что Замятин интересовался современной философией (особенно Ницше), как символисты, и научными открытиями, и это особенно чувствуется в романе «Мы», где

---

4 Удивительное раннее обозрение творчества писателя, написанное Брауном, переиздано в издании Любимовой и Куртис [Браун 2011]. См. также [Шайтанов 2011].

5 См. также [Любимова 2011b]

Д-503 часто ссылается на разные научные изыскания. Исследованию этого вопроса посвящено немалое количество работ[6].

Любимова доказывает, что Замятина волновала философия человеческой личности, особенно в условиях нового политического режима и коллективистских тенденций в обществе. Основная идея романа «Мы» состоится в том, что капитализм (а позже и социализм) последовательно заставлял людей становиться узкими специалистами, даже винтиками своих машин. Его тревожит скептическое отношение эпохи к личности, к человеку. При этом имеется совсем другое, даже неузнаваемое, понятие личности.

Замятин очень мало писал о своем романе[7]. Наверное, он хотел, чтобы мы не просто поняли, но и сами стали своего рода создателями этого произведения. Вот почему фабула романа «Мы» не обладает законченностью, так как битва за власть в Едином Государстве продолжается и на последней странице. Читателю приходится решать, каков ее исход, какова судьба утопии.

Замятин часто высказывался о том, как писать художественную литературу. Он был теоретиком и одновременно великим художником, хотя его концепции часто выглядят очень (даже слишком) рациональными. Спорный остается вопрос: до какой степени Замятин-писатель соответствовал теоретическим представлениям Замятина-литературоведа, анализировал ли он себя как писателя? Более того, Замятин — удивительный наставник других писателей. Кто еще из великих писателей был учителем и мастером в то же самое время, как сам сочинял шедевр? Это определенный риск для писателя рассуждать о писательской технике в поистине творческих, глубоких лекциях, одновременно подтверждая свой талант художника на практике[8].

---

6 Давыдова тоже исследует влияние немецкой философии и гётевского «Фауста» на роман Замятина и на его статьи этого времени [Давыдова 2018: 331–336]. См. ещё мою библиографию в [Cooke 2011a].

7 Любимова и Куртис публикуют попытку Замятина написать предисловие для неосуществленного советского издания, но оно довольно загадочное [Замятин 2011: 302]

8 Безусловно, рядом с Замятиным стоит и Андрей Белый, но таких известных учителей-писателей мало.

Замятин непосредственно участвовал в развитии современного литературоведения. XIX век размышлял об идее, о значении литературного произведения, но в начале XX века стали изучать (и Замятин начал преподавать) литературную форму. В этом состоит новое понятие «стиля личности», указывающее на то, кто мы и как мы могли бы думать. Ссылаясь на доминирование подсознания в творчестве, Замятин видит в искусстве естественный для человеческой природы процесс. В его позиции мы можем увидеть и наш психологический потенциал. Эксцентричные лекции Замятина, очевидно, предъявляли к литературе всё более и более высокие требования, поскольку целью литературы их автору видится идеалистическое понятие о человеке.

Феномен романа «Мы» не исчерпывается загадками его творческой истории.

Какой же другой великий русский роман впервые был издан в переводе? Можно вспомнить «Доктора Живаго» Пастернака, но в «тамиздате» он был опубликован на русском языке, как и «Колымские рассказы» Шаламова.

Какой роман десятки лет существовал только в переводных или в неполных изданиях? Кроме недостоверной пражской редакции вплоть до 1952 года роман «Мы» оставался неизвестным на языке оригинала. Он был русской классикой, которую невозможно было прочесть по-русски.

Подробные отзывы о романе появились задолго до его публикации — неопубликованный роман «Мы» был хорошо известен советской публике[9]. Поскольку эти статьи, особенно отзыв Брауна, содержат цитаты из романа, можно сказать, что литературная критика привлекла еще больше интереса к запрещенному произведению. Именно этого более всего опасалась советская цензура. Браун акцентирует внимание на том, что роман *не был издан* в Советском Союзе, став «белым пятном <...> вместо головы Христа» в «Тайной вечере» Леонардо да Винчи [Браун 2011: 341].

---

9 См. публикацию рецензий и отзывов современников на роман в России и за рубежом [Замятин 2011: 317–344].

Загадочным образом рукопись романа фактически исчезла после французского перевода 1929 года, и даже у автора не было собственного экземпляра в 1932 году, когда Кунина-Александр хотела перевести роман на хорватский язык. В 1946 году Оруэлл не знал об американском переводе; он прочитал роман «Мы» на французском — и потом написал свой «1984»[10]. Это, по всей видимости, привлекло внимание к роману, так как именно тогда Оруэлл и Г. П. Струве, а позже издательство имени Чехова в Нью-Йорке обеспокоились существованием русского оригинала[11]. Перевод Зильбурга был переиздан в 1959 году, и с тех пор роман постоянно переиздается на многих языках. В этом легко убедиться, заглянув в любой западный книжный магазин[12].

И еще один загадочный фактор: хотя роман «Мы» имеет огромное количество подражаний, особенно в сегодняшнем кино, по своему художественному уровню он остается уникальным. Если он понравится читателю, то что же не уступающее по качеству выбрать после него? Ах, лишь бы Д-503 отправил нам еще одну такую рукопись...

---

[10] Возможно, именно поэтому Оруэлл в своей рецензии назвал роман «Мы» второстепенным. Тем не менее, он и Струве способствовали появлению английского перевода, см. [Nakano 2011: 442].
Повлиявший на Оруэлла роман Замятина сыграл определенную роль в период холодной войны. Понятие «Big Brother» (Старший Брат) встречается везде в англоязычных (и в других) обществах, включая речь тех людей, кто явно не читали ни тот, ни другой роман.

[11] Вероятно, этот интерес был связан с холодной войной; американское ЦРУ поддерживало издание книг на русском языке, включая и роман «Мы», см. [Nakano 2011: 443].

[12] Однако, к сожалению, следствия холодной войны еще видны в изучении романа, так как русские и зарубежные специалисты до сих пор плохо знакомы друг с другом. Кажется, что мы нуждаемся в межпланетной (или просто международной) миссии по доставке научных статей, подобной космическому кораблю из мира Д-503. Поэтому отрадно, что Куртис и Давыдова знакомят русского читателя с восприятием романа «Мы» на западе, см. [Куртис 2011a] и [Давыдова 2018: 731].

Источники

Архивные источники

Архив Государственного университета штата Нью-Йорк (M. E. Grenander Department of Special Collections and Archives, Business, Literary, and Local History Manuscripts). Фонд Ирины Куниной-Александер. Коробки 1–3.

Архив Института Гувера, Стэнфордский университет (Hoover Institution Library and Archives). Фонд Глеба Струве. Коробки 1–184.

Бахметевский архив Колумбийского университета (Rare Book & Manuscript Library, Butler Library, Bakhmeteff Archive). Фонд Е. И. Замятина. Коробки 1–5.

Источники

Аристофан 1983 — Аристофан. Комедии: в 2 т. / пер. с древнегреч. А. Пиотровского. Т. 2. М.: Искусство, 1983.

Беллами 1891 — Беллами Э. Через сто лет: Социологический роман / пер. с англ. Ф. Зинина. СПб.: Изд. Ф. Павленкова, 1891.

Браун 2011 — Браун Я. В. Взыскующий человека. (Творчество Евгения Замятина) // Замятин Е. И. «Мы»: Текст и материалы к творческой истории романа / сост., подгот. текста, публ., коммент. и статьи М. Ю. Любимовой и Дж. Куртис. СПб.: Изд. дом «Міръ», 2011. С. 324–341.

Булгарин 1824 — Булгарин Ф. В. Правдоподобные небылицы, или Странствование по свету в двадцать девятом веке // Литературные листки. 1824. № 17. С. 134–150.

Былины 1988 — Былины / сост. Ф. М. Селиванов. М.: Сов. Россия, 1988.

Войнович 1986 — Войнович В. Н. Москва 2042. Анн Арбор: Ардис, 1986.

Джером 1991 — Джером Дж. К. Новая утопия / пер. с англ. Л. Мурахиной-Аксеновой // Завтра. Фантастический альманах. 1991. Вып. 2. С. 198–204.

Достоевский 1973 — Достоевский Ф. М. Полн. собр. соч.: в 30 т. / отв. ред. В. Г. Базанов. Т. 5: Записки из подполья Л.: Наука. Ленингр. отд., 1973. С. 99–179.

Достоевский 1976 — Достоевский Ф. М. Полн. собр. соч.: в 30 т. / отв. ред. В. Г. Базанов. Т. 14. Братья Карамазовы: Роман в 4 ч. с эпилогом. Кн. 1–10. Л.: Наука. Ленингр. отд., 1976.

Замятин 1924 — Замятин Е. О литературе, революции, энтропии и о прочем // Писатели об искусстве и о себе. Сборник статей № 1. М.; Л.: Круг, 1924. С. 65–75.

Замятин 1927 — Замятин Е. Мы // Воля России. 1927. № 2–4.

Замятин 1952 — Замятин Е. Мы. Нью-Йорк: Изд-во им. А. П. Чехова, 1952.

Замятин 1967 — Замятин Е. И. Лица. Нью-Йорк: Международное Литературное Содружество, 1967.

Замятин 1989 — Замятин Е. И. Незаконченное / публ. А. Тюрина // Новый журнал. 1989. № 176. С. 129–133.

Замятин 2003–2011 — Замятин Е. И. Собр. соч.: в 5 т. / сост., подгот. текста и коммент. Ст. С. Никоненко и А. Н. Тюрина. М.: Русская книга; Дмитрий Сечин; Республика, 2003–2011.

Замятин 2011 — Замятин Е. И. «Мы»: Текст и материалы к творческой истории романа / сост., подгот. текста, публ., коммент. и статьи М. Ю. Любимовой и Дж. Куртис. СПб.: Изд. дом «Міръ», 2011.

Куртис 2011a — Исследования романа «Мы» за рубежом / пер. В. Савицкой. // Замятин Е. И. «Мы»: Текст и материалы к творческой истории романа / сост., подгот. текста, публ., коммент. и статьи М. Ю. Любимовой и Дж. Куртис. СПб.: Изд. дом «Міръ», 2011. С. 535–563.

Куртис 2011b — История издания романа «Мы», переводы и публикации / пер. В. Савицкой // Замятин Е. И. «Мы»: Текст и материалы к творческой истории романа / сост., подгот. текста, публ., коммент. и статьи М. Ю. Любимовой и Дж. Куртис. СПб.: Изд. дом «Міръ», 2011. С. 499–534.

Куртис 2020 — Куртис Дж. Англичанин из Лебедяни. Жизнь Евгения Замятина / пер. Ю. Савинковской. СПб.: Academic Studies Press / БиблиоРоссика, 2020.

Ларри 1931 — Ларри Я. Страна счастливых. Л.: Ленинградское обл. изд-во, 1931.

Ленин 1970 — Ленин В. И. Полн. собр. соч. / подгот. к печ. И. М. Бутуловой. М.: Политиздат, 1970. Т. 39. С. 198–205.

Лисицкий 2019 — Лисицкий Эль. Россия. Реконструкция архитектуры в Советском Союзе. Комментированное издание / пер. с нем.

О. Б. Мичковского; сост., послесл. и коммент. Д. В. Козлова; вступ. ст. и науч. ред. С. А. Ушакина. СПб.: Изд-во Европейского ун-та в Санкт-Петербурге, 2019.

Любимова 2011a — Любимова М. Ю. Евгений Замятин — автор романа «Мы» // Замятин Е. И. «Мы»: Текст и материалы к творческой истории романа / сост., подгот. текста, публ., коммент. и статьи М. Ю. Любимовой и Дж. Куртис. СПб.: Изд. дом «Міръ», 2011. С. 3–136.

Любимова 2011b — Любимова М. Ю. Жизненный стиль и творческая манера Е. И. Замятина // Замятин Е. И. «Мы»: Текст и материалы к творческой истории романа / сост., подгот. текста, публ., коммент. и статьи М. Ю. Любимовой и Дж. Куртис. СПб.: Изд. дом «Міръ», 2011. С. 475–498.

Маяковский 1958 — Маяковский В. В. Клоп // Маяковский В. В. Полн. собр. соч.: в 13 т. / подгот. текста и примеч. А. В. Февральского Т. 11. М.: Художественная литература, 1958. С. 215–274.

Мор 1953 — Мор Т. Утопия / пер. с лат. А. Малеина. М.: Изд-во АН СССР, 1953.

Набоков 2002 — Набоков В. В. Приглашение на казнь // Набоков В. В. Собр. соч. русского периода: в 5 т. / сост. Н. Артеменко-Толстой, предисл. А. Долинина. Т. 4. СПб.: Симпозиум, 2002. С. 44–187.

Олеша 1974 — Олеша Ю. К. Зависть // Олеша Ю. К. Избранное. М.: Художественная литература, 1974. С. 13–94.

Оруэлл 1989 — Оруэлл Дж. 1984 / пер. с англ. В. Голышева. М: ДЭМ/DEM, 1989.

Оруэлл 2021 — Оруэлл Дж. Рецензия на «Мы» Е. Замятина / пер. с англ. В. Голышева// Оруэлл Дж. 1984. Замятин Е. И. Мы: Антология. М.: Мартин, 2021. С. 3–8.

Платон 2015 — Платон. Государство / пер. с древнегреч. А. Егунова. М.: Академический проект, 2015.

Плутарх 1961 — Плутарх. Сравнительные жизнеописания: в 3 т. / пер. с древнегреч. С. Маркиша. Т. 1. М.: Наука, 1961.

Преображенский 1914 — Преображенский А. Г. Этимологический словарь русского языка. СПб.: Тип. Г. Лисснера и Д. Совко, 1914.

Пушкин 1959 — Пушкин А. С. Собр. соч.: в 10 т. / под общ. ред. Д. Д. Благого и др. Т. 2. М.: ГИХЛ, 1959. С. 448–449.

Пушкин 1960a — Пушкин А. С. Руслан и Людмила // Пушкин А. С. Собр. соч.: в 10 т. / под общ. ред. Д. Д. Благого и др. Т. 3. М.: ГИХЛ, 1960. С. 7–86.

Пушкин 1960б — Пушкин А. С. Борис Годунов // Пушкин А. С. Собр. соч.: в 10 т. / под общ. ред. Д. Д. Благого и др. Т. 4. М.: ГИХЛ, 1960. С. 201–297.

Тейлор 1991 — Тейлор Ф. У. Принципы научного менеджмента / пер. с англ. А. Зак. М.: Журн. «Контроллинг»; Изд-во стандартов, 1991.

Хаксли 2021 — Хаксли О. О дивный новый мир / пер. с англ. О. Сороки. М.: АСТ, 2021.

Чернышевский 1966 — Чернышевский Н. Г. Что делать? М.: Художественная литература, 1966.

Шиллер 1957 — Шиллер Ф. Собр. соч.: в 7 т. Т. 6. М.: ГИХЛ, 1957.

Zamiatin 1924 — Zamiatin E. We / transl. by Gregory Zilboorg. New York: E. P. Dutton, 1924.

Zamyatin 1960 — Zamyatin E. We / transl. by B. Gilbert Guerney. London: Jonathan Cape, 1960.

Библиография

Берн 1998 — Берн Э. Игры, в которые играют люди. Психология человеческих отношений / пер. с англ., общ. ред. М. С. Мацковского. СПб.; М.: Университетская книга, 1998.

Берн 2009 — Берн Э. Лидер и группа: о структуре и динамике организаций и групп / пер. с англ. А. Грузберга. М.: Эксмо, 2009.

Биллингтон 2001 — Биллингтон Дж. Х. Икона и топор: Опыт истолкования истории русской культуры / пер. с англ. С. Ильина и др. М.: Рудомино, 2001.

Вебер 1988 — Вебер М. Харизматическое господство / пер. с нем. // Социологические исследования. 1988. № 5. С. 139–147.

Гальцева, Роднянская 1988 — Гальцева Р. А., Роднянская И. Б. Помеха — человек: Опыт века в зеркале антиутопии // Новый мир. 1988. № 12. С. 217–230.

Голубков 1993 — Голубков С. А. Комическое в Романе Е. Замятина «Мы». Самара: СамГПИ, 1993.

Давыдова 2018 — Давыдова Т. Т. Замятинская энциклопедия. М.: Флинта, 2018.

Докинз 2013 — Докинз Р. Эгоистичный ген / пер. с англ. Н. Фоминой. М.: АСТ, CORPUS, 2013.

Докинз 2017 — Докинз Р. Слепой часовщик / пер. с англ. А. Гопко. М.: АСТ, CORPUS, 2017.

Евсеев 1997 — Евсеев В. Н. «Я перед зеркалом»: Перволичная форма повествования и полифункциональность приема «зеркальности» в антиутопии Е. И. Замятина «Мы» // Творческое наследие Евгения

Замятина: Взгляд из сегодня. Научные доклады, статьи, очерки, заметки, тезисы. Тамбов: Изд-во Тамбовского гос. пед. института, 1997. Т. 151. С. 148–158.

Каннер 2010 — Каннер Л. Аутистические нарушения аффективного контакта / пер. с англ. В. Кагана // Вопросы психического здоровья детей и подростков. 2010. № 2. С. 70–90.

Клайн 1984 — Клайн М. Математика и утрата определенности / пер. с англ. Ю. Данилова. М.: Мир, 1984.

Кузнецов 1963 — Кузнецов М. М. Советский роман: Очерки. М.: Изд-во АН СССР, 1963.

Кузьмин 1930 — Кузьмин Н. Проблема научной организации быта // Современная архитектура. 1930. № 3. С. 14–16.

Кук 2006 — Кук Б. Смердяков, ошибка природы: взгляд с позиций биопоэтики / пер. с англ. А. Горбуновой // Вопросы литературы. 2006. № 2. С. 108–122.

Лахузен и др. 1994 — Лахузен Т., Максимова Е., Эндрюс Э. О синтетизме, математике и прочем… СПб.: Астра-ЛЮКС; Сударыня, 1994.

Мельникова 1986 — Мельникова Е. А. Тема пира и дихотомия героического эпоса англосаксонского мира // Литература в контексте культуры / ред. С. Пискунова. М.: Изд-во Московского ун-та, 1986. С. 16–29.

Пинкер 2017 — Пинкер С. Как работает мозг / пер. с англ. О. Семиной. М.: Кучково поле, 2017.

Спивак 1989 — Спивак М. Л. «Лазурное блаженство забытья». Детство в антиутопиях XX века // Детская литература. 1989. № 9. С. 18–24.

Туниманов 1994 — Туниманов В. А. От романа «Мы» к киносценарию «Д-503»: Предисловие к публикации конспекта сценария // Вестник литературоведения и языкознания. Филологические записки. 1994. Вып. 3. С. 164–176.

Уайтхед 1990 — Уайтхед А. Избранные работы по философии / пер. с англ.; сост. И. Т. Касавин; общ. ред. М. А. Кисселя. М.: Прогресс, 1990.

Уилсон 2015 — Уилсон Э. О природе человека / пер. с англ. Т. Новиковой. М.: Кучково поле, 2015.

Уилсон 2017 — Уилсон Э. О. Биофилия. Врожденная тяга к живому как связь человека с другими биологическими видами / пер. с англ. С. Пилецкого, И. Бородина. М.: URSS, 2017.

Файман 1997 — Файман Г. С. «И всадили его в темницу…» Замятин в 1919, в 1922–1924 гг. // Новое о Замятине / ред. Л. Геллер. М.: МИК, 1997. С. 78–88.

Хатямова 2008 — Хатямова М. А. Формы литературной саморефлексии в русской прозе первой трети XX века. М.: Языки славянской культуры, 2008.

Хетени 1987 — Хетени Ж. О дикарях XX века (Об одном аспекте соотношения понятий революции, государства и церкви в романе «Мы» Е. И. Замятина) // Studia Slavica Hungarica. 1987. Vol. 33. P. 269–276.

Шайтанов 2011 — Шайтанов И. О. Русский миф и коммунистическая утопия (роман «Мы» в контексте творчества Замятина) // Canadian-American Slavic Studies 45, № 3–4 (2011). С. 329–366.

Aiken 1998 — Aiken N. E. The Biological Origins of Art. Westport: Praeger, 1998.

Aldridge 1977 — Aldridge A. Myths of Origin and Destiny in Utopian Literature: Zamiatin's "We" // Extrapolation. 1977. Vol. 19, № 1. P. 68–75.

Aldridge 1983 — Aldridge A. Origins of Dystopia: "When the Sleeper Wakes" and "We" // Clockwork Worlds: Mechanized Environments in Science Fiction / ed. by R. D. Erlich, Th. P. Dunn. Westport: Greenwood, 1983. P. 63–84.

Alford 1984 — Alford R. D. The Child is Father to the Man: Neoteny and Play in Human Evolution // The Masks of Play / ed. by B. Sutton-Smith, D. Kelly-Burne. West Point: Leisure Press, 1984. P. 154–161.

Angeloff 1969 — Angeloff A. The Relationship of Literary Means and Alienation in Zamiatin's "We" // Russian Language Journal. 1969. № 23(85). P. 3–9.

Argyros 1991 — Argyros A., Jr. A Blessed Rage for Disorder: Chaos, Deconstruction and Biology. Ann Arbor: University of Michigan Press, 1991.

Astington 1993 — Astington J. Wilde. The Child's Discovery of the Mind. Cambridge: Harvard University Press, 1993.

Barash 1977 — Barash D. P. Sociobiology and Behavior. New York: Elsevier, 1977.

Barker 1977 — Barker M. G. Onomastics and Zamiatin's "We" // Canadian-American Slavic Studies. 1977. Vol. 11. № 4. P. 551–560.

Baron-Cohen 1993 — Baron-Cohen S. From Attention-Goal Psychology to Belief-Desire Psychology: the Development of a Theory of Mind, and Its Dysfunction // Understanding Other Minds: Perspectives from Autism / ed. by S. Baron-Cohen, H. Tager-Flusberg, D. Cohen. Oxford: Oxford University Press, 1993. P. 59–82.

Baron-Cohen 1997 — Baron-Cohen S. How to Build a Baby That Can Read Minds: Cognitive Mechanisms in Mindreading // The Maladapted Mind:

Classic Readings in Evolutionary Psychopathology / ed. by S. Baron-Cohen. East Sussex: Psychology Press, 1997. P. 207–239.

Barratt 1984 — Barratt A. The First Entry of "My": An Explication // The Structural Analysis of Russian Narrative Fiction / ed. by J. Andrew and Ch. Pike. Keele: University of Keele Press, 1984. P. 96–114.

Barratt 1985 — Barratt A. The X-Factor in Zamyatin's "We" // Modern Language Review. 1985. Vol. 80. № 3. P. 659–672.

Baruch 1991 — Baruch E. H. Women, Love and Power. New York: New York University Press, 1991.

Bassein 1984 — Bassein B. A. Women and Death: Linkages in Western Thought and Literature. Westport: Greenwood, 1984.

Bayley 1972 — Bayley J. Them and Us // New York Review of Books. 1972. 19 October. P. 18–21.

Beauchamp 1973 — Beauchamp G. Of Man's Last Disobedience: Zamiatin's "We" and Orwell's "1984" // Comparative Literature Studies. 1973. № 10. P. 285–301.

Beauchamp 1975 — Beauchamp G. Utopia and Its Discontents // Midwest Quarterly. 1975. Vol. 16. P. 161–174.

Beauchamp 1977 — Beauchamp G. Cultural Primitivism as Norm in the Dystopian Novel // Extrapolation. 1977. Vol. 19. № 1. P. 88–96.

Beauchamp 1983a — Beauchamp G. Man as Robot: The Taylor System in "We" // Clockwork Worlds: Mechanized Environments in Science Fiction / ed. by R. D. Erlich, Th. P. Dunn. Westport: Greenwood, 1983. P. 85–93.

Beauchamp 1983b — Beauchamp G. Zamiatin's "We" // No Place Else: Explorations in Utopian and Dystopian Fiction / ed. by E. S. Rabkin, M. H. Greenberg, J. D. Olander. Carbondale: Southern Illinois University Press, 1983. P. 56–77.

Beaujour 1988 — Beaujour E. K. Zamjatin's "We" and Modernist Architecture // Russian Review. 1988. Vol. 47. P. 49–60.

Berneri 1950 — Berneri M. L. Journey through Utopia. New York: Schocken, 1950.

Blumenschine 1986 — Blumenschine R. J. Early Hominid Scavenging Opportunities: Implications of Carcass Availability in the Serengeti and Ngorongoro Ecosystems. Oxford: BAR International Series 283, 1986.

Bogdan 2000 — Bogdan R. J. Minding Minds: Evolving a Reflexive Mind by Interpreting Others. Cambridge: MIT Press, 2000.

Booker 1994 — Booker M. K. Dystopian Literature: A Theory and Research Guide. Westport: Greenwood Press, 1994.

Borman 1983 — Borman G. A New Look at Eugene Zamiatin's "We" // Extrapolation. 1983. Vol. 24, № 1. P. 57–65.

Boyd 2009 — Boyd B. On the Origin of Stories: Evolution, Cognition, and Fiction. Cambridge: Harvard University Press, 2009.

Brooks 1985 — Brooks P. Reading for the Plot: Design and Intention in Narrative. New York: Vintage, 1985.

Brown 1963 — Brown E. J. Zamjatin and English Literature // American Contributions to the Fifth International Congress of Slavists (Sofia, 1963. September). The Hague: Mouton, 1963. Vol. 2. "Literary Contributions". P. 21–40.

Brown 1988 — Brown E. J. "Brave New World", "1984", and "We": An Essay on Anti-Utopia Zamyatin's "We": A Collection of Critical Essays / ed. by G. Kern. Ann Arbor: Ardis, 1988. P. 209–227.

Browning 1968 — Browning G. Zamiatin's "We": An Anti-Utopian Classic // Cithara. 1968. Vol. 7, № 2. P. 13–20.

Browning 1970 — Browning G. Toward a Set of Standards for Everlasting Anti-Utopian Fiction // Cithara. 1970. Vol. 10, № 1. P. 18–31.

Burgoyne, Clarke 1983 — Burgoyne J., Clarke D. You Are What You Eat: Food and Family Reconstruction // The Sociology of Food and Eating: Essays on the Sociological Significance of Food / ed. by A. Murcott. Aldershot: Gower, 1983. P. 152–163.

Bush 1967 — Bush M. The Problem of Form in the Psychoanalytic Theory of Art // Psychoanalytic Review. 1967. Vol. 44, № 1. P. 5–35.

Buss 1992 — Buss D. M. Mate Preference Mechanisms: Consequences for Partner Choice and Intrasexual Competition // The Adapted Mind: Evolutionary Psychology and the Generation of Culture / ed. by J. H. Barkow, L. Cosmides, J. Tooby. Oxford & New York: Oxford University Press, 1992. P. 249–265.

Buss 1999 — Buss D. M. Evolutionary Psychology: The New Science of the Mind. Boston: Allyn & Bacon, 1999.

Carroll 1995 — Carroll J. Evolution and Literary Theory. Colombia: University of Missouri Press, 1995.

Carroll 2004 — Carroll J. Literary Darwinism; Evolution, Human Nature, and Literature. New York: Routledge, 2004.

Carroll et al. 2012 — Carroll J. et al. Graphing Jane Austen: The Evolutionary Basis of Literary Meaning. New York: Palgrave, 2012.

Clark 1972 — Clark R. W. Einstein: The Life and Times. New York: World Publishing Co, 1972.

Collins 1966a — Collins Ch. Zamyatin, Wells and the Utopian Literary Tradition // Slavonic and East European Review. 1966. Vol. 44, № 103. P. 351–360.

Collins 1966b — Collins Ch. Zamjatin's "We" as Myth // Slavic and East European Journal. 1966. Vol. 10, № 2. P. 125–133.

Collins 1973 — Collins Ch. Evgenij Zamjatin: An Interpretive Study. The Hague: Mouton, 1973.

Colmer 1978 — Colmer J. Coleridge to "Catch-22": Images of Society. London: St. Martin's Press, 1978.

Connors 1975 — Connors J. Zamyatin's "We" and the Genesis of "1984" // Modern Fiction Studies. 1975. Vol. 21, № 1. P. 107–124.

Cooke 1983 — Cooke B. Poet: Aleksandr Puskin and the Creative Process: Ph. D. Dissertation. University of California at Berkeley. Berkeley, 1983.

Cooke 1987 — Cooke B. The Human Alien: In-Groups and Outbreeding in Enemy Mine // Aliens: The Anthropology of Science Fiction / ed. by G. E. Slusser, E. S. Rabkin. Carbondale; Edwardsville: Southern Illinois University Press, 1987. P. 179–198.

Cooke 1989 — Cooke B. Pushkin and the Pleasure of the Text // Russian Literature and Psychoanalysis / ed. by D. Rancour-Laferriere. Amsterdam: John Benjamins, 1989. P. 193–224.

Cooke 1994a — Cooke B. La tavola rotonda di quercia: le utopie russe e l'importanza simbolica del mangiare insieme / transl. G. Saccaro Del Buffa // Oz: Rivista internazionale di utopie. 1994, № 1. P. 91–104.

Cooke 1994b — Cooke B. Mrs. Komarovskij: Sexual Abuse in Pasternak's Doctor Zhivago // Russian Language Journal. 1994. Vol. 48, № 159–161. P. 103–126.

Cooke 1996 — Cooke B. The Biopoetics of Immortality: A Darwinist Perspective on Scince Fiction // Immortal Engines: Life Extension and Immortality in Science Fiction and Fantasy / ed. by G. Slusser, G. Westfahl, E. S. Rabkin. Athens: University of Georgia Press, 1996. P. 90–101.

Cooke 1998 — Cooke B. Pushkin and the Creative Process. Gainesville: University Press of Florida, 1998.

Cooke 1999 — Cooke B. On the Evolution of Interest: Cases in Serpent Art // Evolution of the Psyche / ed. by D. H. Rosen, M. Luebbert. Westport: Praeger, 1999. P. 150–168.

Cooke 2011a — Cooke B. Secondary Sources on "We" // Canadian-American Slavic Studies. 2011. Vol. 43. N 3–4. P. 447–489.

Cooke 2011b — Cooke B. A Typescript of "We" // Canadian-American Slavic Studies. 2011. Vol. 43, № 3–4. P. 410–422.

Cooke 2012 — Cooke B. Reading Anna: Five Cognitive Perspectives // Studies in Slavic Languages and Literatures. ICCEES CONGRESS. Stockholm 2010. Papers and Contributions / ed. by S. Garzonio. Bologna: Portal on Central Eastern and Balkan Europe, 2012. P. 33–43.

Cooke 2013 — Cooke B. Tolstoy's Dog, Theory of Mind, and the Invention of Stream of Consciousness // The Evolutionary Review. 2013. Vol. 4. P. 1–12.

Cooke 2018 — Cooke B. Metamentality in Dostoevsky's «Преступление и наказание» ("Crime and Punishment") // American Contributions to the 16th International Congress of Slavists (Belgrade, 2018) / ed. by J. D. Kornblatt. Vol. 2: Literature. Bloomington: Slavica, 2018. P. 19–35.

Cooke 2020 — Cooke B. Tolstoy Family Prototypes in "War and Peace". Boston: Academic Studies Press, 2020.

Cosmides, Tooby 1992 — Cosmides L., Tooby J. Cognitive Adaptations for Social Exchange // The Adapted Mind: Evolutionary Psychology and the Generation of Culture / ed. by J. H. Barkow, L. Cosmides, J. Tooby. New York: Oxford University Press, 1992. P. 163–228.

Cowan 1988 — Cowan S. A. The Crystalline Center of Zamjatin's "We" // Extrapolation. 1988. Vol. 29. P. 160–178.

Cromer 1993 — Cromer A. Uncommon Sense: The Heretical Nature of Science. Oxford: Oxford University Press, 1993.

Cronk 1999 — Cronk L. Gethenian Nature, Human Nature and the Nature of Reproduction: A Fantastic Flight through Ethnographic Hyperspace // Biopoetics: Evolutionary Explorations in the Arts / ed. by B. Cooke, F. Turner. Minneapolis: Paragon House, 1999. P. 205–218.

Csicsery-Ronay 1988 — Csicsery-Ronay I. Zamyatin and the Strugatskys: The Representation of Freedom in "We" and "The Snail on the Slope" // Zamyatin's "We": A Collection of Critical Essays / ed. by G. Kern. Ann Arbor: Ardis, 1988. P. 236–259.

Daly et al. 1982 — Daly M., Wilson M., Weghorst S. J. Male Sexual Jealousy // Ethology and Sociobiology. 1982. № 3. P. 11–27.

Daly, Wilson 1978 — Daly M., Wilson M. Sex, Evolution and Behavior: Adaptations for Reproduction. North Scituate: Duxbury Press, 1978.

Damasio 1999 — Damasio A. The Feeling of What Happens: Body and Emotion in the Making of Consciousness. New York: Harcourt, Brace & Co, 1999.

Dissanayake 1974 — Dissanayake E. A Hypothesis of the Evolution of Art from Play // Leonardo. 1974. Vol. 7. № 3. P. 211–218.

Dissanayake 1988 — Dissanayake E. What Is Art for? Seattle: University of Washington Press, 1988.

Dissanayake 1992 — Dissanayake E. Homo Aestheticus: Where Art Comes From and Why. New York: Free Press, 1992.

Donnellan 1985 — Donnellan A. M. Introduction // Classic Readings in Autism / ed. by. A. M. Donnellan. New York: Teachers College Press, 1985. P. 1–10.

Doyle 1984 — Doyle P. Zamyatin's Philosophy, Humanism, and "We": A Critical Reappraisal // Renaissance and Modern Studies. 1984. Vol. 28. P. 1–17.

Dyck 1981 — Dyck J. W. Nietzsche's Last Man and Zamiatin's Society of Numbers // Germano-Slavica. 1981. № 3. P. 331–340.

Easterlin 1993 — Easterlin N. Play, Mutation, and Reality Acceptance: Towards a Theory of Literary Experience // After Postmodernism / ed. by N. Easterlin. Evanston: Northwestern University Press, 1993. P. 105–126.

Edwards 1979 — Edwards B. Drawing on the Right Side of the Brain: a Course in Enhancing Creativity and Artistic Confidence. Los-Angeles: J. P. Tarcher, 1979.

Edwards 1982 — Edwards T. R. N. Three Russian Writers and the Irrational: Zamyatin, Pil'nyak and Bulgakov. Cambridge: Cambridge University Press, 1982.

Eisen 1988 — Eisen G. Children and Play in the Holocaust: Games among the Shadows. Amherst: University of Massachusetts Press, 1988.

Eliot 1970 — Eliot R. C. The Shape of Utopia: Studies in a Literary Genre. Chicago: University of Chicago Press, 1970.

Ellis 1983 — Ellis R. The Way to a Man's Heart: Food in the Violent Home // The Sociology of Food and Eating: Essays on the Sociological Significance of Food / ed. by A. Murcott. Aldershot: Gower, 1983. P. 164–171.

Farrington 1980 — Farrington B. Greek Science: Its Meaning For Us. Nottingham: Spokesman, 1980.

Fieldhouse 1986 — Fieldhouse P. Food & Nutrition: Customs & Culture. London: Croom Helm, 1986.

Foust 1986 — Foust R. E. The Rules of the Game: A Para-Theory of Literary Theory // South Central Review. 1986. № 3. P. 5–14.

Freeborn 1982 — Freeborn R. The Russian Revolutionary Novel: From Turgenev to Pasternak. Cambridge: Cambridge University Press, 1982.

Garcia, Brett 1977 — Garcia J., Brett L. P. Conditioned Responses to Food Odor and Taste in Rats and Wild Predators // The Chemical Senses and Nutrition / ed. by M. R. Kare, O. Maller. New York: Academic Press, 1977. P. 277–290.

Garson 1969 — Garson J. M. The Idea of Freedom in the Works of Yevgeni Zamyatin // Columbia Essays on International Affairs / ed. by A. Cordier. New York: Columbia University Press, 1969. Vol. 4. P. 1–24.

Gregg 1988 — Gregg R. A. Two Adams and Eve in the Crystal Palace: Dostoevsky, the Bible and "We" // Zamyatin's "We": A Collection of Critical Article / ed. by G. Kern. Ann Arbor: Ardis, 1988. P. 61–69.

Gurewich 1988 — Gurewich D. Zamyatin: A Heretic for All Times // New Criterion. 1988. № 4. 7 December. P. 21–34.

Hamburger 1973 — Hamburger K. The Logic of Literature / transl. by M. J. Rose. Bloomington: Indiana University Press, 1973.

Hersh 1993 — Hersh M. A. Zamyatin's "We": A Mathematical Model Society // Russistika: The Russian Journal of the Association for Language Learning. 1993. № 8. P. 19–26.

Hillegas 1967 — Hillegas M. R. The Future as Nightmare: H. G. Wells and the Anti-Utopians. New York: Oxford University Press, 1967.

Hoisington 1993 — Hoisington S. S. The Pushkinian Presence in Zamiatin's Novel "We" // The Pushkin Journal. 1993. Vol. 1. № 2. P. 151–165.

Hoisington 1995 — Hoisington S. S. The Mismeasure of I-330 // A Plot of Her Own: The Female Protagonist in Russian Literature / ed. by S. S. Hoisington. Evanston: Northwestern University Press, 1995. P. 81–88.

Hoisington, Imbery 1992 — Hoisington S. S., Imbery L. Zamjatin's Modernist Palette: Colors and Their Function in "We" // Slavic and East European Journal. 1992. Vol. 36. P. 159–171.

Holquist 1968 — Holquist M. How to Play Utopia: Some Brief Notes on the Distinctiveness of Utopian Fiction // Yale French Studies. 1968. Vol. 41. P. 106–123.

Howe 1962 — Howe I. The Fiction of Anti-Utopia // The New Republic. 1962. № 25. 25 April. P. 13–16.

Humphrey 1983 — Humphrey N. Consciousness Regained: Chapters in the Development of Mind. Oxford: Oxford University Press, 1983.

Hutchinson 1983 — Hutchinson P. Games Authors Play. London: Methuen, 1983.

Isaac 1978 — Isaac G. The Food-Sharing Behavior of Protohuman Hominids // Scientific American. 1978. № 4. P. 90–108.

Jackson 1958 — Jackson R. Dostoevskij's Underground Man in Russian Literature. 'S-Gravenhage: Mouton & Co, 1958.

James 1993 — James L. Rice, Freud's Russia: National Identity in the Evolution of Psychoanalysis. New Brunswick: Transaction Publishers, 1993.

Janzen 2003 — Janzen J. E. Understanding the Nature of Autism: A Guide to the Autism Spectrum Disorders. San Antonio: Therapy Skill Builders, 2003.

Kanter 1972 — Kanter R. M. Commitment and Community: Communes and Utopias in Sociological Perspective. Cambridge: Harvard University Press, 1972.

Kelly 1995 — Kelly R. L. The Foraging Spectrum: Diversity in Hunter-Gatherer Lifeways. Washington: Smithsonian Institution Press, 1995.

Kelly-Byrne 1984 — Kelly-Byrne D. Continuity and Discontinuity in Play Conditioning: the Adult-Child Connection // The Masks of Play / ed. by B. Sutton-Smith, D. Kelly-Byrne. West Point: Leisure Press, 1984. P. 171–180.

Kern 1979 — Kern G. "We" ("*My*") // Survey of Science Fiction Literature / ed. by F. N. Magill. Englewood Clifs: Salem Press, 1979. Vol. 5. P. 2433–2441.

Kernan et al. 1973 — Kernan A. B., Brooks P., Holquist J. M. Man and His Fictions: An Introduction to Fiction-Making, Its Forms and Uses. New York: Harcourt, Brace and Jovanovich, Inc., 1973.

Kim, Volkmar 1993 — Kim A., Volkmar F. The Development of Individuals with Autism: Implications for the Theory of Mind Hypothesis // Understanding Other Minds: Perspectives from Autism / ed. by S. Baron-Cohen, H. Tager-Flusberg, D. Cohen. Oxford: Oxford University Press, 1993. P. 317–331.

Kline 1953 — Kline M. Mathematics in Western Culture. New York: Oxford University Press, 1953.

Kline 1967 — Kline M. Mathematics for Liberal Arts. Reading: Addison-Wesley, 1967.

Kline 1972 — Kline M. Mathematical Thought from Ancient to Modern Times. New York: Oxford University Press, 1972.

Konner 1982 — Konner M. The Tangled Wing: Biological Constraints on the Human Spirit. New York: Holt, Rinehart & Winston, 1982.

Kopp 1970 — Kopp A. Town and Revolution: Soviet Architecture and City Planning 1917–1935 / trans. by Th. E. Burton. New York: George Braziller, 1970.

Kudriavtsev, Krivov 1987 — Kudriavtsev A., Krivov K. Pursuit of Continuity // Architectural Design Profile. 1987. Vol. 68. P. 46–79.

La Bossiere 1973 — La Bossiere C. R. Zamiatin's "We": A Caricature of Utopian Symmetry // Riverside Quarterly. 1973. Vol. 6. P. 40–43.

Layton 1973 — Layton S. Zamjatin and Literary Modernism // Slavic and East European Journal. 1973. Vol. 17, № 3. P. 279–287.

Leatherbarrow 1987 — Leatherbarrow W. J. Einstein and the Art of Yevgeny Zamyatin // Modern Language Review. 1987. Vol. 82. P. 142–151.

Lewis, Weber 1975 — Lewis K., Weber H. Zamjatin's "We", the Proletarian Poets, and Bogdanov's "Red Star" // Russian Literary Triquarterly. 1975. Vol. 12. P. 253–278.

Lopez-Morillas 1972 — Lopez-Morillas J. Utopia and Anti-Utopia: From "Dreams of Reason" to "Dreams of Unreason" // Survey. 1972. Vol. 18, № 1. P. 47–62.

Lumsden, Wilson 1981 — Lumsden Ch. J., Wilson E. O. Genes, Mind and Culture. Cambridge: Harvard University Press, 1981.

Lumsden, Wilson 1983 — Lumsden Ch. J., Wilson E. O. Promethean Fire: Reflections on the Origin of Mind. Cambridge: Harvard University Press, 1983.

Macey 1986 — Macey S. L. The Role of Clocks and Time in Dystopias: Zamjatin's "We" and Huxley's "Brave New World" // Explorations: Essays in Comparative Literature / ed. by Matoto Ueda. Lanham: University Press of America, 1986. P. 24–43.

Maguire, Malmstad 1992 — Maguire R., Malmstad J. The Legacy of Petersburg: Zamiatin's "We" // The Silver Age in Russian Literature / ed. by J. Elsworth. London: St. Martin's, 1992. P. 182–195.

Maryanski, Turner 1992 — Maryanski A., Turner J. H. The Social Cage: Human Nature and the Evolution of Society. Stanford: Stanford University Press, 1992.

Maslen 1987 — Maslen E. One Man's Tomorrow is Another's Today: The Reader's World and Its Impact on "1984" // Storm Warnings: Science Fiction Confronts the Future / ed. by G. Slusser, C. Greenland, E. Rabkin. Carbondale: Southern Illinois University Press, 1987. P. 146–158.

McCarthy 1984 — McCarthy P. A. Zamyatin and the Nightmare of Technology // Science-Fiction Studies. 1984. Vol. 11. P. 122–129.

McGrew, Feistner 1992 — McGrew W. C., Feistner A. T. C. Two Nonhuman Primate Models for the Evolution of Human Food Sharing: Chimpanzees and Callitrichids // The Adapted Mind: Evolutionary Psychology and the Generation of Culture / ed. by J. H. Barkow, L. Cosmides, J. Tooby. New York: Oxford University Press, 1992. P. 229–245.

Meckier 1984 — Meckier J. Poetry in the Future, the Future of Poetry: Huxley and Orwell on Zamyatin // Renaissance and Modern Studies. 1984. Vol. 28. P. 18–39.

Mikesell, Suggs 1982 — Mikesell M. L., Suggs J. Ch. Zamyatin's "We" and the Idea of the Dystopic // Studies in 20th Century Literature. 1982. Vol. 7, № 1. P. 89–102.

Milo, Quiatt 1994 — Milo R. G., Quiatt D. Language in the Middle and Late Stone Ages: Glottogenesis in Anatomically Modern Homo Sapiens // Hominid Culture in Primate Perspective. Niwot: University Press of Colorado, 1994. P. 321–339.

Mithen 1990 — Mithen S. Thoughtful Foragers: A Study of Prehistoric Decision Making. Cambridge: Cambridge University Press, 1990.

Mithen 1998 — Mithen S. A Creative Explosion? Theory of Mind, Language and the Disembodied Mind of the Upper Paleolithic // Creativity in Human Evolution and Prehistory / ed. by S. Mithen. London; New York: Routledge, 1998. P. 165–191.

Morson 1981 — Morson G. S. The Boundaries of Genre: Dostoevsky's "Diary of a Writer" and the Traditions of Literary Utopia. Austin: University of Texas Press, 1981.

Myers 1993 — Myers A. Zamiatin in Newcastle: The Green Wall and the Pink Ticket // Slavonic and East European Review. 1993. Vol. 71, № 3. P. 417–427.

Myers et al. 2004 — Myers P., Baron-Cohen S., Wheelwright S. An Exact Mind: An Artist with Asperger Syndrome. London: Jessica Kingsley Publishers, 2004.

Nakano 2011 — Nakano Y. On the History of the Novel "We", 1937–1952: Zamiatin's "We" and the Chekhov Publishing House // Canadian-American Slavic Studies. 2011. Vol. 43, № 3–4. P. 441–446.

New 1970 — New M. Ad Nauseum: A Satiric Device in Huxley, Orwell and Waugh // Satire Newsletter. 1970. № 8. P. 24–28.

Parrinder 1973 — Parrinder P. Imagining the Future: Zamyatin and Wells // Science-Fiction Studies. 1973. Vol. 1 (I). P. 17–26.

Peckham 1967 — Peckham M. Man's Rage for Chaos: Biology, Behavior & the Arts. New York: Schocken, 1967.

Petrochenkov 1998 — Petrochenkov M. W. Fantasy in the Fantasy: Castration Anxiety in Zamyatin's "We" // The Fantastic Other: An Interface of Perspectives / ed. by B. Cooke, G. E. Slusser, J. Marti-Olivella. Amsterdam: Editions Rodopi, 1998. P. 243–255.

Pettman 1981 — Pettman R. Biopolitics and International Values; Investigating Liberal Norms. New York: Pergamon Press, 1981.

Pitcher 1981 — Pitcher E. W. R. That Web of Symbols in Zamyatin's "We" // Extrapolation. 1981. Vol. 12, № 3. P. 252–261.

Post 1978 — Post D. L. Piaget's Theory of Play: A Review of the Critical Literature // Play: Anthropological Perspectives / ed. by M. A. Salter. West Point: Leisure Press, 1978. P. 36–41.

Proffer 1988 — Proffer C. Notes on the Imagery in Zamjatin's "We" // Zamyatin's "We": A Collection of Critical Essays / ed. by G. Kern. Ann Arbor: Ardis, 1988. P. 95–105.

Rabkin 1981 — Rabkin E. S. Science Fiction Women Before Liberation // Future Females: A Critical Anthology / ed. by M. S. Barr. Bowling Green: Bowling Green State University Popular Press, 1981. P. 9–25.

Rabkin 1983 — Rabkin E. S. The Descent of Fantasy // Coordinates: Placing Science Fiction and Fantasy / ed. by G. E. Slusser, E. S. Rabkin, R. Scholes. Carbondale: Southern Illinois University Press, 1983. P. 14–22.

Rabkin 1986 — Rabkin E. S. The Unconscious City // Hard Science Fiction / ed. by G. E. Slusser, E. S. Rabkin. Carbondale: Southern Illinois University Press, 1986. P. 14–23.

Rabkin 1998 — Rabkin E. S. Imagination and Survival: The Case of Fantastic Literature // The Fantastic Other: An Interface of Perspectives / ed. by B. Cooke, G. E. Slusser, J. Marti-Olivella. Amsterdam: Editions Rodopi, 1998. P. 1–20.

Rancour-Laferriere 1981a — Rancour-Laferriere D. Preliminary Remarks on Literary Memetics // Axia: Davis Symposium on Literary Evaluation / ed. by K. Menges, D. Rancour-Laferriere. Stuttgart: Akademischer Verlag, 1981. P. 77–87.

Rancour-Laferriere 1981b — Rancour-Laferriere D. Sociobiology and Psychoanalysis: Inderdisciplinary Remarks on the Most Imitative Animal // Psychoanalysis and Contemporary Thought. 1981. Vol. 4, № 4. P. 435–526.

Rancour-Laferriere 1985 — Rancour-Laferriere D. Signs of the Flesh: An Essay on the Evolution of Hominid Sexuality. Berlin: Mouton de Gruyter, 1985.

Rancour-Laferriere 1994 — Rancour-Laferriere D. Why Natasha Bumps Her Head: The Value of Self-Analysis in the Application of Psychoanalysis to Literature // Self-Analysis in Literary Study / ed. by D. Rancour-Laferriere. New York: New York University Press, 1994. P. 130–144.

Rhodes 1976 — Rhodes C. H. Frederick Winslow Taylor's System of Scientific Management in Zamiatin's "We" // Journal of General Education. 1976. Vol. 38. № 1. P. 31–42.

Rice 1993 — Rice J. L. Freud's Russia: National Identity in the Evolution of Psychoanalysis. New Brunswick: Transaction Publishers, 1993.

Richards 1961 — Richards D. J. Four Utopias // Slavonic and East European Review. 1961. Vol. 40, № 94. P. 220–228.

Richards 1962 — Richards D. J. Zamyatin: A Soviet Heretic. New York: Hillary House, 1962.

Rodgers 1992 — Rodgers Th. F. Myth and Symbol in Soviet Fiction: Images of the Savior Hero, Great Mother, Anima, and Child in Selected Novels and Films. San Francisco: Mellan Research University Press, 1992.

Rose 1981 — Rose M. Alien Encounters: Anatomy of Science Fiction. Cambridge: Harvard University Press, 1981.

Rosenshield 1979 — Rosenshield G. The Imagination and the "I" in Zamjatin's "We" // Slavic and East European Journal. 1979. Vol. 23, № 1. P. 51–62.

Rozin 1987 — Rozin P. Psychobiological Perspectives on Food Preferences and Avoidances // Food and Evolution: Toward a Theory of Human Food Habits / ed. by M. Harris, E. B. Ross. Philadelphia: Temple University Press, 1987.

Ruhle 1958 — Ruhle J. Nachwort // Samjatin J., Wir: Roman. Cologne; Berlin, 1958. P. 241–254.

Russell 1973 — Russell R. Literature and Revolution in Zamyatin's "My" // Slavonic and East European Review. 1973. Vol. 51 (122). P. 36–46.

Russell 2000 — Russell R. Zamyatin's "We". London: Bristol Classical Press, 2000.

Sale 1990 — Sale K. The Conquest of Paradise: Christopher Columbus and the Columbian Legacy. New York: Alfred A. Knopf, 1990.

Schmolke-Hasselmann 1982 — Schmolke-Hasselmann B. The Round Table: Ideal, Fiction, Reality // Arthurian Literature. 1982. № 2. P. 41–75.

Shane 1968 — Shane A. M. The Life and Works of Evgenij Zamjatin. Berkeley: University of California Press, 1968.

Sicher 1984 — Sicher E. Hard Times in Paradise: An Example of an Inverted Biblical Pattern // Biblical Patterns in Modern Literature / ed. by D. Hirsch, N. Aschkenazy. Chico: Scholars Press, 1984. P. 165–172.

Singleton 1997 — Singleton A. C. Noplace Like Home: The Literary Artist and Russia's Search for Cultural Identity. Albany: State University of New York Press, 1997.

Skoyles 1990 — Skoyles J. R. The Origin of Classical Greek Culture: The Transparent Chain Theory of Literacy / Society Interaction // Journal of Social and Biological Structures. 1990. Vol. 13, № 4. P. 321–353.

Slonim 1977 — Slonim M. Soviet Russian Literature: Writers and Problems. New York: Oxford University Press, 1977.

Slusser 1996 — Slusser G. The Solitary Eater in Science Fiction and Horror // Foods of the Gods: Eating and the Eaten in Fantasy and Science Fiction / ed. by G. Westfahl, G. Slusser, E. S. Rabkin. Athens: University of Georgia Press, 1996. P. 56–75.

Smith 1997 — Smith E. A. Sex Is Not Enough // Human Nature: A Critical Reader / ed. by L. Betzig. New York & Oxford: Oxford University Press, 1997. P. 70–72.

Smith, Christian 1984 — Smith R. E. F., Christian D. Bread and Salt: A Social and Economic History of Food and Drink in Russia. Cambridge: Cambridge University Press, 1984.

Spariosu 1982 — Spariosu M. Literature, Mimesis and Play: Essays in Literary Theory. Tubingen: Gunter Narr Verlag, 1982.

Stenbock-Fermor 1973 — Stenbock-Fermor E. A Neglected Source of Zamiatin's Novel "We" // Russian Review. 1973. Vol. 32, № 2. P. 187–188.

Stern, Stern 1980 — Stern M., Stern A. Sex in the USSR / ed. and transl. by M. Howson, C. Ryan. New York: Times Books, 1980.

Stites 1989 — Stites R. Revolutionary Dreams: Utopian Vision and Experimental Life in the Russian Revolution. New York: Oxford University Press, 1989.

Stone 1971 — Stone G. P. The Play of Little Children // Child's Play / ed. by R. E. Herron, B. Sutton-Smith. New York: John Wiley & Sons, 1971. P. 4–14.

Sugiyama 1996 — Sugiyama M. S. On the Origins of Narrative: Storyteller Bias as a Fitness-Enhancing Strategy // Human Nature. 1996. № 7 (4). P. 403–425.

Sugiyama 2005 — Sugiyama M. S. Reverse-Engineering Narrative: Evidence of Special Design // Literature and the Human Animal / ed. by D. S. Wilson, J. Gottschall. Chicago: University of Chicago Press, 2005. P. 177–196.

Suvin 1971 — Suvin D. The Utopian Tradition of Russian Science Fiction // Modern Language Review. 1971. № 66. P. 139–159.

Swanson 1976 — Swanson R. A. Love is the Function of Death: Forster, Lagervist, and Zamyatin // Canadian Review of Comparative Literature. 1976. № 3 (2). P. 197–211.

Swingewood 1975 — Swingewood A. The Novel and Revolution. London: Macmillan, 1975. P. 142–168.

Tager-Flusberg et al. 1993 — Tager-Flusberg H., Baron-Cohen S., Cohen D. An introduction to the debate // Understanding Other Minds: Perspectives from Autism / ed. by S. Baron-Cohen, H. Tager-Flusberg, D. Cohen. Oxford: Oxford University Press, 1993. P. 3–9.

Tilghman 1991 — Tilghman B. R. What Is It Like to Be an Aardvark? // Philosophy. 1991. Vol. 66. P. 325–338.

Tooby, Cosmides 1992 — Tooby J., Cosmides L. The Psychological Foundations of Culture // The Adapted Mind: Evolutionary Psychology and the Generation of Culture / ed. by J. H. Barkow, L. Cosmides, J. Tooby. New York: Oxford University Press, 1992. P. 19–135.

Trivers 1985 — Trivers R. Social Evolution. Menlo Park: Benjamin / Cummings, 1985.

Turner 1985 — Turner F. Natural Classicism: Essays on Literature and Science. New York: Paragon House, 1985.

Turner 1991 — Turner F. Beauty: The Value of Values. Charlottesville: University Press of Virginia, 1991.

Ulph 1988 — Ulph O. I-330: Reconsiderations on the Sex of Satan // Zamyatin's "We": A Collection of Critical Essays / ed. by G. Kern. Ann Arbor: Ardis, 1988. P. 80–91.

Van den Berghe 1979 — Van den Berghe P. L. Human Family Systems: An Evolutionary View. New York: Elsevier, 1979.

Walker 1987 — Walker J. M. Totalitarian and Liminal Societies in Zamjatin's "We" // Mosaic. 1987. № 20. P. 113–127.

Walsh 1962 — Walsh Ch. From Utopia to Nightmare. New York: Harper and Row, 1962.

Warrick 1975 — Warrick P. The Sources of Zamyatin's "We" in Dostoevsky's "Notes from Underground" // Extrapolation. 1975. Vol. 17, № 1. P. 63–77.

Weber 1959 — Weber E. The Anti-Utopia of the Twentieth Century // South Atlantic Quarterly. 1959. Vol. 58. P. 440–447.

Whissell 1996 — Whissell C. Mate Selection in Popular Women's Fiction // Human Nature. 1996. № 7 (4). P. 427–447.

White 1966 — White J. J. Mathematical Imagery in Musil's "Young Torless" and Zamyatin's "We" // Comparative Literature. 1966. Vol. 18. № 1. P. 71–78.

Wilson B. 1975 — Wilson B. R. The Noble Savages: The Primitive Origins of Charisma and Its Contemporary Survival. Berkeley: University of California Press, 1975.

Wilson E. 1975 — Wilson E. O. Sociobiology: The New Synthesis. Cambridge: Harvard University Press, 1975.

Wilson E. 1980 — Wilson E. O. Sociobiology: The Abridged Edition. Cambridge: Harvard University Press, 1980.

Wilson, Daly 1992 — Wilson M., Daly M. The Man Who Mistook His Wife for a Chattel // The Adapted Mind: Evolutionary Psychology and the Generation of Culture / ed. by J. H. Barkow, L. Cosmides, J. Tooby. New York: Oxford University Press, 1992. P. 289–322.

Woodcock 1956 — Woodcock G. Utopias in Negative // Sewanee Review. 1956. Vol. 64. P. 81–97.

Yarwood 1970 — Yarwood E. A Comparison of Selected Symbols in "Notes from the Underground" and "We" // Proceedings of the Pacific Northwest Conference on Foreign Languages. 1970. Vol. 21. P. 144–149.

Zunshine 2006 — Zunshine L. Why We Read Fiction: Theory of Mind and the Novel. Columbus: Ohio State University Press, 2006.

Предметно-именной указатель

Августин Блаженный (Аврелий Августин) 132
аверсия 263, 271, 272, 276; см. также отвращение
к пище 263
к утопии 272
как адаптация 276; см. также висцеральные реакции
как терапия 271
автор как бог текста 214
автореференция 315
Агасси Андре 105
адаптация, адаптивность 11, 14, 31–33, 38, 63, 93, 120, 149, 154, 164, 166, 167, 190, 251, 261, 281, 284, 302, 308, 333, 351
Александр Македонский 74, 183
Аллен Вуди (Аллен Стюарт Кенигсберг) 223
Спящий 223
альтруизм 45, 60, 61, 64, 65, 71, 84, 85, 91, 93, 101, 114, 121, 242–244
взаимный 45, 64, 65, 84, 85, 91, 114, 121
родственный 60, 64, 65, 84, 101, 114
Амальрик Андрей Алексеевич 191
Андреэ Иоган Валентин 68
Христианополис, или Описание христианской республики 66
Анаксагор из Клазомен 132
Ангелофф Александр 318
Андерсен Ганс Христиан 162
Новое платье короля 162
Анненков Юрий Павлович 15, 160
антиутопия 7, 8, 12–15, 24, 27, 33, 37, 43, 48–53, 55, 58, 59, 69, 92, 94–96, 122, 124, 145, 162, 164, 171, 172, 221, 227, 252, 253, 263, 267–271, 277, 281, 305, 307, 309, 312, 312, 315, 320, 340
Аргирос Александр, младший 46
Аристотель 276
Аристофан 69
Женщины в народном собрании 69
архитектура советская 80
Аспергера синдром 14, 15, 54, 286, 288–290, 303
астрономия 133, 143, 152

атавизм 28, 36
аутизм 14–16, 280–303
аутоэротическая фантазия 203

Бараш Давид П. 113, 242
Барон-Коэн Саймон 291, 293
Барратт Эндрю 272
Барух Элейн Гофман 203–205
Басс Дэвид М. 121
Бахтин Михаил Михайлович 89, 186, 290
Бейонсе (Бейонсе Жизель Ноулз-Картер) 108
Беллами Эдуард 69, 246, 265
Через сто лет (Looking Backward: 2000–1887) 69, 246, 265
Белый Андрей 95, 156, 187, 219
Петербург 187
Серебряный голубь 219
Бентам Иеремия 138
Беовульф 78
Бергсон Анри 177
Бержерак Сирано де 228
Берн Эрик 65, 66, 167, 170, 175
Берра Йоги 220
Бетховен Людвиг ван 184, 271
Пятая симфония (соч. 67, 1808) 184
Девятая симфония (соч. 125, 1824) 271
Бёрджесс Энтони 222, 241, 262, 269, 271, 277
Заводной апельсин 271
Семя желания (The Wanting Seed) 222, 241, 261, 269, 277
Библия 61, 126, 183
Биллингтон Джеймс 184, 187
биопоэтика 29
биосемиотика 91
Блок Александр Александрович 95
Незнакомка 200
Богдан Раду 284, 292–295
Богданов Александр Александрович 228
Бойяи Янош 130, 131, 149
Бошамп Горман 29, 30, 226
Браун Эдвард Дж. 129
Браунинг Гордон 129
Бретт Линда 271
Брукс Питер 189, 196, 207, 219, 220
Брэдбери Рэй 7, 8, 306
451° по Фаренгейту 7, 306
Букер Кейт М. 146
Булгаков Михаил Афанасьевич 49, 169, 187
Мастер и Маргарита 49, 187
Булгарин Фаддей Венедиктович 72, 266
Правдоподобные небылицы, или Странствование по свету в двадцать девятом веке 266
Бунюэль Луис 77
Скромное обаяние буржуазии 77
Бургойн Жаклин 77
Бурдекин Кэтрин 106, 267
Ночь свастики 106, 267
Буш Маршалл 104, 105, 117, 148, 337
былины 74, 75
«быстрый таламический путь» 272
Бэкон Фрэнсис 119
Новая Атлантида 119

Вагнер Рихард 79, 248, 306
Валькирия 248
Гибель богов 79, 248
Ван ден Берге Пьер 32
Вашингтон Джордж 104
Вебер Макс 103
вегетативная нервная система 20, 54, 257, 261, 280; см. также висцеральные реакции
висцеральные реакции 221, 253, 255, 258–260, 262, 270, 271, 274–279, 305, 317
адаптивная ценность (см. также аверсия, отвращение) 162
выработка 19, 270, 274
заразительность 275
катарсис как висцеральная реакция 112, 276
сопротивление утопии 53
универсальный язык 153
Владимир князь Киевский 71, 74, 75 79, 82
внутреннее угнетение 102, 195
внутривидовая конкуренция 41
Войнович Владимир Николаевич 95, 247, 269, 320
Москва 2042 95, 247, 269, 30
игра с условностями жанра 320
пища 269
Вольтер (Аруэ Франсуа Мари) 115
Воронский Александр Константинович 192
воспитание 21 23, 32, 35, 161, 162, 164, 197, 204, 224, 228, 240, 241, 246, 261, 281
в утопии 21, 24, 35, 164, 241, 246, 262
врожденное 31, 204, 224, 278
ускоренные кривые обучения 38
Вселенная 15, 97, 118, 127, 131, 136, 140, 142–144, 147, 149, 152, 158, 177, 195, 300, 310, 335

Галилей Галилео 95, 97, 115, 118, 152
Гальтон Фрэнсис 228
Гальцева Рената Александровна 42, 144
Гаррисон Уильям Генри 104
Гарсия Джон 271
Гаусс Карл Фридрих 130, 131, 149
гегелевская диалектика 136, 153
гедоническая ценность 34; см. также механизм передачи генетической приспособленности; висцеральные реакции
ген 21, 29–31, 34, 40, 56, 61, 197, 198, 221, 224–226, 241, 245, 247, 250, 292
бессмертие как передача генов 198
влияние окружающей среды на гены 32, 33, 67, 116
генно-культурная коэволюция 33, 40, 333
геометрия 130–133, 147–150
неевклидова геометрия 130–133, 147–151; см. также Лобачевский Н. И.
Герни Бернард Гилберт 187
Гибсон Уильям (в соавторстве с Б. Стерлингом) 144
Машина различий (The Difference Engine) 144
Гилберт Пол 93

Гиллиам Терри 146
Бразилия 146
Гилман Шарлотта Перкинс 164
Женландия (Herland) 164
гипертрофия 35, 41, 84, 94, 307
биологических характеристик 41
реального поведения в утопическом нарративе 84, 94, 307
эмоций 35
Гиппас из Метапонта 139
Гитлер Адольф 90, 105, 106
Гоголь Николай Васильевич 199
Голубков Сергей Алексеевич 177, 199, 228
городское отчуждение 59
Горький Максим (Горький Алексей Максимович), Пешков Алексей Максимович 95, 259, 345
Грант Улисс Симпсон 104

Далош Дьёрдь 320, 340
1985 320, 340
Дамасио Антонио 21
Данбэр Робин 282
Дарвин Чарлз 95, 118, 199, 224, 228, 309
дарвинизм 29, 39, 221
Де Ман Поль 90
дезадаптация 190
Дейк Дж. Уильям 144
Дейли Мартин 232
Декарт Рене 95, 132
деконструкция 22, 171, 208
дети 15, 24, 35, 63, 64, 77, 85, 121, 145, 159–166, 168, 169, 172–177, 185, 199, 203, 204, 222, 224, 226, 228, 231, 232, 235, 237, 240–245, 262, 264, 272, 284, 293, 327, 334
деторождение 40, 239–246
детство163, 164, 169, 174, 175, 177, 223, 246, 291, 294, 297; см. также неотения
второе детство 169
романтический культ 160
Джанзен Дженис Е. 292
Джексон Роберт Льюис 153, 216
Джексон Эндрю 104
Джером Клапка Джером 228, 268
Новая Утопия 268
Джонс Джим 91
Джонс Л. К. (Джастас Эллис Маккуин-младший) 223
Парень и его пес 223
Дилэни Сэмюэл 222
Тритон 222
Диссанайке Эллен 308
дистопия 47; см. также антиутопия, утопия
дифференцированное воспроизведение особей (Э. О. Смит) 39
догма 123, 132, 136, 137, 155, 161, 197, 207–210, 214, 215
Дойл Питер 218
Докинз Ричард 159, 160, 198
Дом литераторов, литературная организация (Петроград, 1918–1922) 42, 80
Достоевский Федор Михайлович 12, 19–21, 54, 78–80, 95, 96, 112, 134, 135, 161, 183, 196, 199, 209, 210, 228, 258, 303, 304, 311, 318, 236
Братья Карамазовы 18, 21, 79, 132, 183
Великий Инквизитор 79, 88, 112, 182, 209, 210

Записки из подполья 20, 54, 78, 134, 183, 196, 258
«дважды два пять» 135, 196
«подпольный человек» 134, 135, 183, 196, 209, 220, 318
Преступление и наказание 79
Дюрренматт Фридрих 779
Визит старой дамы 79

евгеника 228, 337, 245, 246, 248
Евклид (Эвклид) 128, 132, 149
Евсеев Валерий Николаевич 290, 295
еретики (метафора в публицистике Е. Замятина) 11, 98, 100, 101, 115, 210, 218, 314
героизм еретиков 115
потребность общества в еретиках 98, 115

жанр 24, 29, 35, 40, 49, 55, 122, 182, 186, 283, 312, 315, 316, 321–323, 326, 327
выбор жанра 316
дневник 27, 35, 137, 159, 178, 196, 200, 201, 212, 254, 255, 257, 283, 288, 290, 301–303, 310, 313–318, 321–323, 327–338, 351
лабораторный журнал 318
найденная рукопись 318, 319
панегирическая ода 321
поэма 137, 183, 312, 323
читательские ожидания 178, 182, 186
жест 20, 109, 111, 156, 291, 292, 317; см. также висцеральная реакция
«жилые ячейки» в архитектуре 81
Жирар Рене 89

Замятин Евгений Иванович 7, *passim*
интерес к теме секса 228, 229
ледокол «Святой Александр Невский» 180
Андрей Белый, статья 156
Д-50, киносценарий (D-503) 340–3546
Завтра, статья 193, 216
Мы 7, *passim*
Благодетель 50, 63, 73, 87, 90, 93, 97, 106–112, 118, 133, 145, 162, 168, 174, 181, 183, 184, 201, 202, 205, 206, 211, 212, 218, 233, 254, 255, 257, 272, 286–288, 290, 291, 298, 301, 302, 312, 343
Д-503 10, *passim*
Единое Государство 10, 11, 13, 20, 23, 27, 28, 30, 33–36, 40–43, 50, 51, 53, 58, 59, 61, 62, 65, 70, 71, 73, 78, 84–87, 93, 96–100, 107, 110, 112, 115, 118, 124, 126–148, 150–154, 156, 157, 160, 164, 168, 172–177, 179, 182, 184, 185, 188, 193–195, 198, 203, 204, 206, 208–210, 212, 213, 215–218, 223–234, 237, 240–247, 250, 251, 253–256, 258, 265, 268, 270, 272, 274, 278, 281–283, 285, 287–290, 292, 296–300, 310, 311, 313–315, 321–326, 329, 331, 333, 336–338, 340, 341, 344, 351
завязка 179
Зеленая Стена 28, 50, 51, 78, 88, 127, 129, 136, 145, 150, 156, 180, 182, 183, 195, 218, 233, 247, 254, 262, 296, 324, 343, 344, 351, 356

история создания и публикации романа 8, 9, 280, 344, 345, 356
«исчисление счастья» («felicific calculus», И. Бентам) 138
как классическая антиутопия 37, 47
как предвосхищение реалий СССР 10
как сатира на СССР 37, 81, 227, 321
как случай эстетического познания 26
метафорические поля в романе 184
О-90 40, 85, 133, 169, 175, 233, 242–245, 286, 288, 301, 315, 316, 322, 329, 331
I-330 13, 14, 23, 27, 35, 52, 58, 61, 62, 65, 70, 73, 86, 88, 111, 112, 116, 127, 130, 135, 136, 139, 143, 145, 147, 150–152, 156–158, 160, 161, 175–178, 181, 182, 185, 186, 188, 200–203, 205–207, 211, 212, 218, 219, 225, 229, 232–239, 242, 243, 248–250, 254–258, 262, 273, 274, 278, 285, 287–291, 295, 297–302, 312, 314–317, 322, 329, 330, 333, 341, 343, 347–351, 356
R-13 19, 21, 34, 52, 62, 73, 75, 85, 88, 96, 116, 138, 141, 150, 168, 174, 177, 181, 183, 203, 228, 234, 236, 238, 244, 246, 256, 286, 287, 295, 297, 298, 300, 311, 312, 351
S-4711 52, 134, 140, 150, 173, 180, 201, 202, 212, 217, 219, 238, 246, 256, 272, 273, 279, 287, 290, 291, 298–302
Lex Sexualis 221–251
Новая русская проза, статья 147
О литературе, революции, энтропии и о прочем, статья 304
О синтетизме, статья 147, 160
О языке, статья 141
Психология творчества, статья 334
Скифы ли?, статья 160
Я боюсь, статья 193
защитные реакции, рефлексы 33, 61, 252, 259, 270–276, 280, 301
Зильбург Грегори 8, 9, 351
Зихер Эфраим 143
Зозуля Ефим Давидович 76
Граммофон веков 76
Зуншайн Лиза 293, 301, 302

игра 28, 44, 54, 121, 159–187, 198, 207 220, 229, 240, 264, 276, 290, 307, 315, 320; см. также антиутопия, искусство, утопия
адаптивный характер игры в утопии 165
депривация игры 166, 172, 173, 177, 178
как выражение человеческого духа 124
как признак здоровья 168
как сексуальное поведение 219, 223, 225, 239
развитие посредством игры; см. также дети 161–168
идеал 57–59, 74, 76, 79, 104, 115, 126, 126, 168, 289, 302, 336, 337
Изер Вольфганг 170, 186

имя 10, 51–53, 71, 86, 87, 89, 95–102, 107, 108, 110, 118, 126, 128, 136, 137, 140, 173, 180, 185, 186, 193, 203, 232, 286, 293, 301, 311, 313, 315, 326, 356
неестественное имя 51
псевдоним 95
уникальность имени 51, 95
интеграция личности 28, 314
интерес 11–13, 25, 34–37, 39, 40, 49, 52–54, 61, 67, 105, 113, 124, 136, 145, 160, 169, 194, 198, 207, 221, 227–229, 248, 259, 261–263, 276, 281, 286, 291, 293, 309, 336
интуиция 22, 46, 122, 148, 157, 164, 303, 304
информация 23, 29, 31, 66, 67, 87, 146, 160, 165, 198, 225, 226, 285, 292, 294, 302, 307, 320, 330, 332
генетическая информация 31, 160, 225, 226; см. также ген
обмен информацией 66, 67, 87
инцест 16, 247, 248
Иоанн Павел II 191
иррациональность 139, 153, 154, 217
как синтез с рационализмом 153, 154
присущая фольклору 74, 75, 122
число иррациональное 139
искусство 8, 11–17, 19, 22, 23, 26, 29, 34–36, 39, 44, 46, 48, 52, 55, 103, 104, 115, 117, 119, 124, 125, 137, 148, 157, 165–168, 172, 198, 214, 221, 248, 250, 271, 273, 276, 285, 305–313, 320, 321, 336, 337, 339
адаптивная потребность в искусстве 11
биологическая (эволюционная) адаптация 11, 13, 32, 33, 120, 155, 251, 314
игра и искусство 166–168, 198; см. также игра
искусство в утопии 305
как человеческая универсалия 305
мудрость искусства 19
неэмпирическая сфера искусства 35
политическая цензура в искусстве 26
роль искусства 167
создание особых вещей (Э. Диссанайке) 105, 106, 308, 313, 339
изучение рабочего времени и трудовых движений 57; см. Тейлор Ф. У.
Истерлин Нэнси 167
истина 60, 90, 100, 112, 132, 147, 148, 225, 309, 313, 327
историософия 18

Кааба 139
Кабе Этьен 69, 265
Путешествие в Икарию 69
Кампанелла Томмазо 228, 233, 240
Город Солнца 233, 240
Каннер Лео 15, 16, 289, 292
Кант Иммануил 36
Кантер Розабет Мосс 82–84
Кантор Джордж 148
Карл Великий 74
Карнике Шэрон М. 142, 331

Карсон Рэйчел 210
Катаев Валентин Петрович 58
Время, вперед! 58
кафолическая церковь (Восточная православная кафолическая церковь) 105, 106
Келли Роберт Л. 50, 62, 84, 267
Кеннеди (семейство политиков США) 93, 106
Керн Гэри 61, 217
Квиатт Дуэйн 66
кибуцы 83
Ким Ир Сен 90, 110
Китайская Народная Республика 166
Клайн Морис 124, 132, 134
Кларк Дэвид 77
когнитивная подвижность 39
когнитивные модули 40
когнитивные ошибки, дисфункция 214; см. также математические ошибки в «Мы», самообман
когнитивные склонности, способности 38, 53
Коллинз Кристофер 143, 144, 199, 200, 203, 230, 243
Коллонтай Александра Михайловна 227, 234
Колумб Христофор 95–100, 103, 118, 152, 342
коммунизм 26, 27, 41, 48, 49, 80, 173, 193, 277
Коннер Мелвин 163
Коннорс Джеймс 249
Константин Великий 74
контроль 10, 43, 52, 54, 124, 162, 166, 173, 188, 193, 194, 222–228, 231, 237, 239, 240, 268, 273, 288, 322, 325, 333, 340; см. также negotiability
Кореш Дэвид 91
Космидес Леда 37, 38, 44, 53, 120, 122
красота 38, 55, 133, 148, 179, 181, 235, 329
геометрическая 133
кривые обучения ускоренные 38; см. врожденное
Круглый стол короля Артура 73
Кубрик Стэнли 179
Доктор Стрейнджлав 179
Кузьмин Николай Сергеевич 81
культ личности 10, 26, 90, 92, 195
культура 11, 33, 33, 61, 62, 67, 85, 88, 101, 116, 124, 126, 128, 129, 155, 164–167, 172, 248, 250, 294, 307, 308, 333
генетическая основа культуры 32
Кунина-Александер Ирина Ефимовна 300, 345, 356
«кухонные дебаты» 80
Кэрролл Джозеф 35, 303

Ла Боссьер Камиль Р. 134, 217
Ламсден Чарльз 33, 34, 62, 227
Ларри Ян Леопольдович 76
Страна счастливых 76
Лахузен Томас 126, 128, 153, 180, 185, 218
легковерия адаптивное значение 94, 209; см. также самообман
Лейбниц Готфрид Вильгельм 138
Ленин Владимир Ильич 10, 12, 48, 77, 95, 107, 111, 180, 181
Либераче (Владзю Валентино Либераче) 108

Ликург 68
Лобачевский Николай Иванович 95, 118, 125, 130, 131, 147–149, 152, 153, 309; см. также неевклидова геометрия
Лопес-Морильяс Жуан 33
Лотман Юрий Михайлович 179
Лукас Джордж 51
  THX 1138 51
Лысенко Трофим Денисович 225
любовь 13, 27, 34, 72, 138, 175, 203, 206, 211, 228, 233, 236, 242, 250, 272, 289, 317
любовный интерес 35, 221–224

мазохизм 54, 198
Майкселл Маргарет Лэл 32
Маккарти Патрик 216
Маклорен Колин 128
Максимова Елена А. 128, 153, 180, 185
Мандельштам Надежда Яковлевна 306
Мандельштам Осип Эмильевич 306
Мао Цзэдун 90
маркиз де Сад (Донасьен Альфонс Франсуа де Сад) 228
Маркс Карл 49
марксизм 29, 90, 151, 209, 247; см. также коммунизм
  как социальное конструирование 29
  как утопическая философия 29, 90
Маслоу Абрахам 33
математика 95, 118–128, 130–132, 135, 137–140, 143, 144, 147–151, 153, 155, 157, 158, 295
  история математики 124, 135
  математика и искусство 124, 125
  как продуктивное мышление 124
  использование математических знаний в «Мы» 118, 122–127
  математика и мышление 140
математическая образность 118, 125, 126, 154
математическая игра в «Мы» 185
математические ошибки в «Мы» 144
математические представления 124, 126–131, 133–139, 141, 148, 153, 155, 157, 158
  передовые 130
  пифагорейцев 133–139; см. также пифагорейцы, пифагореизм
материнство 331
Маяковский Владимир Владимирович 76, 239, 266, 269, 277, 341
  Клоп 269, 277, 341
  Мистерия-буфф 76, 266
Мейерс Алан 180
мемы 159, 198
механизм передачи генетической приспособленности 244
механизмы вовлеченности 82, 83
миф 61, 89–118; см. также харизма
монархия 58, 89, 90, 108, 192
Мондейл Уолтер 106
Монро Мэрилин 95, 103
Мор Томас 28, 52, 68, 92, 119, 222, 228

Золотая книжечка, столь же полезная, сколь и забавная о наилучшем устройстве государства и о новом острове Утопия 52, 68, 119, 222
ограничение личной свободы 52
репродуктивная политика 52, 222
совместное употребление пищи 68
Моррис Уильям 68, 265
Вести ниоткуда, или Эпоха спокойствия 265
Морсон Гэри Сол 182, 230, 306, 312–315, 327, 333, 337
Моцарт Вольфганг Амадей 79, 95, 96, 103, 105, 248
Волшебная флейта 248
Моцарт Леопольд 96
мясо как продукт питания 62–65, 81, 106, 213, 261–263, 266–268, 275; см. также пища

Набоков Владимир Владимирович 16, 199, 219, 306, 307, 322, 323
Защита Лужина 16, 219
Приглашение на казнь 306, 322
Накано Юкио 342, 351
Наполеон Бонапарт 74
наука в утопии 119; см. также математика
нейропсихология 21
«нейрочары» 39; см. врожденное
неореализм 125, 325, 338
неотения человека 169–172, 243
Никсон Ричард 80
Ницше Фридрих 95, 102, 161
«новый советский человек» 26, 80; см. также СССР
Ньютон Исаак 95, 128, 132

общественный договор 53, 285
Одоевский Владимир Федорович 12
окружающая среда 11, 33, 67, 116, 167, 206, 251, 261, 276, 277, 310, 333
Олеша Юрий Карлович 48, 80, 81, 275
Зависть 80, 275
Оруэлл Джордж 8, 24, 30, 48, 61, 87, 91, 92, 95, 106, 146, 191, 216, 222, 231, 270, 271, 278, 306, 320, 340
1984 8, 24, 30, 47, 48, 52, 61, 87, 96, 106, 146, 147, 164, 205, 219, 222, 231, 267, 306, 320, 340
аверсионная терапия как прием 87, 106, 271
детство 164
культ личности 90, 92, 95, 106, 191
отсталая техника 146
пища 270
политика в области секса 24, 222, 271
смерть в финале 220, 340
совместное потребление пищи 270
цензура 306
Освенцим 166
остранение 22, 23, 178, 325, 326
отбор 11, 25, 29, 31–33, 36, 38, 39, 41, 44, 48, 53, 54, 57, 60, 61, 63, 65, 66, 83, 84, 92, 94, 101, 102, 104, 112–113, 121, 149, 190, 199,

205, 207, 226, 261, 262, 270, 273, 274, 276, 284, 285, 328
групповой 60, 65, 83
естественный 25, 29, 31–34, 38, 39, 41, 44, 53, 54, 60, 63, 66, 92, 102, 103, 112, 115, 199, 205, 207, 226, 261, 262, 270, 273, 275, 276, 328; см. эволюционная психология, специализированные когнитивные склонности
индивидуальный 60, 61, 83
семейный 57–67; см. также семья
отвращение 16, 34, 54, 55, 144, 223, 229, 250, 260–263, 270–279, 340; см. также аверсия
охота 62–64, 66, 100, 104, 105, 223, 237, 262
охотники-собиратели 13, 28, 29, 37, 41, 49–51, 55, 59, 63, 65, 67, 69, 72, 84, 91, 109, 114, 121, 125, 129, 149, 163, 167, 210, 244, 259, 260, 266, 305
как основа интереса к утопии 59
личная свобода 50
отношение к смерти 210
отсутствие систем счисления 121
пищевые предпочтения и аверсии (отвращения) 64, 65, 260–263, 266, 267
повышенная неуверенность в отцовстве 237, 244
противопоставление антиутопическому обществу 13, 15
равенство 50, 72
размер групп 49, 84
родительская забота 244, 284
склонность к кочевому образу жизни 55, 167
совместное употребление пищи 60, 61, 63–67,
ошибки; см. также когнитивные ошибки 22, 97, 140, 143, 144, 146, 187, 197, 215, 329, 350

Парриндер Патрик 313, 314, 325, 236
Пастернак Борис Леонидович 18, 187
Доктор Живаго 17, 187, 219
Пауэлл Колин 104
Пекхэм Морс 320
Пеле (Эдсон Арантис ду Насименту) 108
Пеллер Клэр 106
Перек Жорж 223, 246
W, или Воспоминание детства 223, 246
Петроченков Маргарет Уайс 206
Петтман Ральф 102, 113
Пиаже Жан 168
Пинкер Стивен 62, 64, 66, 67, 93, 109, 119, 121, 149, 162, 248, 260, 261
письмо художественное 306, 309, 314; см. также искусство, творчество)
противостояние антиутопии 309
питание 14, 63, 67–69, 76, 80–83, 258–261, 263, 264, 267, 269
Пифагор Самосский 99, 128, 131–133, 137
влияние на «Государство» Платона 131–132, 138
теорема 131

пифагорейцы 131–140
пифагореизм 131, 133
пища 10, 42, 53, 57–65, 67, 68, 70, 73, 74, 77, 79–81, 83, 85, 91, 127, 136, 155, 233, 237, 257–260, 262–264, 266–271, 274–276, 307
пищевые предпочтения 269
Платон 37, 52, 68, 69, 72, 92, 98, 111, 119, 132, 138, 163, 166, 172, 182, 184, 222, 228, 246, 264, 265, 306
  Государство 37, 68, 69, 98, 119, 132, 182, 184, 222, 246, 264, 265
    безличное правление 92
    влияние пифагорейства 131–132, 138
    запрет на поэзию 52, 306
    игра 163, 166
    как предшественник утопии 182
    ликвидация семьи 68
    пародии 69
    пища 68, 264, 265
    сексуальная жизнь 222, 246, 265
  Пир 72, 79
Плутарх 68; см. Ликург
поведение 13, 14, 21, 24, 30–34, 36, 39, 42, 46, 48, 52, 54, 60, 65–67, 70, 71, 78, 92, 102, 104, 112, 125, 153, 161, 165, 166, 169, 175, 176, 191, 195–200, 207, 214, 221–225, 229, 230, 235, 238, 239, 241, 242, 248, 253, 261–263, 270, 274, 276, 286, 288, 291, 293, 298, 307, 309, 310, 315, 316, 320, 334
православие 72, 73, 107; см. также христианство, кафолическая церковь)
провокативная сатира 336
Пролеткульт, просветительская и литературная организация 26, 58
пропаганда 9, 13, 48, 120, 144, 193, 231, 306, 311, 312, 314, 315, 319, 322
психика 37, 39, 40, 54, 56, 62, 117, 124, 137, 193, 199–205, 212, 217, 230, 249, 250, 280, 282, 283, 297, 304, 321, 323, 325, 336, 339
психоанализ 40, 54, 159, 198–207; см. также Фрейд З.
  бессознательное 20, 45, 46, 137, 194, 199, 200, 202, 204, 206, 208, 297, 304, 334
  воля к смерти 54, 197, 211, 213, 215, 220
  детские переживания 199
  либидо 156, 202, 230, 250, 295
  расщепление личности 202
  супер-эго 202
  страх кастрации 206, 207
  Эдипов комплекс в «Мы» 203, 206, 211
психология 19, 20, 22, 29–32, 35, 37, 38, 40, 44, 46, 53, 54, 62, 89, 101, 126, 190, 194, 199, 206, 224–226, 236, 239, 241, 247, 261, 280, 282, 291–294, 299, 301, 303, 328
  эволюционная психология 29–32, 35, 37, 38, 40, 44, 46, 101, 190, 206, 224–226, 236, 239, 241, 247, 261, 328
Пушкин Александр Сергеевич 18, 19, 71, 72, 82, 105, 183, 306, 312
  пушкинский мотив в романе «Мы» 19, 183

Борис Годунов 18, 183
Евгений Онегин 182
Моцарт и Сальери 79
Пир Петра Первого 71
Пророк 183
Руслан и Людмила 82

Рабкин Эрик С. 60, 209
Рабле Франсуа 228
Ранкур-Лаферьер Даниэль 159, 176, 204
Рассел Роберт 239, 341
рациональное мышление 53, 113, 119–124, 140, 153, 154, 229
Рейган Рональд 99
религия 89, 91, 101, 103, 107, 114, 115, 190, 193, 209, 210, 214, 250, 308
Ремизов Алексей Михайлович 95
Ренуар Жан 345
репродукция 35, 41, 54, 61, 66, 221, 224, 227, 229, 334
естественный отбор 41, 66
привлечение интереса 221
репродуктивная политика 228, 241, 244
репродуктивное диссидентство в утопии 242
репродуктивные стратегии 34, 36, 39, 226, 227, 229, 250, 252
репродуктивный успех 44, 94, 261
Риман Бернхард 131, 149; см. также неевклидова геометрия
Рихтер Евгений (Ойген) 69, 81, 267, 268
Социал-демократические картинки будущего (по Бебелю) 69, 267
Родс Кэролайн 127
Роджерс Томас Ф. 199
родительские побуждения 85, 169, 205, 206, 243–245, 284, 292
Роднянская Ирина Борисовна 42, 144
Розеншилд Гэри 218, 326, 330, 338
Розин Пол 262, 263
роковая женщина 35, 200, 206, 235, 238
роман 7–10, 14, 16–18, 20–24, 26–29, 31, 35–40, 42, 44–46, 48, 49, 53, 55–58, 61, 65, 70, 71, 73, 76, 78, 85, 90, 95, 97, 107, 110, 111, 114, 117, 118, 124, 126, 128, 129, 132–136, 139, 140, 142–146, 148, 149 153–158, 160, 161, 168, 173, 175, 177–181, 183–187, 194–196, 199, 201, 204, 206, 209, 210–212, 214–220, 222, 223, 227, 228–231, 235, 237, 238, 241, 246, 250, 251, 253, 255, 256, 259, 262, 263, 267, 269, 271, 272, 277, 278, 280–283, 2853, 294–297, 299–302, 304, 306, 307, 309–316, 318–320, 322, 326, 328–331, 333–345, 351, 356
«анти-антироман» (Г. С. Морсон) 312
роман воспитания 161
сентиментальный роман 318
Роуз Марк 196
Рублев Андрей 75
Троица Ветхозаветная 75
Рузвельт Теодор 104
рукопись 8, 9,13, 41, 156, 174, 177, 186, 256, 999, 301, 310, 312–316,

318–320, 322-325, 327–333, 333–338, 344, 345, 346
Рэнд Айн 51, 222
Гимн 51, 222

Сабсович Леонид Моисеевич 81
СССР через 15 лет: Гипотеза генерального плана как плана построения социализма в СССР 81
Саггс Джон К. 32
Салазар Антонио 110
самовыражение 11, 54, 125, 148, 231, 234, 297, 305, 308, 313, 321, 338, 339
самообман 99, 112, 116, 118, 140, 195, 198, 207, 285, 298, 333
самопожертвование, материнское 242
саморазрушение 54
Святой Александр Невский, ледокол 180; см. также Замятин Е. И.
Свинджвуд Алан 144, 226, 325
Свифт Джонатан 183
Путешествия в некоторые отдаленные страны мира в четырех частях: сочинение Лемюэля Гулливера, сначала хирурга, а затем капитана нескольких кораблей 183
секс 34, 39, 45, 54, 62, 85, 88, 116, 135, 164, 172, 175, 181, 200, 211, 221–251, 253, 261, 271, 286, 289, 297, 298, 307, 309, 343; см. также репродукция
ассортативное скрещивание 234
влияние на эволюцию 221, 224, 225
как игра 172, 175
как форма протеста в утопии и антиутопии 229, 231
контроль сексуального поведения 172, 181, 222, 223, 225–227, 230–234, 240–242, 271, 329
насилие сексуальное 17, 223, 234, 237, 248, 271
половая обезличенность 28, 232, 233
ревность и секс 27, 223, 233, 234, 237, 239, 246, 301
связь с любовью и смертью 211
семья 10, 39, 60, 63, 65, 67–69, 74, 76, 77, 80, 81, 82, 83, 85, 87, 94, 204, 226, 228, 230, 231, 234, 241, 244, 282
альтруизм в семье 60, 65, 84
выбор супругов 45, 227
за обеденным столом 60, 74, 76, 81
разрушение семьи 10, 68, 80
семья биологическая 65, 68
семья ядерная 63, 68, 83
Сильверберг Роберт 223
Вертикальный мир 223
Синглтон Эми 80
синкретическое мышление 47, 321
синхронность поведенческая 58
Ситтер Виллем де 143
Скиннер Беррус Фредерик 37, 52, 164
Уолден Два 37, 52, 164

склонности поведенческие 168, 172, 175, 190; см. эволюционная психология
Скойлз Джон 72
Скотт Ридли 274
Бегущий по лезвию бритвы 274
Скрябин Александр Николаевич 181, 183, 186, 297, 311, 312
скука 13, 55, 117, 167
Слассер Джордж 66
смерть 41, 54, 79, 90, 127, 156, 166, 189–191, 193, 196–198, 206, 207, 210–213, 215, 219, 220, 222, 231, 239, 242, 265, 272, 3011, 322
воля к смерти 54, 196, 197, 211, 215, 220
переживание смерти 198, 212, 220
потребность в смерти 210
Смит Эрик Олден 39, 221
совместное употребление пищи 53, 57–85, 155, 237, 307
в антиутопии 57–59
обряды и ритуалы, связанные с совместной трапезой 63, 73
в утопии 61, 67–69, 76, 82
«война кухням» 80; см. также Олеша Ю. К.
как универсалия 62
как способ сплочения 67, 71, 73
как акт альтруизма 61
общественные столовые в антиутопии 69, 71, 81, 82
принуждение к совместному питанию 80, 81
совокупная приспособленность 49, 53, 101, 190, 193, 224
сознание 15, 16, 22, 25, 37–39, 42, 54, 62, 72, 147, 148, 157, 158, 189, 190, 195, 196, 1200, 201, 203, 206, 222, 249, 250, 257, 258, 263, 271, 277, 280–286, 294–297, 301, 303, 304, 314, 318, 321, 322, 326, 328, 330, 332, 334–336, 338
Сократ 98, 181
Солженицын Александр Исаевич 268
Один день Ивана Денисовича 268
Сологуб Федор Кузьмич 95
Соломон 73
сотрудничество 12, 53, 66, 67, 70, 84, 85, 166
Софокл 248
Эдип-царь 248
социализм 81, 82, 91
социальная инженерия 13, 20, 23, 25, 29, 42, 43, 48, 54, 57, 119, 120, 162, 193, 227, 252, 278, 289, 306, 309, 310, 313, 322, 341
в Едином Государстве 23, 42, 57, 289
и человеческая природа 25, 29, 43, 162, 278
социальное конструирование 25, 27, 32, 230, 340
социобиология 29, 32, 61, 101, 102, 159
Спербер Дэн 39
специализированные когнитивные склонности 38, 53
Спивак Моника Львовна 174
Спящая красавица, сказка Ш. Перро 78
СССР, Советский Союз 8–10, 12, 25, 26, 29, 45, 47, 48, 80,

81, 96, 107, 108, 166, 168, 173, 180, 181, 193, 225, 268, 344, 350
отношение к игре 166
реалии советские в «Мы» 10, 26, 48, 173
как поражение утопической философии 29, 45
неприятие дарвинизма 225
подавление семьи 10, 80, 81; см. также семья
Стайтс Ричард 76
Сталин Иосиф Виссарионович 8, 90, 92, 95, 105, 109, 111
сталинизм 10, 89, 110, 306
стерилизация 239, 241
Стерлинг Брюс в соавторстве с У. Гибсоном 146
Машина различий 146
Стерн Лоренс 315; см. также роман
стимулы, связанные с угрозой 273
Стинг (Гордон Мэттью Томас Самнер) 108
страх заражения 262; см. также аверсия, отвращение
Струве Глеб Петрович 8, 342
Сувин Дарко 153, 318
Сугияма Мишель Скэйлис 114, 282, 294, 307
счастье 10, 33, 46, 62, 97, 110, 112, 138, 144, 176, 201, 208, 253, 272, 298, 343
Сьюз Гайсел Теодор 266
Как Гринч Рождество украл 266
Сэр Гавейн и Зеленый рыцарь, роман 78
Тайгер Лайнел 113
творчество 14, 18–20, 52, 54, 105, 123, 159, 199, 303, 305, 307, 310–312, 314, 334, 335, 337, 339; см. также искусство, письмо художественное
личность и творчество 18–20, 105, 122
потребность в творчестве 305
тоталитаризм и творчество 307
Тейлор Брук 128
Тейлор Фредерик Уинслоу 57, 58, 96, 152, 228
текст 8, 9, 14, 16, 20, 26, 37, 39, 40, 44, 46, 48, 53, 55, 56, 62, 97, 107, 114, 116–118, 123, 126, 128, 133, 155, 160, 170, 171, 173, 176, 178–188, 201, 203, 207, 208, 211, 214, 215, 219, 220, 239, 253, 254, 256, 259, 263, 273, 282, 283, 285, 287, 290, 294, 295, 297, 300–302, 307, 312, 313, 316, 317–320, 322, 324, 328, 330–336, 338, 339, 342, 344–346; см. также письмо художественное
как проекция личности 160
как игра 161, 170, 171, 178, 184–186
как дитя писателя 104, 159, 160, 203; см. Замятин Е. И., дети
как способ пробуждения человеческой природы 40
как догма 214–220
Тёрнер Фредерик 38, 39, 55
Тилгман Бенджамин Р. 282, 302

Толстой Лев Николаевич 17, 18, 20, 22, 75, 95, 190, 192, 219, 303, 304, 306
Анна Каренина 219, 304
Война и мир 16–18, 20, 22, 75, 191
Смерть Ивана Ильича 190
Торо Генри Дэвид 190
тошнота 229, 260, 262–264, 270, 271, 274, 275; см. также аверсия, отвращение, висцеральные реакции
трапеза 57, 58, 62, 63, 65–83, 267, 289; см. пища, совместный прием пищи
Триверс Роберт 65, 84, 85
Троцкий Лев Давыдович 96
Туби Джон 37, 38, 44, 53, 129, 122
Туниманов Владимир Артемович 342, 344, 345
Тюрин Александр Н. 342, 345
Теннисон Альфред 197
Атака легкой бригады 197

Уайтхед Альфред Норт 148
Уилсон Дейдра С. 39
Уилсон Марго 232
Уилсон Эвард Огден 29, 31, 33, 34, 41, 60–64, 67, 72, 84, 101, 102, 104, 115, 118, 155, 165, 197, 209, 227
Уиссел Синтия 34
Ульф Оуэн 144
универсалии человеческие 25, 27, 30, 31, 37, 89, 209, 210, 305
Уоллес Энтони Ф. К. 209
Уоррик Патрисия 138, 143
утопическое общество 23, 25, 34, 44, 45, 47, 72, 120, 125, 126, 145, 225, 231, 251, 256, 306, 308, 309, 325, 326
утопическое повествование 36, 68
утопия 9, 11–13, 15, 20, 24, 25, 27, 29, 36, 37, 41–43, 47, 49, 52–55, 57–59, 63, 68, 69, 71, 76, 79, 84, 85, 90, 119, 120, 125, 144, 159, 164, 168, 182, 188, 254, 256, 267, 268, 270, 271, 306, 307, 339
Уэлдон Фэй 246
Утопия Дарси 246
Уэллс Герберт Джордж 9, 119, 228, 240, 246
Современная утопия 119, 246

фантазия 25, 41–46, 89, 115, 122, 123, 156, 158, 159, 166, 170, 174–177, 182, 194, 200, 201, 206, 212, 214, 216, 230, 249–251, 262, 265, 288, 303, 312, 316, 321, 337, 341
адаптивная функция фантазии 46
биологическая основа 44
разум и фантазия 44, 45
ценность фантазии 230, 250, 251
Фердинанд и Изабелла Испанские 97, 100
Филдхаус Пол 83, 269
Флейшер Ричард 262
Зеленый сойлент 262, 269
фольклор 74, 75, 122
Форд Генри 96, 306
Форстер Эдвард Морган 228
Франклин Бенджамин 190

Фрейд Зигмунд 19, 20, 54, 89, 94, 196, 197, 199, 200, 203, 204, 226, 282; см. также психоанализ
Фэррингтон Бенджамин 134

Хаксли Олдос 24, 30, 48, 90, 96, 212, 229, 231, 241, 253, 269, 272, 278, 279, 306
О дивный новый мир 24, 30, 47, 52, 96, 147, 164, 219, 222, 229, 253, 269, 277, 278, 306, 340
висцеральная реакция на утопию 278
идеологическая обработка 253, 306
отказ от семьи 164, 228
отношение к прошлому 229, 277, 306
противоположность укладу охотников-собирателей 52
секс 218, 222, 231
смерть в финале 212, 219, 340
Хамбургер Кэйт 318
Хамфри Николас 284, 285, 292, 295, 314
хаоса теория 17, 18, 226
харизма 53, 89, 91–96, 99, 102, 103, 105–108, 112, 114, 121, 122, 131, 154, 162, 195
адаптивные преимущества харизмы 94
гипертрофия харизмы в семейных отношениях 94
дезориентация и харизма 109
идеология и харизма 89, 96
наделение харизмой 91, 96, 105, 108, 131, 195
определение харизмы 103
религия и харизма 91, 101, 107
связь с искусством и творчеством 103, 105
харизматический культ 101, 103
эмоциональная составляющая харизмы 913
Харрис Ричард 146
Фатерланд 146
Харт Гэри 106
Хартли Лесли Поулс 95, 146, 237, 340
Справедливость налицо 95, 146, 237
Хатчинсон Питер 171, 186
Хатямова Марина Альбертовна 283
Херш Марион А. 131, 151
Хетени Жужжа 133, 209
Хойсингтон Сона С. 182, 234
Холквист Майкл 171
христианство 72, 89, 107, 132, 151; см. также кафолическая церковь, православие
Хрущев Никита Сергеевич 80
художественная литература 15, 37, 45–47, 55, 114, 116, 123, 167, 170, 189, 204, 275, 280–282, 293, 294, 302, 306, 309; см. также письмо художественное, искусство
художественное слово 117; см. также письмо художественное, искусство

Чаушеску Николае 162
человеческая природа 12, 14, 24, 25, 27, 29–31, 33, 35, 36, 38–40, 43, 44, 46, 48–50, 52, 53, 55, 56, 58, 78, 90, 100, 124, 138, 149,

154, 155, 161, 162, 164, 193, 197, 216, 221, 225, 228–230, 239, 245, 254, 256, 284, 304, 309, 312, 313, 338–340
генетическая предопределенность 32, 229
заново открытая человеческая природа 163, 239, 338
защита от социальной инженерии 278, 309
неизменность 24, 26, 33
человеческая природа и фантазия 25, 41–46, 230
как различие между утопией и антиутопией 48
Чернышевский Николай Гаврилович 17, 76, 78, 170, 228, 265
Что делать? 76, 170, 228, 265
Чехов Антон Павлович 95
Чичери-Ронай Иштван 336
читатель 10, 16, 17, 20, 21, 23, 24, 26–28, 37, 39, 42, 52, 53, 55–57, 70, 83, 85, 86, 97, 98, 107, 108, 111, 113, 116–118, 123, 127, 146, 149, 152, 154, 158, 160, 167, 168, 170, 171, 173, 179–182, 184–188, 194, 196, 197, 200, 203, 204, 206, 211–216, 219–221, 226, 228–230, 249, 252, 253, 255, 259, 269, 271, 272, 277–283, 288, 289, 290, 295, 298, 299, 303, 304, 309, 310, 313–320, 322, 324–331, 335–339, 341, 345
шкалы ожиданий (Ю. М. Лотман) 179

Шейн Алекс М. 154, 183
Шекспир Уильям 7, 30, 95, 96, 105, 248, 253, 306, 311
Буря 248
Шер (Шерилин Саркисян) 108
Шиллер Фридрих 164, 165
Шкловский Виктор Борисович 22, 178, 185, 315
Шмолке-Хасселман Беата 74
шок будущего 24, 269, 277, 278; см. дезориентированность в окружающей среде
Шопенгауэр Артур 95, 161

эволюционная история человека 29, 41, 54, 101, 121, 154, 190, 252, 254, 261; см. также охотники-собиратели, висцеральные реакции
как основа фантазии 29, 41
как основа утопии 29, 41
эволюционная школа в литературоведении (эволюционная критика) 12, 29
эволюция 11, 29, 31, 33, 34, 39, 44, 45, 53, 62, 66, 67, 101, 102, 112, 113, 125, 129, 146, 148, 149, 154, 197, 207, 221, 224, 248, 249, 260, 262, 278, 303, 308
эволюционная судьба 36, 38, 227, 247
эвтопия 28, 37, 47
Эдвардс Бетти 117
Эдвардс Т. Р. Н. 126, 129, 138, 141, 153, 228, 250, 313
Эйзен Джордж 166
Эйзенхауэр Дуайт 104
Эйбл-Эйбесфельдт Иренаус 51
Эйкен Нэнси 32, 272
Эйнштейн Альберт 18, 95, 103, 115, 116, 118, 125, 129, 130,

132, 143, 147–149, 152, 153, 156, 309
теория относительности 18, 132, 148
Эйнштейн Альфред 95
Эйсебио (Эйсебио да Силва Феррейра) 108
экзогамия 248, 249, 343
Элиот Роберт 216
Эллис Райан 77
Эль Лисицкий (Лисицкий Лазарь Маркович) 80
Эндрюс Эдна 128, 153, 179, 185
энтропия; см. также смерть 115, 136, 151, 160, 176, 196, 218, 304, 329
эпигенетические правила 309
эпистемологическая неопределенность 310, 330
Эратосфен Киренский 99
эстетическое 8, 13, 19, 25, 26, 35–37, 39, 46, 55, 117, 133, 160, 193, 203, 208, 250, 303, 310, 311
Этвуд Маргарет 108, 222, 246, 306, 341
Рассказ служанки 108, 222, 231, 271, 306, 320, 341
«эффект беарнского соуса»; см. аверсия, отвращение, питание, пища) 271

юмор 54, 162, 177, 178, 181, 185, 120, 297, 298, 315
как средство восстановления человеческой природы 177
утопия и юмор 54
сопротивление тоталитаризму 162, 181
как висцеральная реакция 200
Юнг Карл Густав 89, 199

Ярвуд Эдмунд 217
Ярузельский Войцех 167

Big Rock Candy Mountain («утопия бродяги»), песня 266
esprit de geometrie («дух геометрии») 133
negotiability, как феномен избирательной актуализации сознания лишь на тех предметах, которые подвластны контролю 189, 222; см. также контроль
«the Medium is the Message» 316

Ю. Анненков. Портрет Евгения Замятина, 1921

Оглавление

Слова благодарности 5

Предисловие. Художественная мудрость романа Замятина «Мы» 7

Глава 1. Введение. Человеческая природа и утопия 24

Глава 2. Общий стол в утопии 57
- 1. Семейный отбор и утопия 57
- 2. Трапеза как утопическое действо 67
- 3. Идеальная трапеза по-русски 74
- 4. Сорванная трапеза 77
- 5. Жизнь в общественной столовой 80

Глава 3. Мифы о настоящих людях 89
- 1. Утопическая харизма 89
- 2. Имена 95
- 3. Харизма 103
- 4. Благодетель 106
- 5. Биология иллюзии 112
- 6. Биология ереси 115

Глава 4. Искусство мыслить рационально 119
- 1. Проблема с разумом 119
- 2. Единое Государство и пифагореизм 131
- 3. Хромающая логика 140
- 4. Современная математика и Мефи 147

Глава 5. Детская игра 159
- 1. Книги как дети 159
- 2. Зачем нужна игра 163
- 3. Человек Неотенический 169

4. Депривация игры в Едином Государстве 172
5. Дети в «Мы» 174
6. «Мы» как игра 177
Глава 6. По ту сторону принципа удовольствия 189
1. Смерть и налоги 189
2. Психоанализ в «Мы» 198
3. Догма как смерть 207
4. Встреча со смертью 210
5. Текст как догма 214
Глава 7. Lex Sexualis 221
1. Любовный интерес 221
2. Чем опасны гены 224
3. Цивилизация как выхолащивание: секс 230
4. Цивилизация как стерилизация: деторождение 239
5. Цивилизация как вивисекция: евгеника 245
Глава 8. Язык тела 252
1. Тело в утопии 252
2. Инстинктивный аппетит 258
3. Меню в утопии 264
4. Меню в антиутопии 267
5. Обусловленное отвращение 270
Глава 9. Аутизм в «Мы» 280
Глава 10. Самовыражение 305
1. Письмо как подрывная деятельность 305
2. Рукопись в сюжете 315
3. «The Medium Is the Message» 316
4. Эпистемологические и онтологические сомнения . . . 325
5. Роман как сознание 332
Приложение. Конец? Заключительные мысли о судьбе утопии: киносценарий Замятина «Д-503» 340
Послесловие. Загадочный феномен 357

Источники 364
Предметно-именной указатель 384

Научное издание

Бретт Кук

ЧЕЛОВЕЧЕСКАЯ ПРИРОДА В ЛИТЕРАТУРНОЙ УТОПИИ
«Мы» Замятина

Директор издательства *И. В. Немировский*
Ответственный редактор *И. Белецкий*
Куратор серии *Е. Яндуганова*
Заведующая редакцией *О. Петрова*

Дизайн *И. Граве*
Редактор *Ю. Булдакова*
Корректоры *Е. Гайдель, М. Левина*
Верстка *Е. Падалки*

Подписано в печать 23.06.2022.
Формат издания 60 × 90 $^{1}/_{16}$. Усл. печ. л. 25,5.
Тираж 300 экз.

Academic Studies Press
1577 Beacon Street, Brookline, MA 02446 USA
https://www.academicstudiespress.com

ООО «Библиороссика».
190005, Санкт-Петербург, 7-я Красноармейская ул., д. 25а

Эксклюзивные дистрибьюторы:
ООО «Караван»
ООО «КНИЖНЫЙ КЛУБ 36.6»
http://www.club366.ru
Тел./факс: 8(495)9264544
e-mail: club366@club366.ru

Книги издательства можно купить
в интернет-магазине: www.bibliorossicapress.com
e-mail: sales@bibliorossicapress.ru

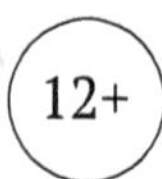

Знак информационной продукции согласно
Федеральному закону от 29.12.2010 № 436-ФЗ